Bilingual Dictionary

English-Albanian Albanian-English Dictionary

Compiled by
Theodhora Blushi

ISBN : 978 1 908357 71 7

All rights reserved with the Publishers. No part of this publication may be reproduced or transmitted in any form or by any means, electronic, mechanical, photocopying, recording or otherwise, without the prior written permission of the Publishers.

This Edition : 2025

Published by
STAR Foreign Language BOOKS
a unit of
Star Books
56, Langland Crescent
Stanmore HA7 1NG, U.K.
info@starbooksuk.com
www.bilingualbooks.co.uk

Printed in India at
Star Print-O-Bind, New Delhi-110 020

About this Dictionary

Developments in science and technology today have narrowed down distances between countries, and have made the world a small place. A person living thousands of miles away can learn and understand the culture and lifestyle of another country with ease and without travelling to that country. Languages play an important role as facilitators of communication in this respect.

To promote such an understanding, **STAR Foreign Language BOOKS** has planned to bring out a series of bilingual dictionaries in which important English words have been translated into other languages, with Roman transliteration in case of languages that have different scripts. This is a humble attempt to bring people of the word closer through the medium of language, thus making communication easy and convenient.

Under this series of *one-to-one dictionaries*, we have published almost 62 languages, the list of which has been given in the opening pages. These have all been compiled and edited by teachers and scholars of the relative languages.

Publishers

Bilingual Dictionaries in this Series

English-Afrikaans / Afrikaans-English	Abraham Venter
English-Albanian / Albanian-English	Theodhora Blushi
English-Amharic / Amharic-English	Girun Asanke
English-Arabic / Arabic-English	Rania-al-Qass
English-Bengali / Bengali-English	Amit Majumdar
English-Bosnian / Bosnian-English	Boris Kazanegra
English-Bulgarian / Bulgarian-English	Vladka Kocheshkova
English-Burmese (Myanmar) / Burmese (Myanmar)-English	Kyaw Swar Aung
English-Cambodian / Cambodian-English	Engly Sok
English-Cantonese / Cantonese-English	Nisa Yang
English-Chinese (Mandarin) / Chinese (Mandarin)-Eng	Y. Shang & R. Yao
English-Croatian / Croatain-English	Vesna Kazanegra
English-Czech / Czech-English	Jindriska Poulova
English-Danish / Danish-English	Rikke Wend Hartung
English-Dari / Dari-English	Amir Khan
English-Dutch / Dutch-English	Lisanne Vogel
English-Estonian / Estonian-English	Lana Haleta
English-Farsi / Farsi-English	Maryam Zaman Khani
English-French / French-English	Aurélie Colin
English-Georgian / Georgina-English	Eka Goderdzishvili
English-Gujarati / Gujarati-English	Sujata Basaria
English-German / German-English	Bicskei Hedwig
English-Greek / Greek-English	Lina Stergiou
English-Hindi / Hindi-English	Sudhakar Chaturvedi
English-Hungarian / Hungarian-English	Lucy Mallows
English-Italian / Italian-English	Eni Lamllari
English-Japanese / Japanese-English	Miruka Arai & Hiroko Nishimura
English-Kinyawanda / Kinyarwanda-English	Irakoze Shammah La Grace
English-Korean / Korean-English	Mihee Song
English-Kurdish / Kurdish-English	Shivan Alhussein
English-Latvian / Latvian-English	Julija Baranovska
English-Levantine Arabic / Levantine Arabic-English	Ayman Khalaf
English-Lithuanian / Lithuanian-English	Regina Kazakeviciute
English-Malay / Malay-English	Azimah Husna
English-Malayalam - Malayalam-English	Anjumol Babu
English-Nepali / Nepali-English	Anil Mandal
English-Norwegian / Norwegian-English	Samuele Narcisi
English-Pashto / Pashto-English	Amir Khan
English-Polish / Polish-English	Magdalena Herok
English-Portuguese / Portuguese-English	Dina Teresa
English-Punjabi / Punjabi-English	Teja Singh Chatwal
English-Romanian / Romanian-English	Georgeta Laura Dutulescu
English-Russian / Russian-English	Katerina Volobuyeva
English-Serbian / Serbian-English	Vesna Kazanegra
English-Shona / Shona-English	Victorious Tshuma
English-Sinhalese / Sinhalese-English	Naseer Salahudeen
English-Slovak / Slovak-English	Zuzana Horvathova
English-Slovenian / Slovenian-English	Tanja Turk
English-Somali / Somali-English	Ali Mohamud Omer
English-Spanish / Spanish-English	Cristina Rodriguez
English-Swahili / Swahili-English	Abdul Rauf Hassan Kinga
English-Swedish / Swedish-English	Madelene Axelsson
English-Tagalog / Tagalog-English	Jefferson Bantayan
English-Tamil / Tamil-English	Sandhya Mahadevan
English-Thai / Thai-English	Suwan Kaewkongpan
English-Tigrigna / Tigrigna-English	Tsegazeab Hailegebriel
English-Turkish / Turkish-English	Nagme Yazgin
English-Twi / Twi-English	Nathaniel Alonsi Apadu
English-Ukrainian / Ukrainian-English	Katerina Volobuyeva
English-Urdu / Urdu-English	S. A. Rahman
English-Vietnamese / Vietnamese-English	Hoa Hoang
English-Yoruba / Yoruba-English	O. A. Temitope

STAR Foreign Language BOOKS

ENGLISH-ALBANIAN

A

a *a.* një
aback *adv.* prapa
abandon *v.t.* braktisje
abase *v.* poshtëroj
abashed *adj.* i hutuar
abate *v.t.* pakësoj
abbey *n.* abaci
abbot *n.* abat
abbreviate *v.t.* shkurtoj
abbreviation *n.* shkurtim
abdicate *v.t,* heq dorë
abdication *n.* abdikim
abdomen *n.* bark
abdominal *a.* barkor
abduct *v.t.* rrëmbëj
abduction *n.* rrëmbim
aberrant *adj.* jonormal
aberration *n.* lajthitje
abet *v.* mbështet
abeyance *n.* pezullim
abhor *v.* urrej
abhorrence *n.* neveri
abhorrent *adj.* i pështirë
abide *v.i* rri
abiding *adj.* i qëndrueshëm
ability *n.* aftësi
abject *adj.* i mjerë
abjure *v.* heq dorë me betim
ablaze *adv.* në flakë
able *adj.* i aftë
ablutions *n.* ablutions
abnormal *adj.* jonormal
aboard *adv.* bord
abode *n.* qëndroi
abolish *v.t* shfuqizoj
abolition *v.* zhdukje
abominable *adj.* i neveritshëm
abominate *v.* urrej

aboriginal *adj.* vendës
abort *v.i* dështoj
abortion *n.* abort
abortive *adj.* shtijak
abound *v.i.* ka me bollëk
about *adv.* për
about *prep.* për
above *adv.* sipër
above *prep.* sipër
abrasion *n.* pastrim
abrasive *adj.* gërryes
abreast *adv.* krah për krah
abridge *v.t* shkurtoj
abroad *adv.* jashtë vendit
abrogate *v.* anuloj
abrupt *adj.* i papritur
abscess *n.* lungë
abscond *v.* ua mbath
absence *n.* mungesë
absent *adj.* që mungon
absentee *n.* mungestar
absolute *adj.* absolut
absolution *n.* falje
absolve *v.* shfajësoj
absorb *v.* thith
abstain *v.* abstenoj
abstinence *n.* maturi
abstract *adj.* abstrakt
abstruse *adj.* i thellë
absurd *adj.* I pakuptim
absurdity *n.* absurditet
abundance *n.* bollëk
abundant *v.t.* bollshme
abuse *v.* abuzim
abusive *adj.* fyes
abut *v.* është ngjitur me
abysmal *adj.* për faqe të zezë
abyss *n.* humnerë
academic *adj.* akademik
academy *n.* akademi
accede *v.* miratoj
accelerate *v.* përshpejtuar

accelerator *n.* akselerator
accent *n.* theks
accentuate *v.* theksoj
accept *v.* pranoj
acceptable *adj.* i pranueshëm
acceptance *n.* pranim
access *n.* hyrje
accessible *adj.* i arritshëm
accession *n.* hyrje
accessory *n.* pajisje shtesë
accident *n.* aksident
accidental *adj.* aksidental
acclaim *v.* brohorasim
acclimatise *v.t* vijet ne ngasje
accolade *n.* dhënie e titullit të kalorësit
accommodate *v.* akomoduar
accommodation *n.* strehim
accompaniment *n.* shoqërim
accompany *v.* shoqëroj
accomplice *n.* bashkëfajtor
accomplish *v.* kryej
accomplished *adj.* realizohet
accomplishment *n.* arritje
accord *v.* akord
accordance *n.* përputhje
according *adv.* sipas
accordingly *adv.* në përputhje me rrethanat
accost *v.* ofrohem
account *n.* llogari
accountable *adj.* përgjegjës
accountancy *n.* llogaritje
accountant *n.* llogaritar
accoutrement *n.* accoutrement
accredit *v.* akreditojë
accredited *adj.* akredituar
accretion *n.* rritje
accrue *v.t.* rritet
accumulate *v.* grumbulloj
accumulation *n.* akumulim
accurate *adj.* i saktë

accusation *n.* akuzë
accuse *v.* akuzoj
accused *v.t.* i akuzuar
accustom *v.* mësoj me
accustomed *adj.* mësuar
ace *n.* as
acerbic *adj.* acerbic
acetate *n.* acetate
acetone *n.* aceton
ache *n.* dhemb
achieve *v.* arrij
achievement *n.* arritje
acid *n.* acid
acidity *n.* aciditet
acknowledge *v.* pranoj
acknowledgement *n.* njohje
acme *n.* kulm
acne *n.* puçrra fytyre
acolyte *n.* ndihmës
acorn *n.* lis
acoustic *adj.* akustik
acquaint *v.* njoh
acquaintance *n.* njohje
acquiesce *v.* pajtohet
acquiescence *n.* pranim i heshtur
acquire *v.* fitojnë
acquisition *n.* përvetësim
acquit *v.* shfajësoj
acquittal *n.* shfajësim
acre *n.* akër
acrid *adj.* djegës
acrimony *n.* hidhësi
acrobat *n.* akrobat
acrobatic *adj.* akrobatik
across *adv.* nëpër
acrylic *adj.* akrilik
act *v.* veprim
acting *n.* vepruar
acting *adj.* vepruar
actinium *n.* aktinium
action *n.* veprim
actionable *adj.* vepruese

activate *v.* aktivizoj
active *adj.* aktiv
activist *n.* aktivist
activity *n.* aktivitet
actor *n.* aktor
actress *a.* aktore
actual *adj.* aktual
actually *adv.* në të vërtetë
actuary *n.* sekretar
actuate *v.* vë në veprim
acumen *n.* mendjemprehtësi
acupuncture *n.* akupunkturë
acute *adj.* i mprehtë
adamant *adj.* i fortë
adapt *v.* përshtat
adaptation *n.* adaptim
add *v.* shtoj
addendum *n.* shtesë
addict *n.* i droguar
addicted *adj.* addicted
addiction *n.* dhënie pas
addition *n.* shtim
additional *adj.* plotësues
additive *n.* shtesë
addled *adj.* i prishur
address *n.* adresë
addressee *n.* marrës
adduce *v.* sjell
adept *adj.* i aftë
adequacy *n.* mjaftueshmëri
adequate *adj.* i përshtatshëm
adhere *v.* përmbahet
adherence *n.* ndjekje
adhesive *n.* ngjitës
adieu *n.* lamtumirë
adjacent *adj.* ngjitur
adjective *n.* mbiemër
adjoin *v.* adjoin
adjourn *v.* shtyj
adjournment *n.* shtyrje
adjudge *v.t.* gjykoj
adjudicate *v.* gjykoj

adjunct *n.* zëvendësues
adjust *v.* përshtat
adjustment *n.* rregullim
administer *v.* administroj
administration *n.* administratë
administrative *adj.* administrativ
administrator *adj.* administrator
admirable *adj.* i admirueshëm
admiral *n.* admiral
admiration *n.* admirim
admire *v.* admiroj
admissible *adj.* i pranueshëm
admission *n.* pranim
admit *v.* pranoj
admittance *n.* pranim
admonish *v.* këshilloj
ado *n.* zhurmë
adobe *n.* qerpiç
adolescence *n.* adoleshencë
adolescent *adj.* djaloshar
adopt *v.* miratoj
adoption *n.* adoptim
adoptive *adj.* adoptues
adorable *adj.* i adhurueshëm
adoration *n.* adhurim
adore *v.t.* adhuroj
adorn *v.* stolis
adrift *adj.* në mëshirë të fatit
adroit *adj.* i zoti
adsorb *v.* adsorb
adulation *n.* miklim
adult *n.* i rritur
adulterate *v.* përziej
adulteration *n.* falsifikim
adultery *n.* shkelje kurore
advance *v.* avancoj
advance *n.* avancoj
advancement *n.* përparim
advantage *v.t.* avantazh
advantage *n.* avantazh
advantageous *adj.* i favorshëm
advent *n.* ardhje

adventure *n.* aventurë
adventurous *adj.* aventurier
adverb *n.* ndajfolje
adversary *n.* kundërshtar
adverse *adj.* i pafavorshëm
adversity *n.* fatkeqësi
advertise *v.* reklamoj
advertisement *n.* reklamë
advice *n.* këshillë
advisable *adj.* i këshillueshëm
advise *v.* këshilloj
advocate *n.* avokat
advocate *v.* avokat
aegis *n.* mbrojtje
aerial *n.* ajror
aeon *n.* amshim
aerobatics *n.* aerobatics
aerobics *n.* gjimnastikë
aerodrome *n.* aerodrom
aeronautics *n.* aeronautikë
aeroplane *n.* aeroplan
aerosol *n.* aerosol
aerospace *n.* hapësirës ajrore
aesthetic *adj.* estetik
aesthetics *n.* estetikë
afar *adv.* larg
affable *adj.* i dashur
affair *n.* çështje
affect *v.* ndikoj
affectation *n.* shtirje
affected *adj.* i prekur
affection *n.* dashuri
affectionate *adj.* i dashur
affidavit *n.* dëshmi me betim
affiliate *v.* filialin
affiliation *n.* bashkim
affinity *n.* prirje
affirm *v.* pohoj
affirmation *n.* pohim
affirmative *adj.* pohues
affix *v.t.* fiksoj
afflict *v.* hidhëroj

affliction *n.* vuajtje
affluence *n.* kamje
affluent *adj.* i pasur
afford *v.t.* përballojë
afforestation *n.* pyllëzim
affray *n.* rrahje
affront *n.* fyerje
afield *adv.* larg
aflame *adj.* në flakë
afloat *adj.* në det
afoot *adv.* në përgatitje e sipër
afraid *adj.* i frikësuar
afresh *adv.* përsëri
African *adj.* afrikan
aft *adv.* në pupë
after *adv.* pas
after *conj.* pas
after *prep.* pas
again *adv.* përsëri
against *prep.* kundër
agate *n.* agat
age *n.* moshë
aged *adj.* vjeç
ageism *n.* ageism
ageless *adj.* gjithmonë i ri
agency *n.* agjenci
agenda *n.* program
agent *n.* agjent
agglomerate *v.* aglomerat
aggravate *v.* rëndoj
aggravation *n.* acarim
aggregate *n.* total
aggression *n.* agresion
aggressive *adj.* agresive
aggressor *n.* agresor
aggrieve *v.* hidhëroj
aghast *adj.* i tmerruar
agile *adj.* i shkathët
agility *n.* shkathtësi
agitate *v.* trazoj
agitation *n.* agjitacion
agnostic *n.* agnostik

ago *adv.* më parë
agog *adj.* etur
agonize *v.* vuaj
agony *n.* agoni
agrarian *adj.* agrar
agree *v.* pranoj
agreeable *adj.* i këndshëm
agreement *n.* marrëveshje
agricultural *adj.* bujqësor
agriculture *n.* bujqësi
aground *adj.* në cekëtinë
ahead *adv.* përpara
aid *n.* ndihmë
aide *n.* ndihmës
aids *n.* sida
ail *v.* jam i sëmurë
ailing *adj.* i sëmurë
ailment *n.* sëmundje
aim *v.i.* qëllim
aim *n.* qëllim
aimless *adj.* i paqëllim
air *n.* ajër
aircraft *n.* aeroplan
airy *adj.* i ajrosur
aisle *n.* rresht
ajar *adv.* paksa e hapur
akin *adj.* ngjashëm
alacritous *n.* alacritous
alacrity *n.* gjallëri
alarm *n* alarm
alarm *v* alarm
alas *conj.* mjerisht
albeit *conj.* megjithëse
album *n* album
albumen *n.* albuminë
alchemy *n.* alkimi
alcohol *n.* alkool
alcoholic *adj.* alkoolik
alcove *n.* kthinë
ale *n.* birrë
alert *adj.* vigjilent
algebra *n.* algjebër

alias *adv.* pseudonim
alias *n.* pseudonim
alibi *n.* alibi
alien *adj.* i huaj
alienate *v.i.* armiqësoj
alight *v.t.* ulem
align *v.* lidhur
alignment *n.* bashkim
alike *adj.* njëlloj
alimony *n.* ushqim
alive *adj.* gjallë
alkali *n.* alkali
all *adj.* të gjithë
allay *v.* lehtësoj
allegation *n.* deklaratë
allege *v.* pohoj
allegiance *n.* besnikëri
allegory *n.* alegori
allergen *n.* alergjen
allergic *adj.* alergjik
allergy *n.* alergji
alleviate *v.* lehtësoj
alleviation *n.* zbutje
alley *n.* rrugicë
alliance *n.* aleancë
allied *adj.* aleat
alligator *n.* aligator
alliterate *v.* alliterate
alliteration *n.* aliteracion
allocate *v.* caktoj
allocation *n.* shpërndarje
allot *v.* caktoj
allotment *n.* ndarje
allow *v.* lejoj
allowance *n.* zbritje
alloy *n.* aliazh
allude *v.t.* hedh fjalën
allure *n.* joshë
alluring *adj.* tërheqës
allusion *n.* aluzion
ally *n.* aleat
almanac *n.* almanak

almighty *adj.* i plotfuqishëm
almond *n.* bajame
almost *adv.* pothuajse
alms *n.* lëmoshë
aloft *adv.* lart
alone *adv.* vetëm
along *prep.* gjatë
alongside *prep.* pranë
aloof *adj.* i ftohtë
aloud *adv.* me zë të lartë
alpha *n.* alfa
alphabet *n.* alfabet
alphabetical *adj.* alfabetik
alpine *adj.* alpin
already *adv.* tashmë
also *adv.* edhe
altar *n.* altar
alter *v.* ndryshoj
alteration *n.* ndryshim
altercation *n.* grindje
alternate *v.t.* alternativ
alternative *adj.* alternativë
although *conj.* megjithëse
altitude *n.* lartësi
altogether *adv.* krejt
altruism *n.* altruizëm
aluminium *n.* alumin
alumnus *n.* ish-nxënës
always *adv.* gjithmonë
amalgam *n.* amalgamë
amalgamate *v.* grupohem
amalgamation *n.* shkrirje
amass *v.* grumbulloj
amateur *n.* amator
amateurish *adj.* amatoresk
amatory *adj.* dashuror
amaze *v.* çudit
amazement *n.* habi
amazon *n.* amazonë
ambassador *n.* ambasador
amber *n.* qelibar
ambient *adj.* i ambientit

ambiguity *n.* dykuptimësi
ambiguous *adj.* i errët
ambit *n.* cak
ambition *n.* ambicie
ambitious *adj.* ambicioz
ambivalent *adj.* ambivalent
amble *v.* hap i qetë
ambrosia *n.* ambrosia
ambulance *n.* ambulancë
ambush *n.* pritë
ameliorate *v.* përmirësoj
amelioration *n.* përmirësim
amend *v.* ndryshoj
amendment *n.pl.* amendament
amenable *adj.* i bindshëm
amiable *adj.* i dashur
amicable *adj.* miqësor
amid *prep.* në mes të
amiss *adj.* i gabuar
amity *n.* paqe
ammunition *n.* municion
amnesia *n.* amnezi
amnesty *n.* amnisti
amok *adv.* amok
among *prep.* ndër
amoral *adj.* amoral
amorous *adj.* dashuror
amorphous *adj.* amorf
amount *n.* sasi
ampere *n.* amper
ampersand *n.* simbol
amphibian *n.* amfib
amphitheatre *n.* amfiteatër
ample *adj.* i bollshëm
amplification *n.* përforcim
amplifier *n.* përforcues
amplify *v.* plotësoj
amplitude *n.* amplitudë
amulet *n.* amulet
amuse *v.* zbavitem
amusement *n.* dëfrim
an *adj.* një

anachronism n. anakronizëm
anaemia n. anemi
anaesthesia n. anestezi
anaesthetic n. mjet anastezik
anal adj. anal
analgesic n. analgjezik
analogous adj. i ngjashëm
analogue adj. surrogat
analogy n. analogji
analyse v. analizoj
analysis n. analizë
analyst n. analist
analytical adj. analitike
anarchism n. anarkizëm
anarchist n. anarkist
anarchy n. anarki
anatomy n. anatomi
ancestor n. stërgjysh
ancestral adj. stërgjyshor
ancestry n. origjinë
anchor n. spirancë
anchorage n. vend ankorimi
ancient adj. i lashtë
ancillary adj. ndihmës
and conj. dhe
android n. android
anecdote n. anekdotë
anew adv. përsëri
angel n. engjëll
anger n. zemërim
angina n. angjinë
angle n. kënd
angry adj. i zemëruar
anguish n. ankth
angular adj. këndor
animal n. kafshë
animate v. I gjallëruar
animated adj. i gjallëruar
animation n. gjallëri
animosity n. armiqësi
aniseed n. glikanxo
ankle n. nyjë e këmbës

anklet n. byzylyk këmbe
annals n. kronikë
annex v. aneks
annexation n. aneksim
annihilate v. asgjësoj
annihilation n. asgjësim
anniversary n. përvjetor
annotate v. shënim
announce v. shpall
announcement n. njoftim
annoy v. mërzit
annoyance n. bezdi
annual adj. vjetor
annuity n. pension vjetor
annul v. anuloj
anode n. anodë
anoint v. lyej
anomalous adj. anormal
anomaly n. anomali
anonymity n. anonimitet
anonymous adj. anonim
anorexia n. anoreksi
another adj. tjetër
answer n. përgjigje
answerable adj. përgjegjës
ant n. milingonë
antacid adj. antacid
antagonism n. antagonizëm
antagonist n. antagonist
antagonize v. armiqësoj
Antarctic adj. antarktik
antecedent n. ngjarje e më-
  parshme
antedate v. paradatoj
antelope n. antilopë
antenna n. antenë
anthem n. himn
anthology n. antologji
anthropology n. antropologji
anthrax n. lloj guri të çmuar
anti n. anti
antibiotic n. antibiotik

antibody *n.* kundërtrup
antic *n.* sjellje e çuditshme
anticipate *v.* I parapaguar
anticipation *n.* pritje
anticlimax *n.* zhgënjim
antidote *n.* kundërhelm
antioxidant *n.* antioxidant
antipathy *n.* antipati
antiperspirant *n.* antiperspirant
antiquarian *adj.* antikuar
antiquated *adj.* i vjetruar
antique *n.* antikë
antiquity *n.* lashtësi
antiseptic *adj.* antiseptik
antisocial *adj.* i heshtur
antithesis *n.* antitezë
antler *n.* antler
antonym *n.* antonim
anus *n.* anus
anvil *n.* kudhër
anxiety *n.* ankth
anxious *adj.* i shqetësuar
any *adj.* ndonjë
anyhow *adv.* gjithsesi
anyone *pron.* ndokush
anything *pron.* diçka
anywhere *adv.* kudo
apace *adv.* intensitet
apart *adv.* larg
apartheid *n.* aparteid
apartment *n.* apartament
apathy *n.* apati
ape *n.* bletë
aperture *n.* hapje
apex *n* majë
aphorism *n.* aforizëm
apiary *n.* zgjua
aplomb *n.* gjakftohtësi
apocalypse *n.* apokalips
apologize *v.* falje
apology *n.* apologji
apoplectic *adj.* apopleksik

apostate *n.* femohues
apostle *n.* apostull
apostrophe *n.* apostrof
appal *v.* tmerroj
apparatus *n.* aparat
apparel *n.* veshje
apparent *adj.* i dukshëm
appeal *v.t.* apeloj
appear *v.* duket
appearance *n.* dukje
appease *v.* qetësoj
append *v.* shtoj
appendage *n.* shtojcë
appendicitis *n.* apendicit
appendix *n.* shtojcë
appetite *n.* oreks
appetizer *n.* meze
applaud *v.* duartrokas
applause *n.* duartrokitje
apple *n.* mollë
appliance *n.* aplikim
applicable *adj.* i zbatueshëm
applicant *n.* kërkues
application *n.* aplikim
apply *v.t.* zbatohen
appoint *v.* caktoj
appointment *n.* takim
apportion *v.t.* shpërndarje
apposite *adj.* special
appraise *v.* vlerësoj
appreciable *adj.* i dukshëm
appreciate *v.* vlerësoj
appreciation *n.* vlerësim
apprehend *v.* kuptoj
apprehension *n.* frikë
apprehensive *adj.* i shqetësuar
apprentice *n.* nxënës
apprise *v.* çmoj
approach *v.* afrim
appropriate *adj.* i përshtatshëm
appropriation *n.* përvetësim
approval *n.* miratim

approve v. miratoj
approximate adj. i përafërt
apricot n. kajsi
apron n. platformë
apt adj. i prirur
aptitude n. zotësi
aquarium n. akuarium
aquatic adj. ujor
aqueous adj. ujor
Arab n. arab
Arabian n. arab
Arabic n. arabisht
arable adj. i lërueshëm
arbiter n. arbitër
arbitrary adj. arbitrar
arbitrate v. gjykoj
arbitration n. gjykim
arbitrator n. arbitër
arbour n. kopsht
arc n. hark
arcade n. pasazh
arch n. hark
archaeology n. arkeologji
archaic adj. arkaik
archangel n. arhangjell
archbishop n. kryepeshkop
archer n. shigjetar
architect n. arkitekt
architecture n. arkitekturë
archives n. arkiv
Arctic adj. arktik
ardent adj. i zjarrtë
ardour n. zjarr
arduous adj. i pjerrët
area n. zonë
arena n. arenë
argue v. argumentoj
argument n. argument
argumentative adj. argumentues
arid adj. i thatë
arise v. rrjedh
aristocracy n. aristokraci

aristocrat n. aristokrat
arithmetic n. aritmetikë
arithmetical adj. aritmetik
ark n. arka
arm n. krah
armada n. armada
Armageddon n. mbarim i botës
armament n. armatim
armistice n. armëpushim
armour n. forca të blinduara
armoury n. armaturë
army n. ushtri
aroma n. aromë
aromatherapy n. aromatherapi
around adv. rreth
arouse v. zgjoj
arrange v. rregulloj
arrangement n. marrëveshje
arrant adj. i regjur
array n. grup
arrears n. boxh
arrest v. arrestim
arrival n. mbërritje
arrive v. arrij
arrogance n. arrogancë
arrogant adj. arrogant
arrogate v. kërkoj
arrow n. shigjetë
arsenal n. arsenal
arsenic n. arsenik
arson n. zjarrvënie e qëllimshme
art n. artikull
artefact n. artikull
artery n. arterie
artful adj. i zgjuar
arthritis n. artrit
artichoke n. angjinarja
article n. artikull
articulate adj. i qartë
artifice n. marifet
artificial adj. artificial
artillery n. artilerie

artisan *n.* mjeshtër
artist *n.* artist
artistic *adj.* artistik
artless *adj.* i çiltër
as *adv.* si
asbestos *n.* asbest
ascend *v.* ngjitem
ascendant *adj.* mbizotërues
ascent *n.* kthim prapa
ascertain *v.* konstatoj
ascetic *adj.* asketik
ascribe *v.* atribuoj
aseptic *adj.* pa mikrobe
asexual *adj.* pa seks
ash *n.* hi
ashamed *adj.* i turpëruar
ashore *adv.* në breg
Asian *adj.* aziatik
aside *adv.* mënjanë
asinine *adj.* si gomar
ask *v.* kërkoj
askance *adv.* skiç
askew *adv.* shtrembër
asleep *adj.* në gjumë
asparagus *n.* shparg
aspect *n.* aspekt
asperity *n.* vrazhdësi
aspersions *n.* aspersions
asphyxiate *v.* asfiksoj
aspirant *n.* aspirues
aspiration *n.* aspiratë
aspire *v.* aspiroj
ass *n.* gomar
assail *v.* sulmoj
assassin *n.* vrasës
assassinate *v.* i vrarë
assassination *n.* vrasje politike
assault *n.* sulm
assemblage *n.* kuvend
assemble *v.* mbledh
assembly *n.* kuvend
assent *n.* miratim

assert *v.* mbroj
assess *v.* vlerësoj
assessment *n.* vlerësim
asset *n.* pasuri
assiduous *adj.* ngulmues
assign *v.* caktoj
assignation *n.* dhënie
assignment *n.* detyrë
assimilate *v.* asimiluar
assimilation *n.* asimilim
assist *v.* ndihmoj
assistance *n.* ndihmë
assistant *n.* asistent
associate *v.* i lidhur
association *n.* shoqatë
assonance *n.* asonancë
assorted *adj.* i ndryshëm
assortment *n.* lloj
assuage *v.* qetësoj
assume *v.* merr
assumption *n.* supozim
assurance *n.* siguri
assure *v.* siguroj
assured *adj.* i sigurt
asterisk *n.* yll
asteroid *n.* asteroid
asthma *n.* astmë
astigmatism *n.* astigmatizëm
astonish *v.* habis
astonishment *n.* mahnitje
astound *v.* habis
astral *adj.* yjor
astray *adv.* humbur
astride *prep.* me këmbë hapur
astrologer *n.* astrolog
astrology *n.* astrologji
astronaut *n.* astronaut
astronomer *n.* astronom
astronomy *n.* astronomi
astute *adj.* i zgjuar
asunder *adv.* veç e veç
asylum *n.* azil

at *prep.* në
atavistic *adj.* atavik
atheism *n.* ateizëm
atheist *n.* ateist
athlete *n.* atlet
athletic *adj.* atletik
atlas *n.* atlas
atmosphere *n.* atmosferë
atoll *n.* atol
atom *n.* atom
atomic *adj.* atomik
atone *v.* i patheksuar
atonement *n.* sklyerje
atrium *n.* atrium
atrocious *adj.* mizor
atrocity *n.* barbarizëm
attach *v.* bashkangjitni
attaché *n.* atasheu
attachment *n.* kapje
attack *v.* sulm
attain *v.* arrij
attainment *n.* arritje
attempt *v.* përpjekje
attempt *v.* përpjekje
attend *v.* ndjek
attendance *n.* pjesëmarrje
attendant *n.* mjek i familjes
attention *n.* vëmendje
attentive *adj.* i vëmendshëm
attest *v.* vërtetoj
attic *n.* papafingo
attire *n.* veshje
attitude *n.* qëndrim
attorney *n.* avokat
attract *v.* tërheq
attraction *n.* tërheqje
attractive *adj.* tërheqës
attribute *v.* atribut
aubergine *n.* patëllxhan
auction *n.* ankand
audible *adj.* që mund të dëgjohet
audience *n.* audiencë

audio *n.* audio
audit *n.* revizion
audition *n.* provë
auditorium *n.* auditor
augment *v.* shtoj
August *n* gusht
aunt *n.* hallë
aura *n.* atmosferë
auspicious *adj.* i mbarë
austere *adj.* i rreptë
Australian *n.* australian
authentic *adj.* i vërtetë
authenticity *n.* vërtësi
author *n.* autor
authoritative *adj.* autoritar
authority *n.* autoritet
authorize *v.* autorizoj
autism *n.* sëmundje mendore
autobiography *n.* autobiografi
autocracy *n.* autokraci
autocrat *n.* despot
autocratic *adj.* autokratik
autograph *n.* autograf
automatic *adj.* automatik
automobile *n.* makinë
autonomous *adj.* autonom
autopsy *n.* autopsi
autumn *n.* vjeshtë
auxiliary *adj.* ndihmës
avail *v.* dobi
available *adj.* në dispozicion
avalanche *n.* ortek
avarice *n.* dorështrëngim
avenge *v.* shpagim
avenue *n.* rrugë
average *n.* mesatare
averse *adj.* kundërshtues
aversion *n.* neveri
avert *v.* shmang
aviary *n.* kafaz zogjsh
aviation *n.* aviacion
aviator *n.* aviator

avid *adj.* lakmues
avidly *adv.* zellshëm
avocado *n.* avokado
avoid *v.* shmang
avoidance *n.* shmangie
avow *v.* pohoj
avuncular *adj.* i xhaxhait
await *v.* pres
awake *v.* i zgjuar
awaken *v.* zgjojë
award *v.* dhënie
aware *adj.* i vetëdijshëm
away *adv.* larg
awe *n.* fus frikë
awesome *adj.* i tmerrshëm
awful *adj.* i tmerrshëm
awhile *adv.* një copë herë
awkward *adj.* i vështirë
awry *adv.* shtrembër
axe *n.* sëpatë
axis *n.* aks
axle *n.* bosht

B

babble *v.* llap
babe *n.* foshnjë
Babel *n.* babel
baboon *n.* baboon
baby *n.* foshnjë
bachelor *n.* beqar
back *n.* prapa
backbone *n.* shtyllë
backdate *v.* backdate
backdrop *n.* sfond
backfire *v.* dështoj
background *n.* sfond
backhand *n.* i pabesë
backing *n.* përkrahje

backlash *n.* reagim i ashpër
backlog *n.* punë e pabërë
backpack *n.* çantë shpine
backside *n.* pjesë e pasme
backstage *adv.* në prapaskenë
backtrack *v.* kthehem
backward *adj.* prapa
backwater *n.* moçal
bacon *n.* proshutë
bacteria *n.* bakteret
bad *adj.* keq
badge *n.* distinktiv
badly *adv.* keq
badminton *n.* badminton
baffle *v.* prish planet
bag *n.* qese
baggage *n.* bagazh
baggy *adj.* i varur
baguette *n.* baguette
bail *n.* dorëzani
bailiff *n.* përmbarues
bait *n.* karrem
bake *v.* piqem
baker *n.* furrtar
bakery *n.* furrë
balance *n.* balancuar
balcony *n.* ballkon
bald *adj.* tullac
bale *n.* deng
ball *n.* top
ballad *n.* baladë
ballet *n.* balet
balloon *n.* tullumbace
ballot *n.* votim
balm *n.* balsam
balsam *n.* balsam
bamboo *n.* bambu
ban *v.* ndalojë
banal *adj.* banal
banana *n.* banane
band *n.* bandë
bandage *n.* fashë

bandit *n.* bandit
bane *n.* fatkeqësi
bang *n.* zhurmë
banger *n.* banger
bangle *n.* kyç i dorës
banish *v.* dëboj
banishment *n.* dëbim
banisters *n.* kangjella
banjo *n.* banxho
bank *n.* bankë
banker *n.* bankier
bankrupt *adj.* i falimentuar
bankruptcy *n.* falimentim
banner *n.* flamur
banquet *n.* banket
banter *n.* tall
baptism *n.* pagëzim
Baptist *n.* baptist
baptize *v.* pagëzoj
bar *n.* bar
barb *n.* gjemb
barbarian *n.* barbar
barbaric *adj.* barbar
barbecue *n.* skarë
barbed *adj.* me gjemba
barber *n.* berber
bard *n.* rapsod
bare *adj.* lakuriq
barely *adv.* mezi
bargain *n.* ujdi
barge *n.* ndesh
bark *n.* leh
barley *n.* elb
barn *n.* hangar
barometer *n.* barometër
baron *n.* baron
barrack *n.* barakë
barracuda *n.* Barracuda
barrage *n.* barazh
barrel *n.* fuçi
barren *adj.* shterp
barricade *n.* barrikadë

barrier *n.* pengesë
barring *prep.* veç
barrister *n.* avokat
barter *v.* shkëmbim
base *n.* bazë
baseless *adj.* i pabazuar
basement *n.* bodrum
bashful *adj.* i turpshëm
basic *n.* themelor
basil *n.* borzilok
basilica *n.* bazilika
basin *n.* legen
basis *n.* bazë
bask *v.* ngrohem
basket *n.* shportë
bass *n.* bas
bastard *n.* bastard
baste *v.* Baste
bastion *n.* fortesë
bat *n.* bat
batch *n.* grumbull
bath *n.* dush
bathe *v.* banjë
bathos *n.* greminë
batik *n.* batik
baton *n.* skeptër
battalion *n.* batalion
batten *n.* dërrasë
batter *n.* qëlloj
battery *n.* bateri
battle *n.* betejë
bauble *n.* stoli
baulk *v.* gafë
bawl *v.* bërtitje
bay *n.* gji
bayonet *n.* bajonetë
bazaar *n.* pazar
bazooka *n.* bazooka
be *v.* jetë
beach *n.* plazh
beacon *n.* fener
bead *n.* thep

beady *adj.* si rruazë
beagle *n.* langua
beak *n.* sqep
beaker *n.* gotë
beam *n.* rreze
bean *n.* bathë
bear *v.t* mbajnë
bear *n.* mbajnë
beard *n.* mjekër
bearing *n.* duke
beast *n.* kafshë
beastly *adj.* i neveritshëm
beat *v.* rrah
beautician *n.* kosmetolog
beautiful *adj.* i bukur
beautify *v.* bëhem më i bukur
beatitude *n.* lumturi e plotë
beauty *n.* bukuri
beaver *n.* kastor
becalmed *adj.* becalmed
because *conj.* sepse
beck *n.* shenjë
beckon *v.* bëj një shenjë
become *v.* të bëhet
bed *n.* krevat
bedding *n.* shtrat
bedlam *n.* shamatë
bedraggled *adj.* bedraggled
bee *n.* bletë
beech *n.* ah
beef *n.* mish lope
beefy *adj.* muskulor
beep *n.* bip
beer *n.* birrë
beet *n.* panxhar
beetle *n.* tokmak
beetroot *n.* panxhar
befall *v.* ndodh
befit *v.* hije
before *adv.* para
beforehand *adv.* para
befriend *v.* ndihmoj

befuddled *adj.* befuddled
beg *v.* lutem
beget *v.* lind
beggar *n.* lypës
begin *v.* filloj
beginning *n.* fillim
beguile *v.* argëtoj
behalf *n.* emër
behave *v.* sillem
behaviour *n.* sjellje
behead *v.* i pres kokën
behemoth *n.* monstër
behest *n.* urdhër
behind *prep.* prapa
behold *v.* shoh
beholden *adj.* mirënjohës
beige *n.* bezh
being *n.* të qenë
belabour *v.* zhdëp
belated *adj.* i vonuar
belay *v.* belay
belch *v.* shkulm
beleaguered *adj.* beleaguered
belie *v.* shpif
belief *n.* besim
believe *v.* besoj
belittle *v.* nënvleftësoj
bell *n.* zile
belle *n.* bukuroshc
bellicose *adj.* luftarak
belligerent *adj.* ndërluftues
bellow *v.* pallje
bellows *n.* shakull
belly *n.* bark
belong *v.* përkas
belongings *n.* plaçkë
beloved *adj.* i dashur
below *prep.* poshtë
belt *n.* rrip
bemoan *v.* vajtoj
bemused *adj.* i mahnitur
bench *n.* stol

bend v. përkulem
beneath adv. poshtë
benediction n. uratë
benefactor n. mirëbërës
benefice n. jap një copë toke
beneficent adj. zemërmirë
beneficial adj. i dobishëm
benefit n. dobi
benevolence n. dashamirësi
benevolent adj dashamirës
benign adj. dashamirës
bent adj. prirje
bequeath v. lë trashëgim
bequest n. trashëgim
berate v. qortoj
bereaved v. në zi
bereavement n. humbje e madhe
bereft adj. privuar
bergamot n. bergamot
berk n. berk
berry n. kokërr
berserk adj. luftëtar
berth n. shtrat
beseech v. lus
beset v. mësyj
beside prep. pranë
besiege v. rrethoj
besmirch v. përlyej
besom n. fshesë shqope
besotted adj. habitesh
bespoke adj. i bërë me porosi
best adj. më i mirë
bestial adj. shtazarak
bestow v. dhuroj
bestride v. shaloj
bet v. bast
betake v. kushtohem
betray v. tradhetoj
betrayal n. tradhti
better adj. më mirë
between adv. ndërmjet
bevel n. i pjerrët

beverage n. pije
bevy n. turmë
bewail v. qaj
beware v. ruhem
bewilder v.t trullos
bewitch v. magjeps
beyond adv. përtej
bi comb. bi
biannual adj. që ndodhet dy herë në vit
bias n. paragjykim
biased adj. i anshëm
bib n. grykësje
Bible n. Bibël
bibliography n. bibliografi
bibliophile n. bibliofil
bicentenary n. dyqindvjeçar
biceps n. biceps
bicker v. grindem
bicycle n. biçikletë
bid v. oferta
biddable adj. i bindur
bidder n. ofrues
bide v. rri
bidet n. bidet
biennial adj. dyvjeçar
bier n. qivur
bifocal adj. dyvatror
big adj. i madh
bigamy n. bigami
bigot n. fanatik
bigotry n. fanatizëm
bike n. biçikletë
bikini n. bikini
bilateral adj. dypalësh
bile n. bile
bilingual adj. dygjuhësh
bill n. faturë
billet n. strehoj
billiards n. bilardo
billion n. miliardë
billionaire n. miliarderi

billow *v.* tallaz
bin *n.* bin
binary *adj.* dyjor
bind *v.* lidhin
binding *n.* detyrues
binge *n.* qejf
binocular *adj.* binocular
biochemistry *n.* biokimi
biodegradable *adj.* biodegradable
biodiversity *n.* biodiversitetit
biography *n.* biografi
biologist *n.* biolog
biology *n.* biologji
biopsy *n.* biopsi
bipartisan *adj.* me dy parti
birch *n.* thupër
bird *n.* zog
bird flu *n.* gripit të shpendëve
birth *n.* lindje
biscuit *n.* galetë
bisect *v.* ndaj me dysh
bisexual *adj.* i dygjinishëm
bishop *n.* peshkop
bison *n.* bizon
bit *n.* bit
bitch *n.* kurvë
bite *v.* kafshoj
biting *adj.* thumbues
bitter *adj.* i hidhur
bizarre *adj.* i çuditshëm
blab *v.* llafazan
black *adj.* i zi
blackberry *n.* ferrë
blackboard *n.* dërrasë e zezë
blacken *v.* nxihem
blacklist *n.* listën e zezë
blackmail *n.* shantazh
blackout *n.* errësim i plotë
blacksmith *n.* farkëtar
bladder *n.* fshikëz
blade *n.* teh
blain *n.* i thatë

blame *v.* faj
blanch *v.* zbardh
bland *adj.* i butë
blank *adj.* bosh
blanket *n.* batanije
blare *v.* gjëmim
blarney *n.* lajkatoj
blast *n.* shpërthim
blatant *adj.* zhurmëmadh
blaze *n.* zjarr
blazer *n.* xhaketë sportive
bleach *adj.* zbardh
bleak *adj.* i ftohtë
bleat *v. i* blegërimë
bleed *v.* më rrjedh gjak
bleep *n.* sinjal bip
blemish *n.* cen
blench *v.* zbehem
blend *v. t* përzierje
blender *n.* blender
bless *v.* bekoj
blessed *adj.* i bekuar
blessing *n.* bekim
blight *n.* mallkim
blind *adj.* i verbër
blindfold *v.* qorrazi
blindness *n.* verbëri
blink *v.* injoroj
blinkers *n.* pafta
blip *n.* blip
bliss *n.* lumturi
blister *n.* flluskë
blithe *adj.* i gëzuar
blitz *n.* sulmoj rrufeshëm
blizzard *n.* prapambetje
bloat *v.* fryhem
bloater *n.* harengë e tymosur
blob *n.* pikë
bloc *n.* bllok
block *n.* bllok
blockade *n.* bllokadë
blockage *n.* bllokim

blog *n.* blog
bloke *n.* tip
blonde *adj.* bjond
blood *n.* gjak
bloodshed *n.* gjakderdhje
bloody *adj.* i përgjakshëm
bloom *v.* lulëzim
bloomers *n.* kilota
blossom *n.* çel
blot *n.* njollos
blotch *n.* pullë
blouse *n.* bluzë
blow *v.* goditje
blowsy *adj.* blowsy
blub *v.* blub
bludgeon *n.* çomange
blue *adj.* blu
bluff *v.* blof
blunder *n.* gabim trashanik
blunt *adj.* topit
blur *v.* turbullirë
blurb *n.* njoftim
blurt *v.* nxjerr pa dashje
blush *v.* skuqem
blusher *n.* blusher
bluster *v.* turfullim
boar *n.* derr
board *n.* bordi
boast *v.* mburrje
boat *n.* varkë
bob *v.* shilingë
bobble *n.* shkume
bode *v.* paralajmëroj
bodice *n.* bust
bodily *adv.* trupor
body *n.* trup
bodyguard *n* rojë personale
bog *n.* ligatinë
bogey *n.* lugat
boggle *v.* ngurroj
bogus *adj.* fals
boil *v.i.* vlim

boiler *n.* bojler
boisterous *adj.* i egërsuar
bold *adj.* guximtar
boldness *n.* guxim
bole *n.* trung
bollard *n.* shtyllë ankorimi
bolt *n.* si rrufe në qiell
bomb *n.* bombë
bombard *v.* bombardoj
bombardment *n.* bombardim
bomber *n.* aeroplan bombardues
bonafide *adj.* bonafide
bonanza *n.* burim fitimi
bond *n.* lidhje
bondage *n.* skallavëri
bone *n.* kockë
bonfire *n.* zjarr i madh
bonnet *n.* kapotë
bonus *n.* shpërblim
bony *adj.* kockëmadh
book *n.* libër
booklet *n.* broshurë
bookmark *n.* bookmark
bookseller *n.* librashitës
bookish *adj.* i dhënë pas librave
booklet *n.* broshurë
boom *n.* bum
boon *n.* ndihmë
boor *n.* harbut
boost *v.* rritur
booster *n.* përforcues
boot *n.* boot
booth *n.* kabinë
bootleg *adj.* shes kontrabandë
booty *n.* pre
border *n.* kufi
bore *v.* mërzit
born *adj.* i lindur
borough *n.* qytet i vogël
borrow *v.* huazoj
bosom *n.* gji
boss *n.* bos

bossy *adj.* mish
botany *n.* botanikë
both *adj. & pron.* të dy
bother *v.* mërzit
bottle *n.* shishe
bottom *n.* fund
bough *n.* degë
boulder *n.* gur
boulevard *n.* bulevard
bounce *v.* kërcej
bouncer *n.* gënjeshtar
bound *v.* i lidhur
boundary *n.* kufi
boundless *adj.* i pafund
bountiful *adj.* bujar
bounty *n.* bujari
bouquet *n.* tufë lulesh
bout *n.* periudhë
boutique *n.* butik
bow *n.* hark
bow *v.* hark
bowel *n.* zorrë
bower *n.* tendë
bowl *n.* tas
box *n.* kuti
boxer *n.* boksier
boxing *n* boks
boy *n.* djalë
boycott *v.* bojkotoj
boyhood *n* djalëri
bra *n.* sytjena
brace *n.* shtrëngoj
bracelet *n.* byzylyk
bracket *n.* kllapa
brag *v.* mburrem
Braille *n.* Braille
brain *n.* tru
brake *n.* frena
branch *n.* degë
brand *n.* markë
brandish *v.* vringëlloj
brandy *n.* raki

brash *adj.* i stuhishëm
brass *n.* tunxh
brave *adj.* trim
bravery *n.* trimëri
brawl *n.* grindje
bray *v.* pëllas
breach *v.* prishje
bread *n.* bukë
breadth *n.* gjerësi
break *v.* pushim
breakage *n.* thyerje
breakfast *n.* mëngjes
breast *n.* gji
breath *n.* frymëmarrje
breathe *v.* marr frymë
breech *n.* të ndenjura
breeches *n.* kilota
breed *v.* ngjall
breeze *n.* fllad
brevity *n.* shkurtësi
brew *v.* krijoj
brewery *n.* fabrikë birre
bribe *v. t.* ryshfet
brick *n.* tullë
bridal *adj.* martesor
bride *n.* nuse
bridegroom *n.* dhëndër
bridge *n.* urë
bridle *n.* fre
brief *adj.* i shkurtër
briefing *n.* udhëzime
brigade *n.* brigadë
brigadier *n.* brigadier
bright *adj.* i ndritshëm
brighten *v.* shndrit
brilliance *n.* madhështi
brilliant *adj.* i shkëlqyer
brim *n.* buzë
brindle *adj.* brindle
brine *n.* shëllirë
bring *v.* sjell
brinjal *n.* Brinjal

brink *n.* Prag
brisk *adj.* levend
bristle *n.* ngrihet
British *adj.* britanik
brittle *adj.* i brishtë
broach *adj.* hell
broad *adj.* i gjerë
broadcast *v. t* transmetim
brocade *n.* brokadë
broccoli *n.* brokoli
brochure *n.* broshurë
broke *adj.* thyen
broken *adj.* i prishur
broker *n.* komisioner
bronchial *adj.* bronkial
bronze *n.* bronz
brood *n.* zogjtë
brook *n.* përrua
broom *n.* fshesë
broth *n.* supë
brothel *n.* shtëpi publike
brother *n.* vëlla
brotherhood *n.* vëllazëri
brow *n.* vetull
brown *n.* zeshkan
browse *v.* shfletoj
browser *n.* shfletuesi
bruise *n.* vras
brunch *n.* paradrekë
brunette *n.* zeshkane
brunt *n.* goditje kryesore
brush *n.* furçë
brusque *adj.* nopran
brutal *adj.* brutal
brute *n.* shtazë
bubble *n.* flluskë
buck *n.* dollar
bucket *n.* kovë
buckle *n.* shtrëngoj
bud *n.* burbuqe
budge *v.* lëviz
budget *n.* buxhet

buffalo *n.* buall
buffer *n.* tampon
buffet *n.* shuplakë
buffoon *n.* bufon
bug *n.* insekt
buggy *n.* kaloshin
bugle *n.* bori
build *v.* ndërtoj
building *n.* ndërtimit
bulb *n.* llambë
bulge *n.* fryrje
bulimia *n.* bulimia
bulk *n.* korpus
bulky *adj.* kaba
bull *n.* dem
bulldog *n.* bulldog
bullet *n.* plumb
bulletin *n.* buletin
bullion *n.* shufra ari ose argjendi
bullish *adj.* bullish
bullock *n.* dem
bully *n.* detyroj
bulwark *n.* mburojë
bum *n.* bythë
bumble *v.* qullos
bump *n.* përplasem
bumper *n.* parakolp
bumpkin *n.* malok
bumpy *adj.* me gunga
bun *n.* simite
bunch *n.* bandë
bundle *n.* deng
bung *n.* sop
bungalow *n.* shtëpi njëkatëshe
bungle *v.* prishni
bunk *n.* ik me vrap
bunker *n.* bunker
buoy *n.* vozë mbi ujë
buoyant *adj.* i gjallë
buoyancy *n.* buoyancy
burble *v.* murmurit
burden *n.* barrë

bureau *n.* zyrë
bureaucracy *n.* burokraci
bureaucrat *n.* burokrat
burgeon *v.* mugullon
burger *n.* hamburger
burglar *n.* hajdut
burglary *n.* vjedhje
burial *n.* varrim
burlesque *n.* parodi
burn *v.* djeg
burner *n.* aparat për djegje
burning *adj.* përvëlues
burrow *n.* strofull
bursar *n.* administrator
bursary *n.* bursary
burst *v.* hov
bury *v.* varros
bus *n.* autobus
bush *n.* shkurre
bushy *adj.* shtëllungë
business *n.* biznes
businessman *n.* biznesmen
bust *n.* bust
bustle *v.* nxitim
busy *adj.* i zënë
but *conj.* por
butcher *n.* kasap
butler *n.* shërbëtor
butter *n.* gjalpë
butterfly *n.* flutur
buttock *n.* bythë
button *n.* buton
buy *v.* blej
buyer *n.* blerës
buzz *n.* lëvizje
buzzard *n.* qift
buzzer *n.* sirenë
by *prep.* nga
by-election *n.* zgjedhje plotësuese
bygone *adj.* e shkuara
byline *n.* rresht i parë
bypass *n.* bajpas

byre *n.* stallë
bystander *n.* soditës
byte *n.* bajt

cab *n.* taksi
cabaret *n.* kabare
cabbage *n.* lakër
cabin *n.* kabinë
cabinet *n.* kabinet
cable *n.* kabllo
cacao *n.* kakao
cache *n.* vend i fshehtë
cachet *n.* vulë
cackle *n.* kakarisje
cactus *n.* kaktus
cad *n.* horr
cadaver *n.* kufomë
caddy *n.* kuti çaji
cadaver *n.* kufomë
cadet *n.* kadet
cadmium *n.* kadmium
cadre *n.* kuadrot
caesarean *n.* caesarean
cafe *n.* kafene
cafeteria *n.* mensë
cage *n.* kafaz
cahoots *n.* cahoots
cajole *v.* mikloj
cake *n.* tortë
calamity *n.* fatkeqësi
calcium *n.* kalcium
calculate *v.* llogarit
calculator *n.* kalkulatriçe
calculation *n.* llogaritje
calendar *n.* kalendar
calf *n.* viç
calibrate *v.* gradoj

calibre *n.* kalibër
call *v.* thirrje
calligraphy *n.* kaligrafi
calling *n.* thirrje
callous *adj.* i pashpirt
callow *adj.* i papërvojë
calm *adj.* qetë
calorie *n.* kalori
calumny *n.* shpifje
camaraderie *n.* atmosferë shoqërore
camber *n.* camber
cambric *n.* kambrik
camcorder *n.* videokamera
camel *n.* deve
cameo *n.* gur i gdhendur
camera *n.* aparat fotografik
camp *n.* kamp
campaign *n.* fushatë
camphor *n.* kamfur
campus *n.* kompleks
can *n.* mund
can *v.* mund
canal *n.* kanal
canard *n.* lajm i rremë
cancel *v.* anuloj
cancellation *n.* anulim
cancer *n.* kancer
candela *n.* qiri
candid *adj.* i sinqertë
candidate *n.* kandidat
candle *n.* qiri
candour *n.* sinqeritet
candy *n.* karamele
cane *n.* kallam
canine *adj.* i qenit
canister *n.* kuti
cannabis *n.* kanp
cannibal *n.* kanibal
cannon *n.* top
canny *adj.* i qetë
canoe *n.* lundër
canon *n.* kanun
canopy *n.* tendë
cant *n.* cant
cantankerous *adj.* grindavec
canteen *n.* mensë
canter *n.* eci me galop
canton *n.* kanton
cantonment *n.* kazermë
canvas *n.* kanavacë
canvass *v.* diskutoj
canyon *n.* kanion
cap *n.* kapak
capability *n.* aftësi
capable *adj.* i aftë
capacious *adj.* i madh
capacitor *n.* kondensator
capacity *n.* kapacitet
caparison *v.* caparison
cape *n.* kep
capital *n.* kapital
capitalism *n.* kapitalizëm
capitalist *n. &adj.* kapitalist
capitalize *v.* germa
capitation *n.* tatim për frymë
capitulate *v.* dorëzohem
caprice *n.* teka
capricious *adj.* kapriçioz
capsicum *n.* pjepër
capsize *v.* përmbys
capstan *n.* capstan
capsule *n.* kapsulë
captain *n.* kapiten
captaincy *n.* titull i kapitenit
caption *n.* titull
captivate *v.* robëroj
captive *n.* rob
captivity *n.* robëri
captor *n.* kapës
capture *v.* kapur
car *n.* makinë
caramel *n.* karamel
carat *n.* karat

caravan *n.* karavan
carbohydrate *n.* karbohidrat
carbon *n.* karbon
carbonate *adj.* karbonat
carboy *n.* kashtore
carcass *n.* karabina
card *n.* kartë
cardamom *n.* kardamom
cardboard *n.* karton
cardiac *adj.* kardiak
cardigan *n.* triko
cardinal *n.* kardinal
cardiograph *n.* kardiograf
cardiology *n.* kardioligji
care *n.* kujdes
career *n.* karierë
carefree *adj.* i lumtur
careful *adj.* i kujdesshëm
careless *adj.* i pakujdesshëm
carer *n.* kujdestar
caress *v.* puth
caretaker *n.* kujdestar
cargo *n.* ngarkesë
caricature *n* karikaturë
carmine *n.* i kuq
carnage *n.* kërdi
carnal *adj.* sensual
carnival *n.* karnaval
carnivore *n.* mishngrënës
carol *n.* cicërimë
carpal *adj.* i kyçit të dorës
carpenter *n.* marangoz
carpentry *n.* karpentieri
carpet *n.* qilim
carriage *n.* karrocë
carrier *n.* zgarë
carrot *n.* karotë
carry *v.* mbaj
cart *n.* qerre
cartel *n.* kartel
cartilage *n.* kërc
carton *n.* kuti kartoni

cartoon *n.* karikaturë
cartridge *n.* fishek
carve *v.* ndërtoj
carvery *n.* per te ndertuar
Casanova *n.* kasanova
cascade *n.* ujëvarë
case *n.* rast
casement *n.* dritare me kanata
cash *n.* para
cashew *n.* shqeme
cashier *n.* arkëtar
cashmere *n.* lesh kashmiri
casing *n.* zorrë
casino *n.* kazino
cask *n.* vozë
casket *n.* arkivol
casserole *n.* tavë
cassock *n.* rasë
cast *v.* flak
castaway *n.* i humbur në det
caste *n.* kastë
castigate *v.* shaj
casting *n.* që hedh
castle *n.* kala
castor *n.* shishkë
castrate *v.* tredh
castor oil *a.* vaj ricini
casual *adj.* rastësor
casualty *n.* viktimë
cat *n.* mace
cataclysm *n.* kataklizëm
catalogue *n.* katalog
catalyse *v.* catalyze
catalyst *n.* katalizator
cataract *n.* katarakt
catastrophe *n.* katastrofë
catch *v.* kap
catching *adj.* infektues
catchy *adj.* tërheqës
catechism *n.* libër katekizmi
categorical *adj.* kategorik
categorize *v.* kategorizoj

category *n.* kategori
cater *v.* kujdesem për
caterpillar *n.* vemje
catharsis *n.* catharsis
cathedral *n.* katedrale
catholic *adj.* katolik
cattle *n.* bagëti
catty *n.* i lig
Caucasian *adj.* Kaukazian
cauldron *n.* kazan
cauliflower *n.* lulelakër
causal *adj.* shkakor
causality *n.* shkakësi
cause *n.* bëj
causeway *n.* xhade
caustic *adj.* kaustik
caution *n.* Kujdes
cautionary *adj.* paralajmërues
cautious *adj.* i kujdesshëm
cavalcade *n.* vargan
cavalier *adj.* arrogant
cavalry *n.* kalorësi
cave *n.* shpellë
caveat *n.* caveat
cavern *n.* shpellë
cavernous *adj.* me shpella
cavity *n.* zgavër
cavort *v.* kërcej
cease *v.* pushoj
ceasefire *n.* armëpushim
ceaseless *adj.* i pandërprerë
cedar *n.* kedër
cede *v.* heq dorë
ceiling *n.* tavan
celandine *n.* celandine
celebrant *n.* kremtuesi
celebrate *v.* festoj
celebration *n.* festim
celebrity *n.* njeri i famshëm
celestial *adj.* qiellor
celibacy *n.* beqari
celibate *adj.* beqar

cell *n.* qelizë
cellar *n.* bodrum
cellphone *n.* cellphone
cellular *adj.* celular
cellulite *n.* celulitin
celluloid *n.* celuloid
cellulose *n.* celulozë
Celsius *n.* celsius
Celtic *adj.* Kelt
cement *n.* çimento
cemetery *n.* varrezë
censer *n.* temjanicë
censor *n.* censor
censorship *n.* censurim
censorious *adj.* i censorit
censure *v.* kritikë
census *n.* Regjistrimi
cent *n.* cent
centenary *n.* njëqindvjeçar
centennial *n.* njëqindvjeçar
center *n.* qendër
centigrade *adj.* celsius
centimetre *n.* centimetër
centipede *n.* dyzetkëmbësh
central *adj.* qendror
centralize *v.* përqendroj
centre *n.* qendër
century *n.* shekull
ceramic *n.* qeramike
cereal *n.* drithi
cerebral *adj.* trunor
ceremonial *adj.* ceremonial
ceremonious *adj.* ceremonial
ceremony *n.* ceremoni
certain *adj.* disa
certainly *adv.* sigurisht
certifiable *adj.* i vërtetueshëm
certificate *n.* certifikatë
certify *v.* vërtetoj
certitude *n.* siguri
cervical *adj.* i qafës
cessation *n.* ndërprerje

cession *n.* lënie
chain *n.* zinxhir
chair *n.* karrige
chairman *n.* kryetar
chaise *n.* shezlong
chalet *n.* shtëpi
chalice *n.* kupë
chalk *n.* shkumës
challenge *n.* sfidë
chamber *n.* dhomë
chamberlain *n.* shambellan
champagne *n.* shampanjë
champion *n.* kampion
chance *n.* shans
chancellor *n.* kancelar
Chancery *n.* arkiv
chandelier *n.* llambadar
change *v.* ndryshim
channel *n.* kanal
chant *n.* psal
chaos *n.* kaos
chaotic *adj.* kaotik
chapel *n.* kishëz
chaplain *n.* kapelan
chapter *n.* kapitull
char *v.* shkrumb
character *n.* karakter
characteristic *n.* karakteristikë
charcoal *n.* qymyr druri
charge *v.* akuzë
charge *n.* akuzë
charger *n.* ngarkues
chariot *n.* koçi
charisma *n.* karizëm
charismatic *adj.* karizmatik
charitable *adj.* bamirës
charity *n.* bamirësi
charlatan *n.* sharlatan
charm *n.* bukuri
charming *adj.* simpatik
chart *n.* chart
charter *n.* statut

chartered *adj.* privilegjuar
chary *adj.* fjalëpakë
chase *v.* ndjekje
chassis *n.* shasi
chaste *adj.* i matur
chasten *v.* ndëshkoj rëndë
chastise *v.* ndëshkoj
chastity *n.* dëlirësi
chat *v. i.* muhabet
chateau *n.* vilë
chattel *n.* pasuri e tundshme
chatter *v.* kërcëllimë
chauffeur *n.* shofer
chauvinism *n.* shovinizëm
chauvinist *n. &adj.* shovinist
cheap *adj.* lirë
cheapen *v. t.* përçmoj
cheat *v.* gënjej
cheat *n.* gënjej
check *v.* kontrolloj
checkmate *n* dështim i plotë
cheek *n.* faqe
cheeky *adj.* i pacipë
cheep *n.* pikset
cheer *v. t.* mbush me gëzim
cheerful *adj.* i gëzuar
cheerless *adj.* i zymtë
cheery *adj.* gazmor
cheese *n.* djathë
cheetah *n.* gatopard
chef *n.* kuzhinier
chemical *adj.* kimik
chemist *n.* farmacist
chemistry *n.* kimi
chemotherapy *n.* kimioterapi
cheque *n.* çek
cherish *v.* ushqej
chess *n.* shah
chest *n.* gjoks
chestnut *n.* gështenjë
chevron *n.* shirit grade
chew *v.* përtyp

chic *adj.* elegancë
chicanery *n.* mashtrim
chicken *n.* pulë
chickpea *n.* chickpea
chide *v.* qortoj
chief *n.* shef
chiefly *adv.* kryesisht
chieftain *n.* kryetar
child *n.* fëmijë
childhood *n.* fëmijëri
childish *adj.* fëminor
chill *n.* qetësohuni
chilli *n.* chilli
chilly *adj.* ftohtë
chime *n.* bie
chimney *n.* oxhak
chimpanzee *n.* shimpanze
chin *n.* mjekër
china *n.* Kinë
chip *n.* monedhë
chirp *v.* ligjërim
chisel *n.* daltë
chit *n.* çupëlinë
chivalrous *adj.* kalorësiak
chivalry *n.* kalorësi
chlorine *n.* klor
chloroform *n.* kloroform
chocolate *n.* çokollatë
choice *n.* zgjedhje
choir *n.* kor
choke *v.* asfiksim
cholera *n.* kolerë
choose *v.* t zgjedh
chop *v.* pres
chopper *n.* hanxhar
chopstick *n.* shkopinj
choral *adj.* koral
chord *n.* akord
chorus *n.* kor
Christ *n.* Krishti
Christian *adj.* I krishterë
Christianity *n.* Krishterimi

Christmas *n.* Krishtlindje
chrome *n.* krom
chronic *adj.* kronik
chronicle *n.* kronikë
chronology *n.* kronologji
chronograph *n.* chronograph
chuckle *v.* nënqesh
chum *n.* shok i ngushtë
chunk *n.* copë
church *n.* kishë
churchyard *n.* varrezë
churn *v.* dybek
chutney *n.* chutney
cider *n.* musht
cigar *n.* puro
cigarette *n.* cigare
cinema *n* kinema
cinnamon *n.* kanellë
circle *n.* rreth
circuit *n.* qark
circular *adj.* qarkore
circulate *v.* qarkulloj
circulation *n.* qarkullim
circumcise *v.* rrethpritni
circumference *n.* perimetër
circumscribe *v.* kufizoj
circumspect *adj.* i kujdesshëm
circumstance *n.* rrethanë
circus *n.* cirk
cist *n.* mauzole prej guri
cistern *n.* sternë
citadel *n.* kala
cite *v.* citoj
citizen *n.* qytetar
citizenship *n.* shtetësi
citrus *n.* agrume
citric *adj.* limoni
city *n.* qytet
civic *adj.* qytetar
civics *n.* e drejta civile
civil *adj.* civil
civilian *n.* civil

civilization *n.* qytetërim
civilize *v.* lëmoj
clad *adj.* veshur
cladding *n.* veshja
claim *v.* kërkesë
claimant *n.* pretendues
clammy *adj.* i ftohtë dhe i lagësht
clamour *n.* zhurmë
clamp *n.* pirg
clan *n.* klan
clandestine *adj.* i fshehtë
clap *v.* duartrokas
clarify *v.* sqaroj
clarification *n.* sqarim
clarion *adj.* trombë
clarity *n.* qartësi
clash *v.* përplasje
clasp *v.* shtrëngim duarsh
class *n.* klasë
classic *adj.* klasik
classical *adj.* klasik
classification *n.* klasifikim
classify *v.* klasifikoj
clause *n.* pikë
claustrophobia *n.* pësuan
claw *n.* thua
clay *n.* argjilë
clean *adj.* i pastër
cleanliness *n.* pastërti
cleanse *v.* pastroj
clear *adj.* qartë
clearance *n.* pastrim
clearly *adv.* qartë
cleave *v.* çahem
cleft *n.* dysh
clemency *n.* përdëllim
clement *adj.* i butë
Clementine *n.* clementine
clench *v.* shtyp
clergy *n.* kler
cleric *n.* klerik
clerical *adj.* klerikal

clerk *n.* nëpunës
clever *adj.* i zgjuar
click *n.* click
client *n.* klient
cliff *n.* shkëmb
climate *n.* klimë
climax *n.* kulm
climb *v.i* ngjit
clinch *v.* përfundoj
cling *v.* kapem
clinic *n.* klinikë
clink *n.* burg
clip *n.* kapëse
cloak *n.* mantel
clock *n.* orë
cloister *n.* manastir
clone *n.* klon
close *adj.* afër
closet *n.* dullap
closure *n.* mbyllje
clot *n.* mpiksje
cloth *n.* leckë
clothe *v.* vesh
clothes *n.* rroba
clothing *n.* veshje
cloud *n.* re
cloudy *adj.* i vrenjtur
clove *n.* karafil
clown *n.* gaztor
cloying *adj.* cloying
club *n.* klub
clue *n.* çelës
clumsy *adj.* i ngathët
cluster *n.* grumbull
clutch *v. t.* tufë
coach *n.* trajner
coal *n.* thëngjill
coalition *n.* koalicion
coarse *adj.* i trashë
coast *n.* bregdet
coaster *n.* slitë
coat *n.* pallto

coating *n.* shtresë
coax *v.* marr me të mirë
cobalt *n.* kobalt
cobble *n.* dilte
cobbler *n.* këpucar
cobra *n.* gjarpër me syze
cobweb *n.* grackë
cocaine *n.* kokainë
cock *n.* gjel
cockade *n.* cockade
cockpit *n.* kabinë
cockroach *n.* kacabu
cocktail *n.* koktej
cocky *adj.* kryelartë
cocoa *n.* kakao
coconut *n.* i kokosit
cocoon *n.* fshikëz
code *n.* kod
co-education *n.* bashkë-Arsimi
coefficient *n.* koeficient
coerce *v.* detyroj
coeval *adj.* moshatar
coexist *v.* bashkëjetoj
coexistence *n.* bashkëjetesë
coffee *n.* kafe
coffer *n.* sënduk
coffin *n.* arkivol
cog *n.* hallkë
cogent *adj.* bindës
cogitate *v.* mendoj thellë
cognate *adj.* që ka lidhje
cognizance *n.* dieni
cohabit *v.* bashkëjetoj
cohere *v.* rrinë bashkë
coherent *adj.* koherent
cohesion *n.* kohezion
cohesive *adj.* i bashkuar
coil *n.* spirale
coin *n.* monedhë
coinage *n.* fjalë e sajuar
coincide *v.* përputhen
coincidence *n.* përkim

coir *n.* coir
coke *n.* koks
cold *adj.* të ftohtë
colic *n.* dhimbje barku
collaborate *v.* bashkëpunoj
collaboration *n.* bashkëpunim
collage *n.* kolazh
collapse *v.* shembje
collar *n.* jakë
collate *v.* sistemoj
collateral *n.* anësor
colleague *n.* koleg
collect *v.* mbledh
collection *n.* koleksion
collective *adj.* kolektiv
collector *n.* kolektor
college *n.* kolegj
collide *v.* ndeshem
colliery *n.* minierë qymyrguri
collision *n.* përplasje
colloquial *adj.* bisedor
collusion *n.* marrëveshje e fshehtë
cologne *n.* Köln
colon *n.* dy pika
colonel *n.* kolonel
colonial *adj.* kolonial
colony *n.* koloni
colossal *adj.* kolosal
colossus *n.* kolos
column *n.* kolonë
colour *n.* ngjyrë
colouring *n.* ngjyrosje
colourless *n.* i pangjyrë
coma *n.* komë
comb *n.* krehër
combat *n.* luftuar
combatant *n* luftëtar
combination *n.* kombinim
combine *v.* kombinoj
combustible *adj.* i djegshëm
combustion *n.* djegje
come *v.* eja

comedian *n.* komedian
comedy *n* komedi
comet *n.* kometë
comfort *n.* rehati
comfort *v.* rehati
comfortable *adj.* i rehatshëm
comic *adj.* komik
comma *n.* presje
command *v.* komandë
commandant *n.* komandant
commander *n.* komandant
commando *n.* ushtar për ndërhyrje të rrezikshme
commemorate *v.* përkujtuar
commemoration *n.* përkujtim
commence *v.* filloj
commencement *n.* nisje
commend *v.* lavdëroj
commendable *adj.* i lavdërueshëm
commendation *n.* lavdërim
comment *n.* koment
commentary *n.* koment
commentator *n.* komentator
commerce *n.* tregti
commercial *adj.* komercial
commiserate *v.* mëshiroj
commission *n.* komision
commissioner *n.* përfaqësues
commissure *n.* commissure
commit *v.* kryej
commitment *n.* angazhim
committee *n.* komision
commode *n.* komo
commodity *n.* mall
common *adj.* i zakonshëm
commoner *n.* njeri i thjeshtë
commonplace *adj.* i zakonshëm
commonwealth *n.* federatë
commotion *n.* gurgule
communal *adj.* komunal
commune *n.* komunë

communicable *adj.* i komunikueshëm
communicant *n.* informues
communicate *v.* komunikoj
communication *n.* komunikim
communion *n.* bashkësi
communism *n.* komunizmi
community *n.* Komuniteti
commute *v.* ndërroj
compact *adj.* kompakt
companion *n.* shoqërues
company *n.* kompani
comparative *adj.* krahasues
compare *v.* krahasim
comparison *n.* krahasim
compartment *n.* kabina
compass *n.* busull
compassion *n.* dhembshuri
compatible *adj.* i pajtueshëm
compatriot *n.* bashkatdhetar
compel *v.* detyroj
compendious *adj.* i përmbledhur
compendium *n.* përmbledhje
compensate *v.* kompensoj
compensation *n.* kompensim
compere *n.* compere
compete *v.* konkurroj
competence *n.* kompetencë
competent *adj.* kompetent
competition *n.* konkurrencë
competitive *adj.* konkurrues
competitor *n.* konkurrent
compile *v.* përpiloj
complacent *adj.* i vetëkënaqur
complain *v.* ankohem
complaint *n.* ankim
complaisant *adj.* i gjindshëm
complement *n.* plotësues
complementary *adj.* plotësues
complete *adj.* i plotë
completion *n.* përfundim
complex *adj.* kompleks

complexity *n.* kompleksitet
complexion *n.* çehre
compliance *n.* pajtim
compliant *adj.* i urtë
complicate *v.* komplikoj
complication *n.* ndërlikim
complicit *adj.* bashkepunetore
complicity *n.* bashkëpunim
compliment *n.* kompliment
compliment *v. i* kompliment
comply *v.* përputhen
component *n.* komponent
comport *v.* mbahem
compose *v.* kompozoj
composer *n.* kompozitor
composite *adj.* i përbërë
composition *n.* përbërje
compositor *n.* radhitës
compost *n.* përzierje plehrash
composure *n.* vetëpërmbajtje
compound *n.* kompleks
comprehend *v.* përfshij
comprehensible *adj.* i kuptueshëm
comprehension *n.* të kuptuarit
comprehensive *adj.* gjithëpërfshirës
compress *v.* ngjesh
compression *n.* ngjeshje
comprise *v.* përmbaj
compromise *n.* kompromis
compulsion *n.* detyrim
compulsive *adj.* i pandreqshëm
compulsory *adj.* detyrueshëm
compunction *n.* pishman
computation *n.* llogaritje
compute *v.* llogaris
computer *n.* kompjuter
computerize *v.* infermatizoj
comrade *n.* shok
concatenation *n.* varg
concave *adj.* konkav

conceal *v.* fsheh
concede *v.* pranoj
conceit *n.* mendjemadhësi
conceivable *adj.* i përfytyrueshëm
conceive *v. t* krijoj
concentrate *v.* përqendrohem
concentration *n.* përqendrim
concept *n.* koncept
conception *n.* konceptim
concern *v.* shqetësim
concerning *prep.* në lidhje me
concert *n.* koncert
concerted *adj.* i përbashkët
concession *n.* koncesion
conch *n.* kërmill
conciliate *v.* bëj për vete
concise *adj.* konciz
conclude *n.* përfundoj
conclusion *n.* përfundim
conclusive *adj.* bindës
concoct *v.* shpik
concoction *n.* shpikje
concomitant *adj.* shoqërues
concord *n.* akord
concordance *n.* harmoni
concourse *n.* turmë
concrete *n.* konkret
concubine *n.* mantenutë
concur *v.* pajtohem
concurrent *adj.* në harmoni
concussion *n.* tronditje
condemn *v.* dënoj
condemnation *n.* dënim
condense *v.* trash
condescend *v.* denjoj
condiment *n.* piper
condition *n.* kusht
conditional *adj.* i kushtëzuar
conditioner *n.* balsam për flokët
condole *v.* ngushëlloj
condolence *n.* ngushëllim
condom *n.* prezervativ

condominium *n.* godinë në bashkëpronësi
condone *v.* fal
conduct *n.* sjellje
conduct *v.* sjellje
conductor *n.* dirigjent
cone *n.* kon
confection *n.* konfeksione
confectioner *n.* pastiçer
confectionery *n.* ëmbëltore
confederate *adj.* konfederatë
confederation *n.* konfederatë
confer *v.* këshillohem
conference *n.* konferencë
confess *v.* pranoj
confession *n.* rrëfim
confidant *n.* shok i ngushtë
confide *v.* besoj
confidence *n.* besim
confident *adj.* i sigurt
confidential *adj.* sekret
configuration *n.* konfiguracion
confine *v.* mbyll
confinement *n.* burgosje
confirm *v.* konfirmoj
confirmation *n.* vërtetim
confiscate *v.* konfiskoj
confiscation *n.* konfiskim
conflate *v.* unifikojne
conflict *n.* konflikt
confluence *n.* bashkërrjedhje
confluent *adj.* mëngë
conform *v.* konform
conformity *n.* pajtim
confront *v.* përballur
confrontation *n.* ballafaqim
confuse *v.* çrregulloj
confusion *n.* ngatërrim
confute *v.* hedh poshtë
congenial *adj.* i pëlqyeshëm
congenital *adj.* i lindur
congested *adj.* i mbushur plot

congestion *n.* kongjestion
conglomerate *n.* konglomerat
conglomeration *n.* përzierje
congratulate *v.* përgëzoj
congratulation *n.* urim
congregate *v.* mbledh
congress *n.* kongres
congruent *adj.* në harmoni
conical *adj.* konik
conjecture *n. &v.* hamendje
conjugal *v.t. & i.* bashkëshortor
conjugate *v.* bashkoj
conjunct *adj.* i bashkuar
conjunction *n.* lidhje
conjunctivitis *n.* konjuktivit
conjuncture *n.* krizë
conjure *v.* sjell në mendje
conker *n.* conker
connect *v.* lidh
connection *n.* lidhje
connive *v.* bashkëpunon
conquer *v.* mposht
conquest *n.* pushtim
conscience *n.* ndërgjegje
conscious *adj.* i vetëdijshëm
consecrate *v.* shenjtëroj
consecutive *adj.* i njëpasnjëshëm
consecutively *adv.* rresht
consensus *n.* konsensus
consent *n.* pëlqim
consent *v.t.* pëlqim
consequence *n.* pasojë
consequent *adj.* konsekuent
conservation *n.* ruajtje
conservative *adj.* konservator
conservatory *n.* konservator
conserve *v. t* komposto
consider *v.* konsideroj
considerable *adj.* i konsidërueshëm
considerate *adj.* i vëmendshëm
consideration *n.* konsideratë

considering *prep.* konsideruar
consign *v.* besoj
consignment *n.* ngarkesë
consist *v.* përbëhet
consistency *n.* konsistencë
consistent *adj.* në përputhje
consolation *n.* ngushëllim
console *v. t.* konsol
consolidate *v.* konsolidoj
consolidation *n.* konsolidimi
consonant *n.* bashkëtingëllore
consort *n.* shoqërohem
consortium *n.* partneritet
conspicuous *adj.* i spikatur
conspiracy *n.* komplot
conspirator *n.* konspirator
conspire *v.* komplotoj
constable *n.* polic i thjeshtë
constabulary *n.* xhandarmëri
constant *adj.* konstante
constellation *n.* plejadë
consternation *n.* tmerr
constipation *n.* kapsllëk
constituency *n.* zonë elektorale
constituent *adj.* përbërës
constitute *v.* përbëjnë
constitution *n.* kushtetutë
constitutional *adj.* kushtetuese
constrain *v.* detyroj
constraint *n.* detyrim
constrict *v.* ngushtoj
construct *v.* ndërtoj
construction *n.* ndërtim
constructive *adj.* konstruktiv
construe *v.* shpjegoj
consul *n.* konsull
consular *n.* konsullor
consulate *n.* konsullatë
consult *v.* konsultoj
consultant *n.* konsulent
consultation *n.* këshillim
consume *v.* konsumoj

consumer *n.* konsumator
consummate *v.* i përkryer
consumption *n.* konsum
contact *n.* kontakt
contagion *n.* ngjitje
contagious *adj.* ngjitës
contain *v.t.* përmbaj
container *n.* enë
containment *n.* kontrollin
contaminate *v.* infektoj
contemplate *v.* parashikoj
contemplation *n.* soditje
contemporary *adj.* bashkëkohor
contempt *n.* përbuzje
contemptuous *adj.* përbuzës
contend *v.* luftoj
content *adj.* përmbajtje
content *n.* përmbajtje
contention *n.* grindje
contentment *n.* kënaqësi
contentious *adj.* kundërshtues
contest *n.* garë
contestant *n.* pjesëmarrës në garë
context *n.* kontekst
contiguous *adj.* i afërt
continent *n.* kontinent
continental *adj.* kontinental
contingency *n.* rastisje
continual *adj.* i vazhdueshëm
continuation *n.* vazhdim
continue *v.* vazhdoj
continuity *n.* vazhdimësi
continuous *adj.* i vazhdueshëm
contort *v.* shtrembëroj
contour *n.* kontur
contra *prep.* kundër
contraband *n.* kontrabandë
contraception *n.* kontraceptim
contraceptive *n.* kontraceptiv
contract *n.* kontratë
contract *n* kontratë
contractual *adj.* kontraktor

contractor *n.* kontraktues
contraction *n.* tkurrje
contradict *v.* kundërshtojnë
contradiction *n.* kundërshtim
contrary *adj.* në kundërshtim
contrast *n.* kontrast
contravene *v.* shkel
contribute *v.* kontribuoj
contribution *n.* kontribut
contrivance *n.* shpikje
contrive *v.* zbuloj
control *n.* kontrolluar
controller *n.* kontrollues
controversial *adj.* i diskutueshëm
controversy *n.* polemikë
contusion *n.* shembje
conundrum *v. t* rebus
conurbation *n.* aglomeracioni
convene *v.* thërras
convenience *n.* komoditet
convenient *adj.* i përshtatshëm
convent *n.* manastir
convention *n.* kuvend
converge *v.* konvergjoj
conversant *adj.* i njohur
conversation *n.* bisedë
converse *v.* bisedoj
conversion *n.* shndërrim
convert *n.* kthcj
convert *v.* kthej
convey *v.* përçoj
conveyance *n.* bartje
convict *n.* i dënuar
convict *v.* i dënuar
conviction *n.* bindje
convince *v.* bind
convivial *adj.* i qejfit
convocation *n.* mbledhje
convoy *n.* vargan
convulse *n.* dredh
convulsion *n.* konvulsion
cook *n.* gatuaj

cook *v.* gatuaj
cooker *n.* furnelë
cookie *n.* biskotë
cool *adj.* i ftohtë
coolant *n.* ftohës
cooler *n.* frigorifer
cooper *n.* vozaxhi
cooperate *v.* bashkëpunojnë
cooperation *n.* bashkëpunimi
cooperative *adj.* bashkëpunuese
coordinate *v. t* koordinojë
coordination *n.* bashkërendim
cope *v.* përballoj
copier *n.* copier
copious *adj.* me bollëk
copper *n.* bakër
copulate *v.* çiftohem
copy *n.* kopje
copy *v.* kopje
coral *n.* koral
cord *n.* spango
cordial *adj.* i përzemërt
cordon *n.* gjalmë
core *n.* bërthamë
coriander *n.* koriandër
cork *n.* tapë
corn *n.* misër
cornea *n.* kornea
corner *n.* qoshe
cornet *n.* kaush
coronation *n.* kurorëzim
coroner *n.* mjek ligjor
coronet *n.* kurorë
corporal *n.* trupor
corporate *adj.* i korporatës
corporation *n.* korporatë
corps *n.* korpus
corpse *n.* kufomë
corpulent *adj.* i shëndoshë
correct *adj.* korrigjuar
correct *v.* korrigjuar
correction *n.* korrigjim

corrective *adj.* korrigjues
correlate *v.* lidhem
correlation *n.* korrelacion
correspond *v.* korrespondoj
correspondence *n.* korrespondencë
correspondent *n.* korrespondent
corridor *n.* korridor
corroborate *v.* konfirmoj
corrode *v.* prish
corrosion *n.* gërryerje
corrosive *adj.* gërryes
corrugated *adj.* corrugated
corrupt *adj.* i korruptuar
corrupt *n.* i korruptuar
corruption *n.* korrupsioni
cortisone *n.* kortizon
cosmetic *adj.* kozmetik
cosmetic *n.* kozmetik
cosmic *adj.* kozmik
cosmology *n.* kozmologji
cosmopolitan *adj.* kozmopolit
cosmos *n.* gjithësi
cost *v.* kosto
costly *adj.* i kushtueshëm
costume *n.* kostum
cosy *adj.* komod
cot *n.* ahur
cottage *n.* vilë
cotton *n.* pambuk
couch *n.* shtrat
couchette *n.* couchette
cough *v.* kollë
council *n.* këshill
councillor *n.* këshilltar
counsel *n.* këshillë
counsel *v.* këshillë
counsellor *n.* këshilltar
count *v.* akuzë
countenance *n.* toleroj
counter *n.* kundërvënë
counter *v.t.* kundërvënë

counteract *v.* kundërveproj
counterfeit *adj.* falsifikim
counterfoil *n.* faturë
countermand *v.* kundërurdhër
counterpart *n.* homolog
countless *adj.* i panumërt
country *n.* vend
county *n.* qark
coup *n.* goditje e befasishme
coupe *n.* veturë dydyershe
couple *n.* çift
couplet *n.* çift
coupon *n.* kupon
courage *n.* guxim
courageous *adj.* guximtar
courier *n.* ndërlidhës
course *n.* kurs
court *n.* gjykatë
courteous *adj.* i sjellshëm
courtesan *n.* courtesan
courtesy *n.* mirësjellje
courtier *n.* oborrtar
courtly *adj.* i sjellshëm
courtship *n.* të ardhurit rrotull
courtyard *n.* oborr brenda një godine
cousin *n.* kushëri
cove *n.* rob
covenant *n.* marrëveshje
cover *n.* mbuloj
cover *v.* mbuloj
covert *adj.* i mbuluar
covet *v.* lakmoj
cow *n.* lopë
coward *n.* frikacak
cowardice *n.* frikë
cower *v.* strukem
coy *adj.* i turpshëm
cozy *adj.* komod
crab *n.* gaforre
crack *n.* plas
crack *v.* plas

cracker *n.* fishekzjarr
crackle *v.* kërcitje
cradle *n.* djep
craft *n.* artizanatit
craftsman *n.* zejtar
crafty *adj.* dinak
cram *v.* dëndem
cramp *n.* ngërç
crane *n.* vinç
crinkle *v.* rrudhë
crash *v.* përplasje
crass *adj.* i pagdhendur
crate *n.* arkë
cravat *n.* kravetë
crave *v.* t vdes për
craven *adj.* frikacak
crawl *v.* zvarritje
crayon *n.* shkumës me ngjyrë
craze *n.* mani
crazy *adj.* i çmendur
creak *n.* gërvimë
creak *v.* gërvimë
cream *n.* krem
crease *n.* rrudhë
create *v.* krijoj
creation *n.* krijim
creative *adj.* krijues
creator *n.* krijues
creature *n.* krijesë
crèche *n.* cerdhja
credentials *n.* letra kredenciale
credible *adj.* i besueshëm
credit *n.* kredi
creditable *adj.* i lavdërueshëm
creditor *n.* kreditor
credulity *adv.* lehtëbesim
creed *n.* kredo
creek *n.* mëngë
creep *v.* shkarje
creeper *n.* kthetra
cremate *v.* djeg
cremation *n.* djegje

crematorium *n.* krematorium
crescent *n.* në rritje
crest *n.* jele
crew *n.* ekuipazh
crib *n.* grazhd
cricket *n.* kriket
crime *n.* krim
criminal *n.* penal
criminology *n.* kriminalistikë
crimson *n.* skuqem
cringe *v.* servilizëm
cripple *n.* ulok
crisis *n.* krizë
crisp *adj.* i freskët
criterion *n.* kriter
critic *n.* kritik
critical *adj.* kritik
criticism *n.* kritikë
criticize *v.* kritikoj
critique *n.* kritikë
croak *n.* kuak
crochet *n.* thur me grep
crockery *n.* poçeri
crocodile *n.* krokodil
croissant *n.* briosh
crook *n.* hajdut
crooked *adj.* gërmuq
crop *n.* prodhim
cross *n.* kryq
crossing *n.* kalim
crotchet *n.* trill
crouch *v.* përkulje
crow *n.* sorrë
crowd *n.* turmë
crown *n.* kurorë
crown *v.* kurorë
crucial *adj.* vendimtar
crude *adj.* i papërpunuar
cruel *adj.* mizor
cruelty *adv.* mizori
cruise *v.* lundrim
cruiser *n.* udhëtar

crumb *n.* thërrime
crumble *v.* shkërmoqet
crumple *v.* zhubros
crunch *v.* përtypje
crusade *n.* kryqëzatë
crush *v.* shtrydhje
crust *n.* kore
crutch *n.* shtrat
crux *n.* thelb
cry *n.* qaj
cry *v.* qaj
crypt *n.* dhomë e nëndheshme
crystal *n.* kristal
cub *n.* këlysh
cube *n.* kub
cubical *adj.* kubik
cubicle *n.* dhomë fjetjeje e vogël
cuckold *n.* brinar
cuckoo *n.* qyqe
cucumber *n.* kastravec
cuddle *v.* përqafoj
cuddly *adj.* Shtazët e buta
cudgel *n.* shkop
cue *n.* sugjerim
cuff *n.* pranga
cuisine *n.* kuzhinë
culinary *adj.* i kuzhinës
culminate *v.* kulmojë
culpable *adj.* fajtor
culprit *n.* keqbërës
cult *n.* kult
cultivate *v.* kultivoj
cultural *adj.* kulturor
culture *n.* kulturë
cumbersome *adj.* i rëndë
cumin *n.* qimnon
cumulative *adj.* grumbullues
cunning *adj.* dinak
cup *n.* filxhan
cupboard *n.* bufe
cupidity *n.* lakmi
curable *adj.* i shërueshëm
curative *adj.* shërues
curator *n.* përgjegjës
curb *v. t* frenuar
curd *n.* gjizë
cure *v. t.* kurë
curfew *n.* orë e mbylljes brenda
curiosity *n.* kuriozitet
curious *adj.* kureshtar
curl *v.* përdridhem
currant *n.* rrush pa fara
currency *n.* monedhë
current *adj.* aktual
current *n.* aktual
curriculum *n.* program mësimor
curry *n.* kerri
curse *n.* mallkoj
cursive *adj.* kursiv
cursor *n.* kursori
cursory *adj.* i përciptë
curt *adj.* i prerë
curtail *v.* zvogëloj
curtain *n.* perde
curve *n.* kurbë
cushion *n.* jastëk
custard *n.* krem karamel
custodian *n.* kujdestar
custody *n.* kujdestari
custom *n.* me porosi
customary *adj.* i zakonshëm
customer *n.* klient
customize *v.* rregulloje
cut *v.* pres
cute *adj.* tërheqës
cutlet *n.* kotëletë
cutter *n.* prestar
cutting *n.* prerje
cyan *n.* cyan
cyanide *n.* cyanide
cyber *comb.* cyber
cyberspace *n.* cyberspace
cycle *n.* cikël
cyclic *adj.* ciklik

cyclist *n.* çiklist
cyclone *n.* ciklon
cylinder *n.* cilindër
cynic *n.* cinik
cynosure *n.* Arusha e Vogël
cypress *n.* selvi
cyst *n.* kist
cystic *adj.* cistike

dab *v.* çik
dabble *v.* njom
dacoit *n.* dacoit
dad *n* baba
daffodil *n.* i verdhë
daft *adj.* budalla
dagger *n.* kamë
daily *adj.* përditë
dainty *adj.* me shije të hollë
dairy *n.* baxho
dais *n.* tribunë
daisy *n.* margaritë
dale *n.* luginë
dally *v.* flirtoj
dalliance *n.* dëfrim
dam *n.* pendë
damage *n.* dëm
dame *n.* zonjë
damn *v.* mallkim
damnable *adj.* i tmerrshëm
damnation *n.* dënim
damp *adj.* lagështi
dampen *v.* lag
damper *n.* flutur
dampness *n.* lagështi
damsel *n.* vajzë
dance *v.* valle
dancer *n.* balerin

dandelion *v.* luleradhiqe
dandle *v.* përkund
dandruff *n.* zbokth
dandy *n.* i shkëlqyer
danger *n.* rrezik
dangerous *adj.* i rrezikshëm
dangle *v. i.* var
dank *adj.* i njomë
dapper *adj.* energjik
dapple *v.* pikohem
dare *v.* guxoj
daring *adj.* guxim
dark *adj.* terr
darkness *n.* terr
darken *v.* errësoj
darling *n.* i dashur
darn *v.* i mallkuar
dart *n.* shigjetë
dash *v.* vizë lidhëse
dashboard *n.* baltëpritëse
dashing *adj.* i pashëm
dastardly *adj.* i poshtër
data *n.* të dhëna
database *n.* Baza e të dhënave
date *n.* data
date *n.* data
datum *n.* karakteristikë
daub *v.* shkarravit
daughter *n.* bijë
daughter-in-law *n.* kunatë
daunt *v.* tmerroj
dauntless *adj.* i patrembur
dawdle *v.* rri duarkryq
dawn *n.* agim
day *n.* ditë
daze *v.* çudis
dazzle *v. t.* verboj
dead *adj.* i vdekur
deadline *n.* afati i fundit
deadlock *n.* bllokim
deadly *adj.* vdekjeprurës
deaf *adj.* i shurdhër

deafening *adj.* shurdhues
deal *n.* marrëveshje
deal *v. i* marrëveshje
dealer *n.* tregtar
dean *n.* dekan
dear *adj.* i dashur
dearly *adv.* shtrenjtë
dearth *n.* mungesë
death *n.* vdekje
debacle *n.* shpartallim
debar *v. t.* refuzoj
debase *v.* prish
debatable *adj.* i diskutueshëm
debate *n.* debat
debate *v. t.* debat
debauch *v.* orgji
debauchery *n.* pirje
debenture *n.* dëftesë borxhi
debilitate *v.* molis
debility *n.* dobësi
debit *n.* debi
debonair *adj.* babaxhan
debrief *v.* informacion
debris *n.* copëra
debt *n.* borxh
debtor *n.* debitor
debunk *v.* demaskoj
debut *n.* debutim
debutante *n.* debutuese
decade *n.* dekadë
decadent *adj.* dekadent
decaffeinated *adj.* dekafeinato
decamp *v.* ua mbath këmbëve
decant *v.* kulloj
decanter *n.* damixhanë
decapitate *v. i* pres kokën
decay *v. i* shkatërrim
decease *n.* vdekje
deceased *adj.* i vdekur
deceit *n.* mashtrim
deceitful *adj.* mashtrues
deceive *v.* mashtroj

decelerate *v.* ul shpejtësinë
December *n.* dhjetor
decency *n.* mirësjellje
decent *adj.* i mirë
decentralize *v.* decentralizoj
deception *n.* mashtrim
deceptive *adj.* mashtrues
decibel *n.* decibel
decide *v.* vendos
decided *adj.* vendosur
decimal *adj.* decimal
decimate *v.* shkatërroj
decipher *v.* deshifroj
decision *n.* vendim
decisive *adj.* vendimtar
deck *n.* kuvertë
deck *n* kuvertë
declaim *v.* recitoj
declaration *v. t.* deklaratë
declare *n* deklaroj
declassify *v.* nxjerr nga lista e dokumenteve sekrete
decline *v. t.* rënie
declivity *n.* tatëpjetë
decode *v.* deshifroj
decompose *n.* tretem
decomposition *v. t* dekompozim
decompress *v.* shfryj
decongestant *n.* decongestant
deconstruct *v.* deconstruct
decontaminate *v.* dezinfektoj
decor *n.* dekor
decorate *v.* dekoroj
decoration *n.* dekoratë
decorative *adj.* dekorativ
decorous *adj.* i hijshëm
decorum *n.* etiketë
decoy *n.* tërheq
decrease *v.* ulje
decree *n.* dekret
decrement *v. t.* pakësim
decrepit *adj.* i grisur

decriminalize v. dekriminalizojnë
decry v. qortoj
dedicate v. kushtoj
dedication n. dedikim
deduce v. nxjerr një përfundim
deduct v. zbres
deduction n. zbritje
deed n. vepër
deem v. mendoj
deep adj. thellë
deer n. dre
deface v. fshij
defamation n. shpifje
defame v. përgojoj
default n. prezgjedhur
defeat v. t. humbjen
defeatist n. disfatist
defecate v. pastroj
defect n. defekt
defective adj. i dëmtuar
defence n. mbrojtje
defend v. mbroj
defendant n. i pandehur
defensible adj. i mbrojtshëm
defensive adj. i justifikueshëm
defer v. nënshtrohem
deference n. respekt
defiance n. mosbindje
deficiency n. mungesë
deficient adj. i mangët
deficit n. deficit
defile v. t ndot
define v. përcaktojnë
definite adj. i caktuar
definition n. përcaktim
deflate v. ul çmimet
deflation n. deflacion
deflect v. shmang
deforest v. shpyllëzoj
deform v. shtrembëroj
deformity n. gjë e shëmtuar
defraud v. gënjej

defray v. mbuloj
defrost v. heq akullin
deft adj. i shkathët
defunct adj. i vdekur
defuse v. shpërndarë
defy v. nuk e përfill
degenerate v. i degjeneruar
degrade v. degradoj
degree n. shkallë
dehumanize v. çnjerëzoj
dehydrate v. i heq ujët
deify v. hyjnizoj
deign v. begenis
deity n. hyjni
déjà vu n. deja vu
deject v. brengos
dejection n. brengosje
delay v. t vonesë
delectable adj. i këndshëm
delectation n. kënaqësi
delegate n. delegoj
delegation n. delegacion
delete v. i fshij
deletion n. fshirje
deleterious adj. i dëmshëm
deliberate adj. i paramenduar
deliberation n. shqyrtim
delicacy n. delikatesë
delicate adj. dclikat
delicatessen n. sallameria
delicious adj. i shijshëm
delight v. t. kënaqësi
delightful adj. i lezetshëm
delineate v. përshkruaj
delinquent adj. kriminel
delirious adj. në kllapi
delirium n. jerm
deliver v. çliroj
deliverance n. shpëtim
delivery n. shpërndarje
dell n. luginë
delta n. deltë

delude v. gaboj
deluge n. përmbytje
delusion n. mashtrim
deluxe adj. luksoz
delve v. gërmoj nëpër libra
demand n. kërkesë
demanding adj. kërkuar
demarcation n. kufi
demean v. përulem
demented adj. i marrë
dementia n. çmenduri
demerit n cen
demise n. abdikim
demobilize v. çmobilizoj
democracy n. demokraci
democratic adj. demokratik
demography n. demografi
demolish v. shemb
demon n. demon
demonize v. demonizuar
demonstrate v. demonstroj
demonstration n. demonstrim
demoralize v. demoralizoj
demote v. ul në pozitë
demur v. ngurroj
demure adj. i përmbajtur
demystify v. çmitizojmë
den n. çerdhe
denationalize v. privatizoj
denial n. mohim
denigrate v. shpif
denomination n. emërtim
denominator n. emërtues
denote v. t shënoj
denounce v. prish
dense adj. i dendur
density n. dendësi
dent n. dëm
dental adj. dentar
dentist n. dentist
denture n. protezë dhëmbesh
denude v. rrëmbej

denunciation n. dënim
deny v. i. mohoj
deodorant n. deodorant
depart v. largohem
department n. repart
departure n. largim
depend v. varet
dependant n. i varur
dependency n. varësi
dependent adj. i varur
depict v. përshkruaj
depilatory adj. depilatory
deplete v. sos
deplorable adj. i mjerueshëm
deploy v. vendosë
deport v. t degdis
depose v. shkarkoj
deposit n. depozitë
depository n. thesar
depot n. depo
deprave v. shtrembëroj
deprecate v. kundërshtoj
depreciate v. zhvlerësohet
depreciation n. zhvlerësim
depress v. mposht
depression n. depresion
deprive v. i heq
depth n. thellësi
deputation n. delegacion
depute v. kaloj
deputy n. deputet
derail v. t. dal nga binarët
deranged adj. i çmendur
deregulate v. deregulate
deride v. tall
derivative adj. derivativi
derive v. rrjedh
derogatory adj. poshtërues
descend v. zbres
descendant n. pasardhës
descent n. prejardhje
describe v. përshkruaj

description *n.* përshkrim
desert *v.* shkretëtirë
deserve *v. t.* meritoj
design *n.* dizajn
designate *v.* caktoj
desirable *adj.* i dëshirueshëm
desire *n.* Dëshira
desirous *adj.* lakmues
desist *v.* pushoj
desk *n.* tavolinë
desolate *adj.* i vetmuar
despair *n.* dëshpërim
desperate *adj.* i dëshpëruar
despicable *adj.* i neveritshëm
despise *v.* përçmoj
despite *prep.* pavarësisht nga
despondent *adj.* i dëshpëruar
despot *n.* despot
dessert *n.* ëmbëlsirë
destabilize *v.* destabilizojnë
destination *n.* destinacion
destiny *n.* fat
destitute *adj.* i varfër
destroy *v.* shkatërroj
destroyer *n.* shkatërrues
destruction *n.* shkatërrim
detach *v.* shkëput
detachment *n.* detashment
detail *n.* hollësi
detain *v. t* ndalon
detainee *n.* i arrestuar
detect *v.* zbuloj
detective *n.* detektiv
detention *n.* ndalim
deter *v.* frenoj
detergent *n.* pastrues
deteriorate *v.* prish
determinant *n.* përcaktues
determination *v. t* përcaktim
determine *v. t* përcaktoj
deterrent *n.* sigurues
detest *v.* urrej

dethrone *v.* rrëzoj
detonate *v.* shpërthente
detour *n.* mënyrë e tërthortë
detoxify *v.* çhelmoj
detract *v.* i heq
detriment *n.* dëm
detritus *n.* tret
devalue *v.* zhvleftësoj
devastate *v.* shkretoj
develop *v.* zhvilloj
development *n.* zhvillim
deviant *adj.* devijante
deviate *v.* shmangem
device *n.* pajisje
devil *n.* djall
devious *adj.* dinak
devise *v.* lë me testament
devoid *adj.* që i mungon
devolution *n.* transferim
devolve *v.* bie
devote *v.* kushtoj
devotee *n.* besimtar
devotion *n.* devocion
devour *v.* gëlltis
devout *adj.* i devotshëm
dew *n.* vesë
dexterity *n.* shkathtësi
diabetes *n.* diabet
diagnose *v.* përcaktoj diagnozë
diagnosis *n.* diagnozë
diagram *n.* diagramë
dial *n.* formoj numrin
dialect *n.* dialekt
dialogue *n.* dialog
dialysis *n.* dializë
diameter *n.* diametër
diamond *n.* diamant
diaper *n.* pelenë
diarrhoea *n.* diarre
diary *n.* ditar
Diaspora *n.* Diasporë
dice *n.* zare

dictate *adj.* diktat
dictation *n.* diktim
dictator *n.* diktator
diction *n.* stil i të folurit
dictionary *n.* fjalor
dictum *n.* thënie
didactic *adj.* didaktik
die *v.* vdes
diesel *n.* naftë
diet *n.* dietë
dietitian *n.* dietës
differ *v.* ndryshoj
difference *n.* ndryshim
different *adj.* tjetër
difficult *adj.* i vështirë
difficulty *n.* vështirësi
diffuse *v.* përhapur
dig *v.* gërmoj
digest *v.* tretet
digestion *n.* tretje
digit *n.* shifër
digital *adj.* dixhital
dignified *adj.* me dinjitet
dignify *v.* denjoj
dignitary *n.* dignitary
dignity *n.* dinjitet
digress *v.* dal nga tema
dilapidated *adj.* i rrënuar
dilate *v.* zgjerohet
dilemma *n.* dilemë
diligent *adj.* i zellshëm
dilute *v.* i holluar
dim *adj.* i zbehtë
dimension *n.* dimension
diminish *v.* zvogëlohet
diminution *n.* pakësim
din *n.* din
dine *v.* shtroj
diner *n.* vagon-restorant
dingy *adj.* i dyshimtë
dinner *n.* darkë
dinosaur *n.* dinozaur

dip *v. t* dip
diploma *n.* diplomë
diplomacy *n.* diplomaci
diplomat *n.* diplomat
diplomatic *adj.* diplomatik
dipsomania *n.* alkoolizëm
dire *adj.* i tmerrshëm
direct *adj.* drejtojnë
direction *n.* drejtim
directive *n.* direktivë
directly *adv.* drejtpërdrejt
director *n.* drejtor
directory *n.* drejtori
dirt *n.* i poshtër
dirty *adj.* pis
disability *n.* paaftësi
disable *v.* disable
disabled *adj.* i paaftë
disadvantage *n.* dëm
disaffected *adj.* i pakënaqur
disagree *v.* nuk pajtohem
disagreeable *adj.* i vrenjtur
disagreement *n.* mosmarrëveshje
disallow *v.* nuk lejoj
disappear *v.* zhduken
disappoint *v.* gaboj
disapproval *n.* mosmiratim
disapprove *v.* nuk pranoj
disarm *v.* çarmatos
disarmament *n.* çarmatim
disarrange *v.* trazon
disarray *n.* çrregulloj
disaster *n.* fatkeqësi
disastrous *adj.* katastrofik
disband *v.* shkrij
disbelief *n.* mosbesim
disburse *v.* paguaj
disc *n.* disk
discard *v.* heq dorë nga
discern *v.* dalloj
discharge *v.* shkarkoj
disciple *n.* dishepull

discipline *n.* disiplinë
disclaim *v.* hedh poshtë
disclose *v.* zbuloj
disco *n.* disko
discolour *v.* çngjyroj
discomfit *v.* shpartalloj
discomfort *n.* parehati
disconcert *v.* topit
disconnect *v.* stakoj
disconsolate *adj.* i dëshpëruar
discontent *n.* pakënaqësi
discontinue *v.* ndërpritet
discord *n.* mosmarrëveshje
discordant *adj.* zhangëllues
discount *n.* zbritje
discourage *v.* dekurajoj
discourse *n.* ligjeratë
discourteous *adj.* i pasjellshëm
discover *v.* zbuloj
discovery *n.* zbulim
discredit *v.* diskreditim
discreet *adj.* i matur
discrepancy *n.* mospërputhje
discrete *adj.* i veçantë
discriminate *v.* diskriminoj
discursive *adj.* i hallakatur
discuss *v.* diskutoj
discussion *n.* diskutim
disdain *n.* përbuzje
disease *n.* sëmundje
disembark *v.* zbarkoj
disembodied *adj.* pa trup
disempower *v.* disempower
disenchant *v.* heq magjinë
disengage *v.* shkëput
disentangle *v.* veçoj
disfavour *n.* mosmiratim
disgrace *n.* turp
disgruntled *adj.* i mërzitur
disguise *v.* fsheh
disgust *n.* neveri
dish *n.* pjatë

dishearten *v.* shkurajoj
dishonest *adj.* i pandershëm
dishonour *n.* çnderim
disillusion *v.* zhgënjim
disincentive *n.* zhbindës
disinfect *v.* dezinfektoj
disingenuous *adj.* i pasinqertë
disinherit *v.* nuk i lë trashëgim
disintegrate *v.* shpërbëhet
disjointed *adj.* pa lidhje
dislike *v.* zët
dislocate *v.* nxjerr nga vendi
dislodge *v.* largoj
disloyal *adj.* tradhtar
dismal *adj.* i dëshpëruar
dismantle *v.* çmontoj
dismay *n.* lebetit
dismiss *v.* liroj
dismissive *adj.* dismissive
disobedient *adj.* i pabindur
disobey *v.* shkel
disorder *n.* çrregullim
disorganized *adj.* çorganizuar
disorientate *v.* çorodit
disown *v.* mohoj
disparity *n.* pabarazi
dispassionate *adj.* i qetë
dispatch *v.* dërgoj
dispel *v.* largoj
dispensable *adj.* jo i domosdoshëm
dispensary *n.* punishte barnash në spital
dispense *v.* jap
disperse *v.* shpërndaj
dispirited *adj.* i dërrmuar
displace *v.* t i zë vendin
display *v.* shfaq
displease *v.* bezdis
displeasure *n.* pakënaqësi
disposable *adj.* i disponueshëm
disposal *n.* dispozicion

dispose v. t rregulloj
dispossess v. shpronësoj
disproportionate adj. i tepruar
disprove v. përgënjeshtroj
dispute v. i debat
disqualification n. përjashtim
disqualify v. ndaloj
disquiet n. alarmoj
disregard v. t mospërfillje
disrepair n. gjendje e keqe
disreputable adj. famëkeq
disrepute n. diskreditim
disrespect n. mosrespektim
disrobe v. zhvesh
disrupt v. përçaj
dissatisfaction n. pakënaqësi
dissect v. pres
dissent v. mospajtim
dissertation n. disertacion
dissident n. disident
dissimulate v. shtirem
dissipate v. zhduket
dissolve v. t tretet
dissuade v. zhbind
distance n. distancë
distant adj. i largët
distaste n. mospëlqim
distil v. distiloj
distillery n. distileri
distinct adj. i dallueshëm
distinction n. dallim
distinguish v. t dalloj
distort v. shtrembëroj
distract v. çmend
distraction n. zbavitje
distress n. ankth
distribute v. shpërndaj
distributor n. shpërndarës
district n. rreth
distrust n. mosbesim
disturb v. shqetësoj
ditch n. hendek

dither v. drojë
ditto n. idem
dive v. pikiatë
diverge v. ndryshojnë
diverse adj. të ndryshme
diversion n. diversion
diversity n. diversitet
divert v. t devijoj
divest v. heq
divide v. ndaj
dividend n. i pjesëtueshëm
divine adj. hyjnor
divinity n. hyjni
division n. ndarje
divorce n. divorc
divorcee n. grua e ndarë
divulge v. nxjerr
do v. bëj
docile adj. i urtë
dock n. dok
docket n. rend dite
doctor n. mjek
doctorate n. doktoratë
doctrine n. doktrinë
document n. dokument
documentary n. dokumentar
dodge v. t dredhi
doe n. femër
dog n. qen
dogma n. dogmë
dogmatic adj. dogmatik
doldrums n. apati
doll n. kukull
dollar n. dollar
domain n. fushë
dome n. kube
domestic adj. i brendshëm
domicile n. banesë
dominant adj. dominues
dominate v. dominoj
dominion n. sundim
donate v. dhuroj

donkey *n.* gomar
donor *n.* dhurues
doom *n.* dënim
door *n.* derë
dormitory *n.* konvikt
dose *n.* dozë
dossier *n.* dosje
dot *n.* pikë
dote *v.* bëj si i marrosur
double *adj.* dyfishtë
doubt *n.* dyshim
dough *n.* brumë
down *adv.* poshtë
downfall *n.* rënie
download *v.* shkarko
downpour *n.* rrebesh
dowry *n.* prikë
doze *v.* i bie në gjumë
dozen *n.* duzinë
drab *adj.* monoton
draft *n.* drafti
drag *v. t* zvarrit
dragon *n.* dragua
drain *v. t* thahet
drama *n.* dramë
dramatic *adj.* dramatik
dramatist *n.* dramaturg
drastic *adj.* ekstreme
draught *n.* Drafti
draw *v.* barazim
drawback *n.* pengesë
drawer *n.* sirtar
drawing *n.* vizatim
dread *v.t* tmerr
dreadful *adj.* i frikshëm
dream *n.* ëndërr
dreary *adj.* i zymtë
drench *v.* qull
dress *v.* veshje
dressing *n.* salcë
drift *v.* domethënie
drill *n.* stërvitje

drink *v. t* pi
drip *v. i* pikoj
drive *v.* ngas
driver *n.* shofer
drizzle *n.* rigon
droll *adj.* karagjoz
droop *v.* ulen
drop *v.* rënie
dross *n.* skorje
drought *n.* thatësirë
drown *v.* mbytem
drowse *v.* kotem
drug *n.* drogë
drum *n.* daulle
drunkard *adj.* pijanec
dry *adj.* thatë
dryer *n.* tharëse
dual *adj.* dual
dubious *adj.* i dyshimtë
duck *n.* rosë
duct *n.* kanal
dudgeon *n.* inat
due *adj.* për shkak
duel *n.* duel
duet *n.* duet
dull *adj.* e shurdhër
dullard *n.* dullard
duly *adv.* sipas rregullit
dumb *adj.* memec
dummy *n.* bedel
dump *n.* hale
dung *n.* bajgë
dungeon *n.* birucë
duo *n.* duo
dupe *v.* dede
duplex *n.* dyfish
duplicate *adj.* dublikatë
duplicity *n.* hipokrizi
durable *adj.* jetëgjatë
duration *n.* kohëzgjatje
during *prep.* gjatë
dusk *n.* muzg

dust *n.* pluhur
duster *n.* përparëse
dutiful *adj.* sjellshëm
duty *n.* detyrë
duvet *n.* duvet
dwarf *n.* xhuxh
dwell *v.* banoj
dwelling *n.* banesë
dwindle *v. t* zvogëlohet
dye *n.* ngjyroset
dynamic *adj.* dinamik
dynamics *n.* dinamikë
dynamite *n.* dinamit
dynamo *n.* dinamo
dynasty *n.* dinasti
dysentery *n.* dizenteri
dysfunctional *adj.* jofunksional
dyslexia *n.* disleksia
dyspepsia *n.* mostretje

each *adj.* çdo
eager *adj.* i etur
eagle *n.* shqiponjë
ear *n.* vesh
earl *n.* kont
early *adj.* në fillim
earn *v.* fitoj
earnest *adj.* i sinqertë
earth *n.* tokë
earthen *adj.* prej dheu
earthly *adj.* tokësor
earthquake *n.* tërmet
ease *n.* lehtësi
east *n.* lindje
Easter *n.* Pashkë
eastern *adj.* lindor
easy *adj.* i lehtë

eat *v.* ha
eatery *n.* restorant
eatable *adj.* i ngrënshëm
ebb *n.* tërhiqet
ebony *n.* zezak
ebullient *adj.* i papërmbajtur
eccentric *adj.* i çuditshëm
echo *n.* jehonë
eclipse *n.* eklips
ecology *n.* ekologji
economic *adj.* ekonomik
economical *adj.* ekonomik
economics *n.* ekonomi
economy *n.* ekonomi
ecstasy *n.* ekstazë
edge *n.* buzë
edgy *adj.* i paduruar
edible *adj.* ushqimor
edict *n.* urdhër
edifice *n.* ndërtesë
edit *v.* redaktoj
edition *n.* botim
editor *n.* redaktor
editorial *adj.* redaksional
educate *v.* edukoj
education *n.* arsim
efface *v.* zhduknin
effect *n.* efekt
effective *adj.* në fuqi
effeminate *adj.* si femër
effete *adj.* shterp
efficacy *n.* efikasitet
efficiency *n.* efikasitet
efficient *adj.* efikas
effigy *n.* portret
effort *n.* përpjekje
egg *n.* vezë
ego *n.* vetja
egotism *n.* egotizëm
eight *adj. & n.* tetë
eighteen *adj. & n.* tetëmbëdhjetë
eighty *adj. & n.* tetëdhjetë

either *adv.* ose
ejaculate *v.* bërtas
eject *v. t* gufon
elaborate *adj.* përpunuar
elapse *v.* kaloj
elastic *adj.* elastik
elbow *n.* bërryl
elder *adj.* shtog
elderly *adj.* moshuarit
elect *v.* zgjedh
election *n.* zgjedhje
elective *adj.* fakultativ
electorate *n.* elektorat
electric *adj.* elektrik
electrician *n.* inxhinier elektrik
electricity *n.* elektricitet
electrify *v.* elektrifikoj
electrocute *v.* elektroshok
electronic *adj.* elektronik
elegance *n.* hijeshi
elegant *adj.* elegant
element *n.* element
elementary *adj.* fillor
elephant *n.* elefant
elevate *v.* ngre
elevator *n.* ashensor
eleven *adj. & n.* njëmbëdhjetë
elf *n.* kukudh
elicit *v.* nxjerr
eligible *adj.* i pranueshëm
eliminate *v.* eliminoj
elite *n.* elitë
ellipse *n.* elips
elocution *n.* goëtari
elongate *v.* zgjas
elope *v.* arratisem
eloquence *n.* gojëtari
else *adv.* tjetër
elucidate *v. t* shpjegoj
elude *v.* evitoj
elusion *n.* shmangie
elusive *adj.* i pakapshëm

emaciated *adj.* dobësuar
email *n.* imeil
emancipate *v. t* çliroj
emasculate *v.* tredh
embalm *v.* ruaj në kujtesë
embankment *n.* argjinaturë
embargo *n.* embargo
embark *v. t* hipi
embarrass *v.* vë në siklet
embassy *n.* ambasadë
embattled *adj.* sulmuar
embed *v.* mbjell
embellish *v.* stolis
embitter *v.* dëshpëroj
emblem *n.* simbol
embodiment *v. t.* mishërim
embolden *v.* trimëroj
emboss *v.* stampoj
embrace *v.* përqafojë
embroidery *n.* qëndisje
embryo *n.* embrion
emend *v.* korrigjoj
emerald *n.* smerald
emerge *v.* dal
emergency *n.* urgjencë
emigrate *v.* emigroj
eminence *n.* famë
eminent *adj.* i shquar
emissary *n.* emisar
emit *v.* emetoj
emollient *adj.* lehtësues
emolument *n.* rrogë
emotion *n.* emocion
emotional *adj.* emocional
emotive *adj.* emocional
empathy *n.* ndjeshmëri
emperor *n.* perandor
emphasis *n.* theks
emphasize *v.* theksoj
emphatic *adj.* këmbëngulës
empire *n.* perandori
employ *v.* punë

employee n. punonjës
employer n. punëdhënës
empower v. i jap mundësi të
empress n. perandoreshë
empty adj. bosh
emulate v. t matem
enable v. mundësoj
enact v. luaj
enamel n. smalt
enamour v. t zgjoj dashuri
encapsulate v. encapsulate
encase v. mbyll
enchant v. kënaq
encircle v. t rrethoj
enclave n. enklavë
enclose v. bashkëmbyll
enclosure n. mbyllje
encode v. shifroj
encompass v. qarkoj
encore n. përsëritje
encounter v. takohem
encourage v. inkurajoj
encroach v. shkel
encrypt v. encrypt
encumber v. pengoj
encyclopaedia n. enciklopedi
end n. fund
endanger v. rrezikoj
endear v. bëj i dashur
endearment n. përkëdhelje
endeavour v. përpjekje
endemic adj. endemik
endorse v. vërtetoj
endow v. financoj
endure v. qëndroj
enemy n. armik
energetic adj. energjik
energy n. energji
enfeeble v. ligështoj
enfold v. përqafoj
enforce v. zbatoj
enfranchise v. i jap të drejtën e votimit

engage v. angazhoj
engagement n. angazhim
engine n. motor
engineer n. inxhinier
English n. Anglisht
engrave v. gdhend
engross v. thëthij
engulf v. gllabëroj
enigma n. enigmë
enjoy v. gëzojnë
enlarge v. zgjeroj
enlighten v. shkolloj
enlist v. rekrutoj
enliven v. kurajoj
enmity n. armiqësi
enormous adj. i pamasë
enough adj. mjaft
enquire v. pyes
enquiry n. hetim
enrage v. mllefin
enrapture v. ngazëllej
enrich v. pasurojnë
enrol v. regjistroj
enshrine v. ruaj
enslave v. robërojnë
ensue v. pasoj
ensure v. siguroj
entangle v. t ngatërroj
enter v. hyj
enterprise n. ndërmarrje
entertain v. pres
entertainment n. argëtim
enthral v. magjeps
enthrone v. kurorëzoj
enthusiasm n. entuziazëm
enthusiastic n. entuziast
entice v. tërheq
entire adj. i tërë
entirety n. tërësi
entitle v. quaj
entity n. entitet

entomology *n.* entomologji
entourage *n.* rrethim
entrails *n.* gji
entrance *n.* hyrje
entrap *v. t.* zë në grackë
entreat *v.* përgjërohem
entreaty *v. t* përgjërim
entrench *v.* shkel
entrepreneur *n.* sipërmarrës
entrust *v.* besoj
entry *n.* hyrje
enumerate *v. t* numëroj
enunciate *v.* shqiptoj
envelop *v.* pushtoj
envelope *n.* zarf
enviable *adj.* për t'u patur zili
envious *adj.* ziliqar
environment *n.* mjedis
envisage *v.* përballoj
envoy *n.* i dërguar
envy *n.* zili
epic *n.* epik
epicure *n.* epikurian
epidemic *n.* epidemi
epidermis *n.* veshje e guaskës
epigram *n.* shënim
epilepsy *n.* epilepsi
epilogue *n.* epilog
episode *n.* episod
epistle *n.* letër
epitaph *n.* epitaf
epitome *n.* mishërim
epoch *n.* epokë
equal *adj.* i barabartë
equalize *v. t* barazoj
equate *v.* vë shenjën e barazimit
equation *n.* ekuacion
equator *n.* ekuator
equestrian *adj.* kalorës
equidistant *adj.* i baraslarguar
equilateral *adj.* barabrinjës
equilibrium *n.* ekuilibër

equip *v.* pajis
equipment *n.* pajisje
equitable *adj.* i drejtë
equity *n.* drejtësi
equivalent *adj.* ekuivalent
equivocal *adj.* i dyshimtë
era *n.* epokë
eradicate *v.* çrrënjos
erase *v.* shuaj
erect *adj.* ngritur
erode *v.* ha
erogenous *adj.* erotik
erosion *n.* erozion
erotic *adj.* erotik
err *v.* gaboj
errand *n.* porosi
errant *adj.* endacak
erratic *adj.* i çrregullt
erroneous *adj.* i gabuar
error *n.* gabim
erstwhile *adj.* përpara
erudite *adj.* dijetar
erupt *v.* shpërthej
escalate *v.* shkallëzohem
escalator *n.* shkallë lëvizëse
escapade *n.* aventurë
escape *v.i* ik
escort *n.* shoqërues
esoteric *adj.* konfidencial
especial *adj.* i veçantë
especially *adv.* veçanërisht
espionage *n.* spiunazh
espouse *v.* martohem
espresso *n.* ekspres
essay *n.* ese
essence *n.* thelb
essential *adj.* thelbësor
establish *v.* themeloj
establishment *n.* vendosje
estate *n.* pasurive
esteem *n.* nderim
estimate *v. t* vlerësim

estranged *adj.* ftohta
et cetera *adv.* e të tjera
eternal *adj.* i përjetshëm
eternity *n.* përjetësi
ethic *n* etik
ethical *n.* etik
ethnic *adj.* etnik
ethos *n.* karakter
etiquette *n.* rregulla të mirësjelljes
etymology *n.* etimologji
eunuch *n.* eunuk
euphoria *n.* eufori
euro *n.* euro
European *n.* Evropian
euthanasia *n.* vdekje e lehtë
evacuate *v.* largohem
evade *v. t* shmang
evaluate *v. i* vlerësoj
evaporate *v.* zhduket
evasion *n.* shmangie
evasive *adj.* i paqartë
eve *n.* prag
even *adj.* madje
evening *n.* mbrëmje
event *n.* ngjarje
eventually *adv.* përfundimisht
ever *adv.* ndonjëherë
every *adj.* çdo
evict *v.* dëboj
eviction *n.* dëbim
evidence *n.* dëshmi
evident *adj.* i dukshëm
evil *adj.* i keq
evince *v.* vërtetoj
evoke *v.* ndjell
evolution *n.* evolucion
evolve *v.* evoluoj
exact *adj.* i saktë
exaggerate *v.* ekzagjeroj
exaggeration *n.* ekzagjerim
exalt *v.* lartësoj

exam *n.* Provimi
examination *n.* provim
examine *v.* ekzaminoj
examinee *n.* ai që jep provim
example *n.* shembull
exasperate *v.* irritoj
excavate *v.* gërmoj
exceed *v.* kaloj
excel *v.* lë pas
excellence *n.* përsosmëri
excellency *n.* Shkëlqesi
excellent *adj.* i shkëlqyer
except *prep.* përveç
exception *n.* përjashtim
excerpt *n.* fragment
excess *n.* i tepërt
excessive *adj.* i tepruar
exchange *v. t* shkëmbim
exchequer *n.* thesar
excise *n.* taksë indirekte
excite *v.i* nxeh
excitement *n.* eksitim
exclaim *v.* thërras
exclamation *n.* thirrje
exclude *v.* përjashtoj
exclusive *adj.* përjashtues
excoriate *v.* zhvoshk
excrete *v.* sekretohet
excursion *n.* ekskursion
excuse *v.* justifikim
execute *v.* kryej
execution *n.* ekzekutim
executive *n.* ekzekutiv
executor *n.* përmbarues
exempt *adj.* përjashtohen
exercise *n.* stërvitje
exert *v.* bëj përpjekje
exhale *v.* nxjerr
exhaust *v.* shter
exhaustive *adj.* shterues
exhibit *v.* ekspozitë
exhibition *n.* ekspozitë

exhilarate v. gazmoj
exhort v. këshilloj
exigency n. urgjencë
exile n. mërgim
exist v. ekzistoj
existence n. ekzistencë
exit n. dalje
exonerate v. shkarkoj
exorbitant adj. i tepruar
exotic adj. ekzotik
expand v. zgjeroj
expanse n. hapësirë
expatriate n. emigrant
expect v. pres
expectant adj. në pritje
expedient adj. mjet
expedite v. shtyj përpara
expedition n. ekspeditë
expel v. t dëboj
expend v. shpenzoj
expenditure n. shpenzim
expense n. shpenzim
expensive adj. i shtrenjtë
experience n. përvojë
experiment n. eksperiment
expert n. ekspert
expertise n. ekspertizë
expiate v. shlyej
expire v. mbaron afati
expiry n. skadim
explain v. shpjegoj
explicit adj. i qartë
explode v. shpërthej
exploit v. t shfrytëzoj
exploration n. eksplorim
explore v. shqyrtuar
explosion n. shpërthyes
explosive adj. shpërthyes
exponent n. shprehje

export v. t. eksport
expose v. vë në dukje
exposure n. ekspozim
express v. ekspres
expression n. shprehje
expressive adj. shprehës
expropriate v. konfiskoj
expulsion n. dëbim
extant adj. ekzistues
extend v. shpreh
extension n. zgjatje
extent n. shtrirje
exterior adj. pamje e jashtme
external adj. i jashtëm
extinct adj. i zhdukur
extinguish v. fik
extirpate v. çrrënjos
extort v. shkul
extra adj. shtesë
extract v. t ekstrakt
extraction n. nxjerrje
extraordinary adj. i jashtëzakon-
  shëm
extravagance n. teprim
extravagant adj. i tepruar
extravaganza n. shfaqje fantas-
  tike
extreme adj. ekstrem
extremist n. ekstremist
extricate v. shpëtoj
extrovert n. extrovert
extrude v. shtrydh
exuberant adj. i harbuar
exude v. kulloj
eye n. sy
eyeball n. kokërdhok
eyesight n. të parë
eyewash n. gjepura
eyewitness n. dëshmitar okular

F

fable *n.* legjendë
fabric *n.* pëlhurë
fabricate *v.* shpik
fabulous *adj.* i pabesueshëm
facade *n.* fasadë
face *n.* fytyrë
facet *n.* aspekt
facetious *adj.* hokatar
facial *adj.* i fytyrës
facile *adj.* i lehtë
facilitate *v.* ndihmoj
facility *n.* objektit
facing *n.* përballet me
facsimile *n.* faksimile
fact *n.* fakt
faction *n.* fraksion
factitious *adj.* artificial
factor *n.* faktor
factory *n.* fabrikë
faculty *n.* fakultet
fad *n.* modë
fade *v.i* zbehet
Fahrenheit *n.* gradë Fahrenheit
fail *v.* dështoj
failing *n.* dështim
failure *n.* dështim
faint *adj.* bie të fikët
fair *adj.* i drejtë
fairing *n.* peshqesh
fairly *adv.* mjaft
fairy *n.* zanash
faith *n.* besim
faithful *adj.* besnik
faithless *adj.* i pabesë
fake *adj.* falso
falcon *n.* skifter
fall *v.* bie
fallacy *n.* ide e gabuar
fallible *adj.* i gabueshëm
fallow *adj.* ugar
false *adj.* i rremë
falsehood *n.* pavërtetësi
falter *v.* ligështim
fame *n.* famë
familiar *adj.* i njohur
family *n.* familje
famine *n.* uri
famished *adj.* i uritur
famous *adj.* i famshëm
fan *n.* tifoz
fanatic *n.* fanatik
fanciful *adj.* i çuditshëm
fancy *n.* i zbukuruar
fanfare *n.* fanfarë
fang *n.* dhëmb
fantasize *v.* fantasize
fantastic *adj.* fantastik
fantasy *n.* fantazi
far *adv.* larg
farce *n.* farsë
fare *n.* udhëtoj
farewell *interj.* lamtumirë
farm *n.* fermë
farmer *n.* fermer
fascia *n.* tabelë
fascinate *v.* magjeps
fascism *n.* fashizëm
fashion *n.* mënyrë
fashionable *adj.* elegant
fast *adj.* shpejt
fasten *v.* kapem
fastness *n.* fortësi
fat *n.* yndyrë
fatal *adj.* fatal
fatality *n.* fatalitet
fate *n.* fat
fateful *adj.* fatal
father *n.* baba
fathom *n.* kuptoj
fatigue *n.* lodhje

fatuous *adj.* i trashë
fault *n.* faj
faulty *adj.* me të meta
fauna *n.* faunë
favour *n.* favor
favourable *adj.* i favorshëm
favourite *adj.* i preferuar
fax *n.* fax
fear *n.* frikë
fearful *adj.* i frikshëm
fearless *adj.* trim
feasible *adj.* i realizueshëm
feast *n.* banket
feat *n.* feat
feather *n.* pendë
feature *n.* tipar
febrile *adj.* në ethe
February *n.* shkurt
feckless *adj.* i kotë
federal *adj.* federal
federate *v.* federohem
federation *n.* federatë
fee *n.* tarifë
feeble *adj.* i pafuqishëm
feed *v.* ushqim
feeder *n.* ushqyes
feel *v.* ndihem
feeling *n.* ndjenjë
feign *v.* trilloj
feisty *adj.* feisty
felicitate *v.* uroj
felicitation *n.* urim
felicity *n.* lumturi
fell *v.* ra
fellow *n.* shok
fellowship *n.* miqësi
felon *n.* kriminel
female *adj.* femër
feminine *adj.* femëror
feminism *n.* feminizëm
fence *n.* gardh
fencing *n.* skermë

fend *v.* qëndroj
feng shui *n.* feng shui
fennel *n.* kopër
feral *adj.* fatal
ferment *v.* eksitohet
fermentation *n.* fermentim
fern *n.* fier
ferocious *adj.* i egër
ferry *n.* ferribot
fertile *adj.* pjellor
fertility *n.* pjellori
fertilize *v.* fekondoj
fertilizer *n.* pleh
fervent *adj.* i zjarrtë
fervid *adj.* i përvëluar
fervour *n.* entuziazëm
fester *v.* acarohet
festival *n.* festival
festive *adj.* festiv
festivity *n.* gëzim
fetch *v.* shkoj të marr
fete *n.* festë
fetish *n.* fetish
fettle *n.* fettle
fetus *n.* fetus
feud *n.* grindje
feudalism *n.* feudalizëm
fever *n.* ethe
few *adj.* pak
fey *adj.* i dënuar
fiancé *n.* dhëndër
fiasco *n.* fiasko
fibre *n.* fibër
fickle *adj.* i ndryshueshëm
fiction *n.* trillim
fictitious *adj.* fiktiv
fiddle *n.* bie violinës
fidelity *adj.* besnikëri
field *n.* fushë
fiend *n.* dreq
fierce *adj.* i fortë
fiery *adj.* i zjarrtë

fifteen *adj. & n.* pesëmbëdhjetë
fifty *adj. & n.* pesëdhjetë
fig *n.* fik
fight *v.t* luftoj
fighter *n.* luftëtar
figment *n.* pjellë e imagjinatës
figurative *adj* figurativ
figure *n.* kuptoj
figurine *n.* figurinë
filament *n.* filament
file *n.* skedar
filings *n.* tallash metali
fill *v.* mbush
filler *n.* filler
filling *n.* mbushje
fillip *n.* çokitje
film *n.* film
filter *n.* filter
filth *n.* ndyrësi
filtrate *n.* filtrat
fin *n.* pendë
final *adj.* përfundimtar
finalist *n.* finalist
finance *n.* financoj
financial *adj.* financiar
financier *n.* financier
find *v.* gjej
fine *adj.* gjobë
finesse *n.* finesë
finger *n.* gisht
finial *n.* finial
finicky *adj.* nazeli
finish *v.* fund
finite *adj.* i caktuar
fir *n.* bredh
fire *n.* zjarr
firewall *n.* firewall
firm *adj.* firmë
firmament *n.* kupë qiellore
first *adj. & n.* i parë
first aid *n.* ndihmë e shpejtë
fiscal *adj.* fiskal

fish *n.* peshk
fisherman *n.* peshkatar
fishery *n.* peshkim
fishy *adj.* si peshk
fissure *n.* çarje
fist *n.* grusht
fit *adj.* i aftë
fitful *adj.* me hope
fitter *n.* montues
fitting *n.* montim
five *adj. & n.* pesë
fix *v.* fix
fixation *n.* fiksim
fixture *n.* instalime
fizz *v.* vërshëllen
fizzle *v.* tretet
fizzy *adj.* shkumëzues
fjord *n.* fiord
flab *n.* flab
flabbergasted *adj.* i befasuar
flabby *adj.* i butë
flaccid *adj.* i dobët
flag *n.* flamur
flagellate *v.* fshikulloj
flagrant *adj.* flagrant
flair *n.* dhunti
flake *n.* njeri i jashtëzakonshëm
flamboyant *adj.* pompoz
flame *n.* flakë
flammable *adj.* i ndezshëm
flank *n.* krah
flannel *n.* fanellë
flap *v.* përplasje
flapjack *n.* petull
flare *n.* shpërthim
flash *v.* blic
flash light *n.* flash dritë
flask *n.* balonë
flat *adj.* apartament
flatten *v.t.* shkatërroj
flatter *v.* lajkatoj
flatulent *adj.* vanitoz

flaunt v. lë pas dore
flavour n. shije
flaw n. krisje
flea n. plesht
flee v. zhduket
fleece n. qeth
fleet n. flotë
flesh n. mish
flex v. përkul
flexible adj. elastik
flexitime n. flexitime
flick v. lëvizje e lehtë
flicker v.t rrah
flight n. fluturim
flimsy adj. joserioz
flinch v. dridhem
fling v. hallakatje
flint n. strall
flip v. rrokullisje
flippant adj. mospërfillës
flipper n. dorë
flirt v.i flirtoj
flit v. fluturoj
float v. shket
flock n. tufë
floe n. fushë akulli
flog v. shes
flood n. përmbytje
floodlight n. prozhektor
floor n. kat
flop v. bie
floppy adj. dembel
flora n. flora
floral adj. me lule
florist n. luleshitës
floss n. pastroj dhëmbët me pe
flotation n. notim
flounce v. kthehem
flounder v. ngec
flour n. miell
flourish v. lulëzoj
flow v.i rrjedhë

flower n. lule
flowery adj. me lule
flu n. grip
fluctuate v. luhatet
fluent adj. i rrjedhshëm
fluff n. push
fluid n. lëng
fluke n. kundërmajë
fluorescent adj. fluoreshent
fluoride n. fluorur
flurry n. stuhi
flush v. turret
fluster v. nervozim
flute n. flaut
flutter v. vibrim
fluvial adj. lumor
flux n. gradient
fly v.i fluturoj
foam n. shkumë
focal adj. kryesor
focus n. fokus
fodder n. foragjere
foe n. armik
fog n. mjegull
foil v. nxjerr në pah
fold v.t dele
foliage n. gjeth
folio n. faqe dorëshkrimi
folk n. popull
follow v. ndjek
follower n. ndjekës
folly n. marrëzi
fond adj. naiv
fondle v. ledhatoj
font n. burim
food n. ushqim
fool n. budalla
foolish adj. qesharak
foolproof adj. i pagabueshëm
foot n. këmbë
footage n. varg figurash
football n. futboll

footing n. pikëmbështetje
footling adj. i pavlerë
for prep. për
foray n. bastisje
forbear v. stërgjysh
forbid v. ndaloj
force n. detyrojë
forceful adj. i fortë
forceps n. pincë
forcible adj. me forcë
fore adj. ballë
forearm n. parakrah
forebear n. stërgjysh
forecast v.t parashikim
forefather n. stërgjysh
forefinger n. gisht tregues
forehead n. ballë
foregoing adj. paraprirës
foreign adj. i huaj
foreigner n. i huaj
foreknowledge n. njohuri paraprake
foreleg n. këmbë e përparme
foreman n. kryetar i jurisë
foremost adj. kryesor
forename n. emër
forensic adj. mjeko-ligjor
foreplay n. puthje
forerunner n. paraardhës
foresee v. parashikoj
foresight n. largpamësi
forest n. pyll
forestall v. parandaloj
forestry n. pylltari
foretell v. profetizoj
forever adv. përgjithmonë
foreword n. parathënie libri
forfeit v. humb
forge v.t kovaçanë
forgery n. falsifikim
forget v. harroj
forgetful adj. harraq

forgive v. fal
forgo v. heq dorë nga
fork n. pirun
forlorn adj. i mjerë
form n. formë
formal adj. formal
formality n. formalitet
format n. format
formation n. formacion
former adj. ish-
formerly adv. dikur
formidable adj. i frikshëm
formula n. formulë
formulate v. formuloj
forsake v. braktis
forswear v. shkel betimin
fort n. fortesë
forte n. ton i lartë
forth adv. përpara
forthcoming adj. i disponueshëm
forthwith adv. menjëherë
fortify v. pasuroj
fortitude n. qëndresë
fortnight n. dyjavor
fortress n. kala
fortunate adj. me fat
fortune n. pasuri
forty adj.& n. dyzetë
forum n. forum
forward adv. &adj. përpara
fossil n. fosili
foster v. nxitur
foul adj. faull
found v. gjetur
foundation n. themel
founder n. themelues
foundry n. shkritore
fountain n. burim
four adj.& n. katër
fourteen adj.& n. katërmbëdhjetë
fourth adj.& n. i katërt

fowl *n.* pulë
fox *n.* dhelpër
foyer *n.* holl
fraction *n.* fraksion
fractious *adj.* grindavec
fracture *v.t* thyerje
fragile *adj.* i brishtë
fragment *n.* fragment
fragrance *n.* aromë
fragrant *adj.* aromatik
frail *adj.* i brishtë
frame *n.* kornizë
framework *n.* strukturë
franchise *n.* ekskluzivitet
frank *adj.* i sinqertë
frankfurter *n.* suxhuk Frankfurti
frantic *adj.* i furishëm
fraternal *adj.* vëllazëror
fraternity *n.* vëllazëri
fraud *n.* mashtrim
fraudulent *adj.* mashtrues
fraught *adj.* i mbushur
fray *v.* tensionohet
freak *n.* fanatik
freckle *n.* mbushet me prenka
free *adj.* falas
freebie *n.* freebie
freedom *n.* liri
freeze *v.* ngrij
freezer *n.* frigorifer
freight *n.* transport mallrash
freighter *n.* anije mallrash
French *adj.* Frëngjisht
frenetic *adj.* i harbuar
frenzy *n.* furi
frequency *n.* frekuencë
frequent *adj.* i shpeshtë
fresh *adj.* i freskët
fret *v.t.* gajle
fretful *adj.* grindavec
friable *adj.* i shkrifët
friction *n.* fërkim

Friday *n.* e premte
fridge *n.* frigorifer
friend *n.* mik
fright *n.* lemeri
frighten *v.* tremb
frigid *adj.* i ftohtë
frill *n.* kreshtë
fringe *n.* thekë
frisk *v.* vjedh
fritter *v.* prish
frivolous *adj.* mendjelehtë
frock *n.* fustan
frog *n.* bretkocë
frolic *v.i.* plot gjallëri
from *prep.* nga
front *n.* front
frontbencher *n.* frontbencher
frontier *n.* kufi
frost *n.* acar
frosty *adj.* jomiqësor
froth *n.* shkumë
frown *v.i* vrenjt
frowsty *adj.* i pistë
frugal *adj.* i lirë
fruit *n.* fruta
fruitful *adj.* i frytshëm
frump *n.* femër kaba
frustrate *v.* pengoj
fry *v.* skuq
fudge *n.* mashtroj
fuel *n.* karburant
fugitive *n.* i arratisur
fulcrum *n.* bosht
fulfil *v.* përmbush
fulfilment *n.* përmbushje
full *adj.* plot
fulsome *adj.* i begatë
fumble *v.* kërkoj kuturu
fume *n.* tym
fumigate *v.* tymoj
fun *n.* argëtim
function *n.* funksion

functional *adj.* funksional
functionary *n.* funksionar
fund *n.* fond
fundamental *adj.* themelor
funeral *n.* funeral
fungus *n.* këpurdhë
funky *adj.* i shokuar
funnel *n.* gyp
funny *adj.* qesharak
fur *n.* lesh
furious *adj.* i furishëm
furl *v.* palos
furlong *n.* furlong
furnace *n.* stufë
furnish *v.* furnizoj
furnishing *n.* furnizim
furniture *n.* mobilje
furore *n.* skandal
furrow *n.* hulli
further *adv.* më tej
furthermore *adv.* gjithashtu
furthest *adj.& adv.* më i largët
fury *n.* tërbim
fuse *v.* fitil
fusion *n.* bashkim
fuss *n.* bujë
fussy *adj.* i bezdisshëm
fusty *adj.* i vjetruar
futile *adj.* i kotë
futility *n.* pa dobi
future *n.* e ardhme
futuristic *adj.* futuristic

G

gab *v.* llafe
gabble *v.t.* murmuritje
gadget *n.* vegël
gaffe *n.* gafë

gag *n.* shaka
gaga *adj.* budalla
gaiety *n.* hare
gaily *adv.* gëzueshëm
gain *v.* fitoj
gainful *adj.* fitimprurës
gait *n.* ecje
gala *n.* festë e madhe
galaxy *n.* galaktikë
gale *n.* stuhi
gall *n.* vrer
gallant *adj.* trim
gallantry *n.* trimëri
gallery *n.* galeri
gallon *n.* gallon
gallop *n.* galop
gallows *n.* varje
galore *adj.* bollëk
galvanize *v.i.* nxis
gambit *n.* hapje
gamble *v.* rrezikoj
gambler *n.* lojtar
gambol *v.* lodrim
game *n.* lojë
gamely *adj.* trimërisht
gammy *adj.* i çalë
gamut *n.* spektër
gang *n.* bandë
gangling *adj.* shtrembulaq
gangster *n.* gangster
gangway *n.* shteg
gap *n.* boshllëk
gape *v.* gogësimë
garage *n.* garazh
garb *n.* vishem
garbage *n.* mbeturina
garble *v.* ngatërroj
garden *n.* kopsht
gardener *n.* kopshtar
gargle *v.* gargarë
garish *adj.* tepër i ndezur
garland *n.* kurorë

garlic *n.* hudhër
garment *n.* veshje
garner *v.* hambar
garnet *n.* granat
garnish *v.* garniturë
garret *n.* mansardë
garrulous *adj.* llafazan
garter *n.* llastik çorapesh
gas *n.* gaz
gasket *n.* copë litari
gasp *v.i* hap gojën
gastric *adj.* i stomakut
gastronomy *n.* gastronom
gate *n.* portë
gateau *n.* biskotë
gather *v.* mbledh
gaudy *adj.* i shkëlqyer
gauge *n.* matës
gaunt *adj.* thatanik
gauntlet *n.* ndëshkim me rrahje
gauze *n.* garzë
gawky *adj.* i ngathët
gay *adj.* homoseksual
gaze *v.* ia ngul sytë
gazebo *n.* belveder
gazette *n.* gazetë
gear *n.* veshje
geek *n.* geek
gel *n.* xhel
geld *v.* tredh
gem *n.* perlë
gender *n.* gjini
general *adj.* i përgjithshëm
generalize *v.* përgjithësoj
generate *v.* gjenerojnë
generation *n.* brez
generator *n.* gjenerator
generosity *n.* bujari
generous *adj.* bujar
genesis *n.* gjenezë
genetic *adj.* gjenetik
genial *adj.* i qeshur

genius *n.* gjeni
genteel *adj.* i sjellshëm
gentility *n.* aristokraci
gentle *adj.* i butë
gentleman *n.* zotëri
gentry *n.* zotërinjtë
genuine *adj.* i vërtetë
geographer *n.* gjeograf
geographical *adj.* gjeografik
geography *n.* gjeografi
geologist *n.* gjeolog
geology *n.* gjeologji
geometric *adj.* gjeometrik
geometry *n.* gjeometri
germ *n.* embrion
German *n.* gjermanisht
germane *adj.* i përshtatshëm
germinate *v.* buis
germination *n.* rritje
gerund *n.* emër foljor
gestation *n.* ngjizje
gesture *n.* gjest
get *v.* merr
geyser *n.* ngrohës uji
ghastly *adj.* i kobshëm
ghost *n.* fantazmë
giant *n.* gjigant
gibber *v.* dërdëllit
gibe *v.* shpoti
giddy *adj.* mendjelehtë
gift *n.* dhuratë
gifted *adj.* i talentuar
gigabyte *n.* gjigabait
gigantic *adj.* gjigant
giggle *v.t.* qesh nën hundë
gild *v.* shkëlqej
gilt *adj.* i praruar
gimmick *n.* mashtrim
ginger *n.* xhenxhefil
gingerly *adv.* shumë i kujdesshëm
giraffe *n.* gjirafë
girder *n.* tra horizontal

girdle *n.* brez
girl *n.* vajzë
girlish *adj.* vajze
giro *n.* xhiro
girth *n.* nënbarkëz
gist *n.* esencë
give *v.* jap
given *adj.* dhënë
glacial *adj.* prej akulli
glacier *n.* akullnajë
glad *adj.* i kënaqur
gladden *v.* lëndinë
glade *n.* lëndinë
glamour *n.* magjepsës
glance *v.i.* shikoj
gland *n.* gjëndër
glare *v.i* llamburit
glass *v.t.* xham
glaze *v.* lustër
glazier *n.* xhamaxhi
gleam *v.* rreze
glean *v.* grumbulloj pak nga pak
glee *n.* gëzim
glide *v.* kaloj
glider *n.* avion pa motor
glimmer *v.* dritëz
glimpse *n.* paraqitje e shkurtër
glisten *v.* ndriçoj
glitch *n.* glitch
glitter *v.* shkëlqim
gloat *v.* përpij me sy
global *adj.* global
globalization *n.* globalizimi
globe *n.* botë
globetrotter *n.* Globetrotter
gloom *n.* errësirë
gloomy *adj.* i zymtë
glorification *n.* zbukurim
glorify *v.* lëvdoj
glorious *adj.* i lavdishëm
glory *n.* lavdi
gloss *n.* lustroj

glossary *n.* fjalor
glossy *adj.* me shkëlqim
glove *n.* dorezë
glow *v.* shkëlqim
glucose *n.* glukozë
glue *n.* zam
glum *adj.* i zymtë
glut *n.* mbytje
glutton *n.* njeri i pangopur
gluttony *n.* grykësi
glycerine *n.* glicerinë
gnarled *adj.* me gunga
gnat *n.* mushkonjë
gnaw *v.* gërmis
go *v.t* shkoj
goad *v.* hosten
goal *n.* qëllim
goalkeeper *n.* portier
goat *n.* dhi
gob *n.* marinar
gobble *v.* gëlltis
goblet *n.* kupë
god *n.* zot
godchild *n.* famull
goddess *n.* perëndeshë
godfather *n.* nun
godly *adj.* besimtar
godmother *n.* ndrikull
goggle *n.* me sy të zgurdulluar
going *n.* shkon
gold *n.* ar
golden *adj.* i artë
goldsmith *n.* argjendar
golf *n.* golf
gondola *n.* gondolë
gong *n.* gong
good *adj.* mirë
goodbye *excl.* lamtumirë
goodness *n.* mirësi
goodwill *n.* emër i mirë
goose *n.* patë
gooseberry *n.* person i tretë

gore *n.* gjak i dredhur
gorgeous *adj.* i mrekullueshëm
gorilla *n.* bandit
gory *adj.* i përgjakur
gospel *n.* ungjill
gossip *n.* thashetheme
gouge *v.* gdhend
gourd *n.* pagur
gourmand *n.* llupës
gourmet *n.* gustator
gout *n.* përdhes
govern *v.* qeveris
governance *n.* qeverisje
governess *n.* guvernante
government *n.* qeveri
governor *n.* guvernator
gown *n.* fustan
grab *v.* kanxhë
grace *n.* hir
graceful *adj.* i këndshëm
gracious *adj.* shpirtmirë
gradation *n.* klasifikim
grade *n.* klasë
gradient *n.* gradient
gradual *adj.* gradual
graduate *n.* diplomuar
graffiti *n.* mbishkrime
graft *n.* marrje ryshfeti
grain *n.* kokërr
gram *n.* gram
grammar *n.* gramatikë
gramophone *n.* gramafon
granary *n.* hambar
grand *adj.* i madh
grandeur *n.* dinjitet
grandiose *adj.* i madhërishëm
grandmother *n.* gjyshe
grange *n.* shoqatë femrash
granite *n.* granit
grant *v.* jep
granule *n.* kokrrizë
grape *n.* hardhi

graph *n.* grafik
graphic *adj.* grafik
graphite *n.* grafit
grapple *v.t.* kapje
grasp *v.* kuptoj
grass *n.* bar
grasshopper *n.* karkalec
grate *v.t* hekura
grateful *n.* mirënjohës
grater *n.* rende
gratification *n.* kënaqje
gratify *v.* kënaq
grating *n.* i bezdisshëm
gratis *adv. &adj.* gratis
gratitude *n.* mirënjohje
gratuitous *adj.* falas
gratuity *n.* bakshish
grave *n.* varr
gravel *n.* zhavorr
graveyard *n.* varrezë
gravitas *n.* gravitas
gravitate *v.* bie në fund
gravitation *n.* gravitacion
gravity *n.* gravitet
gravy *n.* lëng mishi
graze *v.* fshikje
grease *n.* lyrë
great *adj.* i madh
greatly *adv.* shumë
greed *n.* lakmi
greedy *adj.* lakmitar
green *adj. & n.* e gjelbër
greengrocer *n.* perimeshitës
greenery *v.t.* gjelbërim
greet *n.* përshëndes
greeting *n.* përshëndetje
grenade *a.* granatë
grey *n.* gri
greyhound *n.* zagar
grid *n.* rrjet elektrik
griddle *n.* tigan
grief *n.* mjerim

grievance *n.* ankesë
grieve *v.* brengos
grievous *adj.* i rëndë
grill *v.* vuaj
grim *adj.* i zymtë
grime *n.* zhul
grin *v.* zgërdheshje
grind *v.* bluaj
grinder *n.* mulli
grip *v.* rrokje
gripe *v.* sundim
grit *n.* kurajë
groan *v.* ofshamë
grocer *n.* bakall
grocery *n.* ushqimore
groggy *adj.* i dehur
groin *n.* ijë
groom *v.* dhëndër
groove *n.* zakon
grope *v.* kërkoj me duar
gross *adj.* bruto
grotesque *adj.* grotesk
grotto *n.* shpellë
ground *n.* terren
groundless *adj.* pabazuara
group *n.* grup
grouping *n.* grupim
grout *n.* fino
grovel *v.* puth këmbën
grow *v.i.* rritet
growl *v.* ankohem
growth *n.* rritje
grudge *n* mëri
grudging *adj.* qejfprishur
gruel *n.* llapa
gruesome *adj.* i frikshëm
grumble *v.* shfryrje
grumpy *adj.* ters
grunt *v.i.* hungërimë
guarantee *v.t* garantoj
guarantor *n.* garant

guard *v.* rojë
guarded *adj.* i ruajtur
guardian *n.* kujdestar
guava *n.* gujava
gudgeon *n.* cironkë
guerrilla *n.* luftë partizane
guess *v.i* mendoj
guest *n.* mysafir
guffaw *n.* ia plas të qeshurit
guidance *n.* udhëheqje
guide *n.* udhëhequr
guidebook *n.* libër udhërrëfyes
guild *n.* esnaf
guile *n.* mashtrim
guillotine *n.* gijotinë
guilt *n.* faj
guilty *adj.* fajtor
guise *n.* maskë
guitar *n.* kitarë
gulf *n.* gji
gull *n.* çafkë
gullet *n.* fyt
gullible *adj.* sylesh
gully *n.* hon
gulp *v.* gllënjkë
gum *n.* çamçakëz
gun *n.* armë
gurdwara *n.* gurdwara
gurgle *v.* gurgullimë
gust *n.* shpërthim
gut *n.* zorrë
gutsy *adj.* gutsy
gutter *n.* hendek
guy *n.* djalosh
guzzle *v.* pije
gymnasium *n.* gjimnaz
gymnast *n.* gjimnast
gymnastic *n.* gjimnastikor
gynaecology *n.* gjinekologji
gypsy *n.* cigan
gyrate *v.* vërtitem

H

habit *n.* zakon
habitable *adj.* i banueshëm
habitat *n.* vendbanim
habitation *n.* vendbanim
habituate *v.t.* ia bëj zakon
habitué *n.* frekuentues i rregullt
hack *v.* hack
hackneyed *adj.* banal
haemoglobin *n.* hemoglobinë
haemorrhage *n.* hemorragji
haft *n.* dorezë
hag *n.* cofëtinë
haggard *adj.* i drobitur
haggle *v.* bëj pazar
hail *n.* breshër
hair *n.* qime
haircut *n.* prerje
hairstyle *n.* hairstyle
hairy *adj.* leshtor
hajj *n.* Haxhi
halal *adj.* hallall
hale *adj.* i fortë
halitosis *n.* frymë me erë të keqe nga goja
hall *n.* sallë
hallmark *n.* vulë
hallow *v.* shenjtëroj
hallucinate *v.* kam vegime
halogen *n.* halopgjen
halt *v.* ndaloj
halter *n.* lak
halting *adj.* ndalimin
halve *v.* gjysmoj
halyard *n.* litar
ham *n.* proshutë
hamburger *n.* hamburger
hamlet *n.* fshat i vogël
hammer *n.* çekiç
hammock *n.* hamak
hamper *n.* pengoj
hamster *n.* lloj brejtësi
hamstring *n.* paralizoj
hand *n.* dorë
handbag *n.* kuletë
handcuff *n.* pranga
handbill *n.* reklamë e shtypur
handbook *n.* manual
handcuff *n.* pranga
handful *n.* grusht
handicap *n.* pengesë
handicapped *n.* me të meta
handicraft *n.* artizanat
handiwork *n.* punë dore
handkerchief *n.* shami
handle *v.t* trajtuar
handout *n.* prospekt
handshake *n.* shtrëngim duarsh
handsome *adj.* i bukur
handy *adj.* i dobishëm
hang *v.i.* var
hangar *n.* hangar
hanger *n.* vegjë
hanging *n.* në lartësi
hangover *n.* gjellë e mbetur
hank *n.* çile
hanker *v.* digjem
haphazard *adj.* kuturu
hapless *adj.* fatkeq
happen *v.* ndodh
happening *n.* ndodhi
happiness *n.* lumturi
happy *adj.* i lumtur
harass *v.* bie në qafë
harassment *n.* ngacmim
harbour *n.* port
hard *adj.* i vështirë
hard drive *n.* hard drive
hardback *n.* libër me kapak kartoni
harden *v.* kalit

hardly *adv.* mezi
hardship *n.* mundim
hardy *adj.* i guximshëm
hare *n.* lepur
harelip *n.* buzë të shtrembëra
harem *n.* harem
hark *v.* dëgjoj
harlequin *n.* laraman
harm *n.* dëm
harmful *adj.* i dëmshëm
harmless *adj.* i padëmshëm
harmonious *adj.* i harmonishëm
harmonium *n.* harmonium
harmonize *v.* harmonizoj
harmony *n.* harmoni
harness *n.* shfrytëzuar
harp *n.* harpë
harpy *n.* lubi
harrow *n.* bezdis
harrowing *adj.* pikëllues
harsh *adj.* i ashpër
harvest *n.* korr
harvester *n.* vjelës
hassle *n.* sherr
hassock *n.* shilte
haste *n.* nxitim
hasten *v.* shpejtoj
hasty *adj.* i nxituar
hat *n.* kapelë
hatch *n.* kurdisje
hatchet *n.* sakicë
hate *v.t.* urrej
hateful *adj.* urryes
haughty *adj.* arrogant
haulage *n.* transportim
haulier *n.* sipërmarrës transporti
    rrugor
haunch *n.* këllk
haunt *v.* fanitet
haunted *adj.* fantazma
have *v.* kam
haven *n.* strehë

havoc *n.* kërdi
hawk *n.* gjeraqinë
hawker *n.* tregtar shetitës
hawthorn *n.* murriz
hay *n.* sanë
hazard *n.* rrezik
hazardous *adj.* i rrezikshëm
haze *n.* mjegullim
hazy *adj.* i mjegullt
he *pron.* ai
head *n.* kokë
headache *n.* dhimbje koke
heading *n.* titull
headlight *n.* fener
headline *n.* titulli
headmaster *n.* drejtor shkolle
headphone *n.* kufjeve
headquarters *n.* zyrat qendrore
headstrong *adj.* kokëngjeshur
heady *adj.* marramendës
heal *v.* shëroj
health *n.* shëndetësor
healthy *adj.* i shëndetshëm
heap *n.* tog
hear *v.* dëgjoj
hearing *n.* dëgjim
hearse *n.* makinë varrimi
heart *n.* zemër
heartache *n.* dhimbje
heartbreak *n.* heartbreak
heartburn *n.* urth
hearten *v.* gëzoj
heartening *adj.* inkurajues
heartfelt *adj.* i përzemërt
hearth *n.* vatër
heartless *adj.* i pashpirt
hearty *adj.* i përzemërt
heat *n.* nxehtësi
heater *n.* ngrohës
heath *n.* shkurre
heathen *n.* pagan
heather *n.* shqopë

heating *n.* ngrohje
heave *v.* flak
heaven *n.* qiell
heavenly *adj.* qiellor
heavy *adj.* i rëndë
heckle *v.* bëj pyetje të pakëndshme
hectare *n.* hektar
hectic *adj.* i ethshëm
hector *v.* mburravec
hedge *n.* gardh
hedonism *n.* hedonizëm
heed *v.* vëmendje
heel *n.* thembër
hefty *adj.* trupmadh
hegemony *n.* hegjemoni
height *n.* lartësi
heighten *v.* nxjerr në pah
heinous *adj.* i urryer
heir *n.* trashëgimtar
helicopter *n.* helikopter
heliport *n.* fushë helikopteresh
hell *n.* ferr
helm *n.* kaskë
helmet *n.* përkrenare
help *v.* ndihmë
helpful *adj.* i dobishëm
helping *n.* ndihmuar
helpless *adj.* i paaftë
hem *n.* buzë
hemisphere *n.* hemisferë
hen *n.* femër
hence *adv.* prandaj
henceforth *adv.* tani e tutje
henchman *n.* ithtar
henna *n.* këna
henpecked *adj.* i sunduar nga gruaja
hepatitis *adj.* hepatit
heptagon *n.* shtatëkëndësh
her *pron.* e saj
herald *n.* kumtar

herb *n.* barishte
herculean *adj.* shumë e rëndë
herd *n.* tufë
here *adv.* këtu
hereabouts *adv.* këtu afër
hereafter *adv.* këtej e tutje
hereby *adv.* në këtë mënyrë
hereditary *adj.* i trashëguar
heredity *n.* trashëgim
heritage *n.* trashëgim
hermetic *adj.* hermetik
hermit *n.* vetmitar
hermitage *n.* vend i vetmuar
hernia *n.* hernie
hero *n.* hero
heroic *adj.* heroik
heroine *n.* heroinë
herpes *n.* urdhje
herring *n.* harengë
hers *pron.* hers
herself *pron.* veten
hesitant *adj.* në mëdyshje
hesitate *v.* hezitoj
heterogeneous *adj.* heterogjen
heterosexual *adj.* heteroseksual
hew *v.* latoj
hexogen *n.* Heksogjen
heyday *n.* kulm
hibernate *v.* prehem
hiccup *n.* lemzë
hide *v.t* fsheh
hideous *adj.* i shëmtuar
hierarchy *n.* hierarki
high *adj.* i lartë
highlight *v.* theksoj
highly *adv.* shumë
Highness *n.* Lartësi
highway *n.* autostradë
hijack *v.* rrëmbej
hike *n.* eci
hilarious *adj.* gazmor
hilarity *n.* kukurisje

hill *n.* kodër
hillock *n.* bregore
hilt *n.* dorezë thike
him *pron.* atë
himself *pron.* vetë
hinder *v.* pengoj
hindrance *n.* pengesë
hindsight *n.* mend pas kuvendit
hinge *n.* artikulacion
hint *n.* aluzion
hip *n.* ijë
hire *v.t* qira
hirsute *adj.* i kërleshur
his *adj.* e tij
hiss *v.i* fishkëllimë
histogram *n.* Histogram
historian *n.* historian
historic *adj.* historik
historical *adj.* historik
history *n.* histori
hit *v.* godit
hitch *v.* autostop
hither *adv.* këtu
hitherto *adv.* deri tani
hive *n.* zgjua
hoard *n.* grumbulloj
hoarding *n.* rrethim
hoarse *adj.* i ngjirur
hoax *n.* shaka
hob *n.* vitore
hobble *v.* ecje çalë-çalë
hobby *n.* hobi
hobgoblin *n.* gogol
hockey *n.* hokej
hoist *v.* ngritje
hold *v.t* mbaj
holdall *n.* çantë udhëtimi
hole *n.* vrimë
holiday *n.* festë
holistic *adj.* holistik
hollow *adj.* i uritur
holly *n.* ashe

holmium *n.* holmium
holocaust *n.* theror
hologram *n.* holografik
holster *n.* këllëf revoleje
holy *adj.* i shenjtë
homage *n.* homazh
home *n.* shtëpi
homely *adj.* i thjeshtë
homicide *n.* vrasje
homogeneous *adj.* homogjen
homoeopath *n.* homeopat
homeopathy *n.* homeopati
homogeneous *a.* homogjen
homophobia *n.* Homofobia
homosexual *n.* homoseksual
honest *adj.* i ndershëm
honesty *n.* ndershmëri
honey *n.* mjaltë
honeycomb *n.* huall
honeymoon *n.* muaj mjalti
honk *n.* bie borisë
honorary *adj.* nderi
honour *n.* nder
honourable *adj.* i nderuar
hood *n.* kapuç
hoodwink *v.* mashtruar
hoof *n.* këmbë
hook *n.* fiksohem
hooked *adj.* i droguar
hooligan *n.* rrugaç
hoop *n.* rreth për të luajtur
hoopla *n.* zhurmë
hoot *n.* gjë qesharake
hoover *n.* Hoover
hop *v.* hov
hop *v.t.* hov
hope *n.* shpresoj
hopefully *adv.* shpresë
hopeless *adj.* i pashpresë
horde *n.* hordhi
horizon *n.* horizont
horizontal *adj.* horizontal

hormone *n.* hormon
horn *n.* bri
hornet *n.* grenzë
horoscope *n.* horoskop
horrendous *adj.* tmerrshme
horrible *adj.* i tmerrshëm
horrid *adj.* i tmerrshëm
horrific *adj.* tmerrues
horrify *v.* tmerroj
horror *n.* tmerr
horse *n.* kalë
horsepower *n.* kuaj-fuqi
horticulture *n.* kopshtari
hose *n.* çorape
hosiery *n.* çorape
hospice *n.* bujtinë
hospitable *adj.* mikpritës
hospital *n.* spital
hospitality *n.* mikpritje
host *n.* mikpritës
hostage *n.* peng
hostel *n.* hotel
hostess *n.* zonjë
hostile *adj.* armiqësor
hostility *n.* armiqësia
hot *adj.* nxehtë
hotchpotch *n.* turli
hotel *n.* hotel
hound *n.* qen
hour *n.* orë
house *n.* shtëpi
housewife *n.* amvisë
housing *n.* strehim
hovel *n.* karakatinë
hover *v.* rri pezull
how *adv.* si
however *adv.* megjithatë
howl *n.* vajtoj
howler *n.* gafë
hub *n.* qendër
hubbub *n.* shamatë
huddle *v.* grumbullohen

hue *n.* britmë
huff *n.* zemërim
hug *v.* përqafim
huge *adj.* gjigant
hulk *n.* njeri kaba
hull *n.* byk
hum *v.* lëvrij
human *adj.* njerëzor
humane *adj.* shpirtmirë
humanism *n.* humanizëm
humanitarian *adj.* humanitar
humanity *n.* humanizëm
humanize *v.* njerëzoj
humble *adj.* i përulur
humid *adj.* i lagësht
humidity *n.* lagështi
humiliate *v.* turpëroj
humility *n.* përulësi
hummock *n.* kodrinë
humorist *n.* shakatar
humorous *adj.* me humor
humour *n.* humor
hump *n.* breg
hunch *v.* kërrus
hundred *adj.&* *n.* njëqind
hunger *n.* uri
hungry *adj.* i uritur
hunk *n.* copë
hunt *v.* gjueti
hunter *n.* gjahtar
hurdle *n.* pengesë
hurl *v.* flak
hurricane *n.* stuhi
hurry *v.* nxitim
hurt *v.* i lënduar
hurtle *v.* përplasem
husband *n.* burri
husbandry *n* kursim
hush *v.i* hesht
husk *n.* lëvore
husky *adj.* i ngjirur
hustle *v.* ngutje

hut *n.* bun
hutch *n.* kotec
hybrid *n.* hibrid
hydrant *n.* hydrant
hydrate *v.* hidrat
hydraulic *adj.* hidraulike
hydrofoil *n.* motoskaf me fletë të nënujshme
hydrogen *n.* hidrogjen
hyena *n.* hienë
hygiene *n.* higjienë
hymn *n.* himn
hype *n.* hype
hyper *pref.* hiper
hyperactive *adj.* hyperactive
hyperbole *n.* hiperbolë
hypertension *n.* hipertensionit
hyphen *n.* vizë ndarëse
hypnosis *n.* hipnozë
hypnotism *n.* hipnoza
hypnotize *v.* hypnotize
hypocrisy *n.* hipokrizi
hypocrite *n.* hipokrit
hypotension *n.* hipotension
hypothesis *n.* hipotezë
hypothetical *adj.* hipotetike
hysteria *n.* histeri
hysterical *adj.* histerike

I *pron.* Unë
ice *n.* akull
iceberg *n.* ajsberg
ice-cream *n.* akull-krem
icicle *n.* ehull
icing *n.* krem
icon *n.* ikonë
icy *n.* i akullt

idea *n.* ide
ideal *n.* ideal
ideally *adv.* në mënyrë ideale
idealism *n.* idealizëm
idealist *n.* idealist
idealistic *adj.* idealist
idealize *v.* idealizoj
identical *adj.* identik
identification *n.* identifikim
identity *n.* identitet
identity *v.* identitet
ideology *n.* ideologji
idiocy *n.* idiotësi
idiom *n.* idiomë
idiomatic *adj.* idiomatik
idiosyncrasy *n.* origjinalitet
idiot *n.* idiot
idiotic *adj.* idiot
idle *adj.* papunë
idleness *n.* papunësi
idler *n.* dembel
idol *n.* idhull
idolatry *n.* idhujtari
idolize *v.* hyjnizoj
idyll *n.* idil
if *conj.* nëse
igloo *n.* banesë eskimeze
igneous *adj.* vullkanik
ignite *v.* ndez
ignition *n.* ndezje
ignoble *adj.* i poshtër
ignominy *n.* poshtërim
ignominious *adj.* poshtërues
ignoramus *n.* injorant
ignorance *n.* injorancë
ignorant *adj.* injorant
ignore *v.* injoroj
ill *adj.* i sëmurë
illegal *adj.* i paligjshëm
illegible *adj.* i palexueshëm
illegibility *n.* palexueshmëri
illegitimate *adj.* i paligjshëm

illicit *adj.* i paligjshëm
illiteracy *n.* analfabetizëm
illiterate *n.* analfabet
illness *n.* sëmundje
illogical *adj.* i palogjikshëm
illuminate *v.* mësoj
illumination *n.* ndriçim
illusion *v.t.* iluzion
illusory *adj.* zhgënjyes
illustrate *n.* ilustroj
illustration *n.* ilustrim
illustrious *adj.* i shquar
image *n.* imazh
imagery *n.* skulpturë
imaginary *adj.* imagjinar
imagination *n.* imagjinatë
imaginative *adj.* imagjinar
imagine *v.t.* imagjinoj
imbalance *n.* mosbalancim
imbibe *v.* pi
imbroglio *n.* ngatërresë
imbue *v.* ngjyej
imitate *v.* imitoj
imitation *n.* imitim
imitator *n.* kopjues
immaculate *adj.* i papërlyer
immanent *adj.* imanent
immaterial *adj.* jomaterial
immature *adj.* i papjekur
immaturity *n.* papjekuri
immeasurable *adj.* i pamatshëm
immediate *adj.* i menjëhershëm
immemorial *adj.* që s'mbahet mend
immense *adj.* i pafund
immensity *n.* pafundësi
immerse *v.* zhyt
immersion *n.* zhytje
immigrant *n.* imigrant
immigrate *v.* imigroj
immigration *n.* imigrim
imminent *adj.* i pashmangshëm

immoderate *adj.* i papërmbajtur
immodest *n.* i pacipë
immodesty *a.* pacipësi
immolate *v.* sakrifikoj
immoral *adj.* imoral
immorality *n.* imoralitet
immortal *adj.* i pavdekshëm
immortality *n.* pavdekësi
immortalize *v.* përjetësoj
immovable *adv.* paluajtshme
immune *adj.* i imunizuar
immunity *n.* imunitet
immunize *v.* imunizoj
immunology *n.* imunologji
immure *v.* mbyll brenda
immutable *adj.* i pandryshueshëm
impact *n.* ndikim
impair *v.* dëmtoj
impalpable *adj.* i pakapshëm
impart *v.* kujtoj
impartial *adj.* i paanshëm
impartiality *n.* paanësi
impassable *adj.* i pakalueshëm
impasse *n.* rrugë pa krye
impassioned *adj.* i pasionuar
impassive *adj.* i pandjeshëm
impatient *adj.* i paduruar
impeach *v.* gjykoj
impeachment *n.* akuzim
impeccable *adj.* i patëmetë
impede *v.* pengoj
impediment *n.* pengesë
impel *v.* nxit
impending *adj.* i pashmangshëm
impenetrable *adj.* i padepërtueshëm
imperative *adj.* i domosdoshëm
imperfect *adj.* e pakryer
imperfection *n.* cen
imperial *adj.* perandorak
imperialism *n.* imperializëm

imperil v. rrezikoj
impersonal adj. i papërcaktuar
impersonate v. bëhem
impersonation n. imitim
impertinence n pafytyrësi
impertinent adj. i pacipë
impervious adj. indiferent
impetuous adj. i vrullshëm
impetus n. shtysë
impious adj. i paditur
implacable adj. i papajtueshëm
implant v. ngulit
implausible adj. i papranueshëm
implement n. zbatuar
implicate v. nënkuptoj
implication n. nënkuptim
implicit adj. i nënkuptuar
implode v. shpërthej
implore v.t. lutem
imply v. lë të kuptohet
impolite adj. i pasjellshëm
import v. import
importer n. importues
importance n. rëndësi
important adj. i rëndësishëm
impose v. imponoj
imposing adj. madhështor
imposition n. imponim
impossibility n. pamundësi
impossible adj. i pamundur
imposter n. mashtrues
impotence n. impotencë
impotent adj. impotent
impound v. konfiskoj
impoverish v. shkretoj
impracticable adj. i pazbatueshëm
impractical adj. jopraktik
impress v. përshtypje
impression n. përshtypje
impressive adj. i rëndësishëm
imprint v. ngulit

imprison v. burgos
improbable adj. i pamundshëm
improper adj. i papërshtatshëm
impropriety n. sjellje e pahijshme
improve v. përmirësoj
improvement n. përmirësim
improvident adj. mosparashikues
improvise v. improvizoj
imprudent adj. i pakujdesshëm
impudent adj. i pacipë
impulse n. impuls
impulsive adj. impulsiv
impunity n. mosndëshkim
impure adj. i papastër
impurity n. papastërti
impute v. plotësuar të
in prep. në
inability n. paaftësi
inaccurate adj. i pasaktë
inaction n. mosveprim
inactive adj. joaktiv
inadequate adj. i papërshtatshëm
inadmissible adj. i papranueshëm
inadvertent adj. i hutuar
inane adj. i pamend
inanimate adj. i pajetë
inapplicable adj. i ëpazbatueshëm
inappropriate adj. i papërshtatshëm
inarticulate adj. i paqartë
inattentive adj. i pavëmendshëm
inaudible adj. i padëgjueshëm
inaugural adj. përurimi
inaugurate v. inauguroj
inauspicious adj. i pafat
inborn adj. prej vetiu
inbred adj. i natyrshëm
incalculable adj. i pallogaritshëm
incapable adj. i paaftë
incapacity n. paaftësi

incarcerate v. burgos
incarnate adj. i mishëruar
incarnation n. mishërim
incense n. temjan
incentive n. nxitje
inception n. fillim
incest n. incest
inch n. inç
incidence n. incidencë
incident n. incident
incidental adj. i rastësishëm
incisive adj. therës
incite v. nxisin
inclination n. prirje
incline v. shpat
include v. përfshijnë
inclusion n. përfshirje
inclusive adj. gjithëpërfshirës
incoherent adj. i shkrifët
income n. të ardhura
incomparable adj. i pashoq
incompatible adj. i papajtueshëm
incompetent adj. i paaftë
incomplete adj. i paplotë
inconclusive adj. jobindës
inconsiderate adj. i pakujdesur
inconsistent adj. kontradiktor
inconsolable adj. i pangushëllueshëm
inconspicuous adj. që s'bie në sy
inconvenience n. shqetësim
incorporate v. inkorporoj
incorporation n. përfshirje
incorrect adj. i pasaktë
incorrigible adj. i pakorrigjueshëm
incorruptible adj. i pakorruptueshëm
increase v. rritje
incredible adj. i pabesueshëm
increment n. rritje
incriminate v.i. fajësoj

incubate v. ngroh
inculcate v. rrënjos
incumbent adj. në detyrë
incur v. pësoj
incurable adj. i pashërueshëm
incursion n. inkursion
indebted adj. në borxh
indecency n. paturpësi
indecent adj. i turpshëm
indecision n. pavendosmëri
indeed adv. në të vërtetë
indefensible adj. i pambrojtshëm
indefinite adj. i papërcaktuar
indemnity n. dëmshpërblim
indent v. porosit
indenture n. kontratë
independence n. pavarësi
independent adj. i pavarur
indescribable adj. i papërshkrueshëm
index n. indeks
Indian n. Indian
indicate v. tregoj
indication n. shenjë
indicative adj. tregues
indicator n. tregues
indict v. padit
indictment n. padi
indifference n. mospërfillje
indifferent adj. indiferent
indigenous adj. indigjen
indigestible adj. i patretshëm
indigestion n. dispepsi
indignant adj. i zemëruar
indignation n. indinjatë
indignity n. ofendim
indigo n. llullaq
indirect adj. indirekt
indiscipline n. mosdisiplinë
indiscreet adj. i pamatur
indiscretion n. pamaturi
indiscriminate adj. i rrëmujshëm

indispensable *adj.* i domosdoshëm
indisposed *adj.* zaif
indisputable *adj.* i padiskutueshëm
indistinct *adj.* i paqartë
individual *adj.* individual
individualism *n.* individualizëm
individuality *n.* individualitet
indivisible *adj.* i pandashëm
indolent *adj.* i dobët
indomitable *adj.* i pathyeshëm
indoor *adj.* shtëpie
induce *v.* shkaktoj
inducement *n.* nxitje
induct *v.* paraqes
induction *n.* induksion
indulge *v.* kënaq
indulgence *n.* kënaqje
indulgent *adj.* tolerues
industrial *adj.* industrial
industrious *adj.* i zellshëm
industry *n.* industri
ineffective *adj.* i paefektshëm
inefficient *adj.* i paefektshëm
ineligible *adj.* i papërshtatshëm
inequality *n.* pabarazi
inert *adj.* i palëvizshëm
inertia *n.* inerci
inescapable *adj.* i pashmangshëm
inevitable *adj.* i pashmangshëm
inexact *adj.* i pasaktë
inexcusable *adj.* i pafalshëm
inexhaustible *adj.* i pashtershëm
inexorable *adj.* i paepur
inexpensive *adj.* i lirë
inexperience *n.* papërvojë
inexplicable *adj.* i pashpjegueshëm
inextricable *adj.* i koklavitur
infallible *adj.* i pagabueshëm
infamous *adj.* i turpshëm

infamy *n.* turp
infancy *n.* fillimet
infant *n.* i mitur
infanticide *n.* foshnjeve
infantile *adj.* fëminor
infantry *n.* këmbësori
infatuate *v.* magjeps
infatuation *n.* pasion
infect *v.* infektoj
infection *n.* infeksion
infectious *adj.* infektues
infer *v.* dëshmoj
inference *n.* konkluzion
inferior *adj.* inferior
inferiority *n.* inferioritet
infernal *adj.* skëterror
infertile *adj.* jopjellor
infest *v.* mbush
infidelity *n.* pabesi
infighting *n.* luftë e brendshme
infiltrate *v.* depërtoj
infinite *adj.* infinit
infinity *n.* pafundësi
infirm *adj.* i pafuqishëm
infirmity *n.* sëmundje
inflame *v.* nxit
inflammable *adj.* lëndë e ndezshme shpejt
inflammation *n.* pezmatim
inflammatory *adj.* nxitës
inflate *v.* fryj
inflation *n.* inflacion
inflect *v.* zgjedhoj
inflexible *adj.* i papërkulur
inflict *v.* shkaktoj
influence *n.* ndikim
influential *adj.* ndikim
influenza *n.* grip
influx *n.* derdhje
inform *v.* njoftoj
informal *adj.* joformal
information *n.* informacion

informative *adj.* informativ
informer *n.* informator
infrastructure *n.* infrastrukturë
infrequent *adj.* i rrallë
infringe *v.* shkel
infringement *n.* shkelje
infuriate *v.* xhindos
infuse *v.* mbush me
infusion *n.* infuzion
ingrained *adj.* i rrënjosur
ingratitude *n.* mosmirënjohje
ingredient *n.* përbërës
inhabit *v.* jetoj
inhabitable *adj.* i banueshëm
inhabitant *n.* banor
inhale *v.* thith
inhaler *n.* aparat për thithje ilaçi
inherent *adj.* i qenësishëm
inherit *v.* trashëgoj
inheritance *n.* trashëgim
inhibit *v.* pengoj
inhibition *n.* frenim
inhospitable *adj.* i shkretë
inhuman *adj.* çnjerëzor
inimical *adj.* armiqësor
inimitable *adj.* i paimitueshëm
initial *adj.* fillestar
initiate *v.* filloj
initiative *n.* nismë
inject *v.* mbush
injection *n.* injeksion
injudicious *adj.* i pamend
injunction *n.* urdhër
injure *v.* vras
injurious *adj.* dëmtues
injury *n.* plagosje
injustice *n.* padrejtësi
ink *n.* bojë shkrimi
inkling *n.* aluzion
inland *adj.* në brendësi
inmate *n.* i burgosur
inmost *adj.* më intim

inn *n.* han
innate *adj.* prej natyre
inner *adj.* i brendshëm
innermost *adj.* më i thellë
innings *n.* radhë
innocence *n.* pafajësi
innocent *adj.* i pafajshëm
innovate *v.* përtërij
innovation *n.* risi
innovator *n.* novator
innumerable *adj.* i panumërt
inoculate *v.* shtie
inoculation *n.* vaksinim
inoperative *adj.* i paefektshëm
inopportune *adj.* në kohë të papërshtatshme
inpatient *n.* stacionar
input *n.* të dhëna
inquest *n.* juri
inquire *v.* pyes
inquiry *n.* hetim
inquisition *n.* inkuizicion
inquisitive *adj.* kureshtar
insane *adj.* i çmendur
insanity *n.* marrëzi
insatiable *adj.* i pangopur
inscribe *v.* mbishkruaj
inscription *n.* mbishkrim
insect *n.* insekt
insecticide *n.* insekticid
insecure *adj.* i pasigurt
insecurity *n.* pasiguri
insensible *adj.* i pavetëdijshëm
inseparable *adj.* i pandashëm
insert *v.* fut
insertion *n.* futje
inside *n.* brenda
insight *n.* depërtim
insignificance *n.* parëndësi
insignificant *adj.* i parëndësishëm
insincere *adj.* i pasinqertë
insincerity *adv.* mungesë sinqeriteti

insinuate *v.* lë të kuptohet
insinuation *n.* insinuatë
insipid *adj.* i pashije
insist *v.* insistoj
insistence *n.* këmbëngulje
insistent *adj.* këmbëngulës
insolence *n.* paturpësi
insolent *adj.* i pafytyrë
insoluble *adj.* i pazgjidhshëm
insolvency *n.* paaftësi paguese
insolvent *adj.* njeri i falimentuar
inspect *v.* inspektoj
inspection *n.* inspektim
inspector *n.* inspektor
inspiration *n.* frymëzim
inspire *v.* frymëzoj
instability *n.* paqëndrueshmëri
install *v.* instaloj
installation *n.* instalim
instalment *n.* instalim
instance *n.* shembull
instant *adj.* çast
instantaneous *adj.* i menjëhershëm
instead *adv.* vend
instigate *v.* nxit
instil *v.* rrënjos
instinct *n.* instinkt
instinctive *adj.* instinktiv
institute *n.* institut
institution *n.* institucion
instruct *v.* udhëzoj
instruction *n.* udhëzim
instructor *n.* instruktor
instrument *n.* instrument
instrumental *adj.* instrumental
instrumentalist *n.* instrumentalist
insubordinate *adj.* i pashtruar
insubordination *n.* mosbindje
insufficient *adj.* i pamjaftueshëm
insular *adj.* ishullor
insulate *v.* izoloj

insulation *n.* izolim
insulator *n.* izolant
insulin *n.* insulinë
insult *v.t.* fyerje
insupportable *adj.* i padurueshëm
insurance *n.* sigurim
insure *v.* siguroj
insurgent *n.* kryengritës
insurmountable *adj.* i pakapërcyeshëm
insurrection *n.* kryengritje
intact *adj.* i paprekur
intake *n.* konsum
intangible *adj.* paprekshme
integral *adj.* integral
integrity *n.* ndershmëri
intellect *n.* intelekt
intellectual *adj.* intelektual
intelligence *n.* zbulim
intelligent *adj.* i zgjuar
intelligible *adj.* i kuptueshëm
intend *v.* ndërmend
intense *adj.* i madh
intensify *v.* intensifikojnë
intensity *n.* Intensiteti
intensive *adj.* intensiv
intent *n.* qëllim
intention *n.* qëllim
intentional *adj.* i qëllimshëm
interact *v.* bashkëveprim
intercede *v.* ndërmjetësoj
intercept *v.* ndërpres
interception *n.* ndërprerje
interchange *v.* zëvendësoj
intercom *n.* Intercom
interconnect *v.* lidhem
intercourse *n.* marrëdhënie
interdependent *adj.* ndërvarura
interest *n.* interes
interesting *adj.* interesant
interface *n.* Ndërfaqja
interfere *v.* ndërhyj

interference *n.* ndërhyrje
interim *n.* i përkohshëm
interior *adj.* i brendshëm
interject *v.* ndërkall
interlink *v.* lidh bashkë
interlock *v.* bashkoj
interlocutor *n.* bashkëbisedues
interloper *n.* furacak
interlude *n.* i huaj
intermediary *n.* ndërmjetës
intermediate *adj.* i ndërmjetëm
interminable *adj.* i pafund
intermission *n.* pushim
intermittent *adj.* përhershme
intern *v.* internoj
internal *adj.* i brendshëm
international *adj.* ndërkombëtar
internet *n.* internet
interplay *n.* bashkëveprim
interpret *v.* interpretoj
interpreter *n.* përkthyes
interracial *adj.* interracial
interrelate *v.* interrelate
interrogate *v.* marr në pyetje
interrogative *adj.* pyetës
interrupt *v.* ndërpres
interruption *n.* ndërprerje
intersect *v.* ndërpritet
interstate *n.* ndërshtetërore
interval *n.* interval
intervene *v.* ndërhyj
intervention *n.* ndërhyrje
interview *n.* intervistë
intestine *n.* zorrë
intimacy *n.* miqësi e ngushtë
intimate *adj.* i ngushtë
intimidate *v.* frikësoj
intimidation *n.* frikësim
into *prep.* në
intolerable *adj.* patolerueshme
intolerant *adj.* intolerant
intone *v.* recitoj

intoxicate *v.* deh
intoxication *n.* dehje
intractable *adj.* kokëfortë
intranet *n.* intranet
intransitive *adj.* jokalimtar
intrepid *adj.* Intrepid
intricate *adj.* i ndërlikuar
intrigue *v.* intrigë
intrinsic *adj.* i brendshëm
introduce *v.* futur
introduction *n.* paraqitje
introductory *adj.* hyrëse
introspect *v.* shikoj brenda
introspection *n.* analizë e vetvetes
introvert *n.* introvert
intrude *v.* ndërhyj
intrusion *n.* ndërhyrje
intrusive *adj.* i bezdisshëm
intuition *n.* intuitë
intuitive *n.* intuitiv
inundate *v.* përmbyt
invade *v.* dyndem
invalid *n.* invalid
invalidate *v.* zhvlerësoj
invaluable *adj.* i paçmueshëm
invariable *adj.* i pandryshueshëm
invasion *n.* pushtim
invective *n.* sharje
invent *v.* shpik
invention *n.* shpikje
inventor *n.* shpikës
inventory *n.* inventar
inverse *adj.* i anasjellë
invert *v.* anasjell
invest *v.t.* investoj
investigate *v.* hetoj
investigation *n.* hetim
investment *n.* investim
invigilate *adj.* Invigilate
invigilator *n.* invigilator
invincible *adj.* pamposhtur

inviolable *adj.* i padhunueshëm
invisible *adj.* i padukshëm
invitation *n.* ftesë
invite *v.* ftoj
inviting *adj.* ftuar
invocation *n.* thirrje e muzës
invoice *n.* faturë
invoke *v.* bëj thirrje
involuntary *adj.* pavullnetshëm
involve *v.* përfshijë
invulnerable *adj.* i paprekshëm
inward *adj.* nga brenda
irate *adj.* nevrik
ire *n.* inat
iris *n.* shpatore
irksome *v.* i lodhshëm
iron *n.* hekur
ironical *adj.* ironical
irony *n.* ironi
irradiate *v.* rrezatoj
irrational *adj.* iracional
irreconcilable *adj.* i papajtueshëm
irredeemable *adj.* i pazëvendësueshëm
irrefutable *adj.* i pakundërshtueshëm
irregular *adj.* i parregullt
irregularity *n.* parregullsi
irrelevant *adj.* i pavend
irreplaceable *adj.* i pazëvendësueshëm
irresistible *adj.* i papërmbajtshëm
irresolute *adj.* i pavendosur
irrespective *adj.* pavarësisht
irresponsible *adj.* i papërgjegjshëm
irreversible *adj.* i pakthyeshëm
irrevocable *adj.* i pakthyeshëm
irrigate *v.* ujit
irrigation *n.* ujitje
irritable *adj.* nervoz

irritant *n.* ngacmues
irritate *v.* pezmatoj
irruption *n.* dyndje
Islam *n.* Islam
island *n.* ishull
isle *n.* ujdhesë
islet *n.* ishull
isobar *n.* isobatin
isolate *v.* izoloj
isolation *n.* izolim
issue *n.* çështje
it *pron.* ajo
italic *adj.* kursiv
itch *v.i.* kruarje
itchy *adj.* itchy
item *n.* artikull
iterate *v.* iterate
itinerary *n* itinerar
itself *pron.* vetë
ivory *n.* fildish
ivy *n.* dredhkë

J

jab *v.* goditje
jabber *v.* murmurit
jack *n.* krik
jackal *n.* çakall
jackass *n.* gomar
jacket *n.* xhaketë
jackpot *n.* çmim i parë
Jacuzzi *n.* Jacuzzi
jade *n.* lodh
jaded *adj.* i lodhur
jagged *adj.* i dehur
jail *n.* burg
jailer *n.* rojtar burgu
jam *v.t.* bllokim
jam *n.* bllokim

jamboree *n.* argëtim
janitor *n.* portier
January *n.* Janar
jar *n.* jar
jargon *n.* zhargon
jasmine *n.* jasemi
jaundice *n.* verdhëz
jaunt *n.* ekskursion
jaunty *adj.* i vetëkënaqur
javelin *n.* shtizë
jaw *n.* nofulla
jay *n.* grifshë
jazz *n.* xhaz
jazzy *adj.* xhazi
jealous *adj.* xheloz
jealousy *n.* xhelozi
jeans *n.* xhinse
jeep *n.* xhips
jeer *v.* tallje
jelly *n.* pelte
jellyfish *n.* kandil deti
jeopardize *v.* rrezikoj
jeopardy *n.* rrezik
jerk *n.* hov
jerkin *n.* jelek
jerry can *n.* jerry mund
jersey *n.* triko
jest *n.* shaka
jester *n.* karagjoz
jet *n.* reaktiv
jet lag *n.* lag jet
jewel *n.* xhevahir
jeweller *n.* argjendar
jewellery *n.* stoli të çmuara
jibe *n.* ujdis
jig *n.* hidhem
jiggle *v.* tund
jigsaw *n.* bashkim pjesësh figure
jingle *n.* gërvisht
jinx *n.* sjell ters
jitters *n.* ankth
job *n.* punë

jockey *n.* kalorës
jocose *adj.* i këndshëm
jocular *v.t.* shakatar
jog *v.* shkund
joggle *v.* tund
join *v.* bashkohem
joiner *n.* marangoz
joint *n.* i përbashkët
joist *n.* tra
joke *n.* shaka
joker *n.* shakaxhi
jolly *adj.* i këndshëm
jolt *v.t.* goditje
jostle *v.t.* godit
jot *v.t.* grimë
journal *n.* ditar
journalism *n.* gazetari
journalist *n.* gazetar
journey *n.* udhëtim
jovial *adj.* i qeshur
joviality *adv.* gaz
joy *n.* lumturi
joyful *adj.* i lumtur
joyous *adj.* i gëzuar
jubilant *adj.* i ngazëllyer
jubilation *n.* ngazëllim
jubilee *n.* jubile
judge *n.* gjykatës
judgement *n.* gjykim
judicial *adj.* gjyqësor
judiciary *n.* gjyqësor
judicious *adj.* i mençur
judo *n.* xhudo
jug *n.* ibrik
juggle *v.* mashtroj
juggler *n.* manipulim
juice *n.* lëng
juicy *adj.* me lëng
July *n.* Korrik
jumble *n.* grumbull
jumbo *adj.* vigan
jump *v.i* kërcej

jumper n. bluzë
jumper n. bluzë
junction n. kryqëzim
juncture n. rrethana
June n. Qershor
jungle n. që jeton në xhungël
junior adj. i ri
junior n. i ri
junk n. vjeturina
Jupiter n. Jupiteri
jurisdiction n. jurisdiksion
jurisprudence n. jurisprudencë
jurist n. jurist
juror n. anëtar jurie
jury n. juri
just adj. vetëm
justice n. drejtësi
justifiable adj. i justifikueshëm
justification n. justifikim
justify v. arsyetoj
jute n. jute
juvenile adj. i ri

kaftans n. kaftans
kaleidoscope n. kaleidoskop
kangaroo n. kangur
karaoke n. karaoke
karate n. karate
karma n. karma
kebab n. qebap
keel n. anije
keen adj. i mprehtë
keenness n. keenness
keep v. mbaj
keeper n. portier
keeping n. pajtim
keepsake n. dhuratë për kujtim

keg n. bucelë
kennel n. lukuni
kerb n. buzë trotuari
kerchief n. shami koke
kernel n. kokkër
kerosene n. vajguri
ketchup n. keçap
kettle n. ibrik
key n. kyç
keyboard n. tastierë
keyhole n. vrimë e çelësit
kick v. shkelm
kid n. fëmijë
kidnap v. rrëmbej me dhunë
kidney n. veshkë
kill v. vras
killing n. vrasje
kiln n. furrë
kilo n. kilogram
kilobyte n. Kilobyte
kilometre n. kilometër
kilt n. fustanellë
kimono n. kimono
kin n. farefisnor
kind n. lloj
kindergarten n. kopsht fëmijësh
kindle v. ndez
kindly adv. me mirësi
kinetic adj. kinetik
king n. mbret
kingdom n. mbretëri
kink n. ngërç
kinship n. lidhje familiare
kiss v.t. puthje
kit n. uniformë
kitchen n. kuzhinë
kite n. qift
kith n. miq
kitten n. kotele
kitty n. kotele
knack n. aftësi
knacker v. kalë i vjetër

knave n. horr
knead v. gatuaj
knee n. gju
kneel v. bie në gjunjë
knickers n. kilota burrash
knife n. thikë
knight n. kalorës
knighthood n. kalorësi
knit v. thur
knob n. çelës
knock v. trokas
knot n. nyjë
knotty adj. me nyjë
know v. di
knowing adj. duke e ditur
knowledge n. njohuri
knuckle n. noçkë
kosher adj. i drejtë
kudos n. famë
kung fu n. kung fu

label n. etiketë
labial adj. buzor
laboratory n. laborator
laborious adj. i mundimshëm
labour n. i punës
labourer n. punëtor
labyrinth n. labirint
lace n. lidhëse
lacerate v. çjerr
lachrymose adj. vajtues
lack n. mungesë
lackey n. lake
lacklustre adj. pa gjallëri
laconic adj. lakonik
lacquer n. llak
lacrosse n. lacrosse

lactate v. kripë e acidit laktik
lactose n. lactose
lacuna n. zgavër
lacy adj. prej dantelle
lad n. djalosh
ladder n. shkallë
laden n. i ngarkuar
ladle n. luhare
lady n. zonjë
ladybird n. mollëkuqe
lag v. vonesë
lager n. birrë i çelët
laggard n. i prapambetur
lagging n. armaturë
lagoon n. lagunë
lair n. varr
lake n. liqen
lamb n. mish qengji
lambast v. lambast
lame adj. i çalë
lament n. vajtoj
lamentable adj. i dobët
laminate v. i petëzuar
lamp n. llambë
lampoon v. satirë
lance n. heshtë
lancer n. heshtar
lancet n. bisturi
land n. tokë
landing n. ulje
landlady n. pronare
landlord n. qiradhënës
landscape n. peizazh
lane n. korsi
language n. gjuhë
languid adj. i dobët
languish v. vuaj
lank adj. gjatosh
lanky adj. hollak
lantern n. fanar
lap n. xhiro
lapse n. gaboj

lard *n.* sallo
larder *n.* depo
large *adj.* i madh
largesse *n.* bujari
lark *n.* zbavitem
larva *n.* larvë
larynx *n.* laring
lasagne *n.* lasagne
lascivious *adj.* epshor
laser *n.* lazer
lash *v.* valëvit
lashings *n.* një mori
lass *n.* vajzë
last *adj.* i fundit
lasting *adj.* i qëndrueshëm
latch *n.* shul
late *adj.* vonë
lately *adv.* kohët e fundit
latent *adj.* i fshehur
lath *n.* qepër
lathe *n.* torno
lather *n.* siklet
latitude *n.* gjerësi
latrine *n.* nevojtore
latte *n.* me qumesht
latter *adj.* i fundit
lattice *n.* grilë
laud *v.* lavd
laudable *adj.* për t'u lëvduar
laugh *v.* qesh
laughable *adj.* qesharak
laughter *n.* qeshje
launch *v.* nisur
launder *v.* lahet
launderette *n.* lavanderi me vetëshërbim
laundry *n.* lavanderi
laurel *n.* dafinë
laureate *n.* laureat
lava *n.* lavë
lavatory *n.* wc
lavender *n.* livando

lavish *adj.* bujar
law *n.* ligj
lawful *adj.* i ligjshëm
lawless *adj.* pa ligje
lawn *n.* lëndinë
lawyer *n.* avokat
lax *adj.* tolerues
laxative *n.* pastrues
laxity *n.* shthurje
lay *v.* vë
layer *n.* shtresë
layman *n.* laik
laze *v.* përtoj
lazy *adj.* dembel
leach *v.* kulloj
lead *n.* shpie
lead *v.* shpie
leaden *adj.* plumbi
leader *n.* udhëheqës
leadership *n.* udhëheqje
leaf *n.* fletë
leaflet *n.* fletëpalosje
league *n.* ligë
leak *v.* rrjedhje
leakage *n.* rrjedhje
lean *v.* ligët
leap *v.* kërcim
learn *v.* mësoj
learned *adj.* mësuar
learner *n.* nxënës
learning *n.* mësim
lease *n.* qira
leash *n.* treshe
least *adj.& pron.* më pak
leather *n.* lëkurë
leave *v.t.* lë
lecture *n.* leksion
lecturer *n.* lektor
ledge *n.* parvaz
ledger *n.* libër i llogarive
leech *n.* rrodhe
leek *n.* pras

left *n.* la
leftist *n.* majtist
leg *n.* këmbë
legacy *n.* trashëgim
legal *adj.* juridik
legality *n.* ligjshmëri
legalize *v.* legalizoj
legend *n.* legjendë
legendary *adj.* legjendar
leggings *n.* dollakë
legible *adj.* i lexueshëm
legion *n.* legjion
legislate *v.* nxjerr ligje
legislation *n.* legjislacion
legislative *adj.* legjislativ
legislator *n.* ligjvënës
legislature *n.* Legjislatura
legitimacy *n.* Legjitimiteti
legitimate *adj.* legjitime
leisure *n.* kohë e lirë
leisurely *adj.* me nge
lemon *n.* limon
lemonade *n.* limonadë
lend *v.* jep
length *n.* gjatësi
lengthy *adj.* i gjatë
leniency *n.* butësi
lenient *adj.* i butë
lens *n.* lente
lentil *n.* thjerrëz
Leo *n.* luani
leopard *n.* leopard
leper *n.* lebroz
leprosy *n.* lebër
lesbian *n.* lezbike
less *adj. & pron.* më pak
lessee *n.* qiramarrës
lessen *v.* zvogëlohet
lesser *adj.* më i vogël
lesson *n.* mësim
lessor *n.* qiradhënës
lest *conj.* që të mos

let *v.* le të
lethal *adj.* vdekjeprurës
lethargic *adj.* letargjik
lethargy *n.* letargji
letter *n.* letër
level *n.* nivel
lever *n.* levë
leverage *n.* levave
levity *n.* mendjelehtësi
levy *v.* rekrutim
lewd *adj.* i fëlliqur
lexical *adj.* leksikor
lexicon *n.* fjalor
liability *n.* detyrim
liable *adj.* përgjegjës
liaise *v.* ndërlidhet
liaison *n.* ndërlidhje
liar *n.* gënjeshtar
libel *n.* shpifje
liberal *adj.* liberal
liberate *v.* liroj
liberation *n.* çlirim
liberator *n.* çlirues
liberty *n.* liri
libido *n.* epsh
Libra *n.* Peshorja
librarian *n.* bibliotekar
library *n.* bibliotekë
licence *n.* leje
licensee *n.* licencuari
licentious *adj.* i shthurur
lick *v.* lëpirje
lid *n.* kapak
lie *v.* gënjeshtër
liege *n.* vasal
lien *n.* pengim si garanci pagese
lieu *n.* Lieu
lieutenant *n.* toger
life *n.* jetë
lifeless *adj.* i pajetë
lifelong *adj.* i përjetshëm
lift *v.t.* ngre

ligament *n.* ligament
light *n.* dritë
lighten *v.* ndriçohet
lighter *n.* çakmak
lighting *n.* ndriçim
lightly *adv.* lehtë
lightening *n.* rrufetë
lignite *n.* linjit
like *prep.* si
likeable *adj.* i këndshëm
likelihood *n.* mundësi
likely *adj.* ka mundësi
liken *v.* krahasoj
likeness *n.* ngjashmëri
likewise *adv.* gjithashtu
liking *n.* simpati
lilac *n.* jargavan
lily *n.* zambak
limb *n.* gjymtyrë
limber *v.* elastik
limbo *n.* harresë
lime *n.* gëlqere
limelight *n.* dritë e fortë
limerick *n.* poemë humoristik pesëvargësh
limit *n.* limit
limitation *n.* kufizim
limited *adj.* i kufizuar
limousine *n.* limuzinë
limp *v.* i butë
line *n.* linjë
lineage *n.* racë
linen *n.* lino
linger *v.* zgjatem
lingerie *n.* të brendshme femrash
lingo *n.* zhargon
lingua *n.* Lingua
lingual *n.* gjuhësor
linguist *adj.* gjuhëtar
linguistic *adj.* gjuhësor
lining *n.* rreshtim
link *n.* lidhje

linkage *n.* lidhje
linseed *n.* liri
lintel *n.* qemer
lion *n.* luan
lip *n.* cik
liposuction *n.* lipoheqje
liquefy *v.* lëngëzohet
liquid *n.* lëng
liquidate *v.* likuidoj
liquidation *n.* likuidim
liquor *n.* pije
lisp *n.* fëshfërimë
lissom *adj.* i hajthëm
list *n.* listë
listen *v.* dëgjoj
listener *n.* dëgjues
listless *adj.* apatik
literal *adj.* i fjalëpërfjalshëm
literary *adj.* letrar
literate *adj.* i shkolluar
literature *n.* letërsi
lithe *adj.* i shkathët
litigant *n.* ndërgjyqës
litigate *v.* bëj gjyq me dikë
litigation *n.* çështje gjyqësore
litre *n.* litër
litter *n.* pjellë
little *adj.* pak
live *v.* jetoj
livelihood *n.* jetesë
lively *adj.* gjallë
liven *v.* gjallëroj
liver *n.* mëlçi
livery *n.* livre
living *n.* jetese
lizard *n.* hardhucë
load *n.* ngarkesë
loaf *n.* copë
loan *n.* hua
loath *adj.* ngurrues
loathe *v.* urrej
loathsome *adj.* i neveritshëm

lobby *n.* lob
lobe *n.* lob
lobster *n.* karavidhe
local *adj.* lokal
locale *n.* vendndodhje
locality *n.* lokalitet
localize *v.* lokalizoj
locate *v.* gjetur
location *n.* vend
lock *n.* bllokoj
locker *n.* dollap me kyç
locket *n.* medalion
locomotion *n.* bartje
locomotive *n.* lokomotivë
locum *n.* locum
locus *n.* vend gjeometrik
locust *n.* karkalec
locution *n.* lokucion
lodge *n.* shtëpizë
lodger *n.* banonjës
lodging *n.* banesë
loft *n.* papafingo
lofty *adj.* fisnik
log *n.* log
logarithm *n.* logaritëm
logic *n.* logjikë
logical *adj.* logjik
logistics *n.* logjistikë
logo *n.* logo
loin *n.* fileto mishi
loiter *v.* bredh
loll *v.* shtrihem me nge
lollipop *n.* gjel sheqeri
lolly *n.* lolly
lone *adj.* i vetmuar
loneliness *n.* vetmia
lonely *adj.* i vetmuar
loner *n.* njeri i vetëm
lonesome *adj.* i vetmuar
long *adj.* gjatë
longevity *n.* jetëgjatësi
longing *n.* dëshirë e madhe

longitude *n.* gjatësi
loo *n.* nevojtore
look *v.* shiko
look *n* shiko
lookalike *n.* lookalike
loom *n.* përvijohet
loop *n.* lak
loose *adj.* i lirë
loosen *v.* liroj
loot *n.* pre
lop *v.* rrëzohet
lope *v.* vrapim me kërcime
lopsided *adj.* i njëanshëm
lord *n.* lord
lordly *adj.* prej zotërie
lore *n.* dije
lorry *n.* kamion
lose *v.* humb
loss *n.* humbje
lot *pron.* shumë
lotion *n.* locion
lottery *n.* lotari
lotus *n.* zambak uji
loud *adj.* me zë të lartë
lounge *v.* rri kot
lounge *n.* rri kot
louse *n.* qelbanik
lousy *adj.* i krimbur
lout *n.* gdhe
Louvre *n.* dritare me grila
lovable *adj.* dashur
love *n.* dashuri
lovely *adj.* bukuroshe
lover *n.* dashnor
low *adj.* ulët
lower *adj.* ulët
lowly *adj.* modest
loyal *adj.* besnik
loyalist *n.* luajalist
lozenge *n.* tabletë
lubricant *n.* lubrifikant
lubricate *v.* vajos

lubrication *n.* vajosje
lucent *adj.* i kulluar
lucid *adj.* qartë
lucidity *adv.* kthjelltësi
luck *n.* fat
luckless *adj.* i pafat
lucky *adj.* me fat
lucrative *adj.* fitimprurës
lucre *n.* para të ndyra
ludicrous *adj.* qesharak
luggage *n.* valixhe
lukewarm *adj.* i vakët
lull *v.* vë në gjumë
lullaby *n.* këngë djepi
luminary *n.* trup qiellor ndriçues
luminous *adj.* që shkëlqen
lump *n.* gungë
lunacy *n.* çmenduri
lunar *adj.* i hënës
lunatic *n.* i çmendur
lunch *n.* drekë
luncheon *n.* drekë
lung *n.* mushkëri
lunge *n.* zgjatem
lurch *n.* anohet
lure *v.* joshë
lurid *adj.* i zbetë
lurk *v.* fshihem
luscious *adj.* i ëmbël
lush *adj.* i harlisur
lust *n.* epsh
lustful *adj.* plot epsh
lustre *n.* famë
lustrous *adj.* i shndritshëm
lusty *adj.* i shëndetshëm
lute *n.* lahutë
luxuriant *adj.* i harlisur
luxurious *adj.* luksoz
luxury *n.* luks
lychee *n.* lychee
lymph *n.* limfë
lynch *n.* vras

lyre *n.* lirës
lyric *n.* lirik
lyrical *adj.* lirik
lyricist *n.* lyricist

macabre *adj.* i tmerrshëm
machine *n.* makinë
machinery *n.* makineri
macho *adj.* macho
mackintosh *n.* mushama
mad *adj.* i çmendur
madam *n.* zonjë
madcap *adj.* shajtan
Mafia *n.* Mafia
magazine *n.* revistë
magenta *n.* i purpurtë
magic *n.* magji
magician *n.* magjistar
magisterial *adj.* gjyqësor
magistrate *n.* gjyqtar
magnanimous *adj.* shpirtmadh
magnate *n.* magnat
magnet *n.* magnet
magnetic *adj.* magnetik
magnetism *n.* magnetizëm
magnificent *adj.* madhështor
magnify *v.* lavdëroj
magnitude *n.* rëndësi
magpie *n.* laraskë
mahogany *n.* sofër
mahout *n.* mahout
maid *n.* çupë
maiden *n.* vajzë
mail *n.* postë
mail order *n.* porosi me postë
maim *v.* gjymtim
main *adj.* kryesor

mainstay *n.* shtyllë
maintain *v.* mbaj
maintenance *n.* mirëmbajtje
maisonette *n.* ndërtesë e vogël
majestic *adj.* madhështor
majesty *n.* madhështi
major *adj.* i madh
majority *n.* shumicë
make *v.* bëj
make-up *n.* make-up
making *n.* bërë
maladjusted *adj.* maladjusted
maladministration *n.* keqadministrim
malady *n.* pafuqi
malaise *n.* pafuqi
malaria *n.* malarie
malcontent *n.* rebel
male *n.* mashkull
malediction *n.* keqbërje
malefactor *n.* keqbërës
malformation *n.* cen
malfunction *v.* mosfunksionim
malice *n.* keqdashje
malicious *adj.* me qëllim të keq
malign *adj.* i keq
malignant *adj.* i keq
mall *n.* qendër tregtare
malleable *adj.* i lakueshëm
mallet *n.* çekiç druri
malnutrition *n.* mosushqim
malpractice *n.* neglizhencë
malt *n.* malt
maltreat *v.* keqpërdor
mammal *n.* gjitar
mammary *adj.* qumështit
mammon *n.* pasuri
mammoth *n.* vigan
man *n.* njeri
manage *v.* menaxhuar
manageable *adj.* i dëgjueshëm
management *n.* drejtuesit

manager *n.* menaxher
managerial *adj.* drejtues
mandate *n.* mandat
mandatory *adj.* i detyrueshëm
mane *n.* krifë
manful *adj.* guximtar
manganese *n.* mangan
manger *n.* grazhd
mangle *v.* dërrmoj
mango *n.* mango
manhandle *n.* keqtrajtoj
manhole *n.* kapanxhë
manhood *n.* mashkullorësi
mania *n.* mani
maniac *n.* maniak
manicure *n.* manikyr
manifest *adj.* shfaq
manifestation *n.* manifestim
manifesto *n.* manifest
manifold *adj.* i shumëfishtë
manipulate *v.* manipuloj
manipulation *n.* manipulim
mankind *n.* njerëzim
manly *adj.* burrëror
manna *n.* manë
mannequin *n.* manekin
manner *n.* mënyrë
mannerism *n.* manerizëm
manoeuvre *n.* manovrim
manor *n.* pronë e madhe
manpower *n.* fuqi punëtore
mansion *n.* shtëpi i madhe
mantel *n.* buhari oxhaku
mantle *n.* mantel
mantra *n.* mantra
manual *adj.* udhëzues
manufacture *v.* prodhim
manufacturer *n.* prodhues
manumission *n.* çlirim nga skllavëria
manure *n.* pleh organik
manuscript *n.* dorëshkrim

many *adj.* shumë
map *n.* hartë
maple *n.* panje
mar *v.* shëmtim
marathon *n.* maratonë
maraud *v.* plaçkit
marauder *n.* plaçkitës
marble *n.* mermer
march *n.* marsh
march *v.* marsh
mare *n.* pelë
margarine *n.* margarinë
margin *n.* diferencë
marginal *adj.* anësor
marigold *n.* kumak
marina *n.* marina
marinade *n.* marinadë
marinate *v.* marinoj
marine *adj.* detar
mariner *n.* marinar
marionette *n.* kukull
marital *adj.* martesor
maritime *adj.* detar
mark *n.* shënojë
marker *n.* shënues
market *n.* treg
marketing *n.* marketing
marking *n.* shenjë
marksman *n.* gjuajtës
marl *n.* tokë
marmalade *n.* marmelatë
maroon *n.* ngjyrë gështenjë
marquee *n.* çadër
marriage *n.* martesë
marriageable *adj.* në moshë martese
marry *v.* martohem
Mars *n.* mars
marsh *n* kënetë
marshal *n.* marshall
marshmallow *n.* alte
marsupial *n.* marsupial

mart *n.* pazar
martial *adj.* ushtarak
martinet *n.* Martinet
martyr *n.* martir
martyrdom *n.* vuajtje
marvel *v.i* mrekulli
marvellous *adj.* i mrekullueshëm
Marxism *n.* Marksizmi
marzipan *n.* marzipan
mascara *n.* bojë për vetulla
mascot *n.* nuskë
masculine *adj.* mashkullor
mash *v.t* pure
mask *n.* maskë
masochism *n.* mazoshizëm
mason *n.* murator
masonry *n.* masoneri
masquerade *n.* maskaradë
mass *n.* masë
massacre *n.* masakër
massage *n.* masazh
masseur *n.* masazhist
massive *adj.* masiv
mast *n.* direk
master *n.* mjeshtër
mastermind *n.* organizator
masterpiece *n.* kryevepër
mastery *n.* zotërim
masticate *v.* ngjesh
masturbate *v.* masturbohem
mat *n.* mat
matador *n.* matador
match *n.* ndeshje
matchmaker *n.* mbles
mate *n.* bashkëshortor
material *n.* material
materialism *n.* materializëm
materialize *v.* realizohem
maternal *adj.* amënor
maternity *n.* amësi
mathematical *adj.* matematik
mathematician *n.* mathematikan

mathematics *n.* matematika
matinee *n.* artist që ka sukses
matriarch *n.* matriarch
matricide *n.* mëmëvrasje
matriculate *v.* matriculate
matriculation *n.* amë
matrimonial *adj.* martese
matrimony *n.* martesë
matrix *n.* matricë
matron *n.* kryeinfermiere
matter *n.* çështje
mattress *n.* dyshek
mature *adj.* i pjekur
maturity *n.* pjekuri
maudlin *adj.* sentimental
maul *v.* copëtoj
maunder *v.* flas në tym
mausoleum *n.* mauzole
maverick *n.* rebel
maxim *n.* parim
maximize *v.* shtoj në maksimum
maximum *n.* maksimal
May *n.* Mund
may *v.* mund
maybe *adv.* ndoshta
mayhem *n.* sakatim
mayonnaise *n.* majonezë
mayor *n.* kryetar bashkie
maze *n.* labirint
me *pron.* mua
mead *n.* livadh
meadow *n.* livadh
meagre *adj.* i varfër
meal *n.* vakt
mealy *adj.* i zbetë
mean *v.* mesatare
meander *v.* gjarpëroj
meaning *n.* kuptim
means *n.* mjete
meantime *adv.* ndërkohë
meanwhile *adv.* ndërkohë
measles *n.* fruth

measly *adj.* i pavlerë
measure *v.* masë
measure *a.* measure
measured *adj.* matur
measurement *n.* matje
meat *n.* mish
mechanic *n.* mekanik
mechanical *adj.* mekanik
mechanics *n.* mekanikë
mechanism *n.* mekanizëm
medal *n.* medalje
medallion *n.* medalion
medallist *v.i.* medaljepunues
meddle *v.* përzihem
media *n.* Mediat
median *adj.* mesatare
mediate *v.* ndërmjetës
mediation *n.* ndërhyrje
medic *n.* mjek
medical *adj.* mjekësor
medication *n.* mjekim
medicinal *adj.* mjekësor
medicine *n.* mjekësi
medieval *adj.* mesjetar
mediocre *adj.* mediokër
mediocrity *n.* mediokëri
meditate *v.* meditoj
mediation *n.* ndërhyrje
meditative *adj.* meditues
Mediterranean *adj.* mesdhetar
medium *n.* mesatare
medley *n.* përzierje
meek *adj.* i urtë
meet *v.* takoj
meeting *n.* Takimi
mega *adj.* mega
megabyte *n.* megabyte
megahertz *n.* megahertz
megalith *n.* megalit
megalithic *adj.* megalitik
megaphone *n.* altoparlant
megapixel *n.* megapixel

melamine *n.* melamine
melancholia *n.* melankoli
melancholy *n.* melankolik
melange *n.* përzierje
meld *n.* lajmëroj
melee *n.* përleshje
meliorate *v.* përmirësoj
mellow *adj.* i butë
melodic *adj.* melodioz
melodious *adj.* melodioz
melodrama *n.* melodramë
melodramatic *adj.* melodramatik
melody *n.* melodi
melon *n.* pjepër
melt *v.* shkrihet
member *n.* anëtar
membership *n.* anëtarësi
membrane *n.* cipë
memento *n.* kujtim
memo *n.* memorandum
memoir *n.* kujtime
memorable *adj.* i paharrueshëm
memorandum *n.* memorandum
memorial *n.* përkujtim
memory *n.* kujtim
menace *n.* kërcënim
mend *v.* shërohem
mendacious *adj.* i rremë
mendicant *adj.* lypës
menial *adj.* pastëruese
meningitis *n.* meningjit
menopause *n.* menopauzë
menstrual *adj.* menstrual
menstruation *n.* menstruacion
mental *adj.* mendor
mentality *n.* mentalitet
mention *v.* përmend
mentor *n.* këshilltar
menu *n.* menu
mercantile *adj.* tregtar
mercenary *adj.* mercenar
merchandise *n.* mallra

merchant *n.* tregtar
merciful *adj.* i mëshirshëm
mercurial *adj.* i ndryshueshëm
mercury *n.* zhivë
mercy *n.* mëshirë
mere *adj.* i thjeshtë
meretricious *adj.* i rremë
merge *v.* shkrihet
merger *n.* bashkim
meridian *n.* meridian
merit *n.* merita
meritorious *adj.* i merituar
mermaid *n.* sirenë
merry *adj.* në qejf
mesh *n.* rrjetë
mesmeric *adj.* hipnotik
mesmerize *v.* hipnotizoj
mess *n.* rrëmujë
message *n.* mesazh
messenger *n.* lajmëtar
messiah *n.* Mesi
messy *adj.* helaq
metabolism *n.* metabolizëm
metal *n.* metal
metallic *adj.* metalik
metallurgy *n.* metalurgji
metamorphosis *n.* metamorfozë
metaphor *n.* metaforë
metaphysical *adj.* metafizik
metaphysics *n.* metafizikë
mete *v.* matni
meteor *n.* meteor
meteoric *adj.* meteorik
meteorology *n.* meteorologji
meter *n.* metër
method *n.* metodë
methodical *adj.* metodik
methodology *n.* metodologji
meticulous *adj.* tepër i përpiktë
metre *n.* metër
metric *adj.* metrik
metrical *adj.* në vargje

metropolis *n.* metropol
metropolitan *adj.* metropolitan
mettle *n.* karakter
mettlesome *n.* guximtar
mew *v.* mjau
mews *n.* stallë
mezzanine *n.* kat i ndërmjetëm
miasma *n.* atmosferë mbytëse
mica *n.* mikë
microbiology *n.* mikrobiologji
microchip *n.* mikroçip
microfilm *n.* mikrofilm
micrometer *n.* mikrometër
microphone *n.* mikrofon
microprocessor *n.* mikroprocesor
microscope *n.* mikroskop
microscopic *adj.* mikroskopik
microsurgery *n.* microsurgery
microwave *n.* mikroval
mid *adj.* mes
midday *n.* mesditë
middle *adj.* mes
middleman *n.* ndërmjetës
middling *adj.* njëfarësoj
midget *n.* xhuxh
midnight *n.* mesnatë
midriff *n.* bark
midst *adj.* mes
midsummer *adj.* mes i verës
midway *adv.* në mes të rrugës
midwife *n.* mami
might *v.* fuqi
mighty *adj.* i fuqishëm
migraine *n.* migrenë
migrant *n.* shtegtues
migrate *v.* migrojnë
migration *n.* shpërngulje
mild *adj.* i butë
mile *n.* milje
mileage *n.* largësi
milestone *n.* moment historik
milieu *n.* mjedis

militant *adj.* militant
militant *n.* militant
military *adj.* ushtarak
militate *v.* luftoj
militia *n.* milici
milk *n.* qumësht
milkshake *n.* milkshake
milky *adj.* qumështi
mill *n.* mulli
millennium *n.* njëmijëvjet
millet *n.* meli
milligram *n.* miligram
millimetre *n.* milimetër
milliner *n.* kapelashitës
million *n.* milion
millionaire *n.* milioner
millipede *n.* shumëkëmbësh
mime *n.* mim
mime *n.* mim
mimic *n.* imitoj
mimicry *n.* imitacion
minaret *n.* minare
mince *v.* mish i grirë
mind *n.* mendje
mindful *adj.* i ndërgjegjshëm
mindless *adj.* budalla
mine *pron.* imi
mine *n.* imi
miner *n.* minator
mineral *n.* mineral
mineralogy *n.* mineralogji
minestrone *n.* minestrone
mingle *v.* shoqërohem
mini *adj.* mini
miniature *adj.* miniaturë
minibus *n.* minibus
minicab *n.* minitaksi
minim *n.* minim
minimal *adj.* minimal
minimize *v.* minimizoj
minimum *n.* minimum
minion *n.* puthador

miniskirt *n.* miniskirt
minister *n.* ministër
ministerial *adj.* ministror
ministry *n.* ministri
mink *n.* vizon
minor *adj.* i mitur
minority *n.* pakicë
minster *n.* katedralë
mint *n.* nenexhik
minus *prep.* minus
minuscule *adj.* me germa të vogla
minute *n.* minutë
minute *adj.* minutë
minutely *adv.* imtësisht
minx *n.* vajzë e hedhur
miracle *n.* mrekulli
miraculous *adj.* i mrekullueshëm
mirage *n.* mirazh
mire *n.* baltë
mirror *n.* pasqyrë
mirth *n.* gëzim
mirthful *adj.* i qeshur
misadventure *n.* fatkeqësi
misalliance *n.* mesaliancë
misapply *v.* keqzbatoj
misapprehend *v.* keqkuptoj
misapprehension *n.* keqkuptim
misappropriate *v.* shpërdor
misappropriation *v.* përvetësim
misbehave *v.* sillem keq
misbehaviour *n.* veprim i keq
misbelief *n.* herezi
miscalculate *v.* llogaris keq
miscalculation *n.* llogaritje e gabuar
miscarriage *n.* abort
miscarry *v.* dështoj
miscellaneous *adj.* i llojllojshëm
mischance *n.* tersllëk
mischief *n.* ligësi
mischievous *adj.* shejtan
misconceive *v.* keqkuptoj

misconception *n.* ide e gabuar
misconduct *n.* sjellje e keqe
misconstrue *v.* misconstrue
miscreant *n.* maskara
misdeed *n.* prapësi
misdemeanour *n.* keqbërje
misdirect *v.* keqorientoj
miser *n.* koprrac
miserable *adj.* i mjerë
miserly *adj.* dorështrënguar
misery *n.* mjerim
misfire *v.* nuk shkrep
misfit *n.* njeri që nuk përshtatet
misfortune *n.* fatkeqësi
misgive *v.* krijoj ndruajtje
misgiving *n.* dyshim
misguide *v.* prish
mishandle *v.* përdor pa kujdes
mishap *n.* bela
misinform *v.* misinform
misinterpret *v.* keqkuptoj
misjudge *v.* vlerësoj gabim
mislay *v.* vë
mislead *v.* mashtroj
mismanagement *n.* drejtoj keq
mismatch *n.* mospërputhje
misnomer *n.* term i gabuar
misplace *v.* vë gabim
misprint *n.* gabim shtypi
misquote *v.* citoj gabim
misread *v.* lexoj keq
misrepresent *v.* paraqes ndryshe
misrule *n.* keqqeverisje
miss *v.* humbas
miss *n.* humbas
missile *n.* raketë
missing *adj.* i humbur
mission *n.* mision
missionary *n.* misionar
missive *n.* mesazh i shkruar zyrtar
misspell *v.* misspell

mist *n.* mjegull
mistake *n.* gabim
mistaken *adj.* i gabuar
mistletoe *n.* veshtull
mistreat *v.* keqtrajtoj
mistress *n.* mësuese
mistrust *v.* mosbesim
misty *adj.* i mjegullt
misunderstand *v.* keqkuptoj
misunderstanding *n.* keqkuptim
misuse *v.* keqpërdorim
mite *n.* çilimi
mitigate *v.* zvogëloj
mitigation *mitigation* zbutje
mitre *n.* klerikësh
mitten *n.* dorashka pa gishta
mix *v.* përzierje
mixer *n.* mikser
mixture *n.* përzierje
moan *n.* ankohem
moat *n.* hendek i thellë
mob *n.* turmë
mobile *adj.* i lëvizshëm
mobility *n.* lëvizshmëri
mobilize *v.* mobilizoj
mocha *n.* kafe moka
mock *v.* tallen
mockery *n.* tallje
modality *n.* modalitet
mode *n.* mënyrë
model *n.* model
modem *n.* modem
moderate *adj.* moderuar
moderation *n.* përmbajtje
moderator *n.* ndërmjetës
modern *adj.* modern
modernity *n.* karakter modern
modernize *v.* modernizoj
modernism *n.* modernizëm
modest *adj.* modest
modesty *n.* modesti
modicum *n.* sasi e vogël

modification *n.* modifikim
modify *v.t.* modifikoj
modish *adj.* i modës
modulate *v.* rregulloj
module *n.* modul
moil *v.* çrregull
moist *adj.* me lagështi
moisten *v.* njomet
moisture *n.* lagështi
moisturize *v.* moisturize
molar *n.* dhëmballë
molasses *n.* melasë
mole *n.* mol
molecular *adj.* molekular
molecule *n.* molekulë
molest *v.* ngacmoj
molestation *n.* ngacmim
mollify *v.* zbut
molten *adj.* i shkrirë
moment *n.* momenti
momentary *adj.* kalimtar
momentous *adj.* shumë i rëndësishëm
momentum *n.* moment
monarch *n.* monark
monarchy *n.* monarki
monastery *n.* manastir
monastic *adj.* murg
monasticism *n.* murgjëria
Monday *n.* e hënë
monetarism *n.* monetarism
monetary *adj.* monetar
money *n.* para
monger *n.* shitës
mongoose *n.* mangustë
mongrel *n.* bastard
monitor *n.* monitoruar
monitory *adj.* paralajmërues
monk *n.* murg
monkey *n.* majmun
mono *n.* mono
monochrome *n.* pikturë

njëngjyrëshe
monocle *n.* monokël
monocular *adj.* me një sy
monody *n.* monotoni
monogamy *n.* monogami
monogram *n.* monogram
monograph *n.* monografi
monolatry *n.* monolatry
monolith *n.* lapidar
monologue *n.* monolog
monophonic *adj.* monofonik
monopolist *n.* monopolist
monopolize *v.* monopolizoj
monopoly *n.* monopoli
monorail *n.* hekurudhë me një shinë
monosyllable *n.* fjalë njërrokëshe
monotheism *n.* monoteizëm
monotheist *n.* monoteist
monotonous *adj.* monoton
monotony *n.* monotoni
monsoon *n.* muson
monster *n.* përbindësh
monstrous *n.* i përçudnuar
monstrous *adj.* i përçudnuar
montage *n.* montazh
month *n.* muaj
monthly *adj.* mujor
monument *n.* monument
monumental *adj.* monumental
moo *v.* pallje
mood *n.* humor
moody *adj.* me humor të rëndë
moon *n.* hënë
moonlight *n.* dritë hëne
moor *n.* kënetë
moorings *n.* fuçitë
moot *adj.* kuvend
mop *n.* postiqe
mope *v.* trishtim
moped *n.* biçikletë me motor
moraine *n.* morenë

moral *adj.* moral
morale *n.* gjendje morale
moralist *n.* moralist
morality *n.* moralitet
moralize *v.* moralizoj
morass *n.* batak
morbid *adj.* patologjik
morbidity *adv.* sëmundshmëri
more *n.* më shumë
moreover *adv.* për më tepër
morganatic *adj.* morganatik
morgue *n.* morg
moribund *adj.* në agoni
morning *n.* mëngjes
moron *n.* trap
morose *adj.* i zymtë
morphine *n.* morfinë
morphology *n.* morfologji
morrow *n.* mëngjes
morsel *n.* kafshatë
mortal *adj.* i vdekshëm
mortality *n.* vdekshmëri
mortar *n.* llaç
mortgage *n.* peng
mortgagee *n.* kreditor
mortgagor *n.* debitor
mortify *v.* sakrifikoj
mortuary *n.* morg
mosaic *n.* mozaik
mosque *n.* xhami
mosquito *n.* mushkonjë
moss *n.* myshk
most *n.* më
mote *n.* movojnë
motel *n.* motel
moth *n.* molë
mother *n.* nënë
mother *n.* nënë
motherboard *n.* motherboard
motherhood *n.* amësi
mother-in-law *n.* vjehërr
motherly *adj.* prej nëne

motif *n.* motiv
motion *n.* lëvizje
motionless *adj.* i palëvizshëm
motivate *v.* motivoj
motivation *n.* motivim
motive *n.* motiv
motley *adj.* lara-lara
motor *n.* motor
motorcycle *n.* motoçikletë
motorist *n.* automobilist
motorway *n.* autostradë
mottle *n.* laracim
motto *n.* moto
mould *n.* myk
moulder *v.* shkretohet
moulding *n.* i derdhur
moult *v.* ndërrim i puplave
mound *n.* tumë
mount *v.* mali
mountain *n.* mali
mountaineer *n.* malësor
mountaineering *n.* alpinizëm
mountainous *adj.* malor
mourn *v.* vajtoj
mourner *n.* njehatore
mournful *adj.* i zymtë
mourning *n.* zi
mouse *n.* maus
mousse *n.* mus
moustache *n.* mustaqe
mouth *n.* gojë
mouthful *n.* kafshatë
movable *adj.* e tundshme
move *v.* veprim
movement *n.* lëvizje
mover *n.* forcë lëvizëse
movies *n.* kinema
moving *adj.* lëviz
mow *v.* kosit
mozzarella *n.* mocarela
much *pron.* shumë
mucilage *n.* zamkë

muck *n.* pleh
mucous *adj.* mukozës
mucus *n.* mukozë
mud *n.* baltë
muddle *v.* ngatërresë
muesli *n.* muesli
muffin *n.* kifle
muffle *v.* zhurmëmbytës
muffler *n.* shall
mug *n.* turi
muggy *adj.* me zagushi
mulatto *n.* i bronztë
mulberry *n.* man
mule *n.* mushkë
mulish *adj.* kokëfortë
mull *v.* nxeh
mullah *n.* mulla
mullion *n.* mullion
multicultural *adj.* multikulturor
multifarious *adj.* shumëfarësh
multiform *adj.* shumëformësh
multilateral *adj.* shumëpalëshe
multimedia *n.* multimedial
multiparous *adj.* multiparous
multiple *adj.* i shumëfishtë
multiplex *n.* i shumëfishtë
multiplication *n.* shumëzim
multiplicity *n.* shumëllojshmëri
multiply *v.* shumëzoj
multitude *n.* turma
mum *n.* mama
mumble *v.* murmuritje
mummer *n.* person me maskë
mummify *v.* mumifikoj
mummy *n.* mumje
mumps *n.* shyta
munch *v.* përtyp
mundane *adj.* i zakonshëm
municipal *adj.* komunal
municipality *n.* komunë
munificent *adj.* tepër bujar
muniment *n.* dëshmi

munitions *n.* rezerva ushtarakke
mural *n.* mural
murder *n.* vrasje
murderer *n.* vrasës
murk *n.* errësirë
murky *adj.* i vrazhdë
murmur *v.* shushurimë
muscle *n.* muskul
muscovite *n.* banor i Moskës
muscular *adj.* muskuloz
muse *n.* muzë
museum *n.* muze
mush *n.* qull me miell misri
mushroom *n.* këpurdhë
music *n.* muzikë
musical *adj.* muzikor
musician *n.* muzikant
musk *n.* misk
musket *n.* mushqetë
musketeer *n.* mushqetar
Muslim *n.* Mysliman
muslin *v.* burynxhuk
mussel *n.* midhje
must *v.* duhet
mustang *n.* kalë i egër
mustard *n.* mustardë
muster *v.* mbledhje
musty *adj.* me erë myku
mutable *adj.* i paqëndrueshëm
mutate *v.* ndryshohem
mutation *n.* mutacion
mutative *v.* mutative
mute *adj.* memec
mutilate *v.* shtrembëroj
mutilation *n.* gjymtim
mutinous *adj.* kryengritës
mutiny *n.* kryengritje
mutter *v.* hungërimë
mutton *n.* deleje
mutual *adj.* reciprok
muzzle *n.* surrat
muzzy *adj.* i dehur

my *adj.* tim
myalgia *n.* mialgia
myopia *n.* miopi
myopic *adj.* dritëshkurtër
myosis *n.* myosis
myriad *n.* mori
myrrh *n.* mirrë
myrtle *n.* mërsinë
myself *pron.* vetë
mysterious *adj.* misterioz
mystery *n.* mister
mystic *n.* mistik
mystical *adj.* mistike
mysticism *n.* misticizëm
mystify *v.* shastis
mystique *n.* mistikë
myth *n.* mit
mythical *adj.* mitik
mythological *adj.* mitologjik
mythology *n.* mitologji

N

nab *v.* arrestoj
nabob *nabob* qeveritar krahine
nacho *n.* Nacho
nadir *n.* nadir
nag *v.t.* bezdis
nail *n.* gozhdë
naivety *n.* naivitet
naked *adj.* lakuriq
name *n.* emër
namely *n.* domethënë
namesake *n.* adash
nanny *n.* dado
nap *n.* marr një sy gjumë
nape *n.* qafë
naphthalene *n.* naftalinë
napkin *n.* pecetë

nappy *n.* me push
narcissism *n.* narcisizëm
narcissus *n.* narcis
narcotic *n.* narkotik
narrate *v.* rrëfej
narration *n.* tregim
narrative *n.* tregim
narrator *n.* tregimtar
narrow *adj.* i ngushtë
nasal *adj.* i hundës
nascent *adj.* që po lind
nasty *adj.* i keq
natal *adj.* amëtar
natant *adj.* natant
nation *n.* komb
national *adj.* kombëtar
nationalism *n.* Nacionalizmi
nationalist *n.* nacionalist
nationality *n.* kombësi
nationalization *n.* shtetëzim
nationalize *v.* shtetëzoj
native *n.* autokton
nativity *n.* lindja e Krishtit
natty *adj.* krëk
natural *adj.* natyror
naturalist *n.* natyralist
naturalize *v.* natyralizoj
naturalization *n.* natyralizim
naturally *adv.* natyrisht
nature *n.* natyrë
naturism *n.* naturism
naughty *adj.* i keq
nausea *n.* të përzier
nauseate *v.* ndjej të përzier
nauseous *adj.* pështjellues
nautical *adj.* detar
naval *adj.* detar
nave *n.* nef
navigable *adj.* i lundrueshëm
navigate *v.* lundroj
navigation *n.* lundrim
navigator *n.* lundërtar

navy *n.* marinë
nay *adv.* madje
near *adv.* afër
nearby *adv.* afër
near *v.i.* afër
nearest *adj.* afërt
nearly *adv.* gati
neat *adj.* i zoti
nebula *n.* mjegullajë
nebulous *adj.* i mjegullt
necessarily *adv.* domosdo
necessary *adj.* i nevojshëm
necessitate *v.* kërkoj
necessity *n.* domosdoshmëri
neck *n.* qafë
necklace *n.* gjerdan
necklet *n.* boa
necromancy *n.* magji e zezë
necropolis *n.* nekropol
nectar *n.* nektar
nectarine *n.* nektarinë
need *v.* duhet
needful *adj.* i nevojshëm
needle *n.* gjilpërë
needless *adj.* panevojshme
needy *adj.* nevojtar
nefarious *adj.* i poshtër
negate *v.* mohoj
negation *n.* mohim
negative *adj.* negativ
negativity *n.* negativitet
neglect *v.* mospërfillje
negligence *n.* pakujdesi
negligent *adj.* i pakujdesshëm
negligible *adj.* i papërfillshëm
negotiable *adj.* negociueshme
negotiate *v.* negociuar
negotiation *n.* bisedime
negotiator *n.* ndërmjetës
negress *n.* zezake
negro *n.* zezak
neigh *n.* hingëllimë

neighbour *n.* fqinj
neighbourhood *n.* lagje
neighbourly *adj.* fqinjërisht
neither *adj.* as
nemesis *n.* nemesi
neoclassical *adj.* neoklasike
Neolithic *adj.* neolitik
neon *n.* neoni
neophyte *n.* fillestar
nephew *n.* nip
nepotism *n.* nepotizëm
Neptune *n.* Neptun
nerd *n.* budalla
Nerve *n.* nerv
nerveless *adj.* i dobët
nervous *adj.* nervoz
nervy *adj.* kurajoz
nescience *n.* agnosticizëm
nest *n.* fole
nestle *v.* strehohem
nestling *n.* zogëz
net *n.* neto
nether *adj.* nether
netting *n.* tyl
nettle *n.* hithër
network *n.* rrjet
neural *adj.* nervoz
neurologist *n.* neurolog
neurology *n.* neurologji
neurosis *n.* nevrozë
neurotic *adj.* nevrotik
neuter *adj.* asnjanës
neutral *adj.* neutral
neutralize *v.* neutralizoj
neutron *n.* neutron
never *adv.* kurrë
nevertheless *adv.* megjithatë
new *adj.* i ri
newly *adv.* rishtas
news *n.* lajm
next *adj.* tjetër
nexus *n.* lidhje

nib *n.* sqep
nibble *v.* nduk
nice *adj.* bukur
nicety *n.* finesë
niche *n.* kamare
nick *n.* çallatë
nickel *n.* nikel
nickname *n.* mbyll
nicotine *n.* nikotinë
niece *n.* mbesë
niggard *n.* kurnac
niggardly *adj.* kurnac
nigger *n.* zezak
niggle *v.* merrem me çikërrima
nigh *adv.* afër
night *n.* natë
nightingale *n.* bilbil
nightmare *n.* ankth
nightie *n.* nightie
nihilism *n.* nihilizëm
nil *n.* zero
nimble *adj.* i shkathët
nimbus *n.* famë
nine *adj. & n.* nëntë
nineteen *adj. & n.* nëntëmbëdhjetë
nineteenth *adj. & n.* i nëntëmbëdhjetë
ninetieth *adj. & n.* nëntëdhjetë
ninth *adj. & n.* nënti
ninety *adj. & n.* nëntëdhjetë
nip *v.* kafshim
nipple *n.* biberon
nippy *adj.* therës
nirvana *n.* çlirim
nitrogen *n.* azot
no *adj.* jo
nobility *n.* bujari
noble *adj.* fisnik
nobleman *n.* fisnik
nobody *pron.* askush
nocturnal *adj.* nate

nod *v.* dremitje
node *n.* nyjë
noise *n.* zhurmë
noisy *adj.* poterexhi
nomad *n.* nomad
nomadic *adj.* nomad
nomenclature *n.* nomenklaturë
nominal *adj.* formal
nominate *v.* emëroj
nomination *n.* emërim
nominee *n.* kandidat
non-alignment *n.* jo shtrirjes
nonchalance *n.* moskokëçarje
nonchalant *adj.* shpërfillës
nonconformist *n.* jokomformist
none *pron.* asnjë
nonentity *n.* diçka që nuk ekziston
nonplussed *adj.* ngatërrohen
nonetheless *a.* megjithatë
nonpareil *adj.* ideal
nonplussed *adj.* ngatërrohen
nonsense *n.* absurditet
nonstop *adj.* vazhdimisht
noodles *n.* petë
nook *n.* qoshe
noon *n.* mesditë
noose *n.* lak
nor *conj.&adv.* as
Nordic *adj.* Nordik
norm *n.* normë
normal *adj.* normal
normalcy *n.* gjendje normale
normalize *v.* normalizoj
normative *adj.* normativ
north *n.* veri
northerly *adj.* nga veriu
northern *adj.* verior
nose *n.* hundë
nostalgia *n.* nostalgji
nostril *n.* flegër
nostrum *n.* mjet shërues

nosy *adj.* me hundë të madhe
not *adv.* nuk
notable *adj.* i dukshëm
notary *n.* noter
notation *n.* simbol
notch *n.* vallëzuese
note *n.* shënim
notebook *n.* bllok shënimesh
noted *adj.* vuri në dukje
noteworthy *adj.* i rëndësishëm
nothing *pron.* asgjë
notice *n.* njoftim
noticeable *adj.* i dukshëm
noticeboard *n.* noticeboard
notifiable *adj.* që duhet të regjistrohet
notification *n.* njoftim
notify *v.* njoftoj
notion *n.* nocion
notional *adj.* joreal
notoriety *n.* famë
notorious *prep.* famëkeq
notwithstanding *prep.* pamvarësisht nga
nougat *n.* nuga
nought *n.* hiç
noun *n.* emër
nourish *v.* ushqej
nourishment *n.* ushqim
novel *n.* roman
novelette *n.* tregim
novelist *n.* romancier
novelty *n.* risi
november *n.* nëntor
novice *n.* rishtar
now *adv.* tani
nowhere *adv.* askund
noxious *adj.* i dëmshëm
nozzle *n.* grykë
nuance *n.* nuancë
nubile *a.* në moshë martese
nuclear *adj.* bërthamor

nucleus *n.* bërthamë
nude *adj.* lakuriq
nudge *v.* shtytje e lehtë
nudist *n.* nudist
nudity *n.* lakuriqësi
nudge *v.* shtytje e lehtë
nugatory *adj.* i padobishëm
nugget *n.* top
nuisance *n.* telash
null *adj.* null
nullification *n.* anulim
nullify *v.* anuloj
numb *adj.* mpirë
number *n.* numër
numberless *adj.* i pafund
numeral *n.* numëror
numerator *n.* numërues
numerical *adj.* numerik
numerous *adj.* shumta
nun *n.* murgeshë
nunnery *n.* manastir grash
nuptial *adj.* dasme
nurse *n.* infermiere
nursery *n.* fidanishte
nurture *v.* të ngrëna
nut *n.* arrë
nutrient *n.* lëndë ushqyese
nutrition *n.* ushqim
nutritious *adj.* kalori
nutritive *adj.* ushqimor
nutty *adj.* me shije të arre
nuzzle *v.* fut hundët
nylon *n.* najloni
nymph nimfë

oaf *n.* i shëmtuar
oak *n.* lisi

oar *n.* rrem
oasis *n.* oazë
oat *n.* tërshërë
oath *n.* betim
oatmeal *n.* bollgur
obduracy *n.* shpirtngurtësi
obdurate *adj.* kokëfortë
obedience *n.* bindje
obedient *adj.* i bindur
obeisance *n.* nderim
obesity *n.* trashje
obese *adj.* i trashë
obey *v.* bindem
obfuscate *v.* turbulloj
obituary *n.* nekrologji
object *n.* objekt
objection *n.* kundërshtim
objectionable *adj.* i pakëndshëm
objective *adj.* objektiv
objectively *adv.* objektivisht
oblation *n.* blatim
obligated *adj.* detyruar
obligation *n.* detyrim
obligatory *adj.* i detyrueshëm
oblige *v.* shërbej
obliging *adj.* që bën nder
oblique *adj.* i pjerrët
obliterate *v.* prish
obliteration *n.* shuarje
oblivion *n.* harresë
oblivious *adj.* i pavëmendshëm
oblong *adj.* drejtkëndësh
obloquy *n.* diskreditim
obnoxious *adj.* i padurueshëm
obscene *adj.* i pahijshëm
obscenity *n.* gjë e turpshme
obscure *adj.* i panjohur
obscurity *n.* errësirë
observance *n.* respektim
observant *adj.* i vëmendshëm
observation *n.* vrojtim
observatory *n.* observator

observe *v.* vërej
obsess *v.* mundoj
obsession *n.* mani
obsolescent *adj.* që po del nga moda
obsolete *adj.* i vjetruar
obstacle *n.* pengesë
obstinacy *n* këmbëngulje
obstinate *adj.* kokëfortë
obstruct *v.* pengoj
obstruction *n.* pengim
obstructive *adj.* pengues
obtain *v.* marr
obtainable *adj.* i arritshëm
obtrude *v.* paraqes
obtuse *adj.* i mpirë
obverse *n.* plotësim
obviate *v.* parandaloj
obvious *adj.* i dukshëm
occasion *n.* rast
occasional *adj.* i rastit
occasionally *adv.* herë pas here
occident *n.* Perëndimi
occidental *adj.* perëndimor
occlude *v.* pengoj
occult *n.* okult
occupancy *n.* mbajtje
occupant *n.* okupator
occupation *n.* profcsion
occupational *adj.* profesional
occupy *v.* zë
occur *v.* ndodh
occurrence *n.* dukuri
ocean *n.* oqean
oceanic *adj.* oqeanik
octagon *n.* tetëkëndësh
octave *n.* oktavë
octavo *n.* octavo
October *n.* tetor
octogenarian *n.* tetëdhjetëvjeçar
octopus *n.* oktapod
octroi *n.* taksë indirekte

ocular *adj.* syze
odd *adj.* i rastësishëm
oddity *n.* gjë e çuditshme
odds *n.* shanset
ode *n.* ode
odious *adj.* odios
odium *n.* nëmë
odorous *adj.* kundërmues
odour *n.* erë
odyssey *n.* odisea
of *prep.* nga
off *adv.* nga
offence *n.* kundërvajtje
offend *v.* fyej
offender *n.* shkelës
offensive *adj.* ofensivë
offer *v.* ofroj
offering *n.* ofruar
office *n.* zyrë
officer *n.* oficer
official *adj.* zyrtar
officially *adv.* zyrtarisht
officiate *v.* meshoj
officious *adj.* i bezdisur
offset *v.* ofset
offshoot *n.* degë
offshore *adj.* në det të hapur
offside *adj.* offside
offspring *n.* pasardhës
oft *adv.* shpesh
often *adv.* shpesh
ogle *v.* përpij me sy
oil *n.* vaj
oil *a.* vaj
oily *adj.* vaji
ointment *n.* pomadë
okay *adj.* në rregull
old *adj.* i vjetër
oligarchy *n.* oligarki
olive *n.* ulliri
Olympic *adj.* olimpik
omelette *n.* omëletë

omen *n.* shenjë
ominous *adj.* ogurzi
omission *n.* heqje
omit *v.* harroj
omnibus *n.* omnibus
omnipotence *n.* i plotfuqishëm
omnipotent *adj.* i gjithëfuqishëm
omnipresence *n.* gjithëpranim
omnipresent *adj.* i gjithëpranishëm
omniscience *n.* gjithëdijeni
omniscient *adj.* i gjithëdijshëm
on *prep.* mbi
once *adv.* dikur
one *n. & adj.* një
oneness *n.* unitet
onerous *adj.* i vështirë
oneself *pron.* vetë
onion *n.* qepë
onlooker *n.* spektator
only *adv.* vetëm
onomatopoeia *n.* onomatope
onset *n.* fillim
onslaught *n.* sulm
ontology *n.* ontologji
onus *n.* barrë
onward *adv.* tutje
onyx *n.* oniks
ooze *v.i.* rrjedh
opacity *n.* errësirë
opal *n.* opal
opaque *adj.* i errët
open *adj.* hapur
opening *n.* hapje
openly *adv.* hapur
opera *n.* operë
operate *v.* operoj
operation *n.* operacion
operational *adj.* operativ
operative *adj.* operativ
operator *n.* operator
opine *v.* mendoj

opinion *n.* mendim
opium *n.* opium
opponent *n.* kundërshtar
opportune *adj.* i përshtatshëm
opportunism *n.* oportunizëm
opportunity *n.* mundësi
oppose *v.* kundërshtoj
opposite *adj.* përballë
opposition *n.* opozitë
oppress *v.* shtyp
oppression *n.* shtypje
oppressive *adj.* shtypës
oppressor *n.* shtypës
opt *v.* zgjedh
optic *adj.* optik
optician *n.* syzabërës
optimism *n.* optimizëm
optimist *n.* optimist
optimistic *adj.* optimist
optimize *v.* jam optimist
optimum *adj.* optimal
option *n.* alternativë
optional *adj.* fakultativ
opulence *n.* pasuri
opulent *adj.* i pasur
or *conj.* ose
oracle *n.* orakull
oracular *adj.* profetik
oral *adj.* gojor
orally *adv.* gojarisht
orange *n.* portokall
oration *n.* fjalim
orator *n.* orator
oratory *n.* oratori
orb *n.* rruzull
orbit *n.* orbitë
orbital *adj.* i syrit
orchard *n.* dru frutor
orchestra *n.* orkestër
orchestral *adj.* orkestral
orchid *n.* orkide
ordeal *n.* përvojë e hidhur

order *n.* urdhër
orderly *adj.* i rregullt
ordinance *n.* urdhëresë
ordinarily *adv.* zakonisht
ordinary *adj.* i zakonshëm
ordnance *n.* artileri
ore *n.* mineral
organ *n.* organ
organic *adj.* organik
organism *n.* organizëm
organization *n.* organizatë
organize *v.* organizoj
orgasm *n.* orgazmë
orgy *n.* orgji
orient *n.* orienti
oriental *adj.* oriental
orientate *v.* orientoj
origami *n.* origami
origin *n.* origjinë
original *adj.* origjinal
originality *n.* origjinalitet
originate *v.* filloj
originator *n.* iniciator
ornament *n.* zbukurim
ornamental *adj.* dekorativ
ornamentation *n.* stolisje
ornate *adj.* me zbukurime
orphan *n.* jetim
orphanage *n.* jetimore
orthodox *adj.* ortodoks
orthodoxy *n.* ortodoksi
orthopaedics *n.* ortopedi
oscillate *v.* lëkundem
oscillation *n.* luhatje
ossify *v.* kockëzohet
ostensible *adj.* i shtirur
ostentation *n.* salltanet
osteopathy *n.* osteopathi
ostracize *v.* izoloj
ostrich *n.* struc
other *adj. & pron.* tjetër
otherwise *adv.* ndryshe

otiose *adj.* i kotë
otter *n.* vidër
ottoman *n.* osman
ounce *n.* ons
our *adj.* tonë
ourselves *pron.* veten
oust *v.* përjashtoj
out *adv.* nga
outbid *v.* tejkaloj
outboard *adj.* jashtë
outbreak *n.* shpërthim
outburst *n.* shpërthim
outcast *n.* i dëbuar
outclass *v.* e lë pas
outcome *n.* përfundim
outcry *n.* protestë
outdated *adj.* i vjetruar
outdo *v.* mposht
outdoor *adj.* i jashtëm
outer *adj.* i jashtëm
outfit *n.* veshje
outgoing *adj.* dalëse
outgrow *v.* më rrinë të vogla
outhouse *n.* krah
outing *n.* shëtitje
outlandish *adj.* ekzotik
outlast *v.* vazhdoj më shumë se
outlaw *n.* bandit
outlay *n.* shpenzim
outlet *n.* prizë
outline *n.* skicë
outlive *v.* lë pas
outlook *n.* pikëpamje
outlying *adj.* periferik
outmoded *adj.* i dalë mode
outnumber *v.* tejkaloj
outpatient *n.* pacient i jashtëm
outpost *n.* avanpost
output *n.* prodhim
outrage *n.* nëpërkëmbje
outrageous *adj.* i egër
outrider *n.* pararendës

outright *adv.* njëherë
outrun *v.* bind
outset *n.* fillim
outshine *v.* shkëlqej më shumë se
outside *n.* jashtë
outsider *n.* amator
outsize *adj.* outsize
outskirts *n.* periferi
outsource *v.* transferojmë
outspoken *adj.* i sinqertë
outstanding *adj.* i shquar
outstrip *v.* lë pas
outward *adj.* jashtë
outwardly *adv.* nga pamja e jashtme
outweigh *v.* peshoj më shumë se
outwit *v.* vë në majë të gishtit
oval *adj.* oval
ovary *n.* vezore
ovate *adj.* ovate
ovation *n.* brohoritje
oven *n.* furrë
over *prep.* mbi
overact *v.* teproj
overall *adj.* i përgjithshëm
overawe *v.* overawe
overbalance *v.* ia kaloj
overbearing *adj.* autoritar
overblown *adj.* i fryrë
overboard *adv.* jashtë bordit
overburden *v.* mbingarkesë
overcast *adj.* i mbuluar me re
overcharge *v.* mbingarkoj
overcoat *n.* xhybe
overcome *v.* kapërcyer
overdo *v.* teproj
overdose *n.* mbidozë
overdraft *n.* mbitërheqje
overdraw *v.* zmadhoj
overdrive *n.* lodh
overdue *adj.* i vonuar
overestimate *v.* mbivlerësim

overflow *v.* del nga shtrati
overgrown *adj.* shumë i madh
overhaul *v.* rishikim
overhead *adv.* lart
overhear *v.* dëgjoj padashur
overjoyed *adj.* i gëzuar
overlap *v.* bllokim
overleaf *adv.* prapa
overload *v.* mbingarkesë
overlook *v.* dal në
overly *adv.* tepër
overnight *adv.* tërë natën
overpass *n.* tejkaloj
overpower *v.* mbizotëroj
overrate *v.* mbiçmoj
overreach *v.* hile
overreact *v.* overreact
override *v.* shkel
overrule *v.* anuloj
overrun *v.* mbush me
overseas *adv.* jashtë
oversee *v.* mbikëqyr
overseer *n.* mbikëqyrës
overshadow *v.* hedh hije
overshoot *v.* ia kaloj
oversight *n.* mbikëqyrja
overspill *n.* gjë e derdhur
overstep *v.* kaloj
overt *adj.* i hapur
overtake *v.* arrij
overthrow *v.* përmbys
overtime *n* jashtë orarit
overtone *n.* ngjyrim
overture *n.* uverturë
overturn *v.* përmbysje
overview *n.* Pamje
overweening *adj.* i vetëdijshëm
overwhelm *v.* trullos
overwrought *adj.* shumë i lodhur
ovulate *v.* ovulate
owe *n.* detyrohem
owing *adj.* borxh

owl *n.* buf
own *adj. & pron.* vet
owner *n.* pronar
ownership *n.* pronë
ox *n.* dem
oxide *n.* oksid
oxygen *n.* oksigjen
oyster *n.* gocë deti
ozone *n* ozon

pace *n.* ritëm
pacemaker *n.* stimulues kardiak
pacific *n.* i qetë
pacifist *n.* pacifist
pacify *v.* shtroj
pack *n.* pako
package *n.* paketë
packet *n.* pako
packing *n.* paketim
pact *n.* pakt
pad *n.* jastëk
padding *n.* mbushje
paddle *n.* vozis
paddock *n.* livadh
padlock *n.* dry
paddy *n.* orizore
paediatrician *n.* pediatër
paediatrics *n.* pediatri
paedophile *n.* pedophile
pagan *n.* pagan
page *n.* faqe
pageant *n.* paradë
pageantry *n.* madhështi
pagoda *n.* faltore
pail *n.* kovë
pain *n.* dhimbje
painful *adj.* i dhimbshëm

painkiller *n.* qetësues
painstaking *adj.* i përpiktë
paint *n.* pikturoj
painter *n.* piktor
painting *n.* pikturë
pair *n.* palë
paisley *n.* kashmir
pal *n.* mik
palace *n.* pallat
palatable *adj.* i pëlqyeshëm
palatal *adj.* qiellzor
palate *n.* shije
palatial *adj.* luksoz
pale *adj.* i zbehtë
palette *n.* gamë ngjyrash
paling *n.* pahi
pall *n.* velem
pallet *n.* paletë
palm *n.* palme
palmist *n.* falltar
palmistry *n.* kiromanci
palpable *adj.* i dukshëm
palpitate *v.* rreh
palpitation *n.* rrahje zemre
palsy *n.* paralizë
paltry *adj.* i vogël
pamper *v.* përkëdhel
pamphlct *n.* pamflet
pamphleteer *n.* pamfletist
pan *n.* tigan
panacea *n.* ilaç për të gjitha të keqijat
panache *n.* stil
pancake *n.* petull
pancreas *n.* pankreas
panda *n.* panda
pandemonium *n.* potere
pane *n.* xham
panegyric *n.* lëvdate
panel *n.* panel
pang *n.* sëmbim
panic *n.* panik

panorama *n.* panoramë
pant *v.* regëtin
pantaloon *n.* klloun
pantheism *n.* panteizëm
pantheist *adj.* panteist
panther *n.* panterë
panties *n.* brekë
pantomime *n.* pantomimë
pantry *n.* qilar
pants *n.* pantallona
papacy *n.* papat
papal *adj.* papnor
paper *n.* letër
paperback *n.* me kapak të hollë
par *n.* mesatar
parable *n.* alegori
parachute *n.* parashutë
parachutist *n.* parashutist
parade *n.* paradë
paradise *n.* parajsë
paradox *n.* paradoks
paradoxical *adj.* paradoksal
paraffin *n.* parafine
paragon *n.* model
paragraph *n.* paragraf
parallel *n.* paralele
parallelogram *n.* paralelogram
paralyse *v.* paralizoj
paralysis *n.* paralizë
paralytic *adj.* paralitik
paramedic *n.* ndihmës
parameter *n.* parametër
paramount *adj.* suprem
paramour *n.* dashnore
paraphernalia *n.* vegla
paraphrase *v.* parafrazoj
parasite *n.* parazit
parasol *n.* ombrellë
parcel *n.* parcelë
parched *adj.* i etur
pardon *n.* falje
pardonable *adj.* i falshëm

pare *v.* krasis
parent *n.* prind
parentage *n.* atësi
parental *adj.* prindëror
parenthesis *n.* kllapë
pariah *n.* shtresë e ulët
parish *n.* famulli
parity *n.* barazi
park *n.* park
parky *adj.* i ftohtë
parlance *n.* mënyrë të foluri
parley *n.* bisedime
parliament *n.* parlament
parliamentarian *n.* deputet
parliamentary *adj.* parlamentar
parlour *n.* sallon
parochial *adj.* mendjengushtë
parody *n.* parodi
parole *n.* premtim
parricide *n.* atëvrasës
parrot *n.* papagall
parry *v.* dredhim
parse *v.* bëj analizë gramatikore
parsimony *n.* koprraci
parson *n.* famullitar
part *n.* pjesë
partake *v.* marr një pjesë
partial *adj.* i pjesshëm
partiality *n.* pëlqim
participate *v.* marr pjesë
participant *n.* pjesëmarrës
participation *n.* pjesëmarrje
particle *n.* grimcë
particular *adj.* i veçantë
parting *n.* ikje
partisan *n.* partizan
partition *n.* ndarje
partly *adv.* pjesërisht
partner *n.* partner
partnership *n.* ortakëri
party *n.* partiak
pass *v.* kaloj

passable *adj.* i kalueshëm
passage *n.* pasazh
passenger *n.* pasagjer
passing *adj.* kalim
passion *n.* pasion
passionate *adj.* i pasionuar
passive *adj.* pasiv
passport *n.* pasaportë
past *adj.* e kaluara
pasta *n.* makarona
paste *n.* ngjit
pastel *n.* pastel
pasteurized *adj.* pasterizuar
pastime *n.* kalim kohe
pastor *n.* pastor
pastoral *adj.* baritore
pastry *n.* pastë
pasture *n.* kullotë
pasty *n.* byrek me mish
pat *v.* në kohën e duhur
patch *n.* fashë
patchy *adj.* me hope
patent *n.* patentë
paternal *adj.* nga babai
paternity *n.* atësi
path *n.* rrugë
pathetic *adj.* prekës
pathology *n.* patologji
pathos *n.* patos
patience *n.* durim
patient *adj.* pacient
patient *n.* pacient
patio *n.* oborr spanjol
patisserie *n.* Patisserie
patriarch *n.* patrik
patricide *n.* atëvrasës
patrimony *n.* trashëgim
patriot *n.* patriot
patriotic *adj.* patriotik
patriotism *n.* patriotizëm
patrol *v.* patrullë
patron *n.* mbrojtës

patronage *n.* patronazh
patronize *v.* begenis
pattern *n.* model
patty *n.* byrek
paucity *n.* pakicë
paunch *n.* mullë
pauper *n.* varfanjak
pause *n.* pushim
pave *v.* hapë
pavement *n.* trotuar
pavilion *n.* pavijon
paw *n.* dorëshkrim
pawn *n.* peng
pawnbroker *n.* fajdexhi
pay *v.* paguaj
payable *n.* i pagueshëm
payee *n.* i paguari
payment *n.* pagesë
pea *n.* bizele
peace *n.* paqe
peaceable *adj.* paqedashës
peaceful *adj.* i qetë
peach *n.* bukuroshe
peacock *n.* pallua
peahen *n.* femër e palloit
peak *n.* pik
peaky *adj.* i pafuqishëm
peal *n.* ia plas të qeshurit
peanut *n.* badiava
pear *n.* dardhë
pearl *n.* margaritar
peasant *n.* fshatar
peasantry *n.* fshatarësi
pebble *n.* guralec
pecan *n.* arrë amerikane
peck *v.i.* çukit
peculiar *adj.* i veçantë
pedagogue *n.* pedagog
pedagogy *n.* pedagogji
pedal *n.* me pedale
pedant *n.* pedant
pedantic *adj.* pedant

peddle v. jap e marr
pedestal n. piedestal
pedestrian n. këmbësor
pedicure n. pedikyr
pedigree n. racë
pedlar n. thashethemexhi
pedometer n. hapamatës
peek v. përgjim
peel n. zhvishem
peep v. përgjoj
peer n. kolegëve
peer v. kolegëve
peerage n. fisnikët e vendit
peerless adj. i pashoq
peg n. kunj
pejorative adj. përbuzës
pelican n. pelikan
pellet n. topth
pelmet n. pelmet
pelt v. vërtik
pelvis n. legen
pen n. stilolaps
penal adj. penal
penalize v. ndëshkoj
penalty n. dënim
penance n. pendesë
penchant n. dëshirë
pencil n. laps
pendant n. varëse
pendent adj. kërcënues
pending adj. në pritje të
pendulum n. lavjerrës
penetrate v. hyj
penetration n. depërtim
penguin n. pinguin
peninsula n. gadishull
penis n. penis
penitent adj. pendestar
penniless adj. pa para
penny n. qindarkë
pension n. pension
pensioner n. pensionist

pensive adj. i zhytur në mendime
pentagon n. Pentagoni
penthouse n. apartament nën çati
penultimate adj. i parafundit
people n. njerëz
pepper n. piper
peppermint n. karamele mente
peptic adj. peptik
per prep. për
perambulate v.t. kontrolloj
perceive v. kuptoj
perceptible adj. i perceptueshëm
percentage n. përqindje
perceptible adj. i perceptueshëm
perception n. perceptim
perceptive adj. mendjehollë
perch n. rri
percipient adj. i mprehtë
percolate v. hapet
percolator n. kafeterie me filtër
perdition n. mallkim
perennial adj. gjithëvjetor
perfect adj. i përkryer
perfection n. përsosmëri
perfidious adj. besëthyes
perforate v. biroj
perforce adv. me detyrim
perform v. kryej
performance n. Performanca
performer n. interpretues
perfume n. parfum
perfume adv. parfum
perfunctory adj. i përciptë
perhaps adv. ndoshta
peril n. rrezik
perilous adj. i rrezikshëm
period n. periudhë
periodic adj. periodik
periodical adj. botim periodik
periphery n. periferi
perish v. vdes
perishable adj. që prishet

perjure *v.* bëj dëshmi të rreme
perjury *n.* pabesi
perk *v.* përfitim
perky *adj.* i pafytyrë
permanence *n.* vazhdimësi
permanent *adj.* i përhershëm
permeable *adj.* i depërtueshëm
permissible *adj.* i lejueshëm
permission *n.* leje
permissive *adj.* tolerant
permit *v.* leje
permutation *n.* ndërrim
pernicious *adj.* i dëmshëm
perpendicular *adj.* pingul
perpetrate *v.* bëj
perpetual *adj.* i përjetshëm
perpetuate *v.t.* përjetësoj
perplex *v.* shastis
perplexity *n.* hutim
perquisite *n.* bakshish
perry *n.* perri
persecute *v.* persekutoj
persecution *n.* persekutim
perseverance *n.* këmbëngulje
persevere *v.i.* ngulmoj
persist *v.* vazhdon
persistence *n.* këmbëngulje
persistent *adj.* këmbëngulës
person *n.* person
persona *n.* personalitet
personage *n.* personazh
personal *adj.* personal
personality *n.* personalitet
personification *n.* personifikim
personify *v.* personifikoj
personnel *n.* personel
perspective *n.* perspektivë
perspicuous *adj.* i qartë
perspiration *n.* djersë
perspire *v.t.* djersitem
persuade *v.* bind
persuasion *n.* bindje

pertain *v.* përkasin
pertinent *adj.* me vend
perturb *v.* shqetësoj
perusal *n.* lexim
peruse *v.* lexoj
pervade *v.* përhapem
perverse *adj.* i çoroditur
perversion *n.* çoroditje
perversity *n.* mbrapshti
pervert *v.* njeri i prishur
pessimism *n.* pesimizëm
pessimist *n.* pesimist
pessimistic *adj.* pesimist
pest *n.* murtajë
pester *v.* mërzit
pesticide *n.* pesticid
pestilence *n.* murtajë
pet *n.* manar
petal *n.* petal
petite *adj.* i imët
petition *n.* peticion
petitioner *n.* lutës
petrify *v.* nguros
petrol *n.* benzinë
petroleum *n.* naftë
petticoat *n.* femëror
pettish *adj.* gërnjar
petty *adj.* zemërngushtë
petulance *n.* qaravitje
petulant *adj.* idhnak
phantom *n.* fantazmë
pharmaceutical *adj.* farmaceutike
pharmacist *n.* farmacist
pharmacy *n.* farmaci
phase *n.* fazë
phenomenal *adj.* fenomenal
phenomenon *n.* fenomen
phial *n.* shishkë
philanthropic *adj.* filantropik
philanthropist *n.* filantrop
philanthropy *n.* filantropi

philately *n.* filateli
philological *adj.* filologjik
philologist *n.* filolog
philology *n.* filologji
philosopher *n.* filozof
philosophical *adj.* filozofik
philosophy *n.* filozofi
phlegmatic *adj.* flegmatik
phobia *n.* fobi
phoenix *n.* feniks
phone *n.* telefon
phonetic *adj.* fonetik
phosphate *n.* fosfat
phosphorus *n.* fosfor
photo *n.* foto
photocopy *n.* fotokopje
photograph *n.* fotografoj
photographer *n.* fotograf
photographic *adj.* fotografik
photography *n.* fotografi
photostat *n.* fotokopjoj
phrase *n.* frazë
phraseology *n.* frazeologji
physical *adj.* fizik
physician *n.* mjek
physics *n.* fizikë
physiognomy *n.* fizionomi
physiotherapy *n.* fizioterapi
physique *n.* physique
pianist *n.* pianist
piano *n.* piano
piazza *n.* verandë
pick *v.* mbledh
picket *n.* piketoj
pickings *n.* vjelje
pickle *n.* turshi
picnic *n.* piknik
pictograph *n.* pictograph
pictorial *adj.* pikture
picture *n.* foto
picturesque *adj.* piktoresk
pie *n.* byrek

piece *n.* copë
piecemeal *adv.* pak nga pak
pier *n.* skelë
pierce *v.* përshkon
piety *n.* devocion
pig *n.* derr
pigeon *n.* pëllumb
pigeonhole *n.* sirtar
piggery *n.* stallë derrash
pigment *n.* pigment
pigmy *n.* rrumaduc
pike *n.* heshtë
pile *n.* grumbullohem
pilfer *v.* vjedh
pilgrim *n.* pelegrin
pilgrimage *n.* pelegrinazh
pill *n.* pilulë
pillar *n.* shtyllë
pillow *n.* jastëk
pilot *n.* pilot
pimple *n.* puçërr
pimple *n.* puçërr
pin *n.* pin
pincer *n.* pincer
pinch *v.* një çikë
pine *v.* pishe
pineapple *n.* pineapple
pink *adj.* rozë
pinnacle *n.* majë
pinpoint *v.* i vockël
pint *n.* pintë
pioneer *n.* pionier
pious *adj.* besimtar
pipe *n.* tub
pipette *n.* tubth
piquant *adj.* nxitës
pique *n.* inat
piracy *n.* pirateri
pirate *n.* pirat
pistol *n.* pistoletë
piston *n.* piston
pit *n.* gropë e thellë

pitch *n.* katran
pitcher *n.* shtambë
piteous *adj.* i gjorë
pitfall *n.* kurth
pitiful *adj.* i mëshirshëm
pitiless *adj.* mizor
pity *n.* keqardhje
pivot *n.* strumbullar
pivotal *adj.* kryesor
pixel *n.* pixel
pizza *n.* pica
placard *n.* pankartë
placate *v.* qetësoj
place *n.* vend
placement *n.* vendosje
placid *adj.* i qetë
plague *n.* pllakos
plain *adj.* qartë
plaintiff *n.* paditës
plaintive *adj.* qaraman
plait *n.* gërshet
plan *n.* plan
plane *n.* aeroplan
planet *n.* planet
planetary *adj.* planetar
plank *n.* dërrasë
plant *n.* bimë
plantain *n.* gjethe delli
plantation *n.* plantacion
plaque *n.* stemë
plaster *n.* suva
plastic *n.* plastik
plate *n.* pjatë
plateau *n.* pllajë
platelet *n.* pllakëz e gjakut
platform *n.* platformë
platinum *n.* platin
platonic *adj.* idealist
platoon *n.* togë
platter *n.* pjatë e madhe
plaudits *n.* plaudits
plausible *adj.* bindës

play *v.i.* luaj
playground *n.* shesh lojërash
playwright *n.* dramaturg
player *n.* lojtar
plaza *n.* shesh publik
plea *n.* lutje
plead *v.* lutem
pleasant *adj.* i këndshëm
pleasantry *n.* humor
please *v.* ju lutem
pleasure *n.* kënaqësi
pleat *n.* pleat
plebeian *adj.* njeri i pagdhendur
plebiscite *n.* plebishit
pledge *n.* premtim
plenty *pron.* bollëk
plethora *n.* bollëk
pliable *adj.* i përpunueshëm
pliant *adj.* i përpunueshëm
pliers *n.* pincë
plight *n.* premtoj
plinth *n.* bazament
plod *v.* mundohem
plot *n.* komplot
plough *n.* çan
ploughman *n.* lërues
ploy *n.* dredhi
pluck *v.* këpus
plug *n.* prizë
plum *n.* llokum
plumage *n.* pupël
plumb *v.* pingul
plumber *n.* hidraulik
plume *n.* pendë
plummet *v.* peshë
plump *adj.* shëndoshet
plunder *v.* plaçkitje
plunge *v.* zhyt
plural *adj.* shumës
plurality *n.* shumicë
plus *prep.* plus
plush *n.* prej pelushi

ply *n.* dend
pneumatic *adj.* pneumatik
pneumonia *n.* pneumoni
poach *v.* ziej
pocket *n.* xhep
pod *n.* bishtajë
podcast *n.* podcast
podium *n.* podium
poem *n.* poemë
poet *n.* poet
poetry *n.* poezi
poignancy *n.* intensitet
poignant *adj.* prekës
point *n.* pikë
pointing *n.* duke
pointless *adj.* i kotë
poise *n.* vetëpërmbajtje
poison *n.* helm
poisonous *adj.* helmues
poke *v.* thes
poker *n.* poker
poky *adj.* i ngathët
polar *adj.* polar
pole *n.* pol
polemic *n.* polemikë
police *n.* polici
policeman *n.* polic
policy *n.* politikë
polish *n.* polonisht
polite *adj.* i sjellshëm
politeness *n.* edukatë
politic *adj.* i mençur
political *adj.* politik
politician *n.* politikan
politics *n.* politikë
polity *n.* shtet
poll *n.* sondazh
pollen *n.* polen
pollster *n.* anketuesi
pollute *v.* ndot
pollution *n.* ndotje
polo *n.* polo

polyandry *n.* polyandry
polygamous *adj.* polygamous
polygamy *n.* poligami
polyglot *adj.* poliglot
polygraph *n.* poligraf
polytechnic *n.* politeknik
polytheism *n.* politeizëm
polytheistic *adj.* politeiste
pomegranate *n.* shegë
pomp *n.* madhështi
pomposity *n.* pompozitet
pompous *adj.* pompoz
pond *n.* pellg
ponder *v.* peshoj
pontiff *n.* papë
pony *n.* kalë i vogël
pool *n.* pishinë
poor *adj.* i varfër
poorly *adv.* keq
pop *v.* pop
pope *n.* papë
poplar *n.* plep
poplin *n.* puplin
populace *n.* popull
popular *adj.* popullor
popularity *n.* popullaritet
popularize *v.* vulgarizoj
populate *v.* populloj
population *n.* popullsi
populous *adj.* shumë i populluar
porcelain *n.* porcelan
porch *n.* verandë
porcupine *n.* ferrëgjatë
pore *n.* pore
pork *n.* mish derri
pornography *n.* pornografi
porridge *n.* qull
port *n.* port
portable *adj.* portativ
portage *n.* mbart
portal *n.* portal
portend *v.* kumtoj

portent *n.* ogur
porter *n.* portier
portfolio *n.* portofol
portico *n.* portik
portion *n.* pjesë
portrait *n.* portret
portraiture *n.* portrete
portray *v.* paraqes
portrayal *n.* portretizim
pose *v.* qëndrim
posh *adj.* shik
posit *v.* parashtroj
position *n.* pozicion
positive *adj.* pozitiv
possess *v.* posedoj
possession *n.* posedim
possessive *adj.* pronor
possibility *n.* mundësi
possible *adj.* i mundur
post *n.* post
postage *n.* tarifë postare
postal *adj.* postar
postcard *n.* kartolinë
postcode *n.* kodin postar
poster *n.* pllakat
posterior *adj.* prapanicë
posterity *n.* brezat e ardhshëm
postgraduate *n.* pasuniversitar
posthumous *adj.* postum
postman *n.* postier
postmaster *n.* postar
postmortem *n.* postmortem
postoffice *n.* postoffice
postpone *v.* shtyj
postponement *n.* shtyrje
postscript *n.* poshtëshënim
posture *n.* sjellje
pot *n .* tenxhere
potato *n.* patate
potency *n.* potencë
potent *adj.* i fuqishëm
potential *adj.* potencial

potentiality *n.* rezerva
potter *v.* poçar
pottery *n.* qeramikë
pouch *n.* xhep
poultry *n.* shpend
pounce *v.* hidhem
pound *n.* sterlinë
pour *v.* derdh
poverty *n.* varfëri
powder *n.* pluhur
power *n.* pushtet
powerful *adj.* i fuqishëm
practicability *n.* zbatueshmëri
practicable *adj.* i zbatueshëm
practical *adj.* praktik
practice *n.* praktikë
practise *v.* praktikë
practitioner *n.* Mjeku
pragmatic *adj.* pragmatik
pragmatism *n.* pragmatizëm
praise *v.t.* lavdërim
praline *n.* kek me arra dhe bajame
pram *n.* karrocë fëmijësh
prank *n.* shaka
prattle *v.* llap
pray *v.* lutem
prayer *n.* lutje
preach *v.* predikoj
preacher *n.* predikues
preamble *n.* hyrje
precarious *adj.* i pabazuar
precaution *n.* masë paraprake
precautionary *adj.* parandalues
precede *v.* paraprij
precedence *n.* përparësi
precedent *n.* precedent
precept *n.* rregull
precinct *n.* zonë
precious *adj.* i çmuar
precipitate *v.* përshpejtoj
précis *n.* përmbledh

precise *adj.* i saktë
precision *n.* saktësi
precognition *n.* njohje paraprake
precondition *n.* parakusht
precursor *n.* pararendës
predator *n.* grabitqar
predecessor *n.* paraardhës
predestination *n.* paracaktimi
predetermine *v.* fat
predicament *n.* telash
predicate *n.* kallëzues
predict *v.* parashikoj
prediction *n.* parashikim
predominance *n.* superioritet
predominant *adj.* mbizotërues
predominate *v.* mbizotëroj
pre-eminence *n.* epërsi
pre-eminent *adj.* i shquar
pre-empt *v.* parandalimit
prefabricated *adj.* parafabrikuara
preface *n.* parathënie
prefect *n.* prefekt
prefer *v.* preferoj
preference *n.* preferencë
preferential *adj.* preferencial
preferment *n.* gradim
prefix *n.* parashtesë
pregnancy *n.* shtatzënësi
pregnant *adj.* shtatzënë
prehistoric *adj.* prehistorik
prejudge *v.* paragjykoj
prejudice *n.* paragjykojnë
prejudicial *adj.* i dëmshëm
prelate *n.* prelat
preliminary *adj.* paraprak
prelude *n.* prelud
premarital *adj.* paramartesor
premature *adj.* i parakohshëm
premeditate *v.* paramendoj
premeditation *n.* paramendim
premier *adj.* kryeministër
premiere *n.* premierë

premise *n.* premisë
premises *n.* lokal
premium *n.* prim
premonition *n.* paralajmërim
preoccupation *n.* preokupim
preoccupy *v.* merakos
preparation *n.* përgatitje
preparatory *adj.* përgatitor
prepare *v.* përgatit
preponderance *n.* epërsi
preponderate *v.* mbizotëroj
preposition *n.* parafjalë
prepossessing *adj.* prepossessing
preposterous *adj.* qesharak
prerequisite *n.* kusht paraprak
prerogative *n.* prerogativë
presage *v.* parandjenjë
prescience *n.* parashikim
prescribe *v.* porosis
prescription *n.* recetë
presence *n.* prani
present *adj.* paraqesin
present *n.* paraqesin
present *v.* paraqesin
presentation *n.* prezantim
presently *adv.* tani
preservation *n.* ruajtje
preservative *n.* ruajtës
preserve *v.* ruaj
preside *v.* kryesoj
president *n.* president
presidential *adj.* presidencial
press *v.* shtyp
pressure *n.* presion
pressurize *v.* shtyj
prestige *n.* prestigj
prestigious *adj.* me prestigj
presume *v.* marr me mend
presumption *n.* supozim
presuppose *v.* presupozoj
presupposition *n.* supozim
pretence *n.* shtirje

pretend v. shtirem
pretension n. shtirje
pretentious adj. për t'u dukur
pretext n. pretekst
prettiness n. lezet
pretty adj. goxha
pretzel n. gjevrek
prevail v. mbizotëroj
prevalence n. mbizotërim
prevalent adj. i përhapur
prevent v. parandaloj
prevention n. parandalim
preventive adj. parandalues
preview n. inspektim
previous adj. i mëparshëm
prey n. pre
price n. çmim
priceless adj. i pavlefshëm
prick v. shpoj
prickle n. sëmbim
pride n. krenari
priest n. prift
priesthood n. priftëri
prim adj. i ngrirë
primacy n. parësi
primal adj. parak
primarily adv. kryesisht
primary adj. primar
primate n. primat
prime adj. kryesor
primer n. abetare
primeval adj. i lashtë
primitive adj. primitiv
prince n. princ
princely adj. mbretëror
princess n. princeshë
principal adj. kryesor
principal n. kryesor
principle n. parim
print v. shtyp
printout n. printuar
printer n. printer

prior adj. paraprak
priority n. prioritet
priory n. paraprakisht
prism n. prizëm
prison n. burgu
prisoner n. i burgosur
pristine adj. i pacenuar
privacy n. intimitet
private adj. privat
privation n. privim
privatize v. privatizimin
privilege n. privilegj
privy adj. i vetmuar
prize n. çmim
pro n. pro
proactive adj. proaktive
probability n. probabilitet
probable adj. i mundshëm
probably adv. ndoshta
probate n. verifikim zyrtar
probation n. provë
probationer n. stazhier
probe n. hetim
probity n. ndershmëri
problem n. problem
problematic adj. problematik
procedure n. procedurë
proceed v. vazhdoj
proceedings n. Procedurat
proceeds n. të ardhura
process n. proces
procession n. procesion
proclaim v. shpall
proclamation n. shpallje
proclivity n. tendencë
procrastinate v. shtyj për më vonë
procrastination n. zvarritje
procreate v. nxjerr në dritë
procure v. siguroj
procurement n. prokurimit
prod v. stimuloj

prodigal *adj.* dorëlëshuar
prodigious *adj.* i jashtëzakonshëm
prodigy *n.* mrekulli
produce *v.* prodhuar
producer *n.* prodhues
product *n.* produkt
production *n.* prodhim
productive *adj.* produktiv
productivity *n.* prodhimtari
profane *adj.* përdhos
profess *v.* pretendoj
profession *n.* profesion
professional *adj.* profesional
professor *n.* profesor
proficiency *n.* aftësi
proficient *adj.* i aftë
profile *n.* profil
profit *n.* fitim
profitable *adj.* fitimprurës
profiteering *n.* spekulim
profligacy *n.* lëshim
profligate *adj.* plëngprishës
profound *adj.* i thellë
profundity *n.* thellësia
profuse *adj.* dorëlëshuar
profusion *n.* shkapërderdhje
progeny *n.* stërnipër
prognosis *n.* prognozë
prognosticate *v.* parashikoj
programme *n.* program
progress *n.* progres
progressive *adj.* progresiv
prohibit *v.* ndaloj
prohibition *n.* ndalim
prohibitive *adj.* pengues
project *n.* projekt
projectile *n.* raketë
projection *n.* projektim
projector *n.* projektor
prolapse *n.* rënie
proliferate *v.* riprodhohet

proliferation *n.* shtim
prolific *adj.* pjellor
prologue *n.* prolog
prolong *v.* zgjas
prolongation *n.* zgjatje
promenade *n.* shëtitore
prominence *n.* rëndësi
prominent *adj.* i spikatur
promiscuous *adj.* imoral
promise *n.* premtim
promising *adj.* premtues
promote *v.* promovuar
promotion *n.* promovimi
prompt *v.* nxis
prompter *n.* sufler
promulgate *v.* shpall
prone *adj.* prirur
pronoun *n.* përemër
pronounce *v.* shprehem
pronunciation *n.* shqiptim
proof *n.* provë
prop *n.* mbështetëse
propaganda *n.* propagandë
propagate *v.* shumoj
propagation *n.* shumim
propel *v.* shtyj
propeller *n.* helikë
proper *adj.* i duhur
property *n.* pronë
prophecy *n.* profeci
prophesy *v.* parathem
prophet *n.* profet
prophetic *adj.* profetike
propitiate *v.* marr me të mirë
proportion *n.* pjesë
proportional *adj.* proporcional
proportionate *adj.* proporcional
proposal *n.* propozim
propose *v.* propozoj
proposition *n.* propozim
propound *v.* propagandoi
proprietary *adj.* të pronarit

proprietor *n.* pronar
propriety *n.* lezet
prorogue *v.* shtyj afatin
prosaic *adj.* prozaik
prose *n.* prozë
prosecute *v.* ndjek penalisht
prosecution *n.* ndjekje
prosecutor *n.* prokuror
prospect *n.* perspektivë
prospective *adj.* i ardhshëm
prospectus *n.* prospekt
prosper *v.* përparon
prosperity *n.* përparim
prosperous *adj.* i begatë
prostate *n.* prostatë
prostitute *n.* prostitutë
prostitution *n.* prostitucion
prostrate *adj.* gjunjëzohem
prostration *n.* gjunjëzim
protagonist *n.* protagonist
protect *v.* mbroj
protection *n.* mbrojtje
protective *adj.* mbrojtës
protectorate *n.* protektorat
protein *n.* proteinë
protest *n.* protestë
protestation *n.* protestë
protocol *n.* protokoll
prototype *n.* prototip
protracted *adj.* i zgjatur
protractor *n.* raportor
protrude *v.* zgjatet
proud *adj.* krenar
prove *v.* provoj
provenance *n.* prejardhje
proverb *n.* proverb
proverbial *adj.* proverbial
provide *v.* siguroj
providence *n.* providencë
provident *adj.* parashikues
providential *adj.* fatlum
province *n.* krahinë

provincial *adj.* provincial
provision *n.* dispozitë
provisional *adj.* përkohshme
proviso *n.* kusht
provocation *n.* provokim
provocative *adj.* provokues
provoke *v.* nxit
prowess *n.* nivelet
proximate *adj.* pasues
proximity *n.* afërsia
proxy *n.* prokurë
prude *n.* puritan
prudence *n.* maturi
prudent *adj.* i matur
prudential *adj.* kujdesshme
prune *n.* pres
pry *v.* kureshtje
psalm *n.* psalm
pseudo *adj.* pseudo
pseudonym *n.* pseudonim
psyche *n.* psikikë
psychiatrist *n.* psikiatër
psychiatry *n.* psikiatri
psychic *adj.* psikik
psychological *adj.* psikologjik
psychologist *n.* psikolog
psychology *n.* psikologji
psychopath *n.* psikopat
psychosis *n.* psikozë
psychotherapy *n.* Psikoterapia
pub *n.* pijetore
puberty *n.* pubertet
pubic *adj.* pubike
public *adj.* publik
publication *n.* publikim
publicity *n.* publicitet
publicize *v.* publikoj
publish *v.* publikoj
publisher *n.* botues
pudding *n.* buding
puddle *n.* llogaçe
puerile *adj.* foshnjor

puff *n.* duhmë
puffy *adj.* i fryrë
pull *v.* tërheq
pulley *n.* rrotull
pullover *n.* pulovër
pulp *n.* tul
pulpit *n.* kleri
pulsar *n.* pulsar
pulsate *v.* rreh
pulsation *n.* pulsation
pulse *n.* impuls
pummel *v.* rrah me grushte
pump *n.* pompë
pumpkin *n.* kungull
pun *n.* lojë fjalësh
punch *v.* shënoj
punctual *adj.* i përpiktë në orar
punctuality *n.* përpikëri në orar
punctuate *v.* nënvizoj
punctuation *n.* shenja pikësimi
puncture *n.* birë
pungency *n.* djegësirë
pungent *adj.* i athët
punish *v.* ndëshkoj
punishment *n.* dënim
punitive *adj.* ndëshkues
punter *n.* lundërtar
puny *adj.* i vockël
pup *n.* pup
pupil *n.* nxënës
puppet *n.* kukull
puppy *n.* kone
purblind *adj.* i verbër
purchase *v.* blerje
pure *adj.* i pastër
purgation *n.* Purgation
purgative *adj.* amel
purgatory *n.* purgator
purge *v.* spastrim
purification *n.* pastrim
purify *v.* pastrojë
purist *n.* purist

puritan *n.* puritan
puritanical *adj.* puritan
purity *n.* pastërti
purple *n.* vjollcë
purport *v.* domethënie
purpose *n.* qëllim
purposely *adv.* qëllimisht
purr *v.* kerrmëz
purse *n.* çantë dore
purser *n.* arkëtar i anijes
pursuance *n.* kryerje
pursue *v.* ndjek
pursuit *n.* ndjekje
purvey *v.* siguroj
purview *n.* kompetencë
pus *n.* qelb
push *v.* shtytje
pushy *adj.* pushy
puss *n.* mace
put *v.* vendos
putative *adj.* i supozuar
putrid *adj.* i kalbur
puzzle *v.t.* mister
pygmy *n.* xhuxh
pyjamas *n.* pizhamë
pyorrhoea *n.* piorre
pyramid *n.* piramidë
pyre *n.* turrë e druve
pyromania *n.* piromania
python djall
v.i.

quack *n* sharlatan
quackery *n.* mashtrim
quad *n.* kuadrat
quadrangle *a.* katërkëndësh
quadrangular *n.* katërkëndësh

quadrant *n.* kitara
quadrilateral *n.* katërkëndësh
quadruped *n.* katërkëmbësh
quadruple *adj.* katërfish
quadruplet *n.* katërsh
quaff *v.* pi me fund
quail *n.* trembem
quaint *adj.* i çuditshëm
quaintly *adv.* quaintly
quake *v.* tërmet
quaker *n.* kuakeri
qualification *n.* kualifikim
qualify *v.* kualifikohen
qualitative *adj.* cilësore
quality *n.* cilësi
qualm *n.* brejtje
quandary *n.* gjendje e vështirë
quango *n.* quango
quantify *v.* përcaktoj sasinë
quantitative *adj.* sasior
quantity *n.* sasi
quantum *n.* kuant
quarantine *n.* karantinë
quark *n.* quark
quarrel *n.* sherr
quarrelsome *adj.* grindavec
quarry *n.* gurore
quart *n.* kuart
quarter *n.* çerek
quarterly *adj.* tremujor
quartet *n.* kuartet
quartz *n.* kuarc
quash *v.* prish
quaver *v.* dridhje zëri
quay *n.* mol
queasy *adj.* i dobët
queen *n.* mbretëreshë
queer *adj.* çmendje
quell *v.* shuaj
quench *v.* shuaj

querulous *adj.* ankimtar
query *n.* pyetje
quest *n.* kërkim
question *n.* pyetje
questionable *adj.* i diskutueshëm
questionnaire *n.* pyetësor
queue *n.* radhë
quibble *n.* stërhollim
quick *adj.* i shpejtë
quicken *v.* ngjall
quickly *adv.* shpejt
quid *n.* duhan për të mbllaçitur
quiescent *adj.* i qetë
quiet *adj.* i qetë
quieten *v.* pushoj
quietetude *n.* quietetude
quiff *n.* cullufe
quilt *n.* jorgan
quilted *adj.* i mbushur me tegela
quin *n.* quin
quince *n.* ftua
quinine *n.* kininë
quintessence *n.* kuintesencë
quip *n.* epigramë
quirk *n.* gjë e çuditshme
quit *v.* lë
quite *adv.* krejt
quits *adj.* kompensim
quiver *v.* dridhje
quixotic *adj.* donkishotesk
quiz *n.* pyes
quizzical *adj.* ironik
quondam *adj.* i dikurshëm
quorum *n.* kuorum
quota *n.* kuotë
quotation *n.* citat
quote *v.* citoj
quotient *n.* herës *n.*

R

rabbit *n.* lepur
rabble *n.* vulgu
rabid *adj.* i tërbuar
rabies *n.* egërsi
race *n.* garë
race *v.* garë
racial *adj.* racor
racialism *n.* racizëm
rack *n.* raft
racket *n.* dallavere
racketeer *n.* dallaveraxhi
racy *adj.* pikant
radar *n.* radar
radial *adj.* radial
radiance *n.* ndriçim
radiant *adj.* rrezatues
radiate *v.* përhap
radiation *n.* rrezatim
radical *adj.* radikal
radio *n.* radio
radioactive *adj.* radioaktiv
radiography *n.* radiografi
radiology *n.* radiologji
radish *n.* rrepkë
radium *n.* radium
radius *n.* rreze
raffle *n.* lotari
raft *n.* trap
rag *n.* zhele
rage *n.* tërbim
ragged *adj.* i shprishur
raid *n.* bastisje
rail *n.* binarë
railing *n.* kangjella
raillery *n.* qesëndi
railway *n.* hekurudhor
rain *n* shi
rainbow *n.* ylber
raincoat *n.* mushama
rainfall *n.* reshje
rainforest *n.* rainforest
rainy *adj.* me shi
raise *v.* ngre
raisin *n.* rrush i thatë
rake *n.* grabujë
rally *n.* tubim
ram *n.* tokmak
ramble *v.* bredh
ramification *n.* degëzim
ramify *v.* degëzoj
ramp *n.* luftoj
rampage *v.* tërbim
rampant *adj.* i shfrenuar
rampart *n.* stom
ramshackle *adj.* i rrënuar
ranch *n.* fermë
rancid *adj.* i prishur
rancour *n.* mllef
random *adj.* i rastësishëm
range *n.* varg
ranger *n.* endacak
rank *n.* renditen
rank *v.* renditen
rankle *v.* torturoj
ransack *v.* grabitje
ransom *n.* shpërblesë
rant *v.* përçartje
rap *v.* trokas
rapacious *adj.* grabitqar
rape *v.* përdhunim
rapid *adj.* i shpejtë
rapidity *n.* shpejtësi
rapier *n.* shpat i vogël
rapist *n.* përdhunues
rapport *n.* raport
rapprochement *n.* rivendosje e marrëdhënjeve miqësore
rapt *adj.* i mahnitur
rapture *n.* ngazëllim
rare *adj.* i rrallë

raring *adj.* raring
rascal *n.* viran
rash *adj.* i nxituar
rasp *n.* nevrikos
raspberry *n.* mjedër
rat *n.* mi
ratchet *n.* arpion
rate *n.* normë
rather *adv.* më tepër
ratify *v.* ratifikoj
rating *n.* vlerësim
ratio *n.* raport
ration *n.* racion
rational *adj.* racional
rationale *n.* përsiatje
rationalism *n.* racionalizëm
rationalize *v.* arsyetoj
rattle *v.* uturimë
raucous *adj.* i rreptë
ravage *v.t.* asgjësim
rave *v.* furi
raven *n.* korb
ravenous *adj.* grabitqar
ravine *n.* luginë e thellë
raw *adj.* i gjallë
ray *n.* rreze
raze *v.* bëj rrafsh me tokën
razor *n.* brisk rroje
reach *v.* arrij
react *v.* reagoj
reaction *n.* reagim
reactionary *adj.* reaksionar
reactor *n.* reaktor
read *v.* lexoj
reader *n.* lexues
readily *adv.* lehtë
reading *n.* lexim
readjust *v.* rregulloj
ready *adj.* gati
reaffirm *v.* ripohoj
real *adj.* real
realism *n.* realizëm

realistic *adj.* realist
reality *n.* realitet
realization *n.* realizim
realize *v.* realizoj
really *adv.* vërtet
realm *n.* fushë
ream *n.* pako
reap *v.* korr
reaper *n.* korrës
reappear *v.* ridukem
reappraisal *n.* rivlerësim
rear *n.* pasme
rearrange *v.* korrigjoj
reason *n.* arsye
reasonable *adj.* i arsyeshëm
reassess *v.* rivlerësojë
reassure *v.* siguroj
rebate *n.* zbritje
rebel *v.* rebel
rebellion *n.* rebelim
rebellious *adj.* rebel
rebirth *n.* rilindje
rebound *v.* tërhiqem
rebuff *v.* kundërshtim
rebuild *v.* rindërtoj
rebuke *v.* qortim
rebuke *v.t.* qortim
recall *v.* kujtoj
recap *v.* radhitje
recapitulate *v.* përmbledh
recapture *v.* rigjej
recede *v.* zmbrapsem
receipt *n.* faturë
receive *v.* pranoj
receiver *n.* marrës
recent *adj.* i fundit
recently *adv.* kohët e fundit
receptacle *n.* thes
reception *n.* pritje
receptionist *n.* recepsionist
receptive *adj.* perceptues
recess *n.* pushim

recession *n.* rënie
recessive *adj.* ikës
recharge *v.* kundërsulm
recipe *n.* recetë
recipient *n.* marrës
reciprocal *adj.* reciprok
reciprocate *v.* ia kthej
recital *n.* recitim
recite *v.* recituar
reckless *adj.* i pamatur
reckon *v.t.* marr në konsideratë
reclaim *v.* rivendos
reclamation *n.* rikuperim
redline *v.* mbështetem
recluse *n.* i vetmuar
recognition *n.* njohje
recognize *v.i.* njoh
recoil *v.* zbythje
recollect *v.* kujtoj
recollection *n.* kujtesë
recommend *v.* rekomandoj
recommendation *n.* rekomandim
recompense *v.* shpërblejmë
reconcile *v.* pajtoj
reconciliation *n.* pajtim
recondition *v.* rinovoj
reconsider *v.* rishikoj
reconstitute *v.* reconstitute
reconstruct *v.* rivendos
record *n.* rekord
recorder *n.* regjistrues
recount *v.* rinumërim
recoup *v.* shpërblej
recourse *n.* mbështetje
recover *v.* shërohem
recovery *n.* shërim
recreate *v.* dëfrehem
recreation *n.* argëtim
recrimination *n.* kundërpadi
recruit *v.* rekrut
rectangle *n.* drejtkëndësh
rectangular *adj.* drejtkëndor

rectification *n.* korrigjim
rectify *v.* ndreq
rectitude *n.* drejtësi
rectum *n.* rektum
recumbent *adj.* i shtrirë
recuperate *v.* shërohem
recur *v.* përsëritet
recurrence *n.* përsëritje
recurrent *adj.* periodik
recycle *v.* riciklimi
red *adj.* i kuq
reddish *adj.* i kuq pak
redeem *v.* shpengoj
redemption *n.* shpengim
redeploy *v.* rivendosur
redolent *adj.* me erë të fortë
redouble *v.* rritem
redoubtable *adj.* i tmerrshëm
redress *v.* korrigjim
reduce *v.* reduktuar
reduction *n.* ulje
reductive *adj.* zvogëlues
redundancy *n.* tepricë
redundant *adj.* i tepërt
reef *n.* gumë
reek *v.* vjen
reel *n.* mbështjell
refer *v.* referohem
referee *n.* arbitër
reference *n.* referim
referendum *n.* referendum
refill *v.* shtoj
refine *v.* rafinoj
refinement *n.* sqimë
refinery *n.* rafinieri
refit *v.* meremetim
reflect *v.* reflektoj
reflection *n.* reflektim
reflective *adj.* reflektues
reflex *n.* refleks
reflexive *adj.* folje vetvetore
reflexology *n.* reflexology

reform *v.* reformë
reformation *n.* reformim
reformer *n.* reformator
refraction *n.* thyerje
refrain *v.t.* përmbahem
refresh *v.* freskoj
refreshment *n.* meze
refrigerate *v.* ftoh
refrigeration *n.* ftohje
refrigerator *n.* frigorifer
refuge *n.* strehë
refugee *n.* refugjat
refulgence *adj.* ndriçim
refulgent *adj.* i shkëlqyeshëm
refund *v.* shpërblej
refund *v.* shpërblej
refurbish *v.* rinovoj
refusal *n.* refuzim
refuse *v.* refuzoj
refuse *n.* refuzoj
refutation *n.* përgënjeshtrim
refute *v.* përgënjeshtroj
regain *v.* rifitoj
regal *adj.* mbretëror
regard *v.* lidhje
regarding *prep.* në lidhje me
regardless *adv.* pavarësisht
regenerate *v.* rilind
regeneration *n.* rigjenerim
regent *n.* regjent
reggae *n.* reggae
regicide *n.* mbretvrasje
regime *n.* regjim
regiment *n.* regjiment
region *n.* rajon
regional *adj.* rajonal
register *n.* regjistrohem
registrar *n.* kryesekretar
registration *n.* regjistrim
registry *n.* regjistrimi
regress *v.* regres
regret *n.* keqardhje

regrettable *adj.* i vajtueshëm
regular *adj.* i rregullt
regularity *n.* rregull
regularize *v.* rregulloj
regulate *v.* rregulloj
regulation *n.* rregullim
regulator *n.* rregullator
rehabilitate *v.* rehabilituar
rehabilitation *n.* riaftësim
rehearsal *n.* provë
rehearse *v.* përsëris
reign *v.* mbretërojë
reimburse *v.* kompensoj
rein *n.* fre
reincarnate *v.* rimishëroj
reinforce *v.* përforcoj
reinforcement *n.* përforcim
reinstate *v.* rivendos
reinstatement *n.* rivendosje
reiterate *v.* përsëris
reiteration *n.* përsëritje
reject *v.* refuzoj
rejection *n.* refuzim
rejoice *v.* gëzohem
rejoin *v.* bashkohem
rejoinder *n.* përgjigje
rejuvenate *v.* rivendos
rejuvenation *n.* përtëritje
relapse *v.* rikthim
relate *v.* lidh
relation *n.* lidhje
relationship *n.* marrëdhënie
relative *adj.* relativ
relativity *n.* relativitet
relax *v.* relaksohuni
relaxation *n.* çlodhje
relay *n.* stafetë
release *v.* lirimin
relegate *v.* shkarkoj
relent *v.* zbutet
relentless *adj.* i pamëshirshëm
relevance *n.* përkatësisë

relevant *adj.* përkatës
reliable *adj.* i besueshëm
reliance *n.* besim
relic *n.* relikë
relief *n.* lehtësim
relieve *v.* lehtësoj
religion *n.* fe
religious *adj.* fetar
relinquish *v.* heq dorë nga
relish *v.* shijoj
relocate *v.* zhvendos
reluctance *n.* ngurrim
reluctant *adj.* ngurrues
rely *v.* mbështeten
remain *v.* mbeten
remainder *n.* tjetër
remains *n.* mbetet
remand *v.* shtyrje
remark *v.* vërejtje
remarkable *adj.* i shquar
remedial *adj.* shërues
remedy *n.* ilaç
remember *v.* mbaj mend
remembrance *n.* kujtim
remind *v.* kujtoj
reminder *n.* kujtim
reminiscence *v.* reminishencë
reminiscent *adj.* që të kujton
remiss *adj.* neglizhent
remission *n.* ndjesë
remit *n.* ndjej
remittance *n.* dërgim
remnant *n.* mbetje
remonstrate *v.* bind
remorse *n.* keqardhje
remote *adj.* i largët
removable *adj.* i lëvizshëm
removal *n.* largim
remove *v.* heq
remunerate *v.* shpërblej
remuneration *n.* shpërblim
remunerative *adj.* fitimprurës

renaissance *n.* Rilindja
render *v.* përkthej
rendezvous *n.* takim
renegade *n.* renegat
renew *v.* përtërij
renewal *adj.* përtëritje
renounce *v.t.* heq dorë nga
renovate *n.* rinovoj
renovation *n.* rinovim
renown *n.* nam
renowned *adj.* i njohur
rent *n.* qira
rental *n.* qira
renunciation *n.* mospranim
reoccur *v.* përsëritet
reorganize *v.* riorganizoj
repair *v.* riparim
repartee *n.* fjalë me vend
repatriate *v.* kthej në atdhe
repatriation *n.* riatdhesim
repay *v.* paguaj
repayment *n.* shlyerjes
repeal *v.* anuloj
repeat *v.* përsëris
repel *v.* prapësoj
repellent *adj.* i neveritshëm
repent *v.* pendohem
repentance *n.* pendim
repentant *adj.* i penduar
repercussion *n.* jehonë
repetition *n.* përsëritje
replace *v.* zëvendësoj
replacement *n.* zëvendësim
replay *v.* sërish
replenish *v.* plotësoj
replete *adj.* i mbushur
replica *n.* kopje
replicate *v.* përsëris
reply *v.* përgjigje
report *v.* raportojnë
reportage *n.* reportazh
reporter *n.* raportues

repose *n.* prehje
repository *n.* depo
repossess *v.* rimarrin
reprehensible *adj.* i dënueshëm
represent *v.* përfaqësoj
representation *n.* përfaqësim
representative *adj.* përfaqësues
repress *v.* shtypur
repression *n.* shtypje
reprieve *v.* pushim
reprimand *v.* qortim
reprint *v.* ribotim
reprisal *n.* masë ndëshkimore
reproach *v.* turp
reprobate *n.* i pamoralshëm
reproduce *v.* riprodhoj
reproduction *n.* riprodhim
reproductive *adj.* riprodhues
reproof *n.* qortim
reprove *v.* qortoj
reptile *n.* zvarranik
republic *n.* republikë
republican *adj.* republikan
repudiate *v.* mohoj
repudiation *n.* divorc
repugnance *n.* neveri
repugnant *adj.* i pështirë
repulse *v.* neverit
repulsion *n.* neveri
repulsive *adj.* refuzues
reputation *n.* reputacion
repute *n.* reputacion
request *n.* kërkojë
requiem *n.* funeral
require *v.* kërkojnë
requirement *n.* kërkesë
requisite *adj.* i kërkuar
requisite *n.* i kërkuar
requisition *n.* shkresë
requite *v.t.* shpërblej
rescind *v.* shfuqizoj
rescue *v.* shpëtim

research *n.* hulumtim
resemblance *n.* ngjashmëri
resemble *v.* përngjaj
resent *v.* nuk duroj
resentment *n.* fyerje
reservation *n.* rezervim
reserve *v.* rezervë
reservoir *n.* rezervuar
reshuffle *v.* riorganizim
reside *v.* banoj
residence *n.* banesë
resident *n.* banor
residential *adj.* banimi
residual *adj.* i mbetur
residue *n.* mbetje
resign *v.* heq dorë
resignation *n.* dorëheqje
resilient *adj.* elastik
resist *v.* rezistoj
resistance *n.* rezistencë
resistant *adj.* i qëndrueshëm
resolute *adj.* vendosur
resolution *n.* zgjidhje
resolve *v.* zgjidh
resonance *n.* rezonancë
resonant *adj.* tingëllues
resonate *v.* resonate
resort *n.* përdorë
resound *v.* oshëtin
resource *n.* burime
resourceful *adj.* i shkathët
respect *n.* respekt
respectable *adj.* i respektuar
respectful *adj.* i respektueshëm
respective *adj.* përkatës
respiration *n.* frymëmarrje
respirator *n.* respirator
respire *v.* marr frymë
respite *n.* pushim
resplendent *adj.* i shkëlqyeshëm
respond *v.* përgjigje
respondent *n.* i paditur

response *n.* përgjigje
responsibility *n.* përgjegjësi
responsible *adj.* përgjegjës
responsive *adj.* përgjegjës
rest *v.* pushim
restaurant *n.* restorant
restaurateur *n.* pronar restoranti
restful *adj.* çlodhës
restitution *n.* kthim
restive *adj.* i pashtruar
restoration *adj.* restaurim
restore *v.* kthej
restrain *v.* mposht
restraint *n.* përmbajtje
restrict *n.* kufizoj
restriction *n.* frenim
restrictive *adj.* kufizues
result *n.* pasojë
resultant *adj.* rezultues
resume *v.* rifilloj
resumption *n.* rifillim
resurgence *a.* rigjallërim
resurgent *adj.* që rigjallërohet
resurrect *v.* ringjall
retail *n.* me pakicë
retailer *n.* shitës me pakicë
retain *v.i.* mbaj
retainer *n.* shërbyes
retaliate *v.* hakmerrem
retaliation *n.* shpagim
retard *v.* vonoj
retardation *n.* vonesë
retarded *adj.* retarded
retch *v.* vjellje
retention *n.* mbajtje
retentive *adj.* ruajtës
rethink *v.* mendoj sërish
reticent *adj.* fjalëpakë
retina *n.* retinë
retinue *n.* shpurë
retire *v.* ik
retirement *n.* dalje në pension

retiring *adj.* pension
retort *v.* përgënjeshtroj
retouch *v.* lyej
retrace *v.t.* ripërshkoj
retract *v.* tërheq
retread *v.* gomë e rimbushur
retreat *v.t.* tërheqje
retrench *v.* shkurtoj
retrenchment *n.* shkurtim
retrial *n.* rigjykim
retribution *n.* ndëshkimi
retrieve *v.* rifitoj
retriever *n.* zagar
retro *adj.* retro
retroactive *adj.* retroaktive
retrograde *adj.* reaksionar
retrospect *n.* prapavështrim
retrospective *adj.* prapavështruës
return *v.* kthim
return *n.* kthim
reunion *n.* bashkim
reunite *v.* ribashkohem
reuse *v.* ripërdorimin
revamp *v.* riorganizimit
reveal *v.* zbuloj
revel *v.* argëtohem
revelation *n.* shpallja
revenge *n.* hakmarrje
revenue *n.* të ardhurat
reverberate *v.* kumbon
revere *v.* frikë
revered *adj.* nderuar
reverence *n.* nderim
reverend *adj.* I nderruar
reverent *adj.* respekt
reverential *adj.* reverential
reverie *n.* ëndërrim
reversal *n.* ndryshim
reverse *v.* e kundërt
reversible *adj.* i kthyeshëm
revert *v.* rikthehem
review *n.* rishikuar

revile *v.* shaj
revise *v.* rishikoj
revision *n.* rishikim
revival *n.* ringjallje
revivalism *n.* rizgjimit
revive *v.* ngjall
revocable *adj.* revocable
revocation *n.* revokim
revoke *v.* anuloj
revolt *v.* revoltë
revolution *n.* revolucion
revolutionary *adj.* revolucionar
revolutionize *v.* revolucionarizojnë
revolve *v.* rrotullohem
revolver *n.* revole
revulsion *n.* zmbrapsje
reward *n.* shpërblim
rewind *v.* rewind
rhapsody *n.* rapsodi
rhetoric *n.* retorikë
rhetorical *adj.* retorik
rheumatic *adj.* reumatike
rheumatism *n.* reumatizmi
rhinoceros *n.* rinoceront
rhodium *n.* rodium
rhombus *n.* romb
rhyme *n.* rimë
rhythm *n.* ritëm
rhythmic *adj.* ritmike
rib *n.* brinjë
ribbon *n.* fjongo
rice *n.* oriz
rich *adj.* i pasur
richly *adv.* mjaft
richness *n.* pasuri
rick *n.* mullar
rickets *n.* rakit
rickety *adj.* rakitik
rickshaw *n.* rickshaw
rid *v.* shpëtoj
riddance *n.* riddance
riddle *n.* shoshë
riddled *adj.* shoshë
ride *v.* udhëtim
rider *n.* kalorës
ridge *n.* kurriz
ridicule *n.* tallje
ridiculous *adj.* qesharak
rife *adj.* plot
rifle *n.* pushkë
rifle *v.* pushkë
rift *n.* çarje
rig *v.* litarë
rigging *n.* direkë
right *adj.* e drejtë
right *n* e drejtë
righteous *adj.* drejtë
rightful *adj.* drejtë
rigid *adj.* i ngurtë
rigmarole *n.* bisedë e palidhur
rigorous *adj.* i rreptë
rigour *n.* ashpërsi
rim *n.* buzë
ring *n.* unazë
ring *v.* unazë
ringlet *n.* kaçurrel
ringworm *n.* qere
rink *n.* shesh patinazhi
rinse *v.* pije
riot *n.* trazirë
rip *v.* shqyej
ripe *adj.* i pjekur
ripen *v.* pjek
riposte *n.* kundërpërgjigje
ripple *n.* gurgullimë
rise *v.* ngrihem
risible *adj.* qesharak
rising *n.* në rritje
risk *n.* rrezik
risky *adj.* i rrezikshëm
rite *n.* ceremoni
ritual *n.* ritual
rival *n.* rival

rivalry *n.* Rivaliteti
riven *n.* i çarë
river *n.* lumi
rivet *n.* gozhdoj
rivulet *n.* vijë
road *n.* rrugë
road works *n.* punimet rrugore
roadworthy *adj.* teknik
roadster *n.* udhëtar
roam *v.* bredh
roar *n.* gjëmim
roar *v.* gjëmim
roast *v.* rosto
rob *v.* rob
robber *n.* grabitës
robbery *n.* grabitje
robe *n.* mantel
robot *n.* robot
robust *adj.* i fuqishëm
rock *n.* shkëmb
rocket *n.* raketë
rocky *adj.* shkëmbor
rod *n.* shkop
rodent *n.* brejtësit
rodeo *n.* rodeo
roe *n.* kaproll
rogue *n.* mashtrues
roguery *n.* mashtrim
roguish *adj.* i pandershëm
roister *v.* roister
role *n.* rol
roll *v.i.* rrotull
roll *n.* rrotull
roll-call *n.* apel
roller *n.* rul
rollercoaster *n.* treni i lunaparkut
romance *n.* romancë
romantic *adj.* romantik
romp *v.* fitore e shpejtë
roof *n.* çati
roofing *n.* mbulim
rook *n.* sorrë

rookery *n.* banesë e mbipopulluar
room *n.* dhomë
roomy *adj.* i gjerë
roost *n.* hu
rooster *n.* gjel
root *n.* rrënjë
rooted *adj.* i rrënjosur
rope *n.* litar
rosary *n.* rruzare
rose *n.* trëndafil
rosette *n.* rozetë
roster *n.* roster
rostrum *n.* tribunë
rosy *adj.* rozë
rot *v.* kalb
rota *n.* Rota
rotary *adj.* rrotullues
rotate *v.* qarkulloj
rotation *n.* rrotullim
rote *n.* rutinë
rotor *n.* rotor
rotten *adj.* i kalbur
rouge *n.* të kuq
rough *adj.* i përafërt
roulette *n.* ruletë
round *adj.* raundin
roundabout *n.* i tërthortë
rounded *adj.* harmonishëm
roundly *adv.* troç
rouse *v.* zgjoj
rout *n.* shpartallim
route *n.* rrugë
routine *n.* rutinë
rove *v.* bredhje
rover *n.* vagabond
roving *adj.* roving
row *n.* rresht
rowdy *adj.* poterexhi
royal *n.* mbretëror
royalist *n.* monarkist
royalty *n.* anëtar i familjes mbretërore

rub *n.* fshij
rub *v.* fshij
rubber *n.* gomë
rubbish *n.* mbeturina
rubble *n.* rrënoja
rubric *n.* rubrikë
ruby *n.* rubin
rucksack *n.* çantë shpine
ruckus *n.* ruckus
rudder *n.* timon
rude *adj.* i vrazhdë
rudiment *n.* rudiment
rudimentary *adj.* rudimentare
rue *v.* syzë
rueful *adj.* i pikëlluar
ruffian *n.* horr
ruffle *v.* rrudhosje
rug *n.* qilim
rugby *n.* regbi
rugged *adj.* i thyer
ruin *n.* prish
ruinous *adj.* shkatërrues
rule *n.* sundojnë
rule *v.* sundojnë
ruler *n.* sundimtar
ruling *n.* pushtet
rum *n.* rum
rumble *v.* gjëmim
rumbustious *adj.* i zhurmshëm
ruminant *n.* ripërtypës
ruminate *v.* ruminate
rumination *n.* ripërtypje
rummage *v.* zhbirim
rummy *n.* rum
rumour *n.* thashetheme
rumple *v.* çrregulloj
rumpus *n.* sherr
run *n.* drejtuar
run *v.* drejtuar
runaway *adj.* i arratisur
rundown *adj.* i lodhur
runway *n.* pistë

rung *n.* këmbë shkalle
runnel *n.* rrëke
runner *n.* kontrabandist
runny *adj.* i lëngshëm
rupture *v.t.* këputje
rural *adj.* bujqësor
ruse *n.* hile
rush *v.* ngut
rusk *n.* peksimadhe
rust *n.* ndryshk
rustic *adj.* fshatar
rusticate *v.* rroj në fshat
rustication *n.* jetë fshati
rusticity *n.* thjeshtësi
rustle *v.* fëshfëritje
rusty *adj.* i ndryshkur
rut *n.* ulluk
ruthless *adj.* pamëshirshme
rye *n.* thekër
n.

S

Sabbath *n.* E shtunë
sabotage *v.* sabotim
sabre *n.* shpatë
saccharin *n.* sakarinë
saccharine *adj.* me sheqer
sachet *n.* qese
sack *n.* thes
sack *v.* thes
sacrament *n.* betim
sacred *adj.* i shenjtë
sacrifice *n.* sakrificë
sacrifice *v.* sakrificë
sacrificial *adj.* thertore
sacrilege *n.* sakrilegj
sacrilegious *adj.* që bën sakrilegj
sacrosanct *adj.* i shenjtë

sad *adj.* i trishtuar
sadden *v.* trishtoj
saddle *n.* shalë
saddler *n.* saraç
sadism *n.* sadizëm
sadist *n.* sadist
safari *n.* ekspeditë gjuetine
safe *adj.* i sigurt
safe *n.* i sigurt
safeguard *n.* mbrojtje
safety *n.* siguri
saffron *n.* shafran
sag *v.* varem
saga *n.* sagë
sagacious *adj.* i zgjuar
sagacity *n.* shkathtësi
sage *n.* sherbelë
sage *adj.* sherbelë
sail *n.* lundrim
sail *v.* lundrim
sailor *n.* marinar
saint *n.* shenjt
saintly *adj.* i shenjtë
sake *n.* hir
salable *adj.* i mirë
salad *n.* sallatë
salary *n.* pagë
sale *n.* shitje
salesman *n.* shitës
salient *adj.* i spikatur
saline *adj.* i kripur
salinity *n.* kripësi
saliva *n.* pështymë
sallow *adj.* verdhacuk
sally *n.* hedhje në sulm
salmon *n.* salmon
salon *n.* sallon
saloon *n.* veturë
salsa *n.* salsa
salt *n.* kripë
salty *adj.* i kripur
salutary *adj.* i dobishëm

salutation *n.* përshëndetje
salute *n.* përshëndes
salvage *v.* rikuperoj
salvation *n.* shpëtim
salver *n.* tabaka
salvo *n.* breshëri
Samaritan *n.* Samaritan
same *adj.* i njëjtë
sample *n.* mostër
sampler *n.* model
sanatorium *n.* sanatorium
sanctification *n.* shenjtërim
sanctify *v.* shenjtëroj
sanctimonious *adj.* moralizues
sanction *v.* sanksionim
sanctity *n.* shenjtëri
sanctuary *n.* strehë
sanctum *n.* strehë
sand *n.* rërë
sandal *n.* sandale
sandalwood *n.* dru sandali
sander *n.* Sander
sandpaper *n.* zumpara
sandwich *n.* sanduiç
sandy *adj.* me rërë
sane *adj.* normal
sangfroid *n.* pasqetësim
sanguinary *adj.* gjakësor
sanguine *adj.* optimist
sanitarium *n.* sanatorium
sanitary *adj.* sanitar
sanitation *n.* kanalizime
sanitize *v.* llogjikim
sanity *n.* mendje e shëndoshë
sap *n.* llogore
sapling *n.* fidan
sapphire *n.* safir
sarcasm *n.* sarkazëm
sarcastic *adj.* sarkastik
sarcophagus *n.* sarkofag
sardonic *adj.* i hidhur
sari *n.* sari

sartorial *adj.* i rrobaqepësisë
sash *n.* brez
Satan *n.* Shejtan
satanic *adj.* satanik
Satanism *n.* Satanizmi
satchel *n.* çantë
sated *adj.* i ngopur
satellite *n.* satelit
satiable *adj.* satiable
satiate *v.* ngop
satiety *n.* ngopje
satin *n.* saten
satire *n.* satirë
satirical *adj.* satirik
satirist *n.* shkrimtar satirik
satirize *v.* satirizoj
satisfaction *n.* kënaqësi
satisfactory *adj.* i kënaqshëm
satisfy *v.* kënaq
saturate *v.* qull
saturation *n.* ngopje
Saturday *n.* e shtunë
saturnine *adj.* i vrenjtur
sauce *n.* salcë
saucer *n.* pjatë filxhani
saucy *adj.* i pacipë
sauna *n.* saunë
saunter *v.* shëtitje
sausage *n.* suxhuk
savage *adj.* i egër
savagery *n.* egërsi
save *v.* ruaj
savings *n.* kursime
saviour *n.* shpëtimtar
savour *v.t.* aromë
savoury *adj.* pikant
saw *n.* pa
saw *v.* pa
sawdust *n.* tallash
saxophone *n.* saksofon
say *n.* them
saying *n.* thënie

scab *n.* kore
scabbard *n.* këllëf
scabies *n.* zgjebe
scabrous *adj.* i vështirë
scaffold *n.* tribunë
scaffolding *n.* skelë
scald *v.* djegje
scale *n.* shkallë
scallop *n.* fiston
scalp *n.* lëkurë e kokës
scam *n.* scam
scamp *n.* qerrata
scamper *v.t.* arratisje
scan *v.* hetoj
scanner *n.* skaner
scandal *n.* skandal
scandalize *v.* skandalizoj
scant *adj.* i vogël
scanty *adj.* i pakët
scapegoat *n.* dash i kurbanit
scar *n.* mbresë
scarce *adj.* i rrallë
scarcely *adv.* mezi
scare *v.* tremb
scarecrow *n.* gogol
scarf *n.* shall
scarlet *n.* i kuq i ndezur
scarp *n.* rrëpirë
scary *adj.* i tmerrshëm
scathing *adj.* i ashpër
scatter *v.* shpërndaj
scavenge *v.* pastroj
scenario *n.* skenar
scene *n.* skenë
scenery *n.* peizazh
scenic *adj.* skenik
scent *n.* parfum
sceptic *n.* skeptik
sceptical *adj.* skeptik
sceptre *n.* skeptër
schedule *n.* orar
schematic *adj.* skematik

scheme *n.* skemë
schism *n.* përçarje
schizophrenia *n.* shizofreni
scholar *n.* dijetar
scholarly *adj.* prej dijetari
scholarship *n.* bursë
scholastic *adj.* shkollor
school *n.* shkollë
sciatica *n.* dhimbje të nervit shiatik
science *n.* shkencë
scientific *adj.* shkencor
scientist *n.* shkencëtar
scintillating *adj.* scintillating
scissors *n.* gërshërë
scoff *v.i.* përqeshje
scold *v.* shaj
scoop *n.* luhare
scooter *n.* skuter
scope *n.* fushë
scorch *v.* përzhit
score *n.* pikë
score *v.* pikë
scorer *n.* shënues
scorn *n.* përbuzje
scornful *adj.* përçmues
scorpion *n.* akrepi
Scot *v.* Skocez
scot-free *adv.* pa scot
scoundrel *n.* faqezi
scour *v.* gërryen
scourge *n.* kamzhik
scout *n.* skaut
scowl *n.* ngrys
scrabble *v.* gërvishtje
scraggy *adj.* thatanik
scramble *v.* përleshje
scrap *n.* copëz
scrape *v.* hall
scrappy *adj.* i copëzuar
scratch *v.t.* zeroja
scrawl *v.* shkarravinë
scrawny *adj.* i dobët
screech *n.* klithmë
scream *v.* bërtas
screech *n.* klithmë
screed *n.* mallë
screen *n.* ekran
screw *n.* vidhos
screwdriver *n.* kaçavidë
scribble *v.* shkarravitje
scribe *n.* shkrues
scrimmage *n.* kacafytje
scrimp *v.* kursej
script *n.* dorëshkrim
scripture *n.* shkrimet e shenjta
scroll *n.* lëviz
scrooge *n.* kurnac i lig
scrub *v.* pastrim
scruffy *adj.* tërë zhul
scrunch *v.* mbledh lëmsh
scruple *n.* skrupull
scrupulous *adj.* i ndershëm
scrutinize *v.* vëzhgoj
scrutiny *n.* shqyrtim
scud *v.* vrapoj me vrull
scuff *v.* zvarritje
scuffle *n.* përleshje
sculpt *v.* gdhendje
sculptor *n.* skulptor
sculptural *adj.* skulpturor
sculpture *n.* skulpturë
scum *n.* llum
scurrilous *adj.* gojëndyrë
scythe *n.* kosë
sea *n.* det
seagull *n.* pulëbardhë
seal *n.* vulë
sealant *n.* sealant
seam *n.* damar
seamless *adj.* seamless
seamy *adj.* i brendshëm
sear *v.* thaj
search *v.* kërko

seaside *n.* bregdetar
season *n.* sezon
seasonable *adj.* që ka kohë
seasonal *adj.* sezonal
seasoning *n.* erëza
seat *n.* vend
seating *n.* tapiceri
secede *v.* largohem
secession *n.* shkëputje
seclude *v.* veçoj
secluded *adj.* i vetmuar
seclusion *n.* izolim
second *adj.* i dytë
secondary *adj.* dytësor
secrecy *n.* fshehtësi
secret *adj.* sekret
secretariat *n.* sekretariat
secretary *n.* sekretar
secrete *v.* fsheh
secretion *n.* sekrecion
secretive *adj.* i fshehtë
sect *n.* sekt
sectarian *adj.* sektar
section *n.* seksion
sector *n.* sektori
secular *adj.* laik
secure *adj.* siguroj
security *n.* siguri
sedan *n.* veturë e bollshme
sedate *adj.* i përmbajtur
sedation *n.* qetësim
sedative *n.* qetësues
sedentary *adj.* i ulur
sediment *n.* sediment
sedition *n.* kryengritje
seditious *adj.* kryengritës
seduce *v.* josh
seduction *n.* joshje
seductive *adj.* joshës
sedulous *adj.* i zellshëm
see *v.* shih
seed *n.* farë

seedy *adj.* i sëmurë
seek *v.i.* kërkoj
seem *v.* duket
seemly *adj.* i përshtatshëm
seep *v.* depërtoj
seer *n.* parashikues
see-saw *n.* shih-pa
segment *n.* segment
segregate *v.* i veçuar
segregation *n.* ndarje
seismic *adj.* sizmik
seize *v.* kap
seizure *n.* konfiskim
seldom *adv.* rrallë
select *v.* zgjedh
selection *n.* përzgjedhje
selective *adj.* selektiv
self *n.* vete
selfish *adj.* egoist
selfless *adj.* vetëmohues
self-made *adj.* vetë-bërë
sell *v.* shes
seller *n.* shitës
selvedge *n.* buzë
semantic *adj.* semantik
semblance *n.* pamje
semen *n.* spermë
semester *n.* semestër
semicircle *n.* gjysmërreth
semicolon *n.* pikëpresje
seminal *adj.* i farës
seminar *n.* seminar
semitic *adj.* semit
senate *n.* senat
senator *n.* senator
senatorial *adj.* senatorial
send *v.* dërgoj
senile *adj.* pleqërishte
senility *n.* pleqëri
senior *adj.* të lartë
seniority *n.* vjetërsi
sensation *n.* ndjesi

sensational *adj.* sensacional
sensationalize *v.* sensationalize
sense *n.* kuptim
senseless *adj.* i pakuptim
sensibility *n.* ndjeshmëri
sensible *adj.* i arsyeshëm
sensitive *adj.* i ndjeshëm
sensitize *v.* rrit ndjeshmëri
sensor *n.* sensor
sensory *adj.* ndijor
sensual *adj.* sensual
sensualist *n.* sensualist
sensuality *n.* ndjeshmëri
sensuous *adj.* sensual
sentence *n.* fjali
sententious *adj.* i plotë kuptim
sentient *adj.* i ndjeshëm
sentiment *n.* ndjenjë
sentimental *adj.* sentimental
sentinel *n.* rojtar
sentry *n.* rojë
separable *adj.* i ndashëm
separate *v.* i veçantë
separation *n.* ndarje
separatist *n.* separatist
sepsis *n.* sepsis
September *n.* Shtator
septic *adj.* septik
sepulchral *adj.* varri
sepulchre *n.* varr
sepulture *n.* varrim
sequel *n.* vazhdim
sequence *n.* rend
sequential *adj.* vazhdues
sequester *v.* veçorim
serene *adj.* i qetë
serenity *n.* qetësi
serf *n.* rob
serge *n.* serzh
sergeant *n.* rreshter
serial *adj.* rendor
serialize *v.* botoj pjesë-pjesë

series *n.* seri
serious *adj.* serioz
sermon *n.* predikim
sermonize *v.* predikoj
serpent *n.* gjarpër
serpentine *adj.* serpentinë
serrated *adj.* i dhëmbëzuar
servant *n.* shërbyes
serve *v.* shërbej
server *n.* server
service *n.* shërbim
serviceable *adj.* i dobishëm
serviette *n.* mësallë
servile *adj.* servil
servility *n.* servilizëm
serving *n.* shërbim
sesame *n.* susam
session *n.* seancë
set *v.* i vendosur
set *n* i vendosur
settee *n.* divan
setter *n.* setër
setting *n.* vendosjen e
settle *v.* zgjidh
settlement *n.* zgjidhje
settler *n.* kolon
seven *adj. & n.* shtatë
seventeen *adj. & n.* shtatëmbëdhjetë
seventeenth *adj. & n.* shtatëmbëdhjetë
seventh *adj. & n.* i shtatë
seventieth *adj. & n.* i shtatëdhjetë
seventy *adj. & n.* shtatëdhjetë
sever *v.* pres
several *adj. & pron.* disa
severance *n.* ndarje
severe *adj.* i rëndë
severity *n.* ashpërsi
sew *v.* qep
sewage *n.* ujërave të zeza
sewer *n.* qepës

sewerage *n.* kanalizimeve
sex *n.* seks
sexism *n.* seksizmin
sexton *n.* kishar
sextuplet *n.* sextuplet
sexual *adj.* seksual
sexuality *n.* seksualizëm
sexy *adj.* nxitës
shabby *adj.* i vjetër
shack *n.* kasolle
shackle *n.* pranga
shade *n.* hije
shade *v.* hije
shadow *n.* hije
shadow *a.* hije
shadowy *adj.* i paqartë
shady *adj.* me hije
shaft *n.* bosht
shag *n.* xhufkë
shake *v.* tund
shaky *adj.* i dredhur
shall *v.* do të
shallow *adj.* i cekët
sham *n.* mashtrim
shamble *v.* çapitje
shambles *n.* thertore
shame *n.* turp
shameful *adj.* i turpshëm
shameless *adj.* i paturpshëm
shampoo *n.* shampo
shank *n.* fyell
shanty *n.* kasolle
shape *n.* formë
shapeless *adj.* pa formë
shapely *adj.* me formë të hijshme
shard *n.* cefël
share *n.* pjesë
shark *n.* peshkaqen
sharp *adj.* i mprehtë
sharpen *v.* shpij
sharpener *n.* mprehës
shatter *v.t.* thyej

shattering *adj.* shkatërrimtar
shave *v.* rruaj
shaven *adj.* shaven
shaving *n.* rruajtje
shawl *n.* shall
she *pron.* ajo
sheaf *n.* kapë
shear *v.* qethje
sheath *n.* mill
shed *n.* derdh
sheen *n.* lustër
sheep *n.* dhen
sheepish *adj.* i turpshëm
sheer *adj.* absolut
sheet *n.* fletë
shelf *n.* raft
shell *n.* predhë
shelter *n.* strehim
shelve *v.* lënë mënjanë
shepherd *n.* bari
shield *n.* mburojë
shift *v.* ndryshim
shiftless *adj.* i ngathët
shifty *adj.* dredharak
shimmer *v.* paketim
shin *n.* kërci
shine *v.* shndrit
shingle *n.* zall
shiny *adj.* me shkëlqim
ship *n.* anije
shipment *n.* ngarkesë
shipping *n.* anijeve
shipwreck *n.* anijembytje
shipyard *n.* kantier detar
shire *n.* konte
shirk *v.* shmangem
shirker *n.* bishtnues
shirt *n.* këmishë
shiver *v.* dridhem
shoal *n.* cekëtinë
shock *n.* goditje
shock *v.* goditje

shocking *adj.* tronditës
shoddy *adj.* i dobët
shoe *n.* këpucë
shoestring *n.* lidhëse e këpucëve
shoot *v.* gjuaj
shooting *n.* qitje
shop *n.* dyqan
shopkeeper *n.* dyqanxhi
shoplifting *n.* shoplifting
shopping *n.* pazar
shore *n.* breg
short *adj.* i shkurtër
shortage *n.* mungesë
shortcoming *n.* cen
shortcut *n.* mënyrë e shpejtë
shorten *v.* shkurtoj
shortfall *n.* mungesë
shortly *adv.* së shpejti
should *v.* do të
shoulder *n.* sup
shout *v.i.* bërtas
shove *v.* fus
shovel *n.* lopatë
show *v.* tregoj
showcase *n.* vitrinë
showdown *n.* hapje e letrave
shower *n.* dush
showy *adj.* që bie në sy
shrapnel *n.* shrapnel
shred *n.* copë
shrew *n.* hundëgjatë
shrewd *adj.* mendjeprehtë
shriek *v.* vikat
shrill *adj.* vikatje
shrine *n.* faltore
shrink *v.* tkurr
shrinkage *n.* tkurrje
shrivel *v.* rrudhem
shroud *n.* qefin
shrub *n.* kaçubë
shrug *v.* ngritje e supeve
shudder *v.* rrëqethje

shuffle *v.t.* shkartisje
shun *v.t.* gatitu
shunt *v.* spostim
shut *v.* mbyll
shutter *n.* qepen
shuttle *n.* drugë
shuttlecock *n.* pupël
shy *adj.* strukur
sibilant *adj.* vërshëllore
sibling *n.* vëlla
sick *adj.* i sëmurë
sickle *n.* drapër
sickly *adj.* shëndetlig
sickness *n.* sëmundje
side *n.* anë
sideline *n.* anë e fushës
siege *n.* rrethim
siesta *n.* gjumë pasdreke
sieve *n.* sitë
sift *v.* shoshë
sigh *v.i.* psherëtimë
sight *n.* pamje
sighting *n.* Sighting
sightseeing *n.* vizitë
sign *n.* shenjë
signal *n.* sinjal
signatory *n.* nënshkrues
signature *n.* nënshkrim
significance *n.* rëndësi
significant *n.* i rëndësishëm
signification *n.* kuptim
signify *v.* tregon
silence *n.* heshtje
silencer *n.* skapamento
silent *adj.* i heshtur
silhouette *n.* siluetë
silicon *n.* silic
silk *n.* mëndafsh
silken *adj.* prej mëndafshi
silkworm *n.* krimb mëndafshi
silky *adj.* i butë
sill *n.* prag

silly *adj.* budalla
silt *n.* baltë
silver *n.* argjend
similar *adj.* i ngjashëm
similarity *n.* ngjashmëri
simile *n.* krahasim
simmer *v.* ziej
simper *v.* qesh si budalla
simple *adj.* i thjeshtë
simpleton *n.* teveqel
simplicity *n.* thjeshtësi
simplification *n.* thjeshtim
simplify *v.* thjeshtoj
simulate *v.* bëj sikur
simultaneous *adj.* i njëkohshëm
sin *n.* mëkat
since *prep.* prej
sincere *adj.* i sinqertë
sincerity *n.* sinqeritet
sinecure *n.* qoshe e ngrohtë
sinful *adj.* mëkatar
sing *v.* këndoj
singe *v.* përzhit
singer *a.* këngëtar
single *adj.* i vetëm
singlet *n.* fanellë
singleton *n.* i vetëm
singular *adj.* njëjës
singularity *n.* veçori
singularly *adv.* singularly
sinister *adj.* i keq
sink *v.* lavaman
sink *n.* lavaman
sinner *n.* mëkatar
sinuous *adj.* dredha-dredha
sinus *n.* sinus
sip *v.* gllënjkë
siphon *n.* sifon
sir *n.* zotëri
siren *n.* sirenë
sissy *n.* motër
sister *n.* motër

sisterhood *n.* lidhje e afërt motrave
sisterly *adj.* prej motre
sit *v.* ulem
site *n.* faqe
sitting *n.* i ulur
situate *v.* vendos
situation *n.*, *a* situatë
six *adj.* & *n.* gjashtë
sixteen *adj.* & *n.* gjashtëmbëdhjetë
sixteenth *adj.* & *n.* gjashtëmbëdhjetë
sixth *adj.* & *n.* i gjashtë
sixtieth *adj.* & *n.* i gjashtëdhjetë
sixty *adj.* & *n.* gjashtëdhjetë
size *n.* madhësi
sizeable *adj.* konsiderueshme
sizzle *v.* cëcërin
skate *n.* rrëshqas
skateboard *n.* skateboard
skein *n.* torkë
skeleton *n.* skelet
sketch *n.* skicë
sketchy *adj.* skematik
skew *v.* i shtrembër
skewer *n.* hell
ski *n.* ski
skid *v.* trung
skilful *adj.* i zoti
skill *n.* aftësi
skilled *adj.* i aftë
skim *v.* cek
skimp *adj.* pajis keq
skin *n.* lëkurë
skinny *adj.* i dobët
skip *v.* kaloni
skipper *n.* kapiten
skirmish *n.* luftim
skirt *n.* gjunjtë
skirting *n.* skaj
skit *n.* skeç

skittish *adj.* i gjallë
skittle *n.* harxhoj
skull *n.* kafkë
sky *n.* qiell
skylight *n.* gallustër
skyscraper *n.* rrokaqiell
slab *n.* pllakë
slack *adj.* i plogët
slacken *v.* liroj
slag *n.* shllak
slake *v.t.* shfrej
slam *v.* përplas
slander *n.* shpifje
slanderous *adj.* shpifës
slang *n.* zhargon
slant *v.* tatëpjetë
slap *v.t.* mu
slash *v.* prerje
slat *n.* paret
slate *n.* propozoj
slattern *n.* femër pisanjose
slatternly *adj.* i lëshuar
slaughter *n.* therje
slave *n.* rob
slavery *n.* skllavëri
slavish *adj.* i nënshtruar
slay *v.* vras
sleaze *n.* sleaze
sleazy *adj.* i dobët
sledge *n.* vare
sledgehammer *n.* vare
sleek *adj.* me shkëlqim
sleep *n.* fle
sleeper *n.* gjumash
sleepy *adj.* i përgjumur
sleet *n.* llohë
sleeve *n.* mëngë
sleigh *n.* sajë
sleight *n.* marifet
slender *adj.* i hollë
sleuth *n.* detektiv
slice *n.* fetë

slick *adj.* i shkëlqyeshëm
slide *v.* rrëshqitje
slight *adj.* i lehtë
slightly *adv.* pak
slim *adj.* i hollë
slime *n.* zhul
slimy *adj.* baltak
sling *n.* hobe
slink *v.* pjell para kohe
slip *v.* pip
slipper *n.* heqël
slippery *adj.* rrëshqitës
slit *v.t.* çarë
slither *v.* rrëshqas
slob *n.* llucë
slobber *v.* jargë
slogan *n.* Zëri
slope *v.* shpat
sloppy *adj.* i lëngshëm
slot *n.* ngërthej
sloth *n.* përtaci
slothful *adj.* përtac
slouch *v.* rri shtrembër
slough *n.* kënetë
slovenly *adj.* pisanjos
slow *adj.* i ngadalshëm
slowly *adv.* ngadalë
slowness *n.* ngadalësia
sludge *n.* llum
slug *n.* goditje e fortë
sluggard *n.* përtac
sluggish *adj.* i ngadaltë
sluice *n.* pendë
slum *n.* lagje e varfër
slumber *v.* dremit
slump *v.* krizë
slur *v.* shpifje
slurp *v.* slurp
slush *n.* llucë
slushy *adj.* me baltë
slut *n.* zuskë
sly *adj.* dinak

smack *n.* mu
small *adj.* i vogël
smallpox *n.* li
smart *adj.* i zgjuar
smarten *v.* zbukurohem
smash *v.* thyhet
smashing *adj.* kryevepre
smattering *n.* sasi e vogël
smear *v.* ndot
smell *n.* erë
smelly *adj.* mban erë
smidgen *n.* smidgen
smile *v.* buzëqeshje
smirk *v.* buzëqeshje i vetëkënaqur
smith *n.* farkëtues
smock *n.* kominoshe fëmijësh
smog *n.* smog
smoke *n.* duhan
smoky *adj.* tymues
smooch *v.* hynin
smooth *adj.* qetë
smoothie *n.* gojëmjaltë
smother *v.* mbyt
smoulder *v.* zjarr pa flakë
smudge *v.* diçka e pakuptueshme
smug *adj.* i vetëkënaqur
smuggle *v.* bëj kontrabandë
smuggler *n.* kontrabandist
snack *n.* meze e lehtë
snag *n.* trung i ngecur
snail *n.* përtac
snake *n.* gjarpër
snap *v.* kap
snapper *n.* gocë
snappy *adj.* i gjallë
snare *n.* kurth
snarl *v.* ngatërroj
snarl *v.t.* ngatërroj
snatch *v.* rrok
snazzy *adj.* snazzy
sneak *v.* vjedhës
sneaker *n.* sneaker

sneer *n.* tallje
sneeze *v.i.* teshtij
snide *adj.* mashtrues
sniff *v.* nuhas
sniffle *v.* nuhatje
snigger *n.* qesh mbyturazi
snip *v.* prerje
snipe *v.* shapkë
snippet *n.* copë
snob *n.* snob
snobbery *n.* snobizëm
snobbish *adj.* snob
snooker *n.* lojë biliardo
snooze *n.* një sy gjumë
snore *n.* gërhij
snort *n.* gërhij
snout *n.* feçkë
snow *n.* borë
snowball *n.* top dëbore
snowy *adj.* me dëborë
snub *v.* mospërfillje
snuff *v.* burnot
snuffle *v.* rrufitje
snug *adj.* i pastër
snuggle *v.* strukem
so *adv.* kështu
soak *v.* thith
soap *n.* sapun
soapy *adj.* me shkumë sapuni
soar *v.i.* fluturoj
sob *v.* dënes
sober *adj.* i matur
sobriety *n.* seriozitet
soccer *n.* futboll
sociability *n.* të qenët i shoqërueshëm
sociable *adj.* i shoqërueshëm
social *adj.* social
socialism *n.* socializëm
socialist *n. & adj.* socialist
socialize *v.* bisedoj
society *n.* shoqëri

sociology *n.* sociologji
sock *n.* çorap
socket *n.* fole
sod *n.* pederast
soda *n.* sode
sodden *adj.* i valuar
sodomy *n.* sodomi
sofa *n.* divan
soft *adj.* butë
soften *v.* zbut
soggy *adj.* i lagur
soil *n.* tokë
sojourn *n.* qëndroj përkohësisht
solace *n.* ngushëllim
solar *adj.* diellor
solder *n.* lidhës
soldier *n.* ushtar
sole *n.* i vetëm
solely *adv.* vetëm
solemn *adj.* solemn
solemnity *n.* solemnitet
solemnize *v.* i jap seriozitet
solicit *v.* kërkoj
solicitation *n.* kërkesë
solicitor *n.* kërkues
solicitous *adj.* i etur
solicitude *n.* përkujdesje
solid *adj.* i fortë
solidarity *n.* solidaritet
soliloquy *n.* monolog
solitaire *n.* pasjans
solitary *adj.* i vetmuar
solitude *n.* vetmi
solo *n.* solo
soloist *n.* solist
solubility *n.* tretshmëria
soluble *adj.* i shpjegueshëm
solution *n.* zgjidhje
solve *v.* zgjidh
solvency *n.* aftësi pagimi
solvent *n.* tretës
sombre *adj.* i zymtë

some *adj.* disa
somebody *pron.* dikush
somehow *adv.* disi
someone *pron.* dikush
somersault *n.* salto
somnolent *adj.* i përgjumur
something *pron.* diçka
somewhat *adv.* disi
somewhere *adv.* diku
somnambulism *n.* somnambulism
somnambulist *n.* sombambul
somnolence *n.* përgjumje
somnolent *adj.* i përgjumur
son *n.* bir
song *n.* këngë
songster *n.* këngëtar
sonic *adj.* i zërit
sonnet *n.* sonet
sonority *n.* tingullsi
soon *adv.* shpejt
soot *n.* blozë
soothe *v.* zbut
sophism *n.* sofizëm
sophist *n.* sofist
sophisticate *n.* prish
sophisticated *adj.* i sofistikuar
sophistication *n.* ndërlikim
soporific *adj.* narkotik
sopping *adj.* i lagur
soppy *adj.* i lagur
sorbet *n.* akullore me lëng frutash
sorcerer *n.* magjistar
sorcery *n.* magji
sordid *adj.* i pistë
sore *adj.* i lënduar
sorely *adv.* rëndë
sorrow *n.* pikëllim
sorry *adj.* Më vjen keq
sort *n.* lloj
sortie *n.* mësymje
sough *v.* shushurimë

soul *n.* shpirt
soulful *adj.* shpirtëror
soulless *adj.* i pashpirt
soul mate *n.* shoku i shpirtit
sound *n.* zë
soundproof *adj.* i papërshkueshëm nga zëri
soup *n.* supë
sour *adj.* i lagësht
source *n.* burim
souse *v.* lag
south *n.* jug
southerly *adj.* jugor
southern *adj.* nga jugu
souvenir *n.* suvenir
sovereign *n.* sovran
sovereignty *n.* sovranitet
sow *n.* mbjell
spa *n.* qendër klimaterike
space *n.* hapësirë
spacious *adj.* i gjerë
spade *n.* lopatë
spam *n.* spam-
span *n.* hapësirë
Spaniard *n.* Spanjoll
spaniel *n.* spanjel
Spanish *n.* Spanjisht
spank *v.* shpulakë
spanking *adj.* i fuqishëm
spanner *n.* çelës
spare *adj.* rezervë
sparing *adj.* i pakët
spark *n.* shkëndijë
sparkle *v.* vetëtin
sparkling *n.* i shkëlqyeshëm
sparrow *n.* harabel
sparse *adj.* i rrallë
spasm *n.* spazëm
spasmodic *adj.* spazmatik
spastic *adj.* spastik
spat *n.* zënkë
spate *n.* përmbytje

spatial *adj.* hapësinor
spatter *v.* spërkat
spawn *v.* farë
spay *v.* heq
speak *v.* flas
speaker *n.* folës
spear *n.* shtizë
spearhead *n.* majë shtize
spearmint *n.* çamçakëz me mente
special *adj.* special
specialist *n.* specialist
speciality *n.* specialitet
specialization *n.* specializim
specialize *v.* specializuar
species *n.* lloj
specific *adj.* specifik
specification *n.* specifikim
specify *v.* specifikoj
specimen *n.* mostër
specious *adj.* tip i çuditshëm
speck *n.* pikël
speckle *n.* pikël
spectacle *n.* tablo
spectacular *adj.* mbresëlënës
spectator *n.* spektator
spectral *adj.* spektral
spectre *n.* fantazmë
spectrum *n.* spektër
speculate *v.* spekuloj
speculation *n.* spekulim
speech *n.* fjalim
speechless *adj.* i pagojë
speed *n.* shpejtësi
speedway *n.* pistë garash shpejtësie me motoçikleta
speedy *adj.* i shpejtë
spell *v.t.* magji
spellbound *adj.* i magjepsur
spelling *n.* drejtshkrim
spend *v.* kaloj
spendthrift *n.* xhymert
sperm *n.* spermë

sphere n. sferë
spherical n. sferik
spice n. erëz
spicy adj. me aromë
spider n. merimangë
spike n. kamë
spiky adj. me gjemba
spill v. derdh
spillage n. firë
spin v. tjerr
spinach n. spinaq
spinal adj. kurrizor
spindle n. gisht
spindly adj. i hollë
spine n. shpinë
spineless adj. pa gjemba
spinner n. flutur
spinster n. lëneshë
spiral adj. spirale
spire n. majuc
spirit n. shpirt
spirited adj. i gjallë
spiritual adj. shpirtëror
spiritualism n. spiritualizëm
spiritualist n. spiritualist
spirituality n. natyrë shpirtërore
spit n. pështyj
spite n. mëri
spiteful adj. inatçi
spittle n. pështymë
spittoon n. enë pështyme
splash v. spërkatje
splatter v. spërkat
splay v. i hapur nga jashtë
spleen n. shpretkë
splendid adj. i shkëlqyer
splendour n. bukuri
splenetic adj. i shpretkës
splice v. martohem
splint n. jaki
splinter n. cifël
split v. i ndarë

splutter v. pështypje
spoil v. plaçkë
spoiler n. spoiler
spoke n. foli
spokesman n. zëdhënës
sponge n. sfungjer
sponsor n. garant
sponsorship n. sponsorizimi
spontaneity n. spontanitet
spontaneous adj. spontan
spool n. rrotë
spoon n. lugë
spoonful n. një lugë
spoor n. gjurmë
sporadic adj. sporadik
spore n. spore
sport n. sport
sporting adj. sportive
sportive adj. sportiv
sportsman n. sportist
spot n. vend
spotless adj. i pastër
spousal n. bashkëshortor
spouse n. bashkëshort
spout n. çurg
sprain v.t. ndrydh
sprat n. fëmijë i dobët
sprawl v. plandosem
spray n. llak
spread v. përhap
spreadsheet n. spreadsheet
spree n. zbavitje
sprig n. degëz
sprightly adj. gjallë
spring v. pranverë
sprinkle v.i. spërkat
sprinkler n. spërkatës
sprinkling n. spërkatje
sprint v. sprint
sprinter n. vrapues i shpejtë
sprout v. dal
spry adj. i gjallë

spume *n.* shkumë
spur *n.* mamuze
spurious *adj.* kallp
spurn *v.* nuk pranoj
spurt *v.* gufon
sputum *n.* pështymë
spy *n.* spiun
squabble *n.* zënkë
squad *n.* skuadër
squadron *n.* skuadron
squalid *adj.* i varfër
squall *n.* klithmë
squander *v.* shkapërderdh
square *n.* katror
squash *v.* kungull
squat *v.i.* mbledhje
squawk *v.* ankohem
squeak *n.* shpëtim
squeal *n.* klithmë
squeeze *v.* shtrydh
squib *n.* satirë
squid *n.* kallamar
squint *v.* i hedh një sy
squire *n.* shqytar
squirm *v.* përdredhje
squirrel *n.* ketri
squirt *v.* shiringë
squish *v.* pllaquris
stab *v.* godas
stability *n.* stabilitet
stabilization *n.* stabilizim
stabilize *v.* stabilizoj
stable *adj.* i qëndrueshëm
stable *n.* i qëndrueshëm
stack *n.* rafte
stadium *n.* stadium
staff *n.* Stafi
stag *n.* mashkull
stage *n.* fazë
stagecoach *n.* karrocë poste
stagger *v.* tundem
staggering *adj.* vënie në skenë

stagnant *adj.* i ndenjur
stagnate *v.* rri amull
stagnation *n.* amulli
staid *adj.* i përmbajtur
stain *v.t.* njollë
stair *n.* shkallë
staircase *n.* shkallë
stake *n.* aksioneve
stale *adj.* bajat
stalemate *n.* rrugë qorre
staleness *n.* bajate
stalk *n.* kërcell
stalker *n.* stalker
stall *n.* tezgë
stallion *n.* hamshor
stalwart *adj.* i fuqishëm
stamen *n.* thekë
stamina *n.* qëndrueshmëri
stammer *v.* belbëzoj
stamp *n.* pullë
stamp *v.* pullë
stampede *n.* ikje në rrëmujë
stance *n.* pozicion
stanchion *n.* mbështetëse
stand *v.* qëndrim
standard *n.* standard
standardization *n.* standardizim
standardize *v.* normalizoj
standing *n.* këmbë
standpoint *n.* pikëpamje
standstill *n.* pushim
stanza *n.* strofë
staple *n.* kapëse
staple *v.* kapëse
stapler *n.* seleksionues fijesh
star *n.* yll
starch *n.* niseshte
starchy *adj.* i ngrirë
stare *v.* ia ngul sytë
stark *adj.* i zymtë
starlet *n.* yllth
startling *n.* befasues

starry *adj.* xixëllues
start *v.* fillim
starter *n.* motorino
startle *v.* befasoj
starvation *n.* ngordhje
starve *v.* i mohoj
stash *v.* fsheh
state *n.* shtet
stateless *adj.* pa shtetësi
stately *adj.* hijerëndë
statement *n.* deklarata
statesman *n.* burrë shteti
static *adj.* i pandryshueshëm
statically *adv.* statically
station *n.* stacion
stationary *adj.* i palëvizshëm
stationer *n.* tregtar artikujsh kartolerie
stationery *n.* letër shkrimi
statistical *adj.* statistikor
statistician *n.* statisticien
statistics *n.* statistikë
statuary *n.* statuja
statue *n.* statujë
statuesque *adj.* skulpturor
statuette *n.* statujëz
stature *n.* shtat
status *n.* status
statute *n.* statut
statutory *adj.* statutore
staunch *adj.* i patundur
stave *n.* stap
stay *v.* rri
stead *n.* vend
steadfast *adj.* i palëkundur
steadiness *n.* vendosmëri
steady *adj.* i qëndrueshëm
steak *n.* biftek
steal *v.* vjedh
stealth *n.* vjedhje
stealthily *adv.* tinëzisht
stealthy *adj.* i fshehtë

steam *n.* avull
steamer *n.* avullore
steed *n.* kali
steel *n.* çelik
steep *adj.* rrëpirë
steeple *n.* kambanore
steeplechase *n.* vrapim me pengesa
steer *v.* manovroj
stellar *adj.* yjor
stem *n.* buron
stench *n.* erë e keqe
stencil *n.* klishe
stenographer *n.* stenograf
stenography *n.* stenografi
stentorian *adj.* buçitës
step *n.* hap
steppe *n.* stepë
stereo *n.* stereo
stereophonic *adj.* stereofonik
stereoscopic *adj.* stereoskopik
stereotype *n.* stereotipi
sterile *adj.* steril
sterility *n.* sterilitet
sterilization *n.* sterilizim
sterilize *v.* sterilizoj
sterling *n.* i pastër
stern *adj.* pupë
sternum *n.* kafaz i kraharorit
steroid *n.* steroid
stertorous *adj.* me gërhima
stethoscope *n.* stetoskop
stew *n.* merak
steward *n.* kamarier
stick *n.* ngjit
sticker *n.* afishe
stickleback *n.* stickleback
stickler *n.* njeri i qepur
sticky *adj.* ngjitës
stiff *adj.* i ngurtë
stiffen *v.* rëndohet
stifle *v.* mbyt

stigma *n.* turp
stigmata *n.* stigmata
stigmatize *v.* damkos
stile *n.* hekur
stiletto *n.* stilet
still *adj.* ende
stillborn *n.* dështuar
stillness *n.* heshtje
stilt *n.* këmbalkë
stilted *adj.* i ftohtë
stimulant *n.* nxitës
stimulate *v.* nxit
stimulus *n.* stimul
sting *n.* djeg
stingy *adj.* koprac
stink *v.* kimi
stint *n.* kufi
stipend *n.* bursë
stipple *v.* pikëzim
stipulate *v.* përcaktoj
stipulation *n.* kusht
stir *v.* llokoçis
stirrup *n.* yzengji
stitch *n.* syth
stitch *v.* syth
stock *n.* aksioneve
stockbroker *n.* agjent burse
stockade *n.* gardh
stocking *n.* çorape
stockist *n.* stockist
stocky *adj.* i lidhur
stoic *n.* stoik
stoke *v.* ushqej
stoker *n.* fokist
stole *n.* vodhi
stolid *adj.* flegmatik
stomach *n.* stomak
stomp *n.* stomp
stone *n.* guri
stony *adj.* me gurë
stooge *n.* lolo
stool *n.* fron

stoop *v.* pranoj të
stop *v.* stop
stoppage *n.* ndalesë
stopper *n.* ndalues
storage *n.* ruajtje
store *n.* ruajtur
storey *n.* kat
stork *n.* lejlek
storm *n.* stuhi
stormy *adj.* i stuhishëm
story *n.* histori
stout *adj.* birrë e fortë
stove *n.* sobë
stow *v.* pushoj
straddle *v.* pushtoj
straggle *v.* shpërndahem
straggler *n.* ushtar që shkon prapë
straight *adj.* drejt
straighten *v.* shpjegoj
straightforward *adj.* i hapur
straightway *adv.* aty për aty
strain *v.* tendosje
strain *n.* tendosje
strained *adj.* i tensionuar
strait *n.* ngushticë
straiten *v.i.* ngushtoj
strand *v.* fije floku
strange *adj.* i çuditshëm
stranger *n.* i huaj
strangle *v.* mbyt
strangulation *n.* mbytje
strap *n.* rrip
strapping *adj.* leukoplast
stratagem *n.* manovër
strategic *adj.* strategjik
strategist *n.* strateg
strategy *n.* strategji
stratify *v.* shtresoj
stratum *n.* shtresë
straw *n.* kashtë
strawberry *n.* lulushtrydhe
stray *v.* i humbur

streak *n.* dell
streaky *adj.* vija-vija
stream *n.* lumë
streamer *n.* titull i madh
streamlet *n.* përrua
street *n.* rrugë
strength *n.* forcë
strengthen *v.* forcoj
strenuous *adj.* i zellshëm
stress *n.* stres
stress *v.t.* stres
stretch *v.* zgjas
stretch *n.* zgjas
stretcher *n.* barelë
strew *v.* shtroj
striation *n.* striation
stricken *adj.* i plagosur
strict *adj.* i rreptë
strictly *adv.* saktësisht
stricture *n.* ngushtim
stride *v.* hap i madh
strident *adj.* i çjerrë
strife *n.* grindje
strike *v.* grevë
striker *n.* grevist
striking *adj.* i mrekullueshëm
string *n.* varg
stringency *n.* ngushticë ekonomike
stringent *adj.* i rreptë
stringy *adj.* me fije
strip *v.t.* zhvesh
stripe *n.* shirit
stripling *n.* djalosh
stripper *n.* stripper
strive *v.* përpiqen
strobe *n.* strobe
stroke *n.* pash
stroll *v.* shëtitje
strong *adj.* i fortë
stronghold *n.* fortesë
strop *n.* rrip lëkure

stroppy *adj.* stroppy
structural *adj.* strukturor
structure *n.* strukturë
strudel *n.* strudel
struggle *v.* luftë
strum *v.* gërvisht
strumpet *n.* strumpet
strut *n.* traversë
stuart *adj.* Stuart
stub *n.* cung
stubble *n.* kashtë
stubborn *adj.* kokëfortë
stucco *n.* llaç
stud *n.* kurvar
stud *v.* kurvar
student *n.* student
studio *n.* studio
studious *adj.* i zellshëm
study *n.* studim
study *v.* studim
stuff *n.* sende
stuffing *n.* mbushje
stuffy *adj.* bajat
stultify *v.* budallallos
stumble *v.* pengoj
stump *n.* trung
stun *v.* shushas
stunner *n.* gjë fantastike
stunning *adj.* trullosës
stunt *v.* marifet
stupefy *v.* topis
stupendous *adj.* i jashtëzakonshëm
stupid *adj.* budalla
stupidity *n.* marrëzi
stupor *n.* shtangie
sturdy *adj.* i guximshëm
stutter *v.* belbëzoj
sty *n.* kath
stygian *adj.* Stygian
style *n.* stil
stylish *adj.* elegant

stylist *n.* stilist
stylistic *adj.* stilistik
stylized *adj.* i stilizuar
stylus *n.* majë shkruese
stymie *v.* prish
styptic *adj.* rrudhës
suave *adj.* i sjellshëm
subaltern *n.* depror
subconscious *adj.* i nënndërgjegjeshëm
subcontract *v.* nënkontratë
subdue *v.* mposht
subedit *v.* subedit
subject *n.* subjekt
subjection *n.* nënshtrim
subjective *adj.* subjektiv
subjudice *adj.* subjudice
subjugate *v.* vë nën kontroll
subjugation *n.* nënshtrim
subjunctive *adj.* lidhore
sublet *v.t.* lëshoj me nënqira
sublimate *v.* lartësoj
sublime *adj.* krenar
subliminal *adj.* i subkoshiencës
submarine *n.* nëndetëse
submerge *v.* fundosem
submerse *v.* përmbyt
submersible *adj.* zhytes
submission *n.* nënshtrim
submissive *adj.* i nënshtruar
submit *v.* paraqes
subordinate *adj.* asistojë
subordination *n.* vartësi
suborn *v.* korruptoj
subscribe *v.* pajtohem
subscript *adj.* Kaloje
subscription *n.* abonim
subsequent *adj.* pasues
subservience *n.* servilizëm
subservient *adj.* servil
subside *v.* largohem
subsidiary *adj.* ndihmës

subsidize *v.* subvencinoj
subsidy *n.* subvencion
subsist *v.* rroj
subsistence *n.* ekzistencë
subsonic *adj.* subsonik
substance *n.* substancë
substantial *adj.* i konsiderueshëm
substantially *adv.* në thelb
substantiate *v.* provoj
substantiation *n.* provë
substantive *adj.* i pavarur
substitute *n.* zëvendësim
substitution *n.* zëvendësim
subsume *v.* përfshij
subterfuge *n.* hile
subterranean *adj.* nëntokësor
subtitle *n.* nëntitull
subtle *adj.* delikat
subtlety *n.* finesë
subtotal *n.* Nëntotali
subtract *v.* zbres
subtraction *n.* zbritje
subtropical *adj.* subtropikal
suburb *n.* periferi
suburban *adj.* periferik
suburbia *n.* suburbia
subversion *n.* përmbysje
subversive *adj.* shkatërrues
subvert *v.i.* shkatërroj
subway *n.* metro
succeed *v.* të ketë sukses
success *n.* sukses
successful *adj.* i suksesshëm
succession *n.* varg
successive *adj.* i njëpasnjëshëm
successor *n.* pasardhës
succinct *adj.* i ngjeshur
succour *n.* ndihmoj
succulent *adj.* i shijshëm
succumb *v.* jepem
such *adj.* i tillë
suck *v.* thith

sucker *n.* pinjoll
suckle *v.* mëndte
suckling *n.* foshnjë gjiri
suction *n.* thithje
sudden *adj.* i papritur
suddenly *adv.* papritmas
Sudoku *n.* sudoku
sue *v.t.* hedh në gjyq
suede *n.* kamoshi
suffer *v.i.* vuaj
sufferance *n.* durim
suffice *v.* mjaftoj
sufficiency *n.* mjaftueshmëri
sufficient *adj.* i mjaftueshëm
suffix *n.* prapashtesë
suffocate *v.* më merret fryma
suffocation *n.* asfiksi
suffrage *n.* votë
suffuse *v.* mbyll
sugar *n.* sheqer
suggest *v.* sugjeroj
suggestible *adj.* i ndikueshëm
suggestion *n.* sugjerim
suggestive *adj.* që të kujton
suicidal *adj.* vetëvrasjeje
suicide *n.* vetëvrasje
suit *n.* kostum
suitability *n.* përshtatshmëri
suitable *adj.* i përshtatshëm
suite *n.* komplet
suitor *n.* kërkues
sulk *v.* jam i zymtë
sullen *adj.* i vrazhdë
sully *v.* njollos
sulphur *n.* squfur
sultana *n.* sulltaneshë
sultry *adj.* i zjarrtë
sum *n.* shumë
summarily *adv.* menjëherë
summarize *v.* përmbledh
summary *n.* përmbledhje
summer *n.* verë

summit *n.* kulm
summon *v.* thërras
summons *n.* thirrje
sumptuous *adj.* i kushtueshëm
sun *n.* diell
sun *v.* diell
sundae *n.* sundae
Sunday *n.* e diel
sunder *v.* copëtoj
sundry *adj.* i ndryshëm
sunken *adj.* i fundosur
sunny *adj.* me diell
super *adj.* super
superabundance *adj.* tepri
superabundant *adj.* më se i bollshëm
superannuation *n.* vjetrim
superb *adj.* madhështor
supercharger *n.* kompresor
supercilious *adj.* fodull
superficial *adj.* i cekët
superficiality *n.* cektësi
superfine *adj.* tepër i hollë
superfluity *n.* tepri
superfluous *adj.* i panevojshëm
superhuman *adj.* mbinjerëzor
superimpose *v.* mbivendosem
superintend *v.* administroj
superintendence *n.* mbikëqyrje
superintendent *n.* inspektor
superior *adj.* epror
superiority *n.* epërsi
superlative *adj.* kulm
supermarket *n.* supermarket
supernatural *adj.* mbinatyror
superpower *n.* superfuqi
superscript *adj.* indeks i sipërm
supersede *v.* zëvendësoj
supersonic *adj.* supersonik
superstition *n.* paragjykim
superstitious *adj.* paragjykues
superstore *n.* dyqan I madh

supervene *v.* rrjedh nga
supervise *v.* mbikëqyr
supervision *n.* mbikëqyrje
supervisor *n.* mbikëqyrës
supper *n.* darkë
supplant *v.* zëvendësoj
supple *adj.* zhdërvjellët
supplement *n.* shtesë
supplementary *adj.* plotësues
suppliant *n.* lutës
supplicate *v.* lutem
supplier *n.* furnizuesi
supply *v.* furnizim
support *v.* mbështetje
support *n.* mbështetje
suppose *v.* mendoj
supposition *n.* supozim
suppository *n.* supozitor
suppress *v.* shtyp
suppression *n.* shuarje
suppurate *v.* qelbëzohet
supremacy *n.* epërsi
supreme *adj.* suprem
surcharge *n.* mbingarkesë
sure *adj.* i sigurt
surely *adv.* me siguri
surety *n.* garant
surf *n.* shfletoj
surface *n.* sipërfaqe
surfeit *n.* velje
surge *n.* valë e madhe
surgeon *n.* kirurg
surgery *n.* kirurgji
surly *adj.* i nxehur
surmise *v.t.* marr me mend
surmount *v.* kapërcej
surname *n.* mbiemër
surpass *v.* tejkaloj
surplus *n.* tepricë
surprise *n.* befasi
surreal *adj.* surreal
surrealism *n.* surealizëm

surrender *v.* dorëzohem
surrender *n.* dorëzohem
surreptitious *adj.* surreptitious
surrogate *n.* zëvendësues
surround *v.* rrethoj
surroundings *n.* mjedis
surtax *n.* mbitaksë
surveillance *n.* mbikëqyrje
survey *v.t.* studim
surveyor *n.* topograf
survival *n.* mbijetesë
survive *v.* mbijetoj
susceptible *adj.* i prekshëm
suspect *v.* dyshoj
suspect *n* dyshoj
suspend *v.* pezulloj
suspense *n.* pezullim
suspension *n.* pezullim
suspicion *n.* dyshim
suspicious *adj.* i dyshimtë
sustain *v.* mbështet
sustainable *adj.* qëndrueshëm
sustenance *n.* ushqim
suture *n.* qepje
svelte *adj.* shtathedhur
swab *n.* shtupë
swaddle *v.* pelenoj
swag *n.* ryshfet
swagger *v.* krekosje
swallow *v.* gëlltitje
swamp *n.* mbush me ujë
swan *n.* mjellmë
swank *v.* mburrje
swanky *v.* luksoz
swap *v.* bie në ujdi
swarm *n.* gëlon
swarthy *adj.* zeshkan
swashbuckling *adj.* swashbuckling
swat *v.* shtyp
swathe *n.* fashoj
sway *v.* ndikoj

swear v. betohem
sweat n. djersë
sweater n. triko
sweep v. fshij
sweeper n. fshesar
sweet adj. i ëmbël
sweet n. i ëmbël
sweeten v. ëmbëlsoj
sweetheart n. i dashur
sweetmeat n. sheqerkë
sweetener n. sheqer diabetik
sweetness n. ëmbëlsi
swell v. bymehet
swell n. bymehet
swelling n. ënjtje
swelter v. zagushi
swerve v. shmangie
swift adj. i shpejtë
swill v. gargarë
swim v. notoj
swimmer n. notar
swindle v. mashtrim
swindler n. mashtrues
swine n. derr
swing n. ritëm
swing v. ritëm
swingeing adj. vigan
swipe v. shpullë
swirl v. vorbull
swish adj. kopanis
switch n. kaloni
swivel v. kthyeshëm
swoon v. bie të fikët
swoop v. kap
sword n. shpatë
sybarite n. sibarit
sycamore n. panjë
sycophancy n. lajkatim
sycophant n. lajkatar

syllabic adj. rrokjezor
syllable n. rrokje
syllabus n. program mësimor
syllogism n. silogizëm
sylph n. shtojzovalle
sylvan adj. pylli
symbiosis n. simbiozë
symbol n. simbol
symbolic adj. simbolik
symbolism n. simbolizëm
symbolize v. simbolizoj
symmetrical adj. simetrik
symmetry n. simetri
sympathetic adj. dashamirës
sympathize v. më vjen keq
sympathy n. simpati
symphony n. simfoni
symposium n. simposium
symptom n. simptomë
symptomatic adj. tregues
synchronize v. sinkronizoj
synchronous adj. sinkron
syndicate n. sindikatë
syndrome n. sindromë
synergy n. sinergji
synonym n. sinonim
synonymous adj. sinonim
synopsis n. përmbledhje
syntax n. sintaksë
synthesis n. sintezë
synthesize v. sintetizojnë
synthetic adj. sintetik
syringe n. shiringë
syrup n. shurup
system n. sistem
systematic adj. sistematik
systematize v. sistemoj
systemic adj. sistemik

T

tab *n.* tab
table *n.* tabelë
tableau *n.* tablo
tablet *n.* tabletë
tabloid *n.* hapje
taboo *n.* tabu
tabular *adj.* tabelor
tabulate *v.* i rrafshët
tabulation *n.* hedhje në tabelë
tabulator *v.* ai që hedh në tabelë
tachometer *n.* takeometër
tacit *adj.* i pashprehur me fjalë
taciturn *adj.* i heshtur
tack *n.* litar
tackle *v.t.* trajtuar
tacky *adj.* ngjitës
tact *n.* takt
tactful *adj.* me takt
tactic *n.* taktikë
tactician *n.* takticien
tactical *adj.* taktik
tactile *adj.* i prekshëm
tag *n.* etiketë
tail *n.* bisht
tailor *n.* rrobaqepës
taint *v.* turp
take *v.* merr
takeaway *n.* takeaway
takings *n.* takings
talc *n.* talk
tale *n.* tregim
talent *n.* talent
talented *adj.* i talentuar
talisman *n.* hajmali
talk *v.* flas
talkative *adj.* llafazan
tall *adj.* i gjatë
tallow *n.* dhjamë

tally *n.* përputhem
talon *n.* kthetër
tamarind *n.* marinë
tambourine *n.* def
tame *adj.* i urtë
tamely *adv.* tamely
tamp *v.* rras
tamper *v.* ngacmoj
tampon *n.* tampon
tan *n.* cirk
tandem *n.* në varg
tang *n.* erë e fortë
tangent *n.* tangjent
tangerine *n.* mandarinë
tangible *adj.* i prekshëm
tangle *v.t.* lëmsh
tank *n.* tank
tanker *n.* tankist
tanner *n.* regjës lëkurësh
tannery *n.* fabrikë lëkurësh
tantalize *v.* mundoj
tantamount *adj.* i barazvlershëm
tantrum *n.* zemërim i çastit
tap *n.* trokitje e lehtë
tapas *n.* Tapas
tape *n.* shirit
tape *v.i.* shirit
taper *v.* kon
tapestry *n.* sixhade
tappet *n.* shtytës
tar *n.* katran
tardy *adj.* i vonuar
target *n.* objektiv
tariff *n.* tarifë
tarn *n.* liqen malor
tarnish *v.* nxirje
tarot *n.* tarot
tarpaulin *n.* pëlhurë gomuar
tart *n.* i thekshëm
tartar *n.* gurit
task *n.* detyrë
tassel *n.* xhufkë

taste *n.* shije
taste *v.* shije
tasteful *adj.* i shijshëm
tasteless *adj.* pa shije
tasty *adj.* i shijshëm
tatter *n.* rreckë
tattle *n.* llomotitje
tattoo *n.* tatuazh
tatty *adj.* tatty
taunt *n.* përqesh
taut *adj.* i tendosur
tavern *n.* tavernë
tawdry *adj.* vulgar
tax *n.* taksë
taxable *adj.* i tatueshëm
taxation *n.* tatimet
taxi *n.* taksi
taxi *v.* taksi
taxonomy *n.* taksonominë
tea *n.* çaj
teach *v.* mësoj
teacher *n.* mësues
teak *n.* dru tik
team *n.* ekip
tear *v.* lot
tear *n.* lot
tearful *adj.* i mbytur në lot
tease *v.* vë në lojë
teat *n.* thithë
technical *adj.* teknik
technicality *n.* terminologji
technician *n.* teknik
technique *n.* teknikë
technological *adj.* teknologjike
technologist *n.* teknolog
technology *n.* teknologji
tedious *adj.* i lodhshëm
tedium *n.* mërzi
teem *v.* gëlon
teenager *n.* i ri
teens *adj.* adoleshencë
teeter *v.* lëkundje

teethe *v.* nxjerr dhëmbët
teetotal *adj.* i esëllt
teetotaller *n.* antialkoolist
telecast *v.t.* emision televiziv
telecommunications *n.* telekomunikacionit
telegram *n.* telegram
telegraph *n.* telegraf
telegraphic *adj.* telegrafik
telegraphy *n.* telegrafi
telepathic *adj.* telepatik
telepathist *n.* telepathist
telepathy *n.* telepati
telephone *n.* telefon
teleprinter *n.* teleshkrues
telescope *n.* teleskop
teletext *n.* teleteksti
televise *v.* transmetoj në televizor
television *n.* televizion
tell *v.* them
teller *n.* tregimtar
telling *adj.* thënë
telltale *adj.* llafazan
temerity *n.* guximtari
temper *n.* kalit
temperament *n.* temperament
temperamental *adj.* tekanjoz
temperance *n.* përmbajtje
temperate *adj.* i butë
temperature *n.* temperaturë
tempest *n.* stuhi
tempestuous *adj.* i stuhishëm
template *n.* shabllon
temple *n.* tempull
tempo *n.* ritëm
temporal *adj.* i përkohshëm
temporary *adj.* i përkohshëm
temporize *v.* zvarris
tempt *v.* provokoj
temptation *n.* joshje
tempter *n.* joshës
ten *adj. & adv.* dhjetë

tenable *adj.* i fortë
tenacious *adj.* këmbëngulës
tenacity *n.* këmbëngulje
tenancy *n.* qiramarrje
tenant *n.* qiramarrës
tend *v.* tendencë
tendency *n.* tendencë
tendentious *adj.* tendencioz
tender *adj.* ofertë
tender *n.* ofertë
tendon *n.* pjezë
tenement *n.* banesë shumëkatshe
tenet *n.* parim
tennis *n.* tenis
tenor *n.* tenor
tense *adj.* i tensionuar
tensile *adj.* elastik
tension *n.* tension
tent *n.* tendë
tentacle *n.* brith
tentative *adj.* eksperimental
tenterhook *n.* grep
tenth *adj.* & *n.* i dhjetë
tenuous *adj.* i parëndësishëm
tenure *n.* mbajtje
tepid *adj.* i vakët
term *n.* afat
termagant *n.* gërnjar
terminal *adj.* terminal
terminate *v.* përfundoj
termination *n.* mbarim
terminological *adj.* terminologjik
terminology *n.* terminologji
terminus *n.* kufi
termite *n.* termit
terrace *n.* tarracë
terracotta *n.* terrakote
terrain *n.* truall
terrestrial *adj.* tokësor
terrible *adj.* i tmerrshëm
terrier *n.* qen gjahu
terrific *adj.* i frikshëm

terrify *v.* tmerroj
territorial *adj.* territorial
territory *n.* territor
terror *n.* terror
terrorism *n.* terrorizëm
terrorist *n.* terrorist
terrorize *v.* terrorizoj
terry *n.* mëndafsh
terse *adj.* i shkurtër
tertiary *adj.* terciar
test *n.* provë
testament *n.* testament
testate *adj.* testamentlënës i vdekur
testicle *n.* koqe
testify *v.* dëshmoj
testimonial *n.* rekomandim
testimony *n.* dëshmi
testis *n.* testis
testosterone *n.* testosterone
testy *adj.* gjaknxehtë
tetchy *adj.* zemërak
tether *v.t.* litar
text *n.* tekst
textbook *n.* libër mësimi
textual *adj.* tekstual
textile *n* tekstil
textual *adj.* tekstual
texture *n.* cilësi
thank *v.* falënderoj
thankful *adj.* falënderues
thankless *adj.* mosfalënderues
that *pron.* & *adj.* që
thatch *n.* kashtë
thaw *v.* shkrij
the *adj.*
theatre *n.* teatër
theatrical *adj.* shfaqje teatrale
theft *n.* vjedhje
their *adj.* e tyre
theism *n.* teizëm
them *pron.* ata

thematic *adj.* tematik
theme *n.* temë
themselves *pron.* veten
then *adv.* pastaj
thence *adv.* që andej
theocracy *n.* teokraci
theodolite *n.* teodolit
theologian *n.* teolog
theology *n.* teologji
theorem *n.* teoremë
theoretical *adj.* teorik
theorist *n.* teoricien
theorize *v.* teorizoj
theory *n.* teori
theosophy *n.* teozofinë
therapeutic *adj.* terapeutik
therapist *n.* terapist
therapy *n.* terapi
there *adv.* atje
thermal *adj.* termik
thermodynamics *n.* termodinamikë
thermometer *n.* termometër
thermos *n.* termos
thermosetting *adj.* thermosetting
thermostat *n.* termostat
thesis *n.* tezë
they *pron.* ata
thick *adj.* i trashë
thicken *v.* trash
thicket *n.* shkorret
thief *n.* hajdut
thigh *n.* kofshë
thimble *n.* këllëf
thin *adj.* i hollë
thing *n.* gjë
think *v.* mendoj
thinker *n.* mendimtar
third *adj.* i tretë
thirst *n.* etje
thirsty *adj.* i etur
thirteen *adj. & n.* trembëdhjetë
thirteenth *adj. & n.* i trembëdhjetë
thirtieth *adj. & n.* i tridhjetë
thirtieth *adj. & n.* i tridhjetë
thirty *adj. & n.* tridhjetë
thirty *adj. & n.* tridhjetë
this *pron.& adj.* kjo
thistle *n.* gjembaç
thither *adv.* atje
thong *n.* lak
thorn *n.* ferrë
thorny *adj.* gjembaç
thorough *adj.* tërësor
thoroughfare *n.* rrugëkalim
though *conj.* megjithëse
thoughtful *adj.* i zhytur në mendime
thoughtless *adj.* i pamenduar
thousand *adj. & n.* mijë
thrall *n.* skllavëri
thrash *v.* rrah
thread *n.* fije
threat *n.* kërcënim
threaten *v.* kërcënoj
three *adj. & n.* tre
thresh *v.* shij
threshold *n.* prag
thrice *adv.* tri herë
thrift *n.* lulëzim
thrifty *adj.* i begatë
thrill *n.* elektrizoj
thriller *n.* melodramë
thrive *v.* lulëzoj
throat *n.* fyt
throaty *adj.* grykor
throb *v.* pulsim
throes *n.* grahmat
throne *n.* fron
throng *n.* gëlon
throttle *n.* mbyt
through *prep. &adv.* përmes

throughout *prep.* gjatë
throw *v.* hedh
thrush *n.* mëllenjë
thrust *v.* rras
thud *n.* zhurmë e mbytur
thug *n.* bandit
thumb *n.* njolloj
thunder *n.* bubullimë
thunderous *adj.* buçitës
Thursday *n.* e enjte
thus *adv.* kështu
thwart *v.* plot me piper
thyroid *n.* tiroide
tiara *n.* diademë
tick *n.* tik-tak
ticket *n.* biletë
ticking *n.* tik-tak
tickle *v.* gudulis
ticklish *adj.* gudulisës
tidal *adj.* baticor
tiddly *n.* tiddly
tide *n.* baticë
tidings *n.* lajme
tidiness *n.* rregull
tidy *adj.* i rregullt
tie *v.* kravatë
tie *n.* kravatë
tied *adj.* i lidhur
tier *n.* rresht
tiger *n.* tigër
tight *adj.* i ngushtë
tighten *v.* shtrëngohem
tile *n.* tjegull
till *prep.* deri
tiller *n.* bujk
tilt *v.* anim
timber *n.* lëndë druri
time *n.* kohë
timely *adj.* në kohë
timid *adj.* i turpshëm
timidity *n.* ndruajtje
timorous *adj.* i ndruajtur

tin *n.* kallaj
tincture *n.* tretësirë
tinder *n.* eshkë
tinge *n.* nuancë
tingle *n.* tronditen
tinker *v.* kallajxhi
tinkle *v.* tringëllin
tinsel *n.* xhingël
tint *n.* ngjyrë
tiny *adj.* i vockël
tip *n.* bakshish
tipple *v.* pije
tipster *n.* parashikues garash
tipsy *n.* i paqëndrueshëm
tiptoe *v.* shkoj vjedhurazi
tirade *n.* bisedë e gjatë
tire *v.* gomë
tired *adj.* i lodhur
tireless *adj.* i palodhshëm
tiresome *adj.* i lodhshëm
tissue *n.* ind
titanic *adj.* kolosal
titbit *n.* gjë e mirë
tithe *n.* çikë
titillate *v.* gudulis
titivate *v.* zbukurohem
title *n.* titull
titled *adj.* me titull
titular *adj.* i titulluar
to *prep.* tek
toad *n.* zhabë
toast *n.* dolli
toaster *n.* ai që thotë dolli
tobacco *n.* duhani
today *adv.* sot
toddle *v.* shëtit
toddler *n.* toddler
toe *n.* shputë
toffee *n.* karamele me gjalpë
tog *n.* vesh
toga *n.* togë
together *adv.* së bashku

toggle *n.* nyjëtim
toil *v.i.* mundohem
toilet *n.* tualet
toiletries *n.* artikuj për tualetin
toils *n.* rrjetë
token *n.* shenjë
tolerable *adj.* i pranueshëm
tolerance *n.* tolerancë
tolerant *adj.* tolerant
tolerate *v.* duroj
toleration *n.* tolerancë
toll *n.* taksë
tomato *n.* domate
tomb *n.* varr
tomboy *n.* Tomboy
tome *n.* vëllim
tomfoolery *n.* marrëzi
tomorrow *adv.* nesër
ton *n.* ton
tone *n.* ton
toner *n.* toner
tongs *n.* mashë
tongue *n.* gjuhë
tonic *n.* tonik
tonight *adv.* sonte
tonnage *n.* tonazh
tonne *n.* ton
tonsil *n.* bajame
tonsure *n.* tonsurë
too *adv.* shumë
tool *n.* mjet
tooth *n.* dhëmb
toothache *n.* dhimbje dhëmbi
toothless *adj.* pa dhëmbë
toothpaste *n.* pastë dhëmbësh
toothpick *n.* kruese dhëmbësh
top *n.* më i lartë
topaz *n.* topaz
topiary *n.* art qethjeje të kaçubeve
topic *n.* temë
topical *adj.* i ditës
topless *adj.* pa syprinë

topographer *n.* topograf
topographical *adj.* topografike
topography *n.* topografi
topping *n.* majë
topple *v.* përmbysem
tor *n.* shkëmb
torch *n.* pishtar
toreador *n.* toreador
torment *n.* vuajtje
tormentor *n.* torturues
tornado *n.* tornado
torpedo *n.* silur
torpid *adj.* i ngathët
torrent *n.* përrua
torrential *adj.* si rrëke
torrid *adj.* përvëlues
torsion *n.* rrotullim
torso *n.* bust
tort *n.* dhimbje reumatike
tortoise *n.* breshkë
tortuous *adj.* dredha-dredha
torture *n.* torturës
toss *v.* hedhje
tot *n.* gotëz
total *adj.* total
total *n.* total
totalitarian *adj.* totalitar
totality *n.* total
tote *v.* ngarkesë
totter *v.* eci duke u lëkundur
touch *v.* prek
touching *adj.* prekje
touchy *adj.* i prekshëm
tough *adj.* i ashpër
toughen *v.* kalit
toughness *n.* rezistencë
tour *n.* turne
tourism *n.* turizëm
tourist *n.* turist
tournament *n.* turneu
tousle *v.* shprish
tout *v.* mbledh të dhëna

tow v. tërheqje
towards prep. ndaj
towel n. peshqir
towelling n. rrahje
tower n. kullë
town n. qytet
township n. qytetëz
toxic adj. toksik
toxicology n. toksikologji
toxin n. toksinë
toy n. lodër
trace v.t. gjurmë
traceable adj. traceable
tracing n. ndjekim
track n. udhë
tracksuit n. tuta
tract n. trakt
tractable adj. i përpunuar
traction n. tërheqje
tractor n. traktor
trade n. tregtisë
trademark n. tipar dallues
trader n. tregtar
tradesman n. tregtar
tradition n. traditë
traditional adj. tradicional
traditionalist n. tradicionaliste
traduce v. përgojoj
traffic n. trafik
trafficker n. shitës
trafficking n. trafikimit
tragedian n. autor tragjedish
tragedy n. tragjedi
tragic adj. tragjik
trail n. gjurmë
trailer n. rimorkio
train n. tren
train v. tren
trainee n. stazhier
trainer n. trainer
training n. stërvitje
traipse v. zvarritem

trait n. tipar
traitor n. tradhtar
trajectory n. trajektore
tram n. tramvaj
trammel v. shtrëngesë
tramp v. lavire
trample v. shkel
trampoline n. trampoline
trance n. ekstazë
tranquil adj. i qetë
tranquillity n. qetësi
tranquillize v. qetësoj
transact v. bëj
transaction n. transaksion
transatlantic adj. transatlantik
transceiver n. marrës-transmetues
transcend v. kapërcej
transcendent adj. i jashtëzakonshëm
transcendental adj. i jashtëzakonshëm
transcontinental adj. transkontinental
transcribe v. kopjoj
transcript n. kopje e shkruar
transcription n. transkriptim
transfer v. transferim
transferable adj. i transferueshëm
transfiguration n. ndërrim
transfigure v. shpërfytyroj
transform v. transformoj
transformation n. transformim
transformer n. transformator
transfuse v. injektoj
transfusion n. transfuzion
transgress v. shkelni
transgression n. shkelje
transient adj. i rastit
transistor n. tranzitor
transit n. kalim

transition *n.* tranzicion
transitive *adj.* kalimtar
transitory *adj.* kalimtar
translate *v.* përkthej
translation *n.* përkthim
transliterate *v.* transliteroj
translucent *adj.* i tejdukshëm
transmigration *n.* emigrim
transmission *n.* transmetim
transmit *v.* transmetoj
transmitter *n.* transmetues
transmute *v.* shndërroj
transparency *n.* transparenca
transparent *adj.* transparente
transpire *v.* ngjet
transplant *v.* mbëltoj
transport *v.* transportit
transportation *n.* transport
transporter *n.* transportues
transpose *v.* zhvendos
transsexual *n.* transeksuale
transverse *adj.* tërthor
transvestite *n.* transvestite
trap *n.* kurth
trapeze *n.* trapez
trash *n.* plehra
trauma *n.* traumë
travel *v.* udhëtoj
traveller *n.* udhëtar
travelogue *n.* kujtime udhëtimesh
traverse *v.* kaloj
travesty *n.* parodi
trawler *n.* barkë peshkimi
tray *n.* tabaka
treacherous *adj.* tradhtar
treachery *n.* tradhti
treacle *n.* melasë
tread *v.* shkel
treadle *n.* pedal
treadmill *n.* punë rutine
treason *n.* tradhti
treasure *n.* thesar

treasurer *n.* arkëtar
treasury *n.* thesarit
treat *v.* trajtoj
treatise *n.* traktat
treatment *n.* trajtim
treaty *n.* traktat
treble *adj.* i trefishtë
tree *n.* pemë
trek *n.* udhëtim
trellis *n.* kafaz
tremble *v.* dridhem
tremendous *adj.* i tmerrshëm
tremor *n.* dridhje
tremulous *adj.* i dredhur
trench *n.* llogore
trenchant *adj.* i mprehtë
trend *n.* prirje
trendy *adj.* i modës
trepidation *n.* ankth
trespass *v.* shkelje
tress *n.* flokë
trestle *n.* këmbalec
trial *n.* gjyq
triangle *n.* trekëndësh
triangular *adj.* trekëndësh
triathlon *n.* Triathlon
tribal *adj.* fisnor
tribe *n.* fis
tribulation *n.* fatkeqësi
tribunal *n.* gjykatë
tributary *n.* kontribues
tribute *n.* haraç
trice *n.* çast
triceps *n.* triceps
trick *n.* mashtrim
trickery *n.* dinakëri
trickle *v.* rrjedh
trickster *n.* mashtrues
tricky *adj.* i ndërlikuar
tricolour *n.* trengjyrësh
tricycle *n.* biçikletë me tri rrota
trident *n.* sfurk tridhëmbësh

trier *n.* eksperimentues
trifle *n.* gjë e vogël
trigger *n.* shkaktojë
trigonometry *n.* trigonometri
trill *n.* dredhje
trillion *adj & n.* trillion
trilogy *n.* trilogji
trim *v.* stolis
trimmer *n.* makinë prerëse
trimming *n.* zvogëlimin
trinity *n.* Trini
trinket *n.* xhingël
trio *n.* trio
trip *v.* udhëtim
tripartite *adj.* tripalësh
triple *n.* trefishohet
triplet *n.* treshe
triplicate *adj.* trefishoj
tripod *n.* trekëmbësh
triptych *n.* triptik
trite *adj.* i rëndomtë
triumph *n.* triumf
triumphal *adj.* triumfal
triumphant *adj.* ngadhënjimtar
trivet *n.* këmbje
trivia *n.* vogëlsira
trivial *adj.* i parëndësishëm
troll *n.* këndoj
trolley *n.* karro
troop *n.* trupa
trooper *n.* kalorës
trophy *n.* trofe
tropic *n.* tropik
tropical *adj.* tropikal
trot *v.* trok
trotter *n.* kalë troku
trouble *n.* telashe
troubleshooter *n.* ekspert
troublesome *adj.* i mundimshëm
trough *n.* lug
trounce *v.* rrah
troupe *n.* trupë

trousers *n.* pantallona
trousseau *n.* veshje e nuses
trout *n.* troftë
trowel *n.* mistri
troy *n.* troy
truant *n.* përtac
truce *n.* armëpushim
truck *n.* kamion
trucker *n.* shofer kamioni
truculent *adj.* i vrazhdë
trudge *v.* eci me mundim
true *adj.* i vërtetë
truffle *n.* zhardhok këpurdhash
trug *n.* trug
truism *n.* e vërtetë e rëndomtë
trump *n.* atu
trumpet *n.* bori
truncate *v.* shkurtoj
truncheon *n.* shkop
trundle *v.* rrokullis
trunk *n.* trung
truss *n.* demet
trust *n.* besim
trustee *n.* kujdestar
trustful *adj.* besimplotë
trustworthy *adj.* i besuar
trusty *adj.* i sigurt
truth *n.* e vërtetë
truthful *adj.* i vërtetë
try *v.* mundohem
trying *adj.* duke u përpjekur
tryst *n.* vend takimi
tsunami *n.* dallgë gjigande
tub *n.* vaskë
tube *n.* tub
tubercle *n.* gungë
tuberculosis *n.* tuberkuloz
tubular *adj.* me tuba
tuck *v.* palosje
Tuesday *n.* e martë
tug *v.* tërheqje
tuition *n.* shkollim

tulip *n.* tulipan
tumble *v.* bie
tumbler *n.* kupë
tumescent *adj.* tumescent
tumour *n.* tumor
tumult *n.* gurgule
tumultuous *adj.* i trazuar
tun *n.* fuçi
tune *n.* melodi
tuner *n.* akordues
tunic *n.* tunikë
tunnel *n.* tunel
turban *n.* çallmë
turbid *adj.* i trazuar
turbine *n.* turbinë
turbocharger *n.* turbocharger
turbulence *n.* turbullirë
turbulent *adj.* i trazuar
turf *n.* torfë
turgid *adj.* i fryrë
turkey *n.* gjeldeti
turmeric *n.* shafran i Indisë
turmoil *n.* trazirë
turn *v.* kthehem
turner *n.* rrahëse
turning *n.* kthese
turnip *n.* rrepë
turnout *n.* pjesëmarrja
turnover *n.* qarkullim
turpentine *n.* terpentinë
turquoise *n.* bruz
turtle *n.* breshkë
tusk *n.* çatall
tussle *n.* përleshje
tutelage *n.* mbikëqyrje
tutor *n.* mësues privat
tutorial *n.* punë praktike
tuxedo *n.* smoking
tweak *v.* shkulje

twee *adj.* twee
tweed *n.* stof leshi me cirka
tweet *v.* cicëroj
tweeter *n.* tweeter
tweezers *n.* piskatore
twelfth *adj.&n.* i dymbëdhjetë
twelfth *adj.&n.* i dymbëdhjetë
twelve *adj.&n.* dymbëdhjetë
twentieth *adj.&n.* i njëzet
twentieth *adj.&n.* i njëzet
twenty *adj.&n.* njëzet
twice *adv.* dy herë
twiddle *v.* luaj
twig *n.* marr vesh
twilight *n.* muzg
twin *n.* bjnjak
twine *n.* spango
twinge *n.* sëmbim
twinkle *v.* ndrit
twirl *v.* vërtitje
twist *v.* kthesë
twitch *v.* dridhem
twitter *v.* eksitim
two *adj.&n.* dy
twofold *adj.* i dyfishtë
tycoon *n.* manjat
type *n.* lloj
typesetter *n.* radhitës
typhoid *n.* tifoid
typhoon *n.* taifun
typhus *n.* tifo
typical *adj.* tipik
typify *v.* typify
typist *n.* gaktilografist
tyrannize *v.* tiranizoj
tyranny *n.* tirani
tyrant *n.* tiran
tyre *n.* gomë

U

ubiquitous *adj.* i gjithëpranishëm
udder *n.* sisë
ugliness *n.* shëmti
ugly *adj.* i shëmtuar
ulcer *n.* ulçerë
ulterior *adj.* i mëvonshëm
ultimate *adj.* i fundit
ultimately *adv.* në fund të fundit
ultimatum *n.* ultimatum
ultra *pref.* ultra
ultramarine *n.* blu
ultrasonic *adj.* tejzanor
ultrasound *n.* ultratingull
umber *n.* ngjyrë kafe e kuqërreme
umbilical *adj.* i kërthizës
umbrella *n.* ombrellë
umpire *n.* arbitër
unable *adj.* i paaftë
unanimity *a.* njëzëshmëri
unaccountable *adj.* i papërgjegjshëm
unadulterated *adj.* i papërzier
unalloyed *adj.* i papërzier
unanimous *adj.* unanim
unarmed *adj.* i paarmatosur
unassailable *adj.* i pakundërshtueshëm
unassuming *adj.* pa pretendime
unattended *adj.* i paruajtur
unavoidable *adj.* i pashmangshëm
unaware *adj.* i pavetëdijshëm
unbalanced *adj.* i çekuilibruar
unbelievable *adj.* i pabesueshëm
unbend *v.* shtendos
unborn *adj.* që s'ka lindur ende
unbridled *adj.* i shfrenuar
unburden *v.* shkarkoj

uncalled *adj.* pavend
uncanny *adj.* i çuditshëm
unceremonious *adj.* jozyrtar
uncertain *adj.* i pasigurt
uncharitable *adj.* i ashpër
uncle *n.* dajë
unclean *adj.* i papastër
uncomfortable *adj.* pakëndshme
uncommon *adj.* i rrallë
uncompromising *adj.* i paepur
unconditional *adj.* pa kushte
unconscious *adj.* i pandërgjegjshëm
uncouth *adj.* i pagdhendur
uncover *v.* zbuloj
unctuous *adj.* vajor
undeceive *v.* i hap sytë
undecided *adj.* i pavendosur
undeniable *adj.* i pamohueshëm
under *prep.* nën
underarm *adj.* underarm
undercover *adj.* sekret
undercurrent *n.* rrymë nënujore
undercut *v.* pres
underdog *n.* humbës
underéstimate *v.* nënçmoj
undergo *v.* nënshtrohen
undergraduate *n.* student
underground *adj.* nëntokësor
underhand *adj.* tinëzisht
underlay *n.* vë përfund
underline *v.t.* nënvizoj
underling *n.* vartës
undermine *v.* minoj
underneath *prep.* nën
underpants *n.* brekë
underpass *n.* tonel
underprivileged *adj.* pa të drejta
underrate *v.* nënçmoj
underscore *v.* nënvizoj
undersigned *n.* i nënshkruar
understand *v.t.* kuptoj

understanding *n.* kuptim
understate *v.* zvogëloj
undertake *v.* ndërmarr
undertaker *n.* sipërmarrës
underwear *n.* të brendshme
underworld *n.* bota e krimit
underwrite *v.* pranoj
undesirable *adj.* i padëshirueshëm
undo *v.* prish
undoing *n.* shthurje
undone *adj.* i fikur
undress *v.* zhvesh
undue *adj.* i tepruar
undulate *v.* me dallgë
undying *adj.* i pavdekshëm
unearth *v.* nxjerr në dritë
uneasy *adj.* i shqetësuar
unemployable *adj.* unemployable
unemployed *adj.* i papunë
unending *adj.* i pafund
unequalled *adj.* i paarritshëm
uneven *adj.* i pabarabartë
unexceptionable *adj.* perfekt
unexceptional *adj.* i pandryshueshëm
unexpected *adj.* i papritur
unfailing *adj.* i vërtetë
unfair *adj.* i padrejtë
unfaithful *adj.* i pabesë
unfit *adj.* i papërdorshëm
unfold *v.* shpalos
unforeseen *adj.* paparashikuara
unforgettable *adj.* i paharrueshëm
unfortunate *adj.* fatkeq
unfounded *adj.* i pabazuar
unfurl *v.* shpalos
ungainly *adj.* i ngathët
ungovernable *adj.* i papërmbajtshëm
ungrateful *adj.* jofisnik

unguarded *adj.* i pakujdesshëm
unhappy *adj.* i trishtuar
unhealthy *adj.* i sëmurë
unheard *adj.* i padëgjuar
unholy *adj.* mbinatyror
unification *n.* bashkim
uniform *adj.* uniformë
unify *v.* unifikoj
unilateral *adj.* i njëanshëm
unimpeachable *adj.* i pastër
uninhabited *adj.* i pabanuar
union *n.* bashkim
unionist *n.* sindikalist
unique *adj.* unik
unisex *adj.* unisex
unison *n.* unison
unit *n.* njësi
unite *v.* bashkoj
unity *n.* unitet
universal *adj.* universal
universality *adv.* universaliteti
universe *n.* univers
university *n.* universitet
unjust *adj.* i padrejtë
unkempt *adj.* i pakrehur
unkind *adj.* i rreptë
unknown *adj.* i panjohur
unleash *v.* lëshoj
unless *conj.* po të mos
unlike *prep.* ndryshe nga
unlikely *adj.* vështirë se
unlimited *adj.* i pakufizuar
unload *v.* shkarkoj
unmanned *adj.* i papajisur
unmask *v.* demaskoj
unmentionable *adj.* që nuk mund të përmendet
unmistakable *adj.* i pagabueshëm
unmitigated *adj.* i pazbatuar
unmoved *adj.* i paprekur
unnatural *adj.* kundër natyrës
unnecessary *adj.* i panevojshëm

unnerve *v.* demoralizoj
unorthodox *adj.* joortodoks
unpack *v.* shpaketoj
unpleasant *adj.* i pakëndshëm
unpopular *adj.* jopopullor
unprecedented *adj.* i pashembullt
unprepared *adj.* i papërgatitur
unprincipled *adj.* pa moral
unprofessional *adj.* joprofesional
unqualified *adj.* i pakualifikuar
unreasonable *adj.* i paarsyeshëm
unreliable *n* i pasigurt
unreserved *adj.* i sinqertë
unrest *n.* shqetësim
unrivalled *adj.* pakrahasueshëm
unruly *adj.* i padisiplinuar
unscathed *adj.* i padëm
unscrupulous *adj.* i paskrupull
unseat *v.* heq nga parlamenti
unselfish *adj.* bujar
unsettle *v.* prish
unshakeable *adj.* i patundshëm
unskilled *adj.* jo i kualifikuar
unsocial *adj.* antishoqëror
unsolicited *adj.* i dhënë
unstable *adj.* i paqëndrueshëm
unsung *adj.* i pakënduar
unthinkable *adj.* i papërfytyrueshëm
untidy *adj.* i çrregullt
until *prep.* deri
untimely *adj.* parakohësisht
untold *adj.* i patreguar
untouchable *adj.* i paprekshëm
untoward *adj.* i pafat
unusual *adj.* pazakontë
unutterable *adj.* i pashqiptuar
unveil *v.* zbuloj
unwarranted *adj.* i pajustifikuar
unwell *adj.* zaif
unwilling *adj.* mosdashës
unwind *v.* lëshohem

unwise *adj.* i pamatur
unwittingly *adv.* padashur
unworldly *adj.* jo i kësaj bote
unworthy *adj.* i padenjë
up *adv.* lart
upbeat *adj.* ngjitje
upbraid *adj.* shaj
upcoming *adj.* ardhshme
update *v.* rinovuar
upgrade *v.* përmirësoj
upheaval *n.* përmbysje
uphold *v.* përkrah
upholster *v.* pajis me susta
upholstery *n.* tapiceri
uplift *v.* ekzaltim
upload *v.* upload
upper *adj.* i sipërm
upright *adj.* i drejtë
uprising *n.* kryengritje
uproar *n.* zhurmë
uproarious *adj.* i zhurmshëm
uproot *v.* çrrënjos
upset *v.* mërzitur
upshot *n.* përfundim
upstart *n.* zengjim i ri
upsurge *n.* rritje e shpejtë
upturn *n.* përmirësim
upward *adv.* lart
urban *adj.* urban
urbane *adj.* i qytetëruar
urbanity *n.* elegancë
urchin *n.* iriq
urge *v.* nxis
urgent *adj.* urgjent
urinal *n.* oturak
urinary *adj.* i urinës
urinate *v.* urinoj
urine *n.* urinë
urn *n.* urnë
usable *adj.* i përdorshëm
usage *n.* përdorim
use *v.t.* përdorim

useful *adj.* i dobishëm
useless *adj.* i kotë
user *n.* përdorues
usher *n.* portier
usual *adj.* i zakonshëm
usually *adv.* zakonisht
usurp *v.* uzurpoj
usurpation *n.* uzurpim
usury *n.* fajde
utensil *n.* vegël
uterus *n.* mitër
utilitarian *adj.* utilitar
utility *n.* dobi
utilization *n.* shfrytëzim
utilize *v.* përdor
utmost *adj.* maksimal
utopia *n.* utopi
utopian *adj.* utopik
utter *adj.* absolut
utterance *n.* shprehje
uttermost *adj. & n.* i skajshëm

vacancy *n.* boshllëk
vacant *adj.* vakant
vacate *v.* liroj
vacation *n.* pushime
vaccinate *v.* vaksinoj
vaccination *n.* vaksinim
vaccine *n.* vaksinë
vacillate *v.* luhatem
vacillation *n.* pavendosmëri
vacuous *adj.* i pajetë
vacuum *n.* vakuum
vagabond *n.* endacak
vagary *n.* tekë
vagina *n.* vaginë
vagrant *n.* endacak

vague *adj.* i paqartë
vagueness *n.* paqartësi
vain *adj.* i kotë
vainglorious *adj.* mendjemadh
vainly *adv.* më kot
valance *n.* fruda
vale *n.* lugajë
valediction *n.* lamtumirë
valency *n.* valencë
valentine *n.* e dashura
valet *n.* shërbëtor
valetudinarian *n.* shëndetlig
valiant *adj.* trim
valid *adj.* i vlefshëm
validate *v.* provoj
validity *n.* vlefshmëri
valise *n.* çantë udhëtimi
valley *n.* luginë
valour *n.* trimëri
valuable *adj.* me vlerë
valuation *n.* vlerësim
value *n.* vlerë
valve *n.* valvul
vamp *n.* josh
vampire *n.* vampir
van *n.* furgon
vandal *n.* vandal
vandalize *v.* shkatërroj
vane *n.* lopatë
vanguard *n.* pararojë
vanish *v.* zhduket
vanity *n.* kotësi
vanquish *v.* nënshtroj
vantage *n.* epërsi
vapid *adj.* i shpëlarë
vaporize *v.* avullon
vapour *n.* avull
variable *adj.* variabël
variance *n.* grindje
variant *n.* variant
variation *n.* variacion
varicose *adj.* me variçe

varied *adj.* ndryshme
variegated *adj.* i larmishëm
variety *n.* shumëllojshmëri
various *adj.* disa
varlet *n.* varlet
varnish *n.* llak
vary *v.* ndryshon
vascular *adj.* i enëve të gjakut
vase *n.* vazo
vasectomy *n.* vazektomi
vassal *n.* vasal
vast *adj.* i madh
vaudeville *n.* koncert variete
vault *n.* qemer
vaunted *adj.* vaunted
veal *n.* mish viçi
vector *n.* vektor
veer *n.* largohem
vegan *n.* vegan
vegetable *n.* perime
vegetarian *n.* vegjetarian
vegetate *v.* vegjetoj
vegetation *n.* bimësi
vegetative *adj.* vegjetativ
vehement *adj.* i fortë
vehicle *n.* automjet
vehicular *adj.* automjetesh
veil *n.* vello
vein *n.* venë
velocity *n.* shpejtësi
velour *n.* velour
velvet *n.* kadife
velvety *adj.* prej kadifeje
venal *adj.* i korruptuar
venality *n.* korruptim
vend *v.* shes
vendetta *n.* hakmarrje
vendor *n.* shitës
veneer *n.* i jap një lustër
venerable *adj.* i nderuar
venerate *v.* nderoj
veneration *n.* nderim

venetian *adj.* venedikas
vengeance *n.* hakmarrje
vengeful *adj.* hakmarrës
venial *adj.* i falshëm
venom *n.* helm
venomous *adj.* i helmët
venous *adj.* venoz
vent *n.* e çarë e xhaketës
ventilate *v.* ajros
ventilation *n.* ventilim
ventilator *n.* freskore
venture *n.* sipërmarrje
venturesome *adj.* aventurier
venue *n.* vendgjarje
veracious *adj.* i vërtetë
veracity *n.* saktësi
veranda *n.* verandë
verb *n.* folje
verbal *adj.* fjalor
verbally *adv.* gojarisht
verbalize *v.* shpreh me fjalë
verbatim *adv.* tekstualisht
verbiage *n.* dërdëllisje
verbose *adj.* fjalëshumë
verbosity *n.* llafazanëri
verdant *adj.* i blertë
verdict *n.* vendim
verge *n.* prag
verification *n.* verifikim
verify *v.* verifikoj
verily *adv.* vërtet
verisimilitude *n.* gjasë
veritable *adj.* i vërtetë
verity *n.* vërtetësi
vermillion *n.* parazituar
vermin *n.* parazitë
vernacular *n.* amëtar
vernal *adj.* pranveror
versatile *adj.* i gjithanshëm
versatility *n.* shkathtësi e mendjes
verse *n.* varg

versed *adj.* i ditur
versification *n.* vjershërim
versify *v.* vjershëroj
version *n.* version
verso *n.* anë e prapme
versus *prep.* kundër
vertebra *n.* rruazë
vertebrate *n.* kurrizor
vertex *n.* kulm
vertical *adj.* vertikale
vertiginous *adj.* kalamendës
vertigo *n.* marramendje
verve *n.* entuziazëm
very *adv.* shumë
vesicle *n.* fshikëz
vessel *n.* anije
vest *n.* jelek
vestibule *n.* treme
vestige *n.* gjurmë
vestment *n.* veshje e jashtme
vestry *n.* dhomëmbledhjesh
veteran *n.* veteran
veterinary *adj.* veterinar
veto *n.* veto
vex *v.* bezdis
vexation *n.* bezdisje
via *prep.* nëpërmjet
viable *adj.* i zbatueshëm
viaduct *n.* viadukt
vial *n.* shishkë
viands *n.* ushqime
vibe *n.* Vibe
vibrant *adj.* kumbues
vibraphone *n.* vibrafon
vibrate *v.* lëkund
vibration *n.* dridhje
vibrator *n.* vibrator
vicar *n.* famullitar
vicarious *adj.* i përjetuar
vice *n.* ves
viceroy *n.* nënmbret
vice-versa *adv.* anasjelltas

vicinity *n.* afërsi
vicious *adj.* i keq
vicissitude *n.* peripeci
victim *n.* viktimë
victimize *n.* përndjek
victor *n.* fitimtar
victorious *adj.* fitimtar
victory *n.* fitore
victualler *n.* furnizues
victuals *n.* ushqime
video *n.* video
vie *v.* konkurroj
view *n.* pamje
vigil *n.* rojë
vigilance *n.* vigjilencë
vigilant *adj.* vigjilent
vignette *n.* skicë në libra
vigorous *adj.* energjik
vigour *n.* energji
Viking *n.* Viking
vile *adj.* i turpshëm
vilify *v.* përgojoj
villa *n.* vilë
village *n.* fshat
villager *n.* fshatar
villain *n.* shejtan
vindicate *v.* përligj
vindication *n.* përligjje
vine *n.* hardhi
vinegar *n.* uthull
vintage *n.* të vjela
vintner *n.* tregtar vere
vinyl *n.* vinyl
violate *v.* shkelin
violation *n.* shkelje
violence *n.* dhunë
violent *adj.* i dhunshëm
violet *n.* vjollcë
violin *n.* violinë
violinist *n.* violinist
virago *n.* telendare
viral *adj.* viral

virgin *n.* i virgjër
virginity *n.* virgjëri
virile *adj.* i fortë
virility *n.* potencë
virtual *adj.* virtuale
virtue *n.* virtyt
virtuous *adj.* i virtytshëm
virulence *n.* virulencë
virulent *adj.* virulent
virus *n.* virus
visa *n.* vizë
visage *n.* fytyrë
viscid *adj.* Viscid
viscose *n.* fije mëndafshi
viscount *n.* vikont
viscountess *n.* viscountess
viscous *adj.* i trashë
visibility *n.* dukshmëri
visible *adj.* i dukshëm
vision *n.* vizion
visionary *adj.* largpamës
visit *v.* vizitë
visitation *n.* inspektim
visitor *n.* vizitor
visor *n.* ballik
vista *n.* vështrim në të ardhmen
visual *adj.* vizual
visualize *v.* kujtoj
vital *adj.* vital
vitality *n.* vitalitet
vitalize *v.* gjallëroj
vitamin *n.* vitaminë
vitiate *v.* zhvleftësoj
viticulture *n.* vreshtari
vitreous *adj.* i tejdukshëm
vitrify *v.* qelqëzoj
vitriol *n.* sarkazëm
vituperation *n.* sharje
vivacious *adj.* i gjallë
vivacity *n.* gjallëri
vivarium *n.* vivar
vivid *adj.* i gjallë

vivify *v.* gjallëroj
vixen *n.* gjuhustër
vocabulary *n.* fjalor
vocal *adj.* vokal
vocalist *n.* këngëtar
vocalize *v.* shqiptoj të zëshme
vocation *n.* profesion
vociferous *adj.* i zhurmshëm
vogue *n.* modë
voice *n.* zë
voicemail *n.* zëri
void *adj.* pavlefshme
voile *n.* voile
volatile *adj.* i paqëndrueshëm
volcanic *adj.* vullkanik
volcano *n.* vullkan
volition *n.* vullnet
volley *n.* breshëri
volt *n.* volt
voltage *n.* tension
voluble *adj.* fjalëshumë
volume *n.* vëllim
voluminous *adj.* voluminoz
voluntarily *adv.* vullnetarisht
voluntary *adj.* vullnetar
volunteer *n.* vullnetar
voluptuary *n.* qejfli
voluptuous *adj.* argëtues
vomit *v.* vjell
voodoo *n.* Vudu
voracious *adj.* i pangopur
vortex *n.* vorbull
votary *n.* ithtar
vote *n.* votim
voter *n.* votues
votive *adj.* kushtimor
vouch *v.* garantoj
voucher *n.* kupon
vouchsafe *v.* jap
vow *n.* zotohen
vowel *n.* zanore
voyage *n.* fluturim

voyager *n.* eksplorator
vulcanize *v.* vullkanizoj
vulgar *adj.* vulgar
vulgarian *n.* vulgar
vulgarity *n.* vulgaritet
vulnerable *adj.* i prekshëm
vulpine *adj.* prej dhelpre
vulture *n.* grabitqar

wacky *adj.* i krisur
wad *n.* shuk
waddle *v.* tundje
wade *v.* hidhem
wader *n.* lejlek
wadi *n.* përroit
wafer *n.* meshë
waffle *v.* gjepura
waft *v.* valëvitje
wag *v.* shakaxhi
wage *n.* pagë
wager *n. & v.* bast
waggle *v.* tundem
wagon *n.* kamionçinë
wagtail *n.* bishtlëkundës
waif *n.* varfanjak
wail *n.* vajtoj
wain *n.* arusha e Madhe
wainscot *n.* pjesë e poshtme
waist *n.* bel
waistband *n.* rrip mesi
waistcoat *n.* jelek
wait *v.* pres
waiter *n.* kamerier
waitress *n.* kameriere
waive *v.* heq dorë nga
wake *v.* zgjohem
wakeful *adj.* i pagjumë

waken *v.* zgjohem
walk *v.* eci
wall *n.* mur
wallaby *n.* kangur i vogël
wallet *n.* portofol
wallop *v.* zhdëp
wallow *v.* zhytem
wally *n.* i murshem
walnut *n.* arrë
walrus *n.* lopë deti
waltz *n.* vals
wan *adj.* i zbetë
wand *n.* shkop magjik
wander *v.* bredh
wane *v.* venitet
wangle *v.* përlaj
want *v.* dua
wanting *adj.* i mangët
wanton *adj.* tekanjoz
war *n.* luftë
warble *v.* ligjërim
warbler *n.* çafkëlore
ward *n.* lagje
warden *n.* drejtor
warder *n.* gardian
wardrobe *n.* veshjet
ware *n.* mallra
warehouse *n.* depo
warfare *n.* betejë
warlike *adj.* luftëdashës
warm *adj.* i ngrohtë
warmth *n.* ngrohtësi
warn *v.* paralajmëroj
warning *n.* paralajmërim
warp *v.* prish
warrant *n.* urdhër
warrantor *n.* garantues
warranty *n.* garanci
warren *n.* labirint
warrior *n.* luftëtar
wart *n.* lez
wary *adj.* i kujdesshëm

wash v. laj
washable adj. që mund të lahet
washer n. rondele
washing n. larje
wasp n. grenzë
waspish adj. zemërak
wassail n. shabakim
wastage n. humbje
waste v. mbeturina
wasteful adj. prishës
watch v. shikoj
watchful adj. syçelë
watchword n. parullë
water n. ujë
water n. ujë
waterfall n. ujëvarë
watermark n. ujëra
watermelon n. shalqi
waterproof adj. i papërshkueshëm nga uji
watertight adj. i papërshkueshëm nga uji
watery adj. i holluar me ujë
watt n. vat
wattage n. vatacion
wattle n. thurimë
wave v. valë
waver v. hezitoj
wavy adj. me onde
wax n. qiri
way n. mënyrë
waylay v. mësyj
wayward adj. kokëfortë
we pron. ne
weak adj. i dobët
weaken v. dobësoj
weakling n. ngordhalaq
weakness n. dobësi
weal n. begati
wealth n. pasuri
wealthy adj. i pasur
wean v. largoj

weapon n. armë
wear v. vesh
wearisome adj. i lodhshëm
weary adj. i lodhur
weasel n. nuselalë
weather n. mot
weave v. endje
weaver n. tekstillist
web n. web
webby adj. i internetit
webpage n. faqe
website n. website
wed v. martohem me
wedding n. martesë
wedge n. pykë
wedlock n. martesë
Wednesday n. e mërkurë
weed n. tëharr
week n. javë
weekday n. ditë jave
weekly adj. javor
weep v. qaj
weepy adj. weepy
weevil n. mizë gruri
weigh v. rëndoj
weight n. peshë
weighting n. koeficient
weightlifting n. peshëngritje
weighty adj. i rëndë
weir n. pendë
weird adj. i çuditshëm
welcome n. i mirëpritur
weld v. bashkoj
welfare n. mirëqenie
well adv. mirë
well n. mirë
wellington n. Uellington
welt n. goditje
welter n. lëmsh
wen n. lyth
wench n. grua e re
wend v. drejtohem

west *n.* perëndim
westerly *adv.* perëndimi
western *adj.* perëndimor
westerner *n.* perëndimor
westernize *v.* bëj perëndimor
wet *adj.* i lagësht
wetness *n.* lagështi
whack *v.* pres
whale *n.* balenë
whaler *n.* gjuetar balenash
whaling *n.* gjueti balenash
wharf *n.* skelë
wharf age *n.* mosha skelë
what *pron. & adj.* çfarë
whatever *pron.* çfarëdo
wheat *n.* grurë
wheaten *adj.* i grunjtë
wheedle *v.* lajkatoj
wheel *n.* rrotë
wheeze *v.* marr frymë me zor
whelk *n.* puçërr
whelm *v.* dërrmoj
whelp *n.* rrugaç
when *adv.* kur
whence *adv.* që nga
whenever *conj.* kur
where *adv.* ku
whereabouts *adv.* vendndodhje
whereas *n.* ndërsa
whet *v.* zgjoj
whether *conj.* nëse
whey *n.* hirrë
which *pron. & adj.* cila
whichever *pron.* cilido që
whiff *n.* erë
while *n.* ndërsa
whilst *conj.* ndërsa
whim *n.* teka
whimper *v.* qaj
whimsical *adj.* i çuditshëm
whimsy *n.* fantazira
whine *n.* ankohem

whinge *v.* protest
whinny *n.* hingëllimë
whip *n.* rrëmbej
whir *n.* uturimë
whirl *v.* rrotullohet
whirligig *n.* fugë
whirlpool *n.* vorbull
whirlwind *n.* shakullinë
whirr *v.* uturimë
whisk *v.* lëvizje e shpejtë
whisker *n.* mustaqe
whisky *n.* uiski
whisper *v.* pëshpëritje
whist *n.* uist
whistle *n.* fishkëllimë
whit *n.* çikë
white *adj.* e bardhë
whitewash *n.* zbardh
whither *adv.* ku po
whiting *n.* bojë e bardhë
whittle *v.* pres me thikë
whiz *v.* kampion
who *pron.* cili
whoever *pron.* kush
whole *adj.* gjithë
whole-hearted *adj.* me gjithë zemër
wholesale *n.* me shumicë
wholesaler *n.* grosist
wholesome *adj.* i shëndetshëm
wholly *adv.* tërësisht
whom *pron.* cilin
whoop *n.* bërtas
whopper *n.* katana
whore *n.* lavire
whose *adj. & pron.* të cilit
why *adv.* pse
wick *n.* fitil
wicked *adj.* i keq
wicker *n.* shportarie
wicket *n.* sportel
wide *adj.* i gjerë

widen *v.* zgjerohet
widespread *adj.* përhapur
widow *n.* e ve
widower *n.* ve
width *n.* gjerësi
wield *v.* zotëroj
wife *n.* grua
wig *n.* parukë
wiggle *v.* luaj
Wight *n.* qenie njerëzore
wigwam *n.* vigvam
wild *adj.* i egër
wilderness *n.* labirint
wile *n.* josh
wilful *adj.* me paramendim
will *v.* do të
willing *adj.* i gatshëm
willingness *adj.* gatishmëri
willow *n.* shelg
wily *adj.* dinak
wimble *n.* vegël shpuese
wimple *n.* mbuloj me shami
win *v.* fitoj
wince *v.* stepje
winch *n.* argano
wind *n.* erë
windbag *n.* llafazan
winder *n.* dorezë e xhamave
windlass *n.* çikrik
windmill *n.* helikopter
window *n.* dritare
windy *adj.* me erë
wine *n.* verë
winery *n.* punishte vere
wing *n.* krah
wink *v.* shkelje syri
winkle *n.* zhvat
winner *n.* fitues
winning *adj.* fitim
winnow *v.* shoshit
winsome *adj.* tërheqës
winter *n.* dimër

wintry *adj.* dimri
wipe *v.* fshij
wire *n.* tel
wireless *adj.* pa tel
wiring *n.* instalime elektrike
wisdom *n.* urtësi
wise *adj.* i mençur
wish *v.* uroj
wishful *adj.* i dëshiruar
wisp *n.* tufëz
wisteria *n.* glikini
wistful *adj.* i trishtuar
wit *n.* mendje
witch *n.* magjistare
witchcraft *n.* magji
witchery *n.* magji
with *prep.* me
withal *adv.* veç kësaj
withdraw *v.* tërheq
withdrawal *n.* tërheqje
withe *n.* lidh me thupra
wither *v.* thahet
withhold *v.* mbaj
within *prep.* brenda
without *prep.* pa
withstand *v.* përballoj
witless *adj.* pa tru
witness *n.* dëshmitar
witter *v.* I zjuar
witticism *n.* vërejtje e hollë
witty *adj.* mendjeprehtë
wizard *n.* magjistar
wizened *adj.* i fishkur
woad *n.* lloje bimeje
wobble *v.* lëkundem
woe *n.* mjerim
woeful *adj.* trishtues
wok *n.* wok
wold *n.* pllajë
wolf *n.* ujk
woman *n.* grua
womanhood *n.* graria

womanize *v.* u qepem pas femrave
womb *n.* mitër
wonder *v.* pyes veten
wonderful *adj.* i mrekullueshëm
wondrous *adj.* i mrekullueshëm
wonky *adj.* që tundet
wont *n.* zakon
wonted *adj.* i zakonshëm
woo *v.* përpiqem të fitoj
wood *n.* dru
wooded *adj.* me pemë
wooden *adj.* druri
woodland *n.* pyjor
woof *n.* lehje
woofer *n.* lehsi
wool *n.* lesh
woollen *adj.* i leshtë
woolly *adj.* puplore
woozy *adj.* i turbullt
word *n.* fjalë
wording *n.* formulim
wordy *adj.* fjalëshumë
work *n.* punë
workable *adj.* i realizueshëm
workaday *adj.* i zakonshëm
worker *n.* punëtor
working *n.* pune
workman *n.* punëtor
workmanship *n.* mjeshtëri
workshop *n.* punishte
world *n.* botë
worldly *adj.* tokësor
worm *n.* rra
wormwood *n.* gjë e neveritshme
worried *adj.* i shqetësuar
worrisome *adj.* shqetësues
worry *v.* merak
worse *adj.* më keq
worsen *v.* përkeqësohet
worship *n.* adhuroj
worshipper *n.* adhurues

worst *adj.* më i keq
worsted *n.* stof i lëmuar
worth *adj.* vlerë
worthless *adj.* i pavlefshëm
worthwhile *adj.* vlefshëm
worthy *adj.* i denjë
would *v.* do
would-be *adj.* që dëshiron të jetë
wound *n.* plagë
wrack *n.* torturoj
wraith *n.* fantazmë
wrangle *n.* sherr
wrap *v.* përfundojë
wrapper *n.* këmishë
wrath *n.* zemërim
wreak *v.* bëj
wreath *n.* kurorë lulesh
wreathe *v.* gërshetoj
wreck *n.* thyej
wreckage *n.* mbeturina anijeje
wrecker *n.* prishës
wren *n.* trumcak
wrench *v.* pikëllim
wrest *v.* rrëmbej
wrestle *v.* luftoj
wrestler *n.* mundës
wretch *n.* qerrata
wretched *adj.* fatkeq
wrick *v.* përdredh
wriggle *v.* luaj
wring *v.* përdredh
wrinkle *n.* rrudhë
wrinkle *n.* rrudhë
wrist *n.* dore
writ *n.* shkrim
write *v.* shkruaj
writer *n.* shkrimtar
writhe *v.* përpëlitje
writing *n.* shkrim
wrong *adj.* i gabuar
wrongful *adj.* i gabuar
wry *adj.* me përdhunë

xenon *n.* I huaj
xenophobia *n.* ksenofobi
Xerox *n.* fotokopje
Xmas *n.* Krishtlindje
x-ray *n.* radioskopi
xylophagous *adj.* ksylofagous
xylophilous *adj.* ksylofilous
xylophone *n.* ksilofon

yacht *n.* jaht
yachting *n.* lundrim me jaht
yachtsman *n.* pronar jahti
yak *n.* jak
yam *n.* patate e ëmbël
yap *v.* dërdëllit
yard *n.* oborr
yarn *n.* fije
yashmak *n.* perçe
yaw *v.* shmangie nga kursi
yawn *v.* gjë e mërzitshme
year *n.* vit
yearly *adv.* vjetor
yearn *v.* jam i etur
yearning *n.* dëshirë e zjarrtë
yeast *n.* maja
yell *n.* bërtas
yellow *adj.* e verdhë
yelp *n.* lehje
Yen *n.* Jen
yeoman *n.* shërbëtor
yes *excl.* po
yesterday *adv.* dje
yet *adv.* ende

yeti *n.* Yeti
yew *n.* bërshen
yield *v.* jap
yob *n.* rrugaç
yodel *v.* iodel
yoga *n.* ioga
yogi *n.* iogi
yogurt *n.* kos
yoke *n.* lidhje e fortë
yokel *n.* gdhë
yolk *n.* e verdha e vezes
yonder *adj.* atje
yonks *n.* ionks
yore *n.* kohë përpara
you *pron.* ju
young *adj.* i ri
youngster *n.* fëmijë
your *adj.* juaj
yourself *pron.* veten
youth *n.* rinia
youthful *adj.* rinor
yowl *n.* klith
yummy *adj.* i shijshëm

zany *adj.* bufon
zap *v.* vras
zeal *n.* zell
zealot *n.* fanatik
zealous *adj.* i zellshëm
zebra *n.* zebër
zebra crossing *n.* kalim për këmbësorë
zenith *n.* qender
zephyr *n.* erë e lehtë
zero *adj.* zero
zest *n.* oreks
zigzag *n.* zigzag

zilch *n.* hiç
zinc *n.* zink
zing *n.* Zing
zip *n.* zinxhir
zircon *n.* zirkon
zither *n.* qestër
zodiac *n.* zodiak
zombie *n.* mumje

zonal *adj.* zonale
zone *n.* zonë
zoo *n.* kopsht zoologjik
zoological *adj.* zoologjik
zoologist *n.* zoolog
zoology *n.* zoologji
zoom *v.* zmadhim

ALBANIAN-ENGLISH

A

abaci *n.* abbey
abat *n.* abbot
abdikim *n.* abdication
abdikim *n.* demise
abetare *n.* primer
ablucions *n.* ablutions
abonim *n.* subscription
abort *n.* abortion
abort *n.* miscarriage
absolut *adj.* absolute
absolut *adj.* sheer
absolut *adj.* utter
abstenoj *v.* abstain
abstrakt *adj.* abstract
absurditet *n.* absurdity
absurditet *n.* nonsense
abuzim *v.* abuse
acar *n.* frost
acarim *n.* aggravation
acarohet *v.* fester
accoutrement *n.* accoutrement
acerbic *adj.* acerbic
acetate *n.* acetate
aceton *n.* acetone
acid *n.* acid
aciditet *n.* acidity
adaptim *n.* adaptation
adash *n.* namesake
addicted *adj.* addicted
adhurim *n.* adoration
adhuroj *v.t.* adore
adhuroj *n.* worship
adhurues *n.* worshipper
adjoin *v.* adjoin
administratë *n.* administration
administrativ *adj.* administrative
administrator *adj.* administrator
administrator *n.* bursar

administroj *v.* administer
administroj *v.* superintend
admiral *n.* admiral
admirim *n.* admiration
admiroj *v.* admire
adoleshencë *n.* adolescence
adoleshencë *adj.* teens
adoptim *n.* adoption
adoptues *adj.* adoptive
adresë *n.* address
adsorb *v.* adsorb
aerobatics *n.* aerobatics
aerodrom *n.* aerodrome
aeronautikë *n.* aeronautics
aeroplan *n.* aeroplane
aeroplan *n.* aircraft
aeroplan *n.* plane
aeroplan bombardues *n.* bomber
aerosol *n.* aerosol
afat *n.* term
afati i fundit *n.* deadline
afër *adj.* close
afër *adv.* near
afër *adv.* nearby
afër *v.i.* near
afër *adv.* nigh
afërsi *n.* vicinity
afërsia *n.* proximity
afërt *adj.* nearest
afishe *n.* sticker
aforizëm *n.* aphorism
afrikan *adj.* African
afrim *v.* approach
aftësi *n.* ability
aftësi *n.* capability
aftësi *n.* knack
aftësi *n.* proficiency
aftësi *n.* skill
aftësi pagimi *n.* solvency
agat *n.* agate
ageism *n.* ageism
agim *n.* dawn

agjenci *n.* agency
agjent *n.* agent
agjent burse *n.* stockbroker
agjitacion *n.* agitation
aglomeracioni *n.* conurbation
aglomerat *v.* agglomerate
agnosticizëm *n.* nescience
agnostik *n.* agnostic
agoni *n.* agony
agrar *adj.* agrarian
agresion *n.* aggression
agresive *adj.* aggressive
agresor *n.* aggressor
agrume *n.* citrus
ah *n.* beech
ahur *n.* cot
ai *pron.* he
ai që hedh në tabelë *v.* tabulator
ai që jep provim *n.* examinee
ai që thotë dolli *n.* toaster
ajër *n.* air
ajo *pron.* it
ajo *pron.* she
ajror *n.* aerial
ajros *v.* ventilate
ajsberg *n.* iceberg
akademi *n.* academy
akademik *adj.* academic
akër *n.* acre
akomoduar *v.* accommodate
akord *v.* accord
akord *n.* chord
akord *n.* concord
akordues *n.* tuner
akreditojë *v.* accredit
akredituar *adj.* accredited
akrepi *n.* scorpion
akrilik *adj.* acrylic
akrobat *n.* acrobat
akrobatik *adj.* acrobatic
aks *n.* axis
akselerator *n.* accelerator

aksident *n.* accident
aksidental *adj.* accidental
aksioneve *n.* stake
aksioneve *n.* stock
aktinium *n.* actinium
aktiv *adj.* active
aktivist *n.* activist
aktivitet *n.* activity
aktivizoj *v.* activate
aktor *n.* actor
aktore *a.* actress
aktual *adj.* actual
aktual *adj.* current
aktual *n.* current
akuarium *n.* aquarium
akull *n.* ice
akull-krem *n.* ice-cream
akullnajë *n.* glacier
akullore me lëng frutash *n.* sorbet
akumulim *n.* accumulation
akupunkturë *n.* acupuncture
akustik *adj.* acoustic
akuzë *n.* accusation
akuzë *v.* charge
akuzë *n.* charge
akuzë *v.* count
akuzim *n.* impeachment
akuzoj *v.* accuse
alacritous *n.* alacritous
alarm *n* alarm
alarm *v* alarm
alarmoj *n.* disquiet
album *n* album
albuminë *n.* albumen
aleancë *n.* alliance
aleat *adj.* allied
aleat *n.* ally
alegori *n.* allegory
alegori *n.* parable
alergjen *n.* allergen
alergji *n.* allergy

alergjik *adj.* allergic
alfa *n.* alpha
alfabet *n.* alphabet
alfabetik *adj.* alphabetical
algjebër *n.* algebra
aliazh *n.* alloy
alibi *n.* alibi
aligator *n.* alligator
aliteracion *n.* alliteration
alkali *n.* alkali
alkimi *n.* alchemy
alkool *n.* alcohol
alkoolik *adj.* alcoholic
alkoolizëm *n.* dipsomania
alliterate *v.* alliterate
almanak *n.* almanac
alpin *adj.* alpine
alpinizëm *n.* mountaineering
altar *n.* altar
alte *n.* marshmallow
alternativ *v.t.* alternate
alternativë *adj.* alternative
alternativë *n.* option
altoparlant *n.* megaphone
altruizëm *n.* altruism
alumin *n.* aluminium
aluzion *n.* allusion
aluzion *n.* hint
aluzion *n.* inkling
amalgamë *n.* amalgam
amator *n.* amateur
amator *n.* outsider
amatoresk *adj.* amateurish
amazonë *n.* amazon
ambasadë *n.* embassy
ambasador *n.* ambassador
ambicie *n.* ambition
ambicioz *adj.* ambitious
ambivalent *adj.* ambivalent
ambrosia *n.* ambrosia
ambulancë *n.* ambulance
amë *n.* matriculation
amel *adj.* purgative
amendament *n.pl.* amendment
amënor *adj.* maternal
amësi *n.* maternity
amësi *n.* motherhood
amëtar *adj.* natal
amëtar *n.* vernacular
amfib *n.* amphibian
amfiteatër *n.* amphitheatre
amnezi *n.* amnesia
amnisti *n.* amnesty
amok *adv.* amok
amoral *adj.* amoral
amorf *adj.* amorphous
amper *n.* ampere
amplitudë *n.* amplitude
amshim *n.* aeon
amulet *n.* amulet
amulli *n.* stagnation
amvisë *n.* housewife
anakronizëm *n.* anachronism
anal *adj.* anal
analfabet *n.* illiterate
analfabetizëm *n.* illiteracy
analgjezik *n.* analgesic
analist *n.* analyst
analitike *adj.* analytical
analizë *n.* analysis
analizë e vetvetes *n.* introspection
analizoj *v.* analyse
analogji *n.* analogy
anarki *n.* anarchy
anarkist *n.* anarchist
anarkizëm *n.* anarchism
anasjell *v.* invert
anasjelltas *adv.* vice-versa
anatomi *n.* anatomy
android *n.* android
anë *n.* side
anë e fushës *n.* sideline
anë e prapme *n.* verso
anekdotë *n.* anecdote

aneks *v.* annex
aneksim *n.* annexation
anemi *n.* anaemia
anësor *n.* collateral
anësor *adj.* marginal
anestezi *n.* anaesthesia
anëtar *n.* member
anëtar i familjes mbretërore *n.* royalty
anëtar jurie *n.* juror
anëtarësi *n.* membership
angazhim *n.* commitment
angazhim *n.* engagement
angazhoj *v.* engage
angjinarja *n.* artichoke
angjinë *n.* angina
Anglisht *n.* English
anije *n.* keel
anije *n.* ship
anije *n.* vessel
anije mallrash *n.* freighter
anijembytje *n.* shipwreck
anijeve *n.* shipping
anim *v.* tilt
ankand *n.* auction
ankesë *n.* grievance
anketuesi *n.* pollster
ankim *n.* complaint
ankimtar *adj.* querulous
ankohem *v.* complain
ankohem growl
ankohem moan
ankohem squawk
ankohem whine
ankth *n.* anguish
ankth *n.* anxiety
ankth *n.* distress
ankth *n.* jitters
ankth *n.* nightmare
ankth *n.* trepidation
anodë *n.* anode
anohet *n.* lurch

anomali *n.* anomaly
anonim *adj.* anonymous
anonimitet *n.* anonymity
anoreksi *n.* anorexia
anormal *adj.* anomalous
antacid *adj.* antacid
antagonist *n.* antagonist
antagonizëm *n.* antagonism
antarktik *adj.* Antarctic
antenë *n.* antenna
anti *n.* anti
antialkoolist *n.* teetotaller
antibiotik *n.* antibiotic
antikë *n.* antique
antikuar *adj.* antiquarian
antilopë *n.* antelope
antioxidant *n.* antioxidant
antipati *n.* antipathy
antiperspirant *n.* antiperspirant
antiseptik *adj.* antiseptic
antishoqëror *adj.* unsocial
antitezë *n.* antithesis
antler *n.* antler
antologji *n.* anthology
antonim *n.* antonym
antropologji *n.* anthropology
anulim *n.* cancellation
anulim *n.* nullification
anuloj *v.* abrogate
anuloj *v.* annul
anuloj *v.* cancel
anuloj *v.* nullify
anuloj *v.* overrule
anuloj *v.* repeal
anuloj *v.* revoke
anus *n.* anus
aparat *n.* apparatus
aparat fotografik *n.* camera
aparat për djegje *n.* burner
aparat për thithje ilaçi *n.* inhaler
apartament *n.* apartment
apartament *adj.* flat

apartament nën çati *n.* penthouse
aparteid *n.* apartheid
apati *n.* apathy
apati *n.* doldrums
apatik *adj.* listless
apel *n.* roll-call
apeloj *v.t.* appeal
apendicit *n.* appendicitis
aplikim *n.* appliance
aplikim *n.* application
apokalips *n.* apocalypse
apologji *n.* apology
apopleksik *adj.* apoplectic
apostrof *n.* apostrophe
apostull *n.* apostle
ar *n.* gold
arab *n.* Arab
arab *n.* Arabian
arabisht *n.* Arabic
arbitër *n.* arbiter
arbitër *n.* arbitrator
arbitër *n.* referee
arbitër *n.* umpire
arbitrar *adj.* arbitrary
ardhje *n.* advent
ardhshme *adj.* upcoming
arenë *n.* arena
argano *n.* winch
argëtim *n.* entertainment
argëtim *n.* fun
argëtim *n.* jamboree
argëtim *n.* recreation
argëtohem *v.* revel
argëtoj *v.* beguile
argëtues *adj.* voluptuous
argjend *n.* silver
argjendar *n.* goldsmith
argjendar *n.* jeweller
argjilë *n.* clay
argjinaturë *n.* embankment
argument *n.* argument

argumentoj *v.* argue
argumentues *adj.* argumentative
arhangjell *n.* archangel
aristokraci *n.* aristocracy
aristokraci *n.* gentility
aristokrat *n.* aristocrat
aritmetik *adj.* arithmetical
aritmetikë *n.* arithmetic
arka *n.* ark
arkaik *adj.* archaic
arkë *n.* crate
arkeologji *n.* archaeology
arkëtar *n.* cashier
arkëtar *n.* treasurer
arkëtar i anijes *n.* purser
arkitekt *n.* architect
arkitekturë *n.* architecture
arkiv *n.* archives
arkiv *n.* Chancery
arkivol *n.* casket
arkivol *n.* coffin
arktik *adj.* Arctic
armada *n.* armada
armatim *n.* armament
armaturë *n.* armoury
armaturë *n.* lagging
armë *n.* gun
armë *n.* weapon
armëpushim *n.* armistice
armëpushim *n.* ceasefire
armëpushim *n.* truce
armik *n.* enemy
armik *n.* foe
armiqësi *n.* animosity
armiqësi *n.* enmity
armiqësia *n.* hostility
armiqësoj *v.i.* alienate
armiqësoj *v.* antagonize
armiqësor *adj.* hostile
armiqësor *adj.* inimical
aromatherapi *n.* aromatherapy
aromatik *adj.* fragrant

aromë *n.* aroma
aromë *n.* fragrance
aromë *v.t.* savour
arpion *n.* ratchet
arratisem *v.* elope
arratisje *v.t.* scamper
arrë *n.* nut
arrë *n.* walnut
arrë amerikane *n.* pecan
arrestim *v.* arrest
arrestoj *v.* nab
arrij *v.* achieve
arrij *v.* arrive
arrij *v.* attain
arrij *v.* overtake
arrij *v.* reach
arritje *n.* accomplishment
arritje *n.* achievement
arritje *n.* attainment
arrogancë *n.* arrogance
arrogant *adj.* arrogant
arrogant *adj.* cavalier
arrogant *adj.* haughty
arsenal *n.* arsenal
arsenik *n.* arsenic
arsim *n.* education
arsye *n.* reason
arsyetoj *v.* justify
arsyetoj *v.* rationalize
art qethjeje të kaçubeve *n.* topiary
arterie *n.* artery
artificial *adj.* artificial
artificial *adj.* factitious
artikuj për tualetin *n.* toiletries
artikulacion *n.* hinge
artikull *n.* art
artikull *n.* artefact
artikull *n.* article
artikull *n.* item
artileri *n.* ordnance
artilerie *n.* artillery

artist *n.* artist
artist që ka sukses *n.* matinee
artistik *adj.* artistic
ártizanat *n.* handicraft
artizanatit *n.* craft
artrit *n.* arthritis
arusha e Madhe *n.* wain
Arusha e Vogël *n.* cynosure
as *n.* ace
as *adj.* neither
as *conj.&adv.* nor
asbest *n.* asbestos
asfiksi *n.* suffocation
asfiksim *v.* choke
asfiksoj *v.* asphyxiate
asgjë *pron.* nothing
asgjësim *n.* annihilation
asgjësim *v.t.* ravage
asgjësoj *v.* annihilate
ashe *n.* holly
ashensor *n.* elevator
ashpërsi *n.* rigour
ashpërsi *n.* severity
asimilim *n.* assimilation
asimiluar *v.* assimilate
asistent *n.* assistant
asistojë *adj.* subordinate
asketik *adj.* ascetic
askund *adv.* nowhere
askush *pron.* nobody
asnjanës *adj.* neuter
asnjë *pron.* none
asonancë *n.* assonance
aspekt *n.* aspect
aspekt *n.* facet
aspersions *n.* aspersions
aspiratë *n.* aspiration
aspiroj *v.* aspire
aspirues *n.* aspirant
asteroid *n.* asteroid
astigmatizëm *n.* astigmatism
astmë *n.* asthma

astrolog *n.* astrologer
astrologji *n.* astrology
astronaut *n.* astronaut
astronom *n.* astronomer
astronomi *n.* astronomy
ata *pron.* them
ata *pron.* they
atasheu *n.* attaché
atavik *adj.* atavistic
atë *pron.* him
ateist *n.* atheist
ateizëm *n.* atheism
atësi *n.* parentage
atësi *n.* paternity
atëvrasës *n.* parricide
atëvrasës *n.* patricide
atje *adv.* there
atje *adv.* thither
atje *adj.* yonder
atlas *n.* atlas
atlet *n.* athlete
atletik *adj.* athletic
atmosferë *n.* atmosphere
atmosferë *n.* aura
atmosferë mbytëse *n.* miasma
atmosferë shoqërore *n.* camaraderie
atol *n.* atoll
atom *n.* atom
atomik *adj.* atomic
atribuoj *v.* ascribe
atribut *v.* attribute
atrium *n.* atrium
atu *n.* trump
aty për aty *adv.* straightway
audiencë *n.* audience
audio *n.* audio
auditor *n.* auditorium
australian *n.* Australian
autobiografi *n.* autobiography
autobus *n.* bus
autograf *n.* autograph

autokraci *n.* autocracy
autokratik *adj.* autocratic
autokton *n.* native
automatik *adj.* automatic
automjet *n.* vehicle
automjetesh *adj.* vehicular
automobilist *n.* motorist
autonom *adj.* autonomous
autopsi *n.* autopsy
autor *n.* author
autor tragjedish *n.* tragedian
autoritar *adj.* authoritative
autoritar *adj.* overbearing
autoritet *n.* authority
autorizoj *v.* authorize
autostop *v.* hitch
autostradë *n.* highway
autostradë *n.* motorway
avancoj *v.* advance
avancoj *n.* advance
avanpost *n.* outpost
avantazh *v.t.* advantage
avantazh *n.* advantage
aventurë *n.* adventure
aventurë *n.* escapade
aventurier *adj.* adventurous
aventurier *adj.* venturesome
aviacion *n.* aviation
aviator *n.* aviator
avion pa motor *n.* glider
avokado *n.* avocado
avokat *n.* advocate
avokat *v.* advocate
avokat *n.* attorney
avokat *n.* barrister
avokat *n.* lawyer
avull *n.* steam
avull *n.* vapour
avullon *v.* vaporize
avullore *n.* steamer
aziatik *adj.* Asian
azil *n.* asylum
azot *n.* nitrogen

B

baba *n* dad
baba *n.* father
babaxhan *adj.* debonair
babel *n.* Babel
baboon *n.* baboon
backdate *v.* backdate
badiava *n.* peanut
badminton *n.* badminton
bagazh *n.* baggage
bagëti *n.* cattle
baguette *n.* baguette
bajame *n.* almond
bajame *n.* tonsil
bajat *adj.* stale
bajat *adj.* stuffy
bajate *n.* staleness
bajgë *n.* dung
bajonetë *n.* bayonet
bajpas *n.* bypass
bajt *n.* byte
bakall *n.* grocer
bakër *n.* copper
bakshish *n.* gratuity
bakshish *n.* perquisite
bakshish *n.* tip
bakteret *n.* bacteria
baladë *n.* ballad
balancuar *n.* balance
balenë *n.* whale
balerin *n.* dancer
balet *n.* ballet
ballafaqim *n.* confrontation
ballë *adj.* fore
ballë *n.* forehead
ballik *n.* visor
ballkon *n.* balcony
balonë *n.* flask
balsam *n.* balm
balsam *n.* balsam
balsam për flokët *n.* conditioner
baltak *adj.* slimy
baltë *n.* mire
baltë *n.* mud
baltë *n.* silt
baltëpritëse *n.* dashboard
bambu *n.* bamboo
bamirës *adj.* charitable
bamirësi *n.* charity
banal *adj.* banal
banal *adj.* hackneyed
banane *n.* banana
bandë *n.* band
bandë *n.* bunch
bandë *n.* gang
bandit *n.* bandit
bandit *n.* gorilla
bandit *n.* outlaw
bandit *n.* thug
banesë *n.* domicile
banesë *n.* dwelling
banesë *n.* lodging
banesë *n.* residence
banesë e mbipopulluar *n.* rookery
banesë eskimeze *n.* igloo
banesë shumëkatshe *n.* tenement
banger *n.* banger
banimi *adj.* residential
banjë *v.* bathe
bankë *n.* bank
banket *n.* banquet
banket *n.* feast
bankier *n.* banker
banoj *v.* dwell
banoj *v.* reside
banonjës *n.* lodger
banor *n.* inhabitant
banor *n.* resident
banor i Moskës *n.* muscovite
banxho *n.* banjo

baptist *n.* Baptist
bar *n.* bar
bar *n.* grass
barabrinjës *adj.* equilateral
barakë *n.* barrack
barazh *n.* barrage
barazi *n.* parity
barazim *v.* draw
barazoj *v. t* equalize
barbar *n.* barbarian
barbar *adj.* barbaric
barbarizëm *n.* atrocity
barelë *n.* stretcher
bari *n.* shepherd
barishte *n.* herb
baritore *adj.* pastoral
bark *n.* abdomen
bark *n.* belly
bark *n.* midriff
barkë peshkimi *n.* trawler
barkor *a.* abdominal
barometër *n.* barometer
baron *n.* baron
Barracuda *n.* barracuda
barrë *n.* burden
barrë *n.* onus
barrikadë *n.* barricade
bartje *n.* conveyance
bartje *n.* locomotion
bas *n.* bass
bashkangjitni *v.* attach
bashkatdhetar *n.* compatriot
bashkë-Arsimi *n.* co-education
bashkëbisedues *n.* interlocutor
bashkëfajtor *n.* accomplice
bashkëjetesë *n.* coexistence
bashkëjetoj *v.* coexist
bashkëjetoj *v.* cohabit
bashkëkohor *adj.* contemporary
bashkëmbyll *v.* enclose
bashkepunetore *adj.* complicit
bashkëpunim *n.* collaboration

bashkëpunim *n.* complicity
bashkëpunimi *n.* cooperation
bashkëpunoj *v.* collaborate·
bashkëpunojnë *v.* cooperate
bashkëpunon *v.* connive
bashkëpunuese *adj.* cooperative
bashkërendim *n.* coordination
bashkërrjedhje *n.* confluence
bashkëshort *n.* spouse
bashkëshortor *v.t. & i.* conjugal
bashkëshortor *n.* mate
bashkëshortor *n.* spousal
bashkësi *n.* communion
bashkëtingëllore *n.* consonant
bashkëveprim *v.* interact
bashkëveprim *n.* interplay
bashkim *n.* affiliation
bashkim *n.* alignment
bashkim *n.* fusion
bashkim *n.* merger
bashkim *n.* reunion
bashkim *n.* unification
bashkim *n.* union
bashkim pjesësh figure *n.* jigsaw
bashkohem *v.* join
bashkohem *v.* rejoin
bashkoj *v.* conjugate
bashkoj *v.* interlock
bashkoj *v.* unite
bashkoj *v.* weld
bast *v.* bet
bast *n. & v.* wager
bastard *n.* bastard
bastard *n.* mongrel
Baste *v.* baste
bastisje *n.* foray
bastisje *n.* raid
bat *n.* bat
batak *n.* morass
batalion *n.* battalion
batanije *n.* blanket
bateri *n.* battery

bathë *n.* bean
baticë *n.* tide
baticor *adj.* tidal
batik *n.* batik
baxho *n.* dairy
Baza e të dhënave *n.* database
bazament *n.* plinth
bazë *n.* base
bazë *n.* basis
bazilika *n.* basilica
bazooka *n.* bazooka
becalmed *adj.* becalmed
bedel *n.* dummy
bedraggled *adj.* bedraggled
befasi *n.* surprise
befasoj *v.* startle
befasues *n.* startling
befuddled *adj.* befuddled
begati *n.* weal
begenis *v.* deign
begenis *v.* patronize
bëhem *v.* impersonate
bëhem më i bukur *v.* beautify
bëj *n.* cause
bëj *v.* do
bëj *v.* make
bëj *v.* perpetrate
bëj *v.* transact
bëj *v.* wreak
bëj analizë gramatikore *v.* parse
bëj dëshmi të rreme *v.* perjure
bëj gjyq me dikë *v.* litigate
bëj i dashur *v.* endear
bëj kontrabandë *v.* smuggle
bëj një shenjë *v.* beckon
bëj pazar *v.* haggle
bëj për vete *v.* conciliate
bëj perëndimor *v.* westernize
bëj përpjekje *v.* exert
bëj pyetje të pakëndshme *v.* heckle
bëj rrafsh me tokën *v.* raze
bëj si i marrosur *v.* dote
bëj sikur *v.* simulate
bëj thirrje *v.* invoke
bekim *n.* blessing
bekoj *v.* bless
bel *n.* waist
bela *n.* mishap
belay *v.* belay
belbëzoj *v.* stammer
belbëzoj *v.* stutter
beleaguered *adj.* beleaguered
belveder *n.* gazebo
benzinë *n.* petrol
beqar *n.* bachelor
beqar *adj.* celibate
beqari *n.* celibacy
berber *n.* barber
bërë *n.* making
bergamot *n.* bergamot
berk *n.* berk
bërryl *n.* elbow
bërshen *n.* yew
bërtas *v.* ejaculate
bërtas *v.* scream
bërtas *v.i.* shout
bërtas *n.* whoop
bërtas *n.* yell
bërthamë *n.* core
bërthamë *n.* nucleus
bërthamor *adj.* nuclear
bërtitje *v.* bawl
besëthyes *adj.* perfidious
besim *n.* belief
besim *n.* confidence
besim *n.* faith
besim *n.* reliance
besim *n.* trust
besimplotë *adj.* trustful
besimtar *n.* devotee
besimtar *adj.* godly
besimtar *adj.* pious
besnik *adj.* faithful

besnik *adj.* loyal
besnikëri *n.* allegiance
besnikëri *adj.* fidelity
besoj *v.* believe
besoj *v.* confide
besoj *v.* consign
besoj *v.* entrust
betejë *n.* battle
betejë *n.* warfare
betim *n.* oath
betim *n.* sacrament
betohem *v.* swear
bezdi *n.* annoyance
bezdis *v.* displease
bezdis *n.* harrow
bezdis *v.t.* nag
bezdis *v.* vex
bezdisje *n.* vexation
bezh *n.* beige
bi *comb.* bi
Bibël *n.* Bible
biberon *n.* nipple
bibliofil *n.* bibliophile
bibliografi *n.* bibliography
bibliotekar *n.* librarian
bibliotekë *n.* library
biceps *n.* biceps
biçikletë *n.* bicycle
biçikletë *n.* bike
biçikletë me motor *n.* moped
biçikletë me tri rrota *n.* tricycle
bidet *n.* bidet
bie *n.* chime
bie *v.* devolve
bie *v.* fall
bie *v.* flop
bie *v.* tumble
bie borisë *n.* honk
bie në fund *v.* gravitate
bie në gjumë *v. i* doze
bie në gjunjë *v.* kneel
bie në qafë *v.* harass

bie në ujdi *v.* swap
bie të fikët *adj.* faint
bie të fikët *v.* swoon
bie violinës *n.* fiddle
biftek *n.* steak
bigami *n.* bigamy
bijë *n.* daughter
bikini *n.* bikini
bilardo *n.* billiards
bilbil *n.* nightingale
bile *n.* bile
biletë *n.* ticket
bimë *n.* plant
bimësi *n.* vegetation
bin *n.* bin
binarë *n.* rail
bind *v.* convince
bind *v.* outrun
bind *v.* persuade
bind *v.* remonstrate
bindem *v.* obey
bindës *adj.* cogent
bindës *adj.* conclusive
bindës *adj.* plausible
bindje *n.* conviction
bindje *n.* obedience
bindje *n.* persuasion
binjak *n.* twin
binocular *adj.* binocular
biodegradable *adj.* biodegradable
biodiversitetit *n.* biodiversity
biografi *n.* biography
biokimi *n.* biochemistry
biolog *n.* biologist
biologji *n.* biology
biopsi *n.* biopsy
bip *n.* beep
bir *n.* son
birë *n.* puncture
biroj *v.* perforate
birrë *n.* ale
birrë *n.* beer

birrë e fortë *adj.* stout
birrë i çelët *n.* lager
birucë *n.* dungeon
bisedë *n.* conversation
bisedë e gjatë *n.* tirade
bisedë e palidhur *n.* rigmarole
bisedime *n.* negotiation
bisedime *n.* parley
bisedoj *v.* converse
bisedoj *v.* socialize
bisedor *adj.* colloquial
bisht *n.* tail
bishtajë *n.* pod
bishtlëkundës *n.* wagtail
bishtnues *n.* shirker
biskotë *n.* cookie
biskotë *n.* gateau
bisturi *n.* lancet
bit *n.* bit
bizele *n.* pea
biznes *n.* business
biznesmen *n.* businessman
bizon *n.* bison
bjond *adj.* blonde
blatim *n.* oblation
blegërimë *v. i* bleat
blej *v.* buy
blender *n.* blender
blerës *n.* buyer
blerje *v.* purchase
bletë *n.* ape
bletë *n.* bee
blic *v.* flash
blip *n.* blip
bllok *n.* bloc
bllok *n.* block
bllok shënimesh *n.* notebook
bllokadë *n.* blockade
bllokim *n.* blockage
bllokim *n.* deadlock
bllokim *v.t.* jam
bllokim *n.* jam

bllokim *v.* overlap
bllokoj *n.* lock
blof *v.* bluff
blog *n.* blog
blowsy *adj.* blowsy
blozë *n.* soot
blu *adj.* blue
blu *n.* ultramarine
bluaj *v.* grind
blub *v.* blub
blusher *n.* blusher
bluzë *n.* blouse
bluzë *n.* jumper
bluzë *n.* jumper
boa *n.* necklet
bodrum *n.* basement
bodrum *n.* cellar
bojë e bardhë *n.* whiting
bojë për vetulla *n.* mascara
bojë shkrimi *n.* ink
bojkotoj *v.* boycott
bojler *n.* boiler
boks *n* boxing
boksier *n.* boxer
bollëk *n.* abundance
bollëk *adj.* galore
bollëk *pron.* plenty
bollëk *n.* plethora
bollgur *n.* oatmeal
bollshme *v.t.* abundant
bombardim *n.* bombardment
bombardoj *v.* bombard
bombë *n.* bomb
bonafide *adj.* bonafide
bookmark *n.* bookmark
boot *n.* boot
bord *adv.* aboard
bordi *n.* board
borë *n.* snow
bori *n.* bugle
bori *n.* trumpet
borxh *n.* arrears

borxh *n.* debt
borxh *adj.* owing
borzilok *n.* basil
bos *n.* boss
bosh *adj.* blank
bosh *adj.* empty
boshllëk *n.* gap
boshllëk *n.* vacancy
bosht *n.* axle
bosht *n.* fulcrum
bosht *n.* shaft
bota e krimit *n.* underworld
botanikë *n.* botany
botë *n.* globe
botë *n.* world
botim *n.* edition
botim periodik *adj.* periodical
botoj pjesë-pjesë *v.* serialize
botues *n.* publisher
Braille *n.* Braille
braktis *v.* forsake
braktisje *v.t.* abandon
bredh *n.* fir
bredh *v.* loiter
bredh *v.* ramble
bredh *v.* roam
bredh *v.* wander
bredhje *v.* rove
breg *n.* hump
breg *n.* shore
bregdet *n.* coast
bregdetar *n.* seaside
bregore *n.* hillock
brejtësit *n.* rodent
brejtje *n.* qualm
brekë *n.* panties
brekë *n.* underpants
brenda *n.* inside
brenda *prep.* within
brengos *v.* deject
brengos *v.* grieve
brengosje *n.* dejection

breshër *n.* hail
breshëri *n.* salvo
breshëri *n.* volley
breshkë *n.* tortoise
breshkë *n.* turtle
bretkocë *n.* frog
brez *n.* generation
brez *n.* girdle
brez *n.* sash
brezat e ardhshëm *n.* posterity
bri *n.* horn
brigadë *n.* brigade
brigadier *n.* brigadier
brinar *n.* cuckold
brindle *adj.* brindle
Brinjal *n.* brinjal
brinjë *n.* rib
briosh *n.* croissant
brisk rroje *n.* razor
britanik *adj.* British
brith *n.* tentacle
britmë *n.* hue
brohorasim *v.* acclaim
brohoritje *n.* ovation
brokadë *n.* brocade
brokoli *n.* broccoli
bronkial *adj.* bronchial
bronz *n.* bronze
broshurë *n.* booklet
broshurë *n.* booklet
broshurë *n.* brochure
brumë *n.* dough
brutal *adj.* brutal
bruto *adj.* gross
bruz *n.* turquoise
buall *n.* buffalo
bubullimë *n.* thunder
bucelë *n.* keg
buçitës *adj.* stentorian
buçitës *adj.* thunderous
budalla *adj.* daft
budalla *n.* fool

budalla *adj.* gaga
budalla *adj.* mindless
budalla *n.* nerd
budalla *adj.* silly
budalla *adj.* stupid
budallallos *v.* stultify
buding *n.* pudding
buf *n.* owl
bufe *n.* cupboard
bufon *n.* buffoon
bufon *adj.* zany
buhari oxhaku *n.* mantel
buis *v.* germinate
bujar *adj.* bountiful
bujar *adj.* generous
bujar *adj.* lavish
bujar *adj.* unselfish
bujari *n.* bounty
bujari *n.* generosity
bujari *n.* largesse
bujari *n.* nobility
bujë *n.* fuss
bujk *n.* tiller
bujqësi *n.* agriculture
bujqësor *adj.* agricultural
bujqësor *adj.* rural
bujtinë *n.* hospice
bukë *n.* bread
bukur *adj.* nice
bukuri *n.* beauty
bukuri *n.* charm
bukuri *n.* splendour
bukuroshe *n.* belle
bukuroshe *adj.* lovely
bukuroshe *n.* peach
buletin *n.* bulletin
bulevard *n.* boulevard
bulimia *n.* bulimia
bulldog *n.* bulldog
bullish *adj.* bullish
bum *n.* boom
bun *n.* hut

bunker *n.* bunker
buoyancy *n.* buoyancy
burbuqe *n.* bud
burg *n.* clink
burg *n.* jail
burgos *v.* imprison
burgos *v.* incarcerate
burgosje *n.* confinement
burgu *n.* prison
burim *n.* font
burim *n.* fountain
burim *n.* source
burim fitimi *n.* bonanza
burime *n.* resource
burnot *v.* snuff
burokraci *n.* bureaucracy
burokrat *n.* bureaucrat
buron *n.* stem
burrë shteti *n.* statesman
burrëror *adj.* manly
burri *n.* husband
bursary *n.* bursary
bursë *n.* scholarship
bursë *n.* stipend
burynxhuk *v.* muslin
bust *n.* bodice
bust *n.* bust
bust *n.* torso
busull *n.* compass
butë *adj.* soft
butësi *n.* leniency
butik *n.* boutique
buton *n.* button
buxhet *n.* budget
buzë *n.* brim
buzë *n.* edge
buzë *n.* hem
buzë *n.* rim
buzë *n.* selvedge
buzë të shtrembëra *n.* harelip
buzë trotuari *n.* kerb
buzëqeshje *v.* smile

buzëqeshje i vetëkënaqur v. smirk
buzor *adj.* labial
byk *n.* hull
bymehet *v.* swell
bymehet *n.* swell
byrek *n.* patty
byrek *n.* pie
byrek me mish *n.* pasty
bythë *n.* bum
bythë *n.* buttock
byzylyk *n.* bracelet
byzylyk këmbe *n.* anklet

çadër *n.* marquee
caesarean *n.* caesarean
çafkë *n.* gull
çafkëlore *n.* warbler
çahem *v.* cleave
cahoots *n.* cahoots
çaj *n.* tea
cak *n.* ambit
çakall *n.* jackal
çakmak *n.* lighter
caktoj *v.* allocate
caktoj *v.* allot
caktoj *v.* appoint
caktoj *v.* assign
caktoj *v.* designate
çallatë *n.* nick
çallmë *n.* turban
camber *n.* camber
çamçakëz *n.* gum
çamçakëz me mente *n.* spearmint
çan *n.* plough
cant *n.* cant
çantë *n.* satchel

çantë dore *n.* purse
çantë shpine *n.* backpack
çantë shpine *n.* rucksack
çantë udhëtimi *n.* holdall
çantë udhëtimi *n.* valise
caparison *v.* caparison
çapitje *v.* shamble
capstan *n.* capstan
çarë *v.t.* slit
çarje *n.* fissure
çarje *n.* rift
çarmatim *n.* disarmament
çarmatos *v.* disarm
çast *adj.* instant
çast *n.* trice
çatall *n.* tusk
catalyze *v.* catalyse
catharsis *n.* catharsis
çati *n.* roof
caveat *n.* caveat
çdo *adj.* each
çdo *adj.* every
cëcërin *v.* sizzle
cefël *n.* shard
çehre *n.* complexion
cek *v.* skim
çek *n.* cheque
cekëtinë *n.* shoal
çekiç *n.* hammer
çekiç druri *n.* mallet
cektësi *n.* superficiality
çel *n.* blossom
celandine *n.* celandine
çelës *n.* clue
çelës *n.* knob
çelës *n.* spanner
çelik *n.* steel
cellphone *n.* cellphone
celsius *n.* Celsius
celsius *adj.* centigrade
celular *adj.* cellular
celulitin *n.* cellulite

celuloid *n.* celluloid
celulozë *n.* cellulose
cen *n.* blemish
cen *n* demerit
cen *n.* imperfection
cen *n.* malformation
cen *n.* shortcoming
censor *n.* censor
censurim *n.* censorship
cent *n.* cent
centimetër *n.* centimetre
çerdhe *n.* den
cerdhja *n.* crèche
çerek *n.* quarter
ceremoni *n.* ceremony
ceremoni *n.* rite
ceremonial *adj.* ceremonial
ceremonial *adj.* ceremonious
certifikatë *n.* certificate
çështje *n.* affair
çështje *n.* issue
çështje *n.* matter
çështje gjyqësore *n.* litigation
çfarë *pron.* & *adj.* what
çfarëdo *pron.* whatever
chart *n.* chart
çhelmoj *v.* detoxify
chickpea *n.* chickpea
chilli *n.* chilli
chronograph *n.* chronograph
chutney *n.* chutney
cicërimë *n.* carol
cicëroj *v.* tweet
cifël *n.* splinter
çift *n.* couple
çift *n.* couplet
çiftohem *v.* copulate
cigan *n.* gypsy
cigare *n.* cigarette
cik *n.* lip
çik *v.* dab
çikë *n.* tithe

çikë *n.* whit
cikël *n.* cycle
ciklik *adj.* cyclic
çiklist *n.* cyclist
ciklon *n.* cyclone
çikrik *n.* windlass
cila *pron.* & *adj.* which
çile *n.* hank
cilësi *n.* quality
cilësi *n.* texture
cilësore *adj.* qualitative
cili *pron.* who
cilido që *pron.* whichever
çilimi *n.* mite
cilin *pron.* whom
cilindër *n.* cylinder
çimento *n.* cement
cinik *n.* cynic
cipë *n.* membrane
cirk *n.* circus
cirk *n.* tan
cironkë *n.* gudgeon
cistike *adj.* cystic
citat *n.* quotation
citoj *v.* cite
citoj *v.* quote
citoj gabim *v.* misquote
civil *adj.* civil
civil *n.* civilian
çjerr *v.* lacerate
clementine *n.* Clementine
click *n.* click
çlirim *n.* liberation
çlirim *n.* nirvana
çlirim nga skllavëria *n.* manumission
çliroj *v.* deliver
çliroj *v. t* emancipate
çlirues *n.* liberator
çlodhës *adj.* restful
çlodhje *n.* relaxation
cloying *adj.* cloying

çmend v. distract
çmendje adj. queer
çmenduri n. dementia
çmenduri n. lunacy
çmim n. price
çmim n. prize
çmim i parë n. jackpot
çmitizojmë v. demystify
çmobilizoj v. demobilize
çmoj v. apprise
çmontoj v. dismantle
çnderim n. dishonour
çngjyroj v. discolour
çnjerëzoj v. dehumanize
çnjerëzor adj. inhuman
cockade n. cockade
cofëtinë n. hag
coir n. coir
çokitje n. fillip
çokollatë n. chocolate
çomange n. bludgeon
commissure n. commissure
compere n. compere
conker n. conker
copë n. chunk
copë n. hunk
copë n. loaf
copë n. piece
copë n. shred
copë n. snippet
copë litari n. gasket
copëra n. debris
copëtoj v. maul
copëtoj v. sunder
copëz n. scrap
copier n. copier
çorap n. sock
çorape n. hose
çorape n. hosiery
çorape n. stocking
çorganizuar adj. disorganized
çorodit v. disorientate

çoroditje n. perversion
corrugated adj. corrugated
couchette n. couchette
courtesan n. courtesan
çrregull v. moil
çrregullim n. disorder
çrregulloj v. confuse
çrregulloj n. disarray
çrregulloj v. rumple
çrrënjos v. eradicate
çrrënjos v. extirpate
çrrënjos v. uproot
çudis v. daze
çudit v. amaze
çukit v.i. peck
cullufe n. quiff
cung n. stub
çupë n. maid
çupëlinë n. chit
çurg n. spout
cyan n. cyan
cyanide n. cyanide
cyber comb. cyber
cyberspace n. cyberspace

dacoit n. dacoit
dado n. nanny
dafinë n. laurel
dajë n. uncle
dal v. emerge
dal v. sprout
dal në v. overlook
dal nga binarët v. t. derail
dal nga tema v. digress
dalëse adj. outgoing
dalje n. exit
dalje në pension n. retirement

dallaveraxhi *n.* racketeer
dallavere *n.* racket
dallgë gjigande *n.* tsunami
dallim *n.* distinction
dalloj *v.* discern
dalloj *v. t* distinguish
daltë *n.* chisel
damar *n.* seam
damixhanë *n.* decanter
damkos *v.* stigmatize
dardhë *n.* pear
darkë *n.* dinner
darkë *n.* supper
dash i kurbanit *n.* scapegoat
dashamirës *adj* benevolent
dashamirës *adj.* benign
dashamirës *adj.* sympathetic
dashamirësi *n.* benevolence
dashnor *n.* lover
dashnore *n.* paramour
dashur *adj.* lovable
dashuri *n.* affection
dashuri *n.* love
dashuror *adj.* amatory
dashuror *adj.* amorous
dasme *adj.* nuptial
data *n.* date
data *n.* date
daulle *n.* drum
debat *n.* debate
debat *v. t.* debate
debat *v. i* dispute
debi *n.* debit
dëbim *n.* banishment
dëbim *n.* eviction
dëbim *n.* expulsion
debitor *n.* debtor
debitor *n.* mortgagor
dëboj *v.* banish
dëboj *v.* evict
dëboj *v. t* expel
debutim *n.* debut

debutuese *n.* debutante
decentralizoj *v.* decentralize
decibel *n.* decibel
decimal *adj.* decimal
decongestant *n.* decongestant
deconstruct *v.* deconstruct
dede *v.* dupe
dedikim *n.* dedication
def *n.* tambourine
defekt *n.* defect
deficit *n.* deficit
deflacion *n.* deflation
dëfrehem *v.* recreate
dëfrim *n.* amusement
dëfrim *n.* dalliance
dëftesë borxhi *n.* debenture
degdis *v. t* deport
degë *n.* bough
degë *n.* branch
degë *n.* offshoot
degëz *n.* sprig
degëzim *n.* ramification
degëzoj *v.* ramify
dëgjim *n.* hearing
dëgjoj *v.* hark
dëgjoj *v.* hear
dëgjoj *v.* listen
dëgjoj padashur *v.* overhear
dëgjues *n.* listener
degradoj *v.* degrade
deh *v.* intoxicate
dehje *n.* intoxication
deja vu *n.* déjà vu
dekadë *n.* decade
dekadent *adj.* decadent
dekafeinato *adj.* decaffeinated
dekan *n.* dean
deklarata *n.* statement
deklaratë *n.* allegation
deklaratë *v. t.* declaration
deklaroj *n* declare
dekompozim *v. t* decomposition

dekor *n.* decor
dekoratë *n.* decoration
dekorativ *adj.* decorative
dekorativ *adj.* ornamental
dekoroj *v.* decorate
dekret *n.* decree
dekriminalizojnë *v.* decriminalize
dekurajoj *v.* discourage
del nga shtrati *v.* overflow
dele *v.t* fold
delegacion *n.* delegation
delegacion *n.* deputation
delegoj *n.* delegate
deleje *n.* mutton
delikat *adj.* delicate
delikat *adj.* subtle
delikatesë *n.* delicacy
dëlirësi *n.* chastity
dell *n.* streak
deltë *n.* delta
dem *n.* bull
dem *n.* bullock
dem *n.* ox
dëm *n.* damage
dëm *n.* dent
dëm *n.* detriment
dëm *n.* disadvantage
dëm *n.* harm
demaskoj *v.* debunk
demaskoj *v.* unmask
dembel *adj.* floppy
dembel *n.* idler
dembel *adj.* lazy
demet *n.* truss
demografi *n.* demography
demokraci *n.* democracy
demokratik *adj.* democratic
demon *n.* demon
demonizuar *v.* demonize
demonstrim *n.* demonstration
demonstroj *v.* demonstrate
demoralizoj *v.* demoralize
demoralizoj *v.* unnerve
dëmshpërblim *n.* indemnity
dëmtoj *v.* impair
dëmtues *adj.* injurious
dend *n.* ply
dëndem *v.* cram
dendësi *n.* density
dënes *v.* sob
deng *n.* bale
deng *n.* bundle
dënim *n.* condemnation
dënim *n.* damnation
dënim *n.* denunciation
dënim *n.* doom
dënim *n.* penalty
dënim *n.* punishment
denjoj *v.* condescend
denjoj *v.* dignify
dënoj *v.* condemn
dentar *adj.* dental
dentist *n.* dentist
deodorant *n.* deodorant
depërtim *n.* insight
depërtim *n.* penetration
depërtoj *v.* infiltrate
depërtoj *v.* seep
depilatory *adj.* depilatory
depo *n.* depot
depo *n.* larder
depo *n.* repository
depo *n.* warehouse
depozitë *n.* deposit
depresion *n.* depression
depror *n.* subaltern
deputet *n.* deputy
deputet *n.* parliamentarian
dërdëllisje *n.* verbiage
dërdëllit *v.* gibber
dërdëllit *v.* yap
derdh *v.* pour
derdh *n.* shed

derdh *v.* spill
derdhje *n.* influx
derë *n.* door
deregulate *v.* deregulate
dërgim *n.* remittance
dërgoj *v.* dispatch
dërgoj *v.* send
deri *prep.* till
deri *prep.* until
deri tani *adv.* hitherto
derivativi *adj.* derivative
derr *n.* boar
derr *n.* pig
derr *n.* swine
dërrasë *n.* batten
dërrasë *n.* plank
dërrasë e zezë *n.* blackboard
dërrmoj *v.* mangle
dërrmoj *v.* whelm
deshifroj *v.* decipher
deshifroj *v.* decode
Dëshira *n.* desire
dëshirë *n.* penchant
dëshirë e madhe *n.* longing
dëshirë e zjarrtë *n.* yearning
dëshmi *n.* evidence
dëshmi *n.* muniment
dëshmi *n.* testimony
dëshmi me betim *n.* affidavit
dëshmitar *n.* witness
dëshmitar okular *n.* eyewitness
dëshmoj *v.* infer
dëshmoj *v.* testify
dëshpërim *n.* despair
dëshpëroj *v.* embitter
dështim *n.* failing
dështim *n.* failure
dështim i plotë *n* checkmate
dështoj *v.i* abort
dështoj *v.* backfire
dështoj *v.* fail
dështoj *v.* miscarry

dështuar *n.* stillborn
despot *n.* autocrat
despot *n.* despot
destabilizojnë *v.* destabilize
destinacion *n.* destination
det *n.* sea
detar *adj.* marine
detar *adj.* maritime
detar *adj.* nautical
detar *adj.* naval
detashment *n.* detachment
detektiv *n.* detective
detektiv *n.* sleuth
detyrë *n.* assignment
detyrë *n.* duty
detyrë *n.* task
detyrim *n.* compulsion
detyrim *n.* constraint
detyrim *n.* liability
detyrim *n.* obligation
detyrohem *n.* owe
detyroj *n.* bully
detyroj *v.* coerce
detyroj *v.* compel
detyroj *v.* constrain
detyrojë *n.* force
detyruar *adj.* obligated
detyrues *n.* binding
detyrueshëm *adj.* compulsory
deve *n.* camel
devijante *adj.* deviant
devijoj *v. t* divert
devocion *n.* devotion
devocion *n.* piety
dezinfektoj *v.* decontaminate
dezinfektoj *v.* disinfect
dhe *conj.* and
dhelpër *n.* fox
dhemb *n.* ache
dhëmb *n.* fang
dhëmb *n.* tooth
dhëmballë *n.* molar

dhembshuri *n.* compassion
dhen *n.* sheep
dhëndër *n.* bridegroom
dhëndër *n.* fiancé
dhëndër *v.* groom
dhënë *adj.* given
dhënie *n.* assignation
dhënie *v.* award
dhënie e titullit të kalorësit *n.* accolade
dhënie pas *n.* addiction
dhi *n.* goat
dhimbje *n.* heartache
dhimbje *n.* pain
dhimbje barku *n.* colic
dhimbje dhëmbi *n.* toothache
dhimbje koke *n.* headache
dhimbje reumatike *n.* tort
dhimbje të nervit shiatik *n.* sciatica
dhjamë *n.* tallow
dhjetë *adj. & adv.* ten
dhjetor *n.* December
dhomë *n.* chamber
dhomë *n.* room
dhomë e nëndheshme *n.* crypt
dhomë fjetjeje e vogël *n.* cubicle
dhomëmbledhjesh *n.* vestry
dhunë *n.* violence
dhunti *n.* flair
dhuratë *n.* gift
dhuratë për kujtim *n.* keepsake
dhuroj *v.* bestow
dhuroj *v.* donate
dhurues *n.* donor
di *v.* know
diabet *n.* diabetes
diademë *n.* tiara
diagnozë *n.* diagnosis
diagramë *n.* diagram
dialekt *n.* dialect
dializë *n.* dialysis

dialog *n.* dialogue
diamant *n.* diamond
diametër *n.* diameter
diarre *n.* diarrhoea
Diasporë *n.* Diaspora
diçka *pron.* anything
diçka *pron.* something
diçka e pakuptueshme *v.* smudge
diçka që nuk ekziston *n.* nonentity
didaktik *adj.* didactic
diell *n.* sun
diell *v.* sun
diellor *adj.* solar
dieni *n.* cognizance
dietë *n.* diet
dietës *n.* dietitian
diferencë *n.* margin
digjem *v.* hanker
dignitary *n.* dignitary
dije *n.* lore
dijetar *adj.* erudite
dijetar *n.* scholar
diktat *adj.* dictate
diktator *n.* dictator
diktim *n.* dictation
diku *adv.* somewhere
dikur *adv.* formerly
dikur *adv.* once
dikush *pron.* somebody
dikush *pron.* someone
dilemë *n.* dilemma
dilte *n.* cobble
dimension *n.* dimension
dimër *n.* winter
dimri *adj.* wintry
din *n.* din
dinak *adj.* crafty
dinak *adj.* cunning
dinak *adj.* devious
dinak *adj.* sly
dinak *adj.* wily

dinakëri *n.* trickery
dinamik *adj.* dynamic
dinamikë *n.* dynamics
dinamit *n.* dynamite
dinamo *n.* dynamo
dinasti *n.* dynasty
dinjitet *n.* dignity
dinjitet *n.* grandeur
dinozaur *n.* dinosaur
dip *v. t* dip
diplomaci *n.* diplomacy
diplomat *n.* diplomat
diplomatik *adj.* diplomatic
diplomë *n.* diploma
diplomuar *n.* graduate
direk *n.* mast
direkë *n.* rigging
direktivë *n.* directive
dirigjent *n.* conductor
disa *adj.* certain
disa *adj. & pron.* several
disa *adj.* some
disa *adj.* various
disable *v.* disable
disempower *v.* disempower
disertacion *n.* dissertation
disfatist *n.* defeatist
dishepull *n.* disciple
disi *adv.* somehow
disi *adv.* somewhat
disident *n.* dissident
disiplinë *n.* discipline
disk *n.* disc
disko *n.* disco
diskreditim *v.* discredit
diskreditim *n.* disrepute
diskreditim *n.* obloquy
diskriminoj *v.* discriminate
diskutim *n.* discussion
diskutoj *v.* canvass
diskutoj *v.* discuss
disleksia *n.* dyslexia

dismissive *adj.* dismissive
dispepsi *n.* indigestion
dispozicion *n.* disposal
dispozitë *n.* provision
distancë *n.* distance
distileri *n.* distillery
distiloj *v.* distil
distinktiv *n.* badge
ditar *n.* diary
ditar *n.* journal
ditë *n.* day
ditë jave *n.* weekday
divan *n.* settee
divan *n.* sofa
diversion *n.* diversion
diversitet *n.* diversity
divorc *n.* divorce
divorc *n.* repudiation
dixhital *adj.* digital
dizajn *n.* design
dizenteri *n.* dysentery
djalë *n.* boy
djalëri *n* boyhood
djall *n.* devil
djall python
djalosh *n.* guy
djalosh *n.* lad
djalosh *n.* stripling
djaloshar *adj.* adolescent
djathë *n.* cheese
dje *adv.* yesterday
djeg *v.* burn
djeg *v.* cremate
djeg *n.* sting
djegës *adj.* acrid
djegësirë *n.* pungency
djegje *n.* combustion
djegje *n.* cremation
djegje *v.* scald
djep *n.* cradle
djersë *n.* perspiration
djersë *n.* sweat

djersitem *v.t.* perspire
do *v.* would
do të *v.* shall
do të *v.* should
do të *v.* will
dobësi *n.* debility
dobësi *n.* weakness
dobësoj *v.* weaken
dobësuar *adj.* emaciated
dobi *v.* avail
dobi *n.* benefit
dobi *n.* utility
dogmatik *adj.* dogmatic
dogmë *n.* dogma
dok *n.* dock
doktoratë *n.* doctorate
doktrinë *n.* doctrine
dokument *n.* document
dokumentar *n.* documentary
dollakë *n.* leggings
dollap me kyç *n.* locker
dollar *n.* buck
dollar *n.* dollar
dolli *n.* toast
domate *n.* tomato
domethënë *n.* namely
domethënie *v.* drift
domethënie *v.* purport
dominoj *v.* dominate
dominues *adj.* dominant
domosdo *adv.* necessarily
domosdoshmëri *n.* necessity
donkishotesk *adj.* quixotic
dorashka pa gishta *n.* mitten
dore *n.* wrist
dorë *n.* flipper
dorë *n.* hand
dorëheqje *n.* resignation
dorëlëshuar *adj.* prodigal
dorëlëshuar *adj.* profuse
dorëshkrim *n.* manuscript
dorëshkrim *n.* paw

dorëshkrim *n.* script
dorështrëngim *n.* avarice
dorështrënguar *adj.* miserly
dorëzani *n.* bail
dorezë *n.* glove
dorezë *n.* haft
dorezë e xhamave *n.* winder
dorezë thike *n.* hilt
dorëzohem *v.* capitulate
dorëzohem *v.* surrender
dorëzohem *n.* surrender
dosje *n.* dossier
dozë *n.* dose
drafti *n.* draft
Drafti *n.* draught
dragua *n.* dragon
dramatik *adj.* dramatic
dramaturg *n.* dramatist
dramaturg *n.* playwright
dramë *n.* drama
drapër *n.* sickle
dre *n.* deer
dredh *n.* convulse
dredha-dredha *adj.* sinuous
dredha-dredha *adj.* tortuous
dredharak *adj.* shifty
dredhi *v. t* dodge
dredhi *n.* ploy
dredhim *v.* parry
dredhje *n.* trill
dredhkë *n.* ivy
drejt *adj.* straight
drejtë *adj.* righteous
drejtë *adj.* rightful
drejtësi *n.* equity
drejtësi *n.* justice
drejtësi *n.* rectitude
drejtim *n.* direction
drejtkëndësh *adj.* oblong
drejtkëndësh *n.* rectangle
drejtkëndor *adj.* rectangular
drejtohem *v.* wend

drejtoj keq *n.* mismanagement
drejtojnë *adj.* direct
drejtor *n.* director
drejtor *n.* warden
drejtor shkolle *n.* headmaster
drejtori *n.* directory
drejtpërdrejt *adv.* directly
drejtshkrim *n.* spelling
drejtuar *n.* run
drejtuar *v.* run
drejtues *adj.* managerial
drejtuesit *n.* management
drekë *n.* lunch
drekë *n.* luncheon
dremit *v.* slumber
dremitje *v.* nod
dreq *n.* fiend
dridhem *v.* flinch
dridhem *v.* shiver
dridhem *v.* tremble
dridhem *v.* twitch
dridhje *v.* quiver
dridhje *n.* tremor
dridhje *n.* vibration
dridhje zëri *v.* quaver
dritare *n.* window
dritare me grila *n.* Louvre
dritare me kanata *n.* casement
dritë *n.* light
dritë e fortë *n.* limelight
dritë hëne *n.* moonlight
dritëshkurtër *adj.* myopic
dritëz *v.* glimmer
drithi *n.* cereal
drogë *n.* drug
drojë *v.* dither
dru *n.* wood
dru frutor *n.* orchard
dru sandali *n.* sandalwood
dru tik *n.* teak
drugë *n.* shuttle
druri *adj.* wooden

dry *n.* padlock
dua *v.* want
dual *adj.* dual
duartrokas *v.* applaud
duartrokas *v.* clap
duartrokitje *n.* applause
dublikatë *adj.* duplicate
duel *n.* duel
duet *n.* duet
duhan *n.* smoke
duhan për të mbllaçitur *n.* quid
duhani *n.* tobacco
duhet *v.* must
duhet *v.* need
duhmë *n.* puff
duke *n.* bearing
duke *n.* pointing
duke e ditur *adj.* knowing
duke u përpjekur *adj.* trying
duket *v.* appear
duket *v.* seem
dukje *n.* appearance
dukshmëri *n.* visibility
dukuri *n.* occurrence
dullap *n.* closet
dullard *n.* dullard
duo *n.* duo
durim *n.* patience
durim *n.* sufferance
duroj *v.* tolerate
dush *n.* bath
dush *n.* shower
duvet *n.* duvet
duzinë *n.* dozen
dy *adj.&n.* two
dy herë *adv.* twice
dy pika *n.* colon
dybek *v.* churn
dyfish *n.* duplex
dyfishtë *adj.* double
dygjuhësh *adj.* bilingual
dyjavor *n.* fortnight

dyjor *adj.* binary
dykuptimësi *n.* ambiguity
dymbëdhjetë *adj.&n.* twelve
dyndem *v.* invade
dyndje *n.* irruption
dypalësh *adj.* bilateral
dyqan *n.* shop
dyqan I madh *n.* superstore
dyqanxhi *n.* shopkeeper
dyqindvjeçar *n.* bicentenary
dysh *n.* cleft
dyshek *n.* mattress
dyshim *n.* doubt
dyshim *n.* misgiving
dyshim *n.* suspicion
dyshoj *v.* suspect
dyshoj *n* suspect
dytësor *adj.* secondary
dyvatror *adj.* bifocal
dyvjeçar *adj.* biennial
dyzetë *adj.& n.* forty
dyzetkëmbësh *n.* centipede

e ardhme *n.* future
e bardhë *adj.* white
e çarë e xhaketës *n.* vent
e dashura *n.* valentine
e diel *n.* Sunday
e drejta civile *n.* civics
e drejtë *adj.* right
e drejtë *n* right
e enjte *n.* Thursday
e gjelbër *adj. & n.* green
e hënë *n.* Monday
e kaluara *adj.* past
e kundërt *v.* reverse
e lë pas *v.* outclass

e martë *n.* Tuesday
e mërkurë *n.* Wednesday
e pakryer *adj.* imperfect
e premte *n.* Friday
e saj *pron.* her
e shkuara *adj.* bygone
E shtunë *n.* Sabbath
e shtunë *n.* Saturday
e shurdhër *adj.* dull
e të tjera *adv.* et cetera
e tij *adj.* his
e tundshme *adj.* movable
e tyre *adj.* their
e ve *n.* widow
e verdha e vezes *n.* yolk
e verdhë *adj.* yellow
e vërtetë *n.* truth
e vërtetë e rëndomtë *n.* truism
eci *n.* hike
eci *v.* walk
eci duke u lëkundur *v.* totter
eci me galop *n.* canter
eci me mundim *v.* trudge
ecje *n.* gait
ecje çalë-çalë *v.* hobble
edhe *adv.* also
edukatë *n.* politeness
edukoj *v.* educate
efekt *n.* effect
efikas *adj.* efficient
efikasitet *n.* efficacy
efikasitet *n.* efficiency
egërsi *n.* rabies
egërsi *n.* savagery
egoist *adj.* selfish
egotizëm *n.* egotism
ehull *n.* icicle
eja *v.* come
ekip *n.* team
eklips *n.* eclipse
ekologji *n.* ecology
ekonomi *n.* economics

ekonomi *n.* economy
ekonomik *adj.* economic
ekonomik *adj.* economical
ekran *n.* screen
eksitim *n.* excitement
eksitim *v.* twitter
eksitohet *v.* ferment
ekskluzivitet *n.* franchise
ekskursion *n.* excursion
ekskursion *n.* jaunt
ekspeditë *n.* expedition
ekspeditë gjuetine *n.* safari
eksperiment *n.* experiment
eksperimental *adj.* tentative
eksperimentues *n.* trier
ekspert *n.* expert
ekspert *n.* troubleshooter
ekspertizë *n.* expertise
eksplorator *n.* voyager
eksplorim *n.* exploration
eksport *v. t.* export
ekspozim *n.* exposure
ekspozitë *v.* exhibit
ekspozitë *n.* exhibition
ekspres *n.* espresso
ekspres *v.* express
ekstazë *n.* ecstasy
ekstazë *n.* trance
ekstrakt *v. t* extract
ekstrem *adj.* extreme
ekstreme *adj.* drastic
ekstremist *n.* extremist
ekuacion *n.* equation
ekuator *n.* equator
ekuilibër *n.* equilibrium
ekuipazh *n.* crew
ekuivalent *adj.* equivalent
ekzagjerim *n.* exaggeration
ekzagjeroj *v.* exaggerate
ekzaltim *v.* uplift
ekzaminoj *v.* examine
ekzekutim *n.* execution

ekzekutiv *n.* executive
ekzistencë *n.* existence
ekzistencë *n.* subsistence
ekzistoj *v.* exist
ekzistues *adj.* extant
ekzotik *adj.* exotic
ekzotik *adj.* outlandish
elastik *adj.* elastic
elastik *adj.* flexible
elastik *v.* limber
elastik *adj.* resilient
elastik *adj.* tensile
elb *n.* barley
elefant *n.* elephant
elegancë *adj.* chic
elegancë *n.* urbanity
elegant *adj.* elegant
elegant *adj.* fashionable
elegant *adj.* stylish
elektorat *n.* electorate
elektricitet *n.* electricity
elektrifikoj *v.* electrify
elektrik *adj.* electric
elektrizoj *n.* thrill
elektronik *adj.* electronic
elektroshok *v.* electrocute
element *n.* element
eliminoj *v.* eliminate
elips *n.* ellipse
elitë *n.* elite
embargo *n.* embargo
ëmbëlsi *n.* sweetness
ëmbëlsirë *n.* dessert
ëmbëlsoj *v.* sweeten
ëmbëltore *n.* confectionery
embrion *n.* embryo
embrion *n.* germ
emër *n.* behalf
emër *n.* forename
emër *n.* name
emër *n.* noun
emër foljor *n.* gerund

emër i mirë *n.* goodwill
emërim *n.* nomination
emëroj *v.* nominate
emërtim *n.* denomination
emërtues *n.* denominator
emetoj *v.* emit
emigrant *n.* expatriate
emigrim *n.* transmigration
emigroj *v.* emigrate
emisar *n.* emissary
emision televiziv *v.t.* telecast
emocion *n.* emotion
emocional *adj.* emotional
emocional *adj.* emotive
encapsulate *v.* encapsulate
enciklopedi *n.* encyclopaedia
encrypt *v.* encrypt
endacak *adj.* errant
endacak *n.* ranger
endacak *n.* vagabond
endacak *n.* vagrant
ende *adj.* still
ende *adv.* yet
endemik *adj.* endemic
ëndërr *n.* dream
ëndërrim *n.* reverie
endje *v.* weave
enë *n.* container
enë pështyme *n.* spittoon
energji *n.* energy
energji *n.* vigour
energjik *adj.* dapper
energjik *adj.* energetic
energjik *adj.* vigorous
engjëll *n.* angel
enigmë *n.* enigma
ënjtje *n.* swelling
enklavë *n.* enclave
entitet *n.* entity
entomologji *n.* entomology
entuziast *n.* enthusiastic
entuziazëm *n.* enthusiasm

entuziazëm *n.* fervour
entuziazëm *n.* verve
epërsi *n.* pre-eminence
epërsi *n.* preponderance
epërsi *n.* superiority
epërsi *n.* supremacy
epërsi *n.* vantage
epidemi *n.* epidemic
epigramë *n.* quip
epik *n.* epic
epikurian *n.* epicure
epilepsi *n.* epilepsy
epilog *n.* epilogue
episod *n.* episode
epitaf *n.* epitaph
epokë *n.* epoch
epokë *n.* era
epror *adj.* superior
epsh *n.* libido
epsh *n.* lust
epshor *adj.* lascivious
erë *n.* odour
erë *n.* smell
erë *n.* whiff
erë *n.* wind
erë e fortë *n.* tang
erë e keqe *n.* stench
erë e lehtë *n.* zephyr
erëz *n.* spice
erëza *n.* seasoning
erotik *adj.* erogenous
erotik *adj.* erotic
erozion *n.* erosion
errësim i plotë *n.* blackout
errësirë *n.* gloom
errësirë *n.* murk
errësirë *n.* obscurity
errësirë *n.* opacity
errësoj *v.* darken
ese *n.* essay
esencë *n.* gist
eshkë *n.* tinder

është ngjitur me *v.* abut
esnaf *n.* guild
estetik *adj.* aesthetic
estetikë *n.* aesthetics
ethe *n.* fever
etik *n* ethic
etik *n.* ethical
etiketë *n.* decorum
etiketë *n.* label
etiketë *n.* tag
etimologji *n.* etymology
etje *n.* thirst
etnik *adj.* ethnic
etur *adj.* agog
eufori *n.* euphoria
eunuk *n.* eunuch
euro *n.* euro
evitoj *v.* elude
evolucion *n.* evolution
evoluoj *v.* evolve
Evropian *n.* European
extrovert *n.* extrovert

F

fabrikë *n.* factory
fabrikë birre *n.* brewery
fabrikë lëkurësh *n.* tannery
faj *v.* blame
faj *n.* fault
faj *n.* guilt
fajde *n.* usury
fajdexhi *n.* pawnbroker
fajësoj *v.i.* incriminate
fajtor *adj.* culpable
fajtor *adj.* guilty
faksimile *n.* facsimile
fakt *n.* fact
faktor *n.* factor

fakultativ *adj.* elective
fakultativ *adj.* optional
fakultet *n.* faculty
fal *v.* condone
fal *v.* forgive
falas *adj.* free
falas *adj.* gratuitous
falënderoj *v.* thank
falënderues *adj.* thankful
falimentim *n.* bankruptcy
falje *n.* absolution
falje *v.* apologize
falje *n.* pardon
falltar *n.* palmist
fals *adj.* bogus
falsifikim *n.* adulteration
falsifikim *adj.* counterfeit
falsifikim *n.* forgery
falso *adj.* fake
faltore *n.* pagoda
faltore *n.* shrine
famë *n.* eminence
famë *n.* fame
famë *n.* kudos
famë *n.* lustre
famë *n.* nimbus
famë *n.* notoriety
famëkeq *adj.* disreputable
famëkeq *prep.* notorious
familje *n.* family
famull *n.* godchild
famulli *n.* parish
famullitar *n.* parson
famullitar *n.* vicar
fanar *n.* lantern
fanatik *n.* bigot
fanatik *n.* fanatic
fanatik *n.* freak
fanatik *n.* zealot
fanatizëm *n.* bigotry
fanellë *n.* flannel
fanellë *n.* singlet

fanfarë *n.* fanfare
fanitet *v.* haunt
fantasize *v.* fantasize
fantastik *adj.* fantastic
fantazi *n.* fantasy
fantazira *n.* whimsy
fantazma *adj.* haunted
fantazmë *n.* ghost
fantazmë *n.* phantom
fantazmë *n.* spectre
fantazmë *n.* wraith
faqe *n.* cheek
faqe *n.* page
faqe *n.* site
faqe *n.* webpage
faqe dorëshkrimi *n.* folio
faqezi *n.* scoundrel
farë *n.* seed
farë *v.* spawn
farefisnor *n.* kin
farkëtar *n.* blacksmith
farkëtues *n.* smith
farmaceutike *adj.* pharmaceutical
farmaci *n.* pharmacy
farmacist *n.* chemist
farmacist *n.* pharmacist
farsë *n.* farce
fasadë *n.* facade
fashë *n.* bandage
fashë *n.* patch
fashizëm *n.* fascism
fashoj *n.* swathe
fat *n.* destiny
fat *n.* fate
fat *n.* luck
fat *v.* predetermine
fatal *adj.* fatal
fatal *adj.* fateful
fatal *adj.* feral
fatalitet *n.* fatality
fatkeq *adj.* hapless
fatkeq *adj.* unfortunate
fatkeq *adj.* wretched
fatkeqësi *n.* adversity
fatkeqësi *n.* bane
fatkeqësi *n.* calamity
fatkeqësi *n.* disaster
fatkeqësi *n.* misadventure
fatkeqësi *n.* misfortune
fatkeqësi *n.* tribulation
fatlum *adj.* providential
faturë *n.* bill
faturë *n.* counterfoil
faturë *n.* invoice
faturë *n.* receipt
faull *adj.* foul
faunë *n.* fauna
favor *n.* favour
fax *n.* fax
fazë *n.* phase
fazë *n.* stage
fe *n.* religion
feat *n.* feat
feçkë *n.* snout
federal *adj.* federal
federatë *n.* commonwealth
federatë *n.* federation
federohem *v.* federate
feisty *adj.* feisty
fekondoj *v.* fertilize
femër *n.* doe
femër *adj.* female
femër *n.* hen
femër e palloit *n.* peahen
femër kaba *n.* frump
femër pisanjose *n.* slattern
femëror *adj.* feminine
femëror *n.* petticoat
fëmijë *n.* child
fëmijë *n.* kid
fëmijë *n.* youngster
fëmijë i dobët *n.* sprat
fëmijëri *n.* childhood
feminizëm *n.* feminism

fëminor *adj.* childish
fëminor *adj.* infantile
femohues *n.* apostate
fener *n.* beacon
fener *n.* headlight
feng shui *n.* feng shui
feniks *n.* phoenix
fenomen *n.* phenomenon
fenomenal *adj.* phenomenal
fërkim *n.* friction
fermë *n.* farm
fermë *n.* ranch
fermentim *n.* fermentation
fermer *n.* farmer
ferr *n.* hell
ferrë *n.* blackberry
ferrë *n.* thorn
ferrëgjatë *n.* porcupine
ferribot *n.* ferry
fëshfërimë *n.* lisp
fëshfëritje *v.* rustle
festë *n.* fete
festë *n.* holiday
festë e madhe *n.* gala
festim *n.* celebration
festiv *adj.* festive
festival *n.* festival
festoj *v.* celebrate
fetar *adj.* religious
fetë *n.* slice
fetish *n.* fetish
fettle *n.* fettle
fetus *n.* fetus
feudalizëm *n.* feudalism
fiasko *n.* fiasco
fibër *n.* fibre
fidan *n.* sapling
fidanishte *n.* nursery
fier *n:* fern
figurativ *adj* figurative
figurinë *n.* figurine
fije *n.* thread

fije *n.* yarn
fije floku *v.* strand
fije mëndafshi *n.* viscose
fik *v.* extinguish
fik *n.* fig
fiksim *n.* fixation
fiksohem *n.* hook
fiksoj *v.t.* affix
fiktiv *adj.* fictitious
filament *n.* filament
filantrop *n.* philanthropist
filantropi *n.* philanthropy
filantropik *adj.* philanthropic
filateli *n.* philately
fildish *n.* ivory
fileto mishi *n.* loin
filialin *v.* affiliate
filler *n.* filler
fillestar *adj.* initial
fillestar *n.* neophyte
fillim *n.* beginning
fillim *n.* inception
fillim *n.* onset
fillim *n.* outset
fillim *v.* start
fillimet *n.* infancy
filloj *v.* begin
filloj *v.* commence
filloj *v.* initiate
filloj *v.* originate
fillor *adj.* elementary
film *n.* film
filolog *n.* philologist
filologji *n.* philology
filologjik *adj.* philological
filozof *n.* philosopher
filozofi *n.* philosophy
filozofik *adj.* philosophical
filter *n.* filter
filtrat *n.* filtrate
filxhan *n.* cup
finalist *n.* finalist

financiar *adj.* financial
financier *n.* financier
financoj *v.* endow
financoj *n.* finance
finesë *n.* finesse
finesë *n.* nicety
finesë *n.* subtlety
finial *n.* finial
fino *n.* grout
fiord *n.* fjord
firë *n.* spillage
firewall *n.* firewall
firmë *adj.* firm
fis *n.* tribe
fishek *n.* cartridge
fishekzjarr *n.* cracker
fishkëllimë *v.i* hiss
fishkëllimë *n.* whistle
fiskal *adj.* fiscal
fisnik *adj.* lofty
fisnik *adj.* noble
fisnik *n.* nobleman
fisnikët e vendit *n.* peerage
fisnor *adj.* tribal
fiston *n.* scallop
fitil *v.* fuse
fitil *n.* wick
fitim *n.* profit
fitim *adj.* winning
fitimprurës *adj.* gainful
fitimprurës *adj.* lucrative
fitimprurës *adj.* profitable
fitimprurës *adj.* remunerative
fitimtar *n.* victor
fitimtar *adj.* victorious
fitoj *v.* earn
fitoj *v.* gain
fitoj *v.* win
fitojnë *v.* acquire
fitore *n.* victory
fitore e shpejtë *v.* romp
fitues *n.* winner

fix *v.* fix
fizik *adj.* physical
fizikë *n.* physics
fizionomi *n.* physiognomy
fizioterapi *n.* physiotherapy
fjalë *n.* word
fjalë e sajuar *n.* coinage
fjalë me vend *n.* repartee
fjalë njërrokëshe *n.* monosyllable
fjalëpakë *adj.* chary
fjalëpakë *adj.* reticent
fjalëshumë *adj.* verbose
fjalëshumë *adj.* voluble
fjalëshumë *adj.* wordy
fjali *n.* sentence
fjalim *n.* oration
fjalim *n.* speech
fjalor *n.* dictionary
fjalor *n.* glossary
fjalor *n.* lexicon
fjalor *adj.* verbal
fjalor *n.* vocabulary
fjongo *n.* ribbon
flab *n.* flab
flagrant *adj.* flagrant
flak *v.* cast
flak *v.* heave
flak *v.* hurl
flakë *n.* flame
flamur *n.* banner
flamur *n.* flag
flas *v.* speak
flas *v.* talk
flas në tym *v.* maunder
flash dritë *n.* flash light
flaut *n.* flute
fle *n.* sleep
flegër *n.* nostril
flegmatik *adj.* phlegmatic
flegmatik *adj.* stolid
fletë *n.* leaf

fletë *n.* sheet
fletëpalosje *n.* leaflet
flexitime *n.* flexitime
flirtoj *v.* dally
flirtoj *v.i* flirt
fllad *n.* breeze
flluskë *n.* blister
flluskë *n.* bubble
flokë *n.* tress
flora *n.* flora
flotë *n.* fleet
fluoreshent *adj.* fluorescent
fluorur *n.* fluoride
flutur *n.* butterfly
flutur *n.* damper
flutur *n.* spinner
fluturim *n.* flight
fluturim *n.* voyage
fluturoj *v.* flit
fluturoj *v.i* fly
fluturoj *v.i.* soar
fobi *n.* phobia
fodull *adj.* supercilious
fokist *n.* stoker
fokus *n.* focus
fole *n.* nest
fole *n.* socket
folës *n.* speaker
foli *n.* spoke
folje *n.* verb
folje vetvetore *adj.* reflexive
fond *n.* fund
fonetik *adj.* phonetic
foragjere *n.* fodder
forca të blinduara *n.* armour
forcë *n.* strength
forcë lëvizëse *n.* mover
forcoj *v.* strengthen
formacion *n.* formation
formal *adj.* formal
formal *adj.* nominal
formalitet *n.* formality

format *n.* format
formë *n.* form
formë *n.* shape
formoj numrin *n.* dial
formulë *n.* formula
formulim *n.* wording
formuloj *v.* formulate
fortesë *n.* bastion
fortesë *n.* fort
fortesë *n.* stronghold
fortësi *n.* fastness
forum *n.* forum
fosfat *n.* phosphate
fosfor *n.* phosphorus
foshnjë *n.* babe
foshnjë *n.* baby
foshnjë gjiri *n.* suckling
foshnjeve *n.* infanticide
foshnjor *adj.* puerile
fosili *n.* fossil
foto *n.* photo
foto *n.* picture
fotograf *n.* photographer
fotografi *n.* photography
fotografik *adj.* photographic
fotografoj *n.* photograph
fotokopje *n.* photocopy
fotokopje *n.* Xerox
fotokopjoj *n.* photostat
fqinj *n.* neighbour
fqinjërisht *adj.* neighbourly
fragment *n.* excerpt
fragment *n.* fragment
fraksion *n.* faction
fraksion *n.* fraction
frazë *n.* phrase
frazeologji *n.* phraseology
fre *n.* bridle
fre *n.* rein
freebie *n.* freebie
frekuencë *n.* frequency
frekuentues i rregullt *n.* habitué

frena *n.* brake
Frëngjisht *adj.* French
frenim *n.* inhibition
frenim *n.* restriction
frenoj *v.* deter
frenuar *v. t* curb
freskoj *v.* refresh
freskore *n.* ventilator
frigorifer *n.* cooler
frigorifer *n.* freezer
frigorifer *n.* fridge
frigorifer *n.* refrigerator
frikacak *n.* coward
frikacak *adj.* craven
frikë *n.* apprehension
frikë *n.* cowardice
frikë *n.* fear
frikë *v.* revere
frikësim *n.* intimidation
frikësoj *v.* intimidate
fron *n.* stool
fron *n.* throne
front *n.* front
frontbencher *n.* frontbencher
fruda *n.* valance
fruta *n.* fruit
fruth *n.* measles
fryhem *v.* bloat
fryj *v.* inflate
frymë me erë të keqe nga goja *n.* halitosis
frymëmarrje *n.* breath
frymëmarrje *n.* respiration
frymëzim *n.* inspiration
frymëzoj *v.* inspire
fryrje *n.* bulge
fshat *n.* village
fshat i vogël *n.* hamlet
fshatar *n.* peasant
fshatar *adj.* rustic
fshatar *n.* villager
fshatarësi *n.* peasantry

fsheh *v.* conceal
fsheh *v.* disguise
fsheh *v.t* hide
fsheh *v.* secrete
fsheh *v.* stash
fshehtësi *n.* secrecy
fshesar *n.* sweeper
fshesë *n.* broom
fshesë shqope *n.* besom
fshihem *v.* lurk
fshij *v.* deface
fshij *v. i* delete
fshij *n.* rub
fshij *v.* rub
fshij *v.* sweep
fshij *v.* wipe
fshikëz *n.* bladder
fshikëz *n.* cocoon
fshikëz *n.* vesicle
fshikje *v.* graze
fshikulloj *v.* flagellate
fshirje *n.* deletion
ftesë *n.* invitation
ftoh *v.* refrigerate
ftohës *n.* coolant
ftohje *n.* refrigeration
ftohta *adj.* estranged
ftohtë *adj.* chilly
ftoj *v.* invite
ftua *n.* quince
ftuar *adj.* inviting
fuçi *n.* barrel
fuçi *n.* tun
fuçitë *n.* moorings
fugë *n.* whirligig
fund *n.* bottom
fund *n.* end
fund *v.* finish
fundosem *v.* submerge
funeral *n.* funeral
funeral *n.* requiem
funksion *n.* function

funksional *adj.* functional
funksionar *n.* functionary
fuqi *v.* might
fuqi punëtore *n.* manpower
furacak *n.* interloper
furçë *n.* brush
furgon *n.* van
furi *n.* frenzy
furi *v.* rave
furlong *n.* furlong
furnelë *n.* cooker
furnizim *n.* furnishing
furnizim *v.* supply
furnizoj *v.* furnish
furnizues *n.* victualler
furnizuesi *n.* supplier
furrë *n.* bakery
furrë *n.* kiln
furrë *n.* oven
furrtar *n.* baker
fus *v.* shove
fus frikë *n.* awe
fushatë *n.* campaign
fushë *n.* domain
fushë *n.* field
fushë *n.* realm
fushë *n.* scope
fushë akulli *n.* floe
fushë helikopteresh *n.* hcliport
fustan *n.* frock
fustan *n.* gown
fustanellë *n.* kilt
fut *v.* insert
fut hundët *v.* nuzzle
futboll *n.* football
futboll *n.* soccer
futje *n.* insertion
futur *v.* introduce
futuristic *adj.* futuristic
fyej *v.* offend
fyell *n.* shank
fyerje *n.* affront

fyerje *v.t.* insult
fyerje *n.* resentment
fyes *adj.* abusive
fyt *n.* gullet
fyt *n.* throat
fytyrë *n.* face
fytyrë *n.* visage

gabim *n.* error
gabim *n.* mistake
gabim shtypi *n.* misprint
gabim trashanik *n.* blunder
gaboj *v.* delude
gaboj *v.* disappoint
gaboj *v.* err
gaboj *n.* lapse
gadishull *n.* peninsula
gafë *v.* baulk
gafë *n.* gaffe
gafë *n.* howler
gaforre *n.* crab
gajle *v.t.* fret
gaktilografist *n.* typist
galaktikë *n.* galaxy
galeri *n.* gallery
galetë *n.* biscuit
gallon *n.* gallon
gallustër *n.* skylight
galop *n.* gallop
gamë ngjyrash *n.* palette
gangster *n.* gangster
garanci *n.* warranty
garant *n.* guarantor
garant *n.* sponsor
garant *n.* surety
garantoj *v.t* guarantee
garantoj *v.* vouch

garantues n. warrantor
garazh n. garage
gardh n. fence
gardh n. hedge
gardh n. stockade
gardian n. warder
garë n. contest
garë n. race
garë v. race
gargarë v. gargle
gargarë v. swill
garniturë v. garnish
garzë n. gauze
gastronom n. gastronomy
gati adv. nearly
gati adj. ready
gatishmëri adj. willingness
gatitu v.t. shun
gatopard n. cheetah
gatuaj n. cook
gatuaj v. cook
gatuaj v. knead
gaz n. gas
gaz adv. joviality
gazetar n. journalist
gazetari n. journalism
gazetë n. gazette
gazmoj v. exhilarate
gazmor adj. cheery
gazmor adj. hilarious
gaztor n. clown
gdhe n. lout
gdhë n. yokel
gdhend v. engrave
gdhend v. gouge
gdhendje v. sculpt
geek n. geek
gëlltis v. devour
gëlltis v. gobble
gëlltitje v. swallow
gëlon n. swarm
gëlon v. teem
gëlon n. throng
gëlqere n. lime
gënjej v. cheat
gënjej n. cheat
gënjej v. defraud
gënjeshtar n. bouncer
gënjeshtar n. liar
gënjeshtër v. lie
gërhij n. snore
gërhij n. snort
germa v. capitalize
gërmis v. gnaw
gërmoj v. dig
gërmoj v. excavate
gërmoj nëpër libra v. delve
gërmuq adj. crooked
gërnjar adj. pettish
gërnjar n. termagant
gërryen v. scour
gërryerje n. corrosion
gërryes adj. abrasive
gërryes adj. corrosive
gërshërë n. scissors
gërshet n. plait
gërshetoj v. wreathe
gërvimë n. creak
gërvimë v. creak
gërvisht n. jingle
gërvisht v. strum
gërvishtje v. scrabble
gështenjë n. chestnut
gëzim n. festivity
gëzim n. glee
gëzim n. mirth
gëzohem v. rejoice
gëzoj v. hearten
gëzojnë v. enjoy
gëzueshëm adv. gaily
gijotinë n. guillotine
gisht n. finger
gisht n. spindle
gisht tregues n. forefinger

gjahtar *n.* hunter
gjak *n.* blood
gjak i dredhur *n.* gore
gjakderdhje *n.* bloodshed
gjakësor *adj.* sanguinary
gjakftohtësi *n.* aplomb
gjaknxehtë *adj.* testy
gjallë *adj.* alive
gjallë *adj.* lively
gjallë *adj.* sprightly
gjallëri *n.* alacrity
gjallëri *n.* animation
gjallëri *n.* vivacity
gjallëroj *v.* liven
gjallëroj *v.* vitalize
gjallëroj *v.* vivify
gjalmë *n.* cordon
gjalpë *n.* butter
gjarpër *n.* serpent
gjarpër *n.* snake
gjarpër me syze *n.* cobra
gjarpëroj *v.* meander
gjasë *n.* verisimilitude
gjashtë *adj.& n.* six
gjashtëdhjetë *adj. & n.* sixty
gjashtëmbëdhjetë *adj. & n.* sixteen
gjashtëmbëdhjetë *adj. & n.* sixteenth
gjatë *prep.* along
gjatë *prep.* during
gjatë *adj.* long
gjatë *prep.* throughout
gjatësi *n.* length
gjatësi *n.* longitude
gjatosh *adj.* lank
gjë *n.* thing
gjë e çuditshme *n.* oddity
gjë e çuditshme *n.* quirk
gjë e derdhur *n.* overspill
gjë e mërzitshme *v.* yawn
gjë e mirë *n.* titbit

gjë e neveritshme *n.* wormwood
gjë e shëmtuar *n.* deformity
gjë e turpshme *n.* obscenity
gjë e vogël *n.* trifle
gjë fantastike *n.* stunner
gjë qesharake *n.* hoot
gjej *v.* find
gjel *n.* cock
gjel *n.* rooster
gjel sheqeri *n.* lollipop
gjelbërim *v.t.* greenery
gjeldeti *n.* turkey
gjellë e mbetur *n.* hangover
gjemb *n.* barb
gjembaç *n.* thistle
gjembaç *adj.* thorny
gjëmim *v.* blare
gjëmim *n.* roar
gjëmim *v.* roar
gjëmim *v.* rumble
gjëndër *n.* gland
gjendje e keqe *n.* disrepair
gjendje e vështirë *n.* quandary
gjendje morale *n.* morale
gjendje normale *n.* normalcy
gjenerator *n.* generator
gjenerojnë *v.* generate
gjenetik *adj.* genetic
gjenezë *n.* genesis
gjeni *n.* genius
gjeograf *n.* geographer
gjeografi *n.* geography
gjeografik *adj.* geographical
gjeolog *n.* geologist
gjeologji *n.* geology
gjeometri *n.* geometry
gjeometrik *adj.* geometric
gjepura *n.* eyewash
gjepura *v.* waffle
gjeraqinë *n.* hawk
gjerdan *n.* necklace
gjerësi *n.* breadth

gjerësi *n.* latitude
gjerësi *n.* width
gjermanisht *n.* German
gjest *n.* gesture
gjeth *n.* foliage
gjethe delli *n.* plantain
gjetur *v.* found
gjetur *v.* locate
gjevrek *n.* pretzel
gji *n.* bay
gji *n.* bosom
gji *n.* breast
gji *n.* entrails
gji *n.* gulf
gjigabait *n.* gigabyte
gjigant *n.* giant
gjigant *adj.* gigantic
gjigant *adj.* huge
gjilpërë *n.* needle
gjimnast *n.* gymnast
gjimnastikë *n.* aerobics
gjimnastikor *n.* gymnastic
gjimnaz *n.* gymnasium
gjinekologji *n.* gynaecology
gjini *n.* gender
gjirafë *n.* giraffe
gjitar *n.* mammal
gjithashtu *adv.* furthermore
gjithashtu *adv.* likewise
gjithë *adj.* whole
gjithëdijeni *n.* omniscience
gjithëpërfshirës *adj.* comprehensive
gjithëpërfshirës *adj.* inclusive
gjithëpranim *n.* omnipresence
gjithësi *n.* cosmos
gjithëvjetor *adj.* perennial
gjithmonë *adv.* always
gjithmonë i ri *adj.* ageless
gjithsesi *adv.* anyhow
gjizë *n.* curd
gjobë *adj.* fine

gjoks *n.* chest
gju *n.* knee
gjuaj *v.* shoot
gjuajtës *n.* marksman
gjuetar balenash *n.* whaler
gjueti *v.* hunt
gjueti balenash *n.* whaling
gjuhë *n.* language
gjuhë *n.* tongue
gjuhësor *n.* lingual
gjuhësor *adj.* linguistic
gjuhëtar *adj.* linguist
gjuhustër *n.* vixen
gjumash *n.* sleeper
gjumë pasdreke *n.* siesta
gjunjëzim *n.* prostration
gjunjëzohem *adj.* prostrate
gjunjtë *n.* skirt
gjurmë *n.* spoor
gjurmë *v.t.* trace
gjurmë *n.* trail
gjurmë *n.* vestige
gjykatë *n.* court
gjykatë *n.* tribunal
gjykatës *n.* judge
gjykim *n.* arbitration
gjykim *n.* judgement
gjykoj *v.t.* adjudge
gjykoj *v.* adjudicate
gjykoj *v.* arbitrate
gjykoj *v.* impeach
gjymtim *v.* maim
gjymtim *n.* mutilation
gjymtyrë *n.* limb
gjyq *n.* trial
gjyqësor *adj.* judicial
gjyqësor *n.* judiciary
gjyqësor *adj.* magisterial
gjyqtar *n.* magistrate
gjyshe *n.* grandmother
gjysmërreth *n.* semicircle
gjysmoj *v.* halve

glicerinë *n.* glycerine
glikanxo *n.* aniseed
glikini *n.* wisteria
glitch *n.* glitch
gllabëroj *v.* engulf
gllënjkë *v.* gulp
gllënjkë *v.* sip
global *adj.* global
globalizimi *n.* globalization
Globetrotter *n.* globetrotter
glukozë *n.* glucose
gocë *n.* snapper
gocë deti *n.* oyster
godas *v.* stab
godinë në bashkëpronësi *n.* condominium
godit *v.* hit
godit *v.t.* jostle
goditje *v.* blow
goditje *v.* jab
goditje *v.t.* jolt
goditje *n.* shock
goditje *v.* shock
goditje *n.* welt
goditje e befasishme *n.* coup
goditje e fortë *n.* slug
goditje kryesore *n.* brunt
goëtari *n.* elocution
gogësimë *v.* gape
gogol *n.* hobgoblin
gogol *n.* scarecrow
gojarisht *adv.* orally
gojarisht *adv.* verbally
gojë *n.* mouth
gojëmjaltë *n.* smoothie
gojëndyrë *adj.* scurrilous
gojëtari *n.* eloquence
gojor *adj.* oral
golf *n.* golf
gomar *n.* ass
gomar *n.* donkey
gomar *n.* jackass

gomë *n.* rubber
gomë *v.* tire
gomë *n.* tyre
gomë e rimbushur *v.* retread
gondolë *n.* gondola
gong *n.* gong
gotë *n.* beaker
gotëz *n.* tot
goxha *adj.* pretty
gozhdë *n.* nail
gozhdoj *n.* rivet
grabitës *n.* robber
grabitje *v.* ransack
grabitje *n.* robbery
grabitqar *n.* predator
grabitqar *adj.* rapacious
grabitqar *adj.* ravenous
grabitqar *n.* vulture
grabujë *n.* rake
grackë *n.* cobweb
gradë Fahrenheit *n.* Fahrenheit
gradient *n.* flux
gradient *n.* gradient
gradim *n.* preferment
gradoj *v.* calibrate
gradual *adj.* gradual
grafik *n.* graph
grafik *adj.* graphic
grafit *n.* graphite
grahmat *n.* throes
gram *n.* gram
gramafon *n.* gramophone
gramatikë *n.* grammar
granat *n.* garnet
granatë *a.* grenade
granit *n.* granite
graria *n.* womanhood
gratis *adv. &adj.* gratis
gravitacion *n.* gravitation
gravitas *n.* gravitas
gravitet *n.* gravity
grazhd *n.* crib

grazhd *n.* manger
greminë *n.* bathos
grenzë *n.* hornet
grenzë *n.* wasp
grep *n.* tenterhook
grevë *v.* strike
grevist *n.* striker
gri *n.* grey
grifshë *n.* jay
grilë *n.* lattice
grimcë *n.* particle
grimë *v.t.* jot
grindavec *adj.* cantankerous
grindavec *adj.* fractious
grindavec *adj.* fretful
grindavec *adj.* quarrelsome
grindem *v.* bicker
grindje *n.* altercation
grindje *n.* brawl
grindje *n.* contention
grindje *n.* feud
grindje *n.* strife
grindje *n.* variance
grip *n.* flu
grip *n.* influenza
gripit të shpendëve *n.* bird flu
gropë e thellë *n.* pit
grosist *n.* wholesaler
grotesk *adj.* grotesque
grua *n.* wife
grua *n.* woman
grua e ndarë *n.* divorcee
grua e re *n.* wench
grumbull *n.* batch
grumbull *n.* cluster
grumbull *n.* jumble
grumbullohem *n.* pile
grumbullohen *v.* huddle
grumbulloj *v.* accumulate
grumbulloj *v.* amass
grumbulloj *n.* hoard
grumbulloj pak nga pak *v.* glean

grumbullues *adj.* cumulative
grup *n.* array
grup *n.* group
grupim *n.* grouping
grupohem *v.* amalgamate
grurë *n.* wheat
grusht *n.* fist
grusht *n.* handful
grykë *n.* nozzle
grykësi *n.* gluttony
grykësje *n.* bib
grykor *adj.* throaty
gudulis *v.* tickle
gudulis *v.* titillate
gudulisës *adj.* ticklish
gufon *v. t* eject
gufon *v.* spurt
gujava *n.* guava
gumë *n.* reef
gungë *n.* lump
gungë *n.* tubercle
gur *n.* boulder
gur i gdhendur *n.* cameo
guralec *n.* pebble
gurdwara *n.* gurdwara
gurgule *n.* commotion
gurgule *n.* tumult
gurgullimë *v.* gurgle
gurgullimë *n.* ripple
guri *n.* stone
gurit *n.* tartar
gurore *n.* quarry
gusht *n* August
gustator *n.* gourmet
gutsy *adj.* gutsy
guvernante *n.* governess
guvernator *n.* governor
guxim *n.* boldness
guxim *n.* courage
guxim *adj.* daring
guximtar *adj.* bold
guximtar *adj.* courageous

guximtar *adj.* manful
guximtar *n.* mettlesome
guximtari *n.* temerity
guxoj *v.* dare
gyp *n.* funnel

ha *v.* eat
ha *v.* erode
habi *n.* amazement
habis *v.* astonish
habis *v.* astound
habitesh *adj.* besotted
hack *v.* hack
hairstyle *n.* hairstyle
hajdut *n.* burglar
hajdut *n.* crook
hajdut *n.* thief
hajmali *n.* talisman
hakmarrës *adj.* vengeful
hakmarrje *n.* revenge
hakmarrje *n.* vendetta
hakmarrje *n.* vengeance
hakmerrem *v.* retaliate
hale *n.* dump
hall *v.* scrape
hallakatje *v.* fling
hallall *adj.* halal
hallë *n.* aunt
hallkë *n.* cog
halopgjen *n.* halogen
hamak *n.* hammock
hambar *v.* garner
hambar *n.* granary
hamburger *n.* burger
hamburger *n.* hamburger
hamendje *n. &v.* conjecture
hamshor *n.* stallion

han *n.* inn
hangar *n.* barn
hangar *n.* hangar
hanxhar *n.* chopper
hap *n.* step
hap gojën *v.i* gasp
hap i madh *v.* stride
hap i qetë *v.* amble
hapamatës *n.* pedometer
hapë *v.* pave
hapësinor *adj.* spatial
hapësirë *n.* expanse
hapësirë *n.* space
hapësirë *n.* span
hapësirës ajrore *n.* aerospace
hapet *v.* percolate
hapje *n.* aperture
hapje *n.* gambit
hapje *n.* opening
hapje *n.* tabloid
hapje e letrave *n.* showdown
hapur *adj.* open
hapur *adv.* openly
harabel *n.* sparrow
haraç *n.* tribute
harbut *n.* boor
hard drive *n.* hard drive
hardhi *n.* grape
hardhi *n.* vine
hardhucë *n.* lizard
hare *n.* gaiety
harem *n.* harem
harengë *n.* herring
harengë e tymosur *n.* bloater
hark *n.* arc
hark *n.* arch
hark *n.* bow
hark *v.* bow
harmoni *n.* concordance
harmoni *n.* harmony
harmonishëm *adj.* rounded
harmonium *n.* harmonium

harmonizoj *v.* harmonize
harpë *n.* harp
harraq *adj.* forgetful
harresë *n.* limbo
harresë *n.* oblivion
harroj *v.* forget
harroj *v.* omit
hartë *n.* map
harxhoj *n.* skittle
Haxhi *n.* hajj
heartbreak *n.* heartbreak
hedh *v.* throw
hedh fjalën *v.t.* allude
hedh hije *v.* overshadow
hedh në gjyq *v.t.* sue
hedh poshtë *v.* confute
hedh poshtë *v.* disclaim
hedhje *v.* toss
hedhje në sulm *n.* sally
hedhje në tabelë *n.* tabulation
hedonizëm *n.* hedonism
hegjemoni *n.* hegemony
Heksogjen *n.* hexogen
hektar *n.* hectare
hekur *n.* iron
hekur *n.* stile
hekura *v.t* grate
hekurudhë me një shinë *n.* monorail
hekurudhor *n.* railway
helaq *adj.* messy
helikë *n.* propeller
helikopter *n.* helicopter
helikopter *n.* windmill
hell *adj.* broach
hell *n.* skewer
helm *n.* poison
helm *n.* venom
helmues *adj.* poisonous
hemisferë *n.* hemisphere
hemoglobinë *n.* haemoglobin
hemorragji *n.* haemorrhage

hendek *n.* ditch
hendek *n.* gutter
hendek i thellë *n.* moat
hënë *n.* moon
hepatit *adj.* hepatitis
heq *v.* divest
heq *v.* remove
heq *v.* spay
heq akullin *v.* defrost
heq dorë *v.t*, abdicate
heq dorë *v.* cede
heq dorë *v.* resign
heq dorë me betim *v.* abjure
heq dorë nga *v.* discard
heq dorë nga *v.* forgo
heq dorë nga *v.* relinquish
heq dorë nga *v.t.* renounce
heq dorë nga *v.* waive
heq magjinë *v.* disenchant
heq nga parlamenti *v.* unseat
heqël *n.* slipper
heqje *n.* omission
herë pas here *adv.* occasionally
herës *n.* quotient
herezi *n.* misbelief
hermetik *adj.* hermetic
hernie *n.* hernia
hero *n.* hero
heroik *adj.* heroic
heroinë *n.* heroine
hers *pron.* hers
hesht *v.i* hush
heshtar *n.* lancer
heshtë *n.* lance
heshtë *n.* pike
heshtje *n.* silence
heshtje *n.* stillness
heterogjen *adj.* heterogeneous
heteroseksual *adj.* heterosexual
hetim *n.* enquiry
hetim *n.* inquiry
hetim *n.* investigation

hetim *n.* probe
hetoj *v.* investigate
hetoj *v.* scan
hezitoj *v.* hesitate
hezitoj *v.* waver
hi *n.* ash
hibrid *n.* hybrid
hiç *n.* nought
hiç *n.* zilch
hidhem *n.* jig
hidhem *v.* pounce
hidhem *v.* wade
hidhëroj *v.* afflict
hidhëroj *v.* aggrieve
hidhësi *n.* acrimony
hidrat *v.* hydrate
hidraulik *n.* plumber
hidraulike *adj.* hydraulic
hidrogjen *n.* hydrogen
hienë *n.* hyena
hierarki *n.* hierarchy
higjienë *n.* hygiene
hije *v.* befit
hije *n.* shade
hije *v.* shade
hije *n.* shadow
hije *a.* shadow
hijerëndë *adj.* stately
hijeshi *n.* elegance
hile *v.* overreach
hile *n.* ruse
hile *n.* subterfuge
himn *n.* anthem
himn *n.* hymn
hingëllimë *n.* neigh
hingëllimë *n.* whinny
hiper *pref.* hyper
hiperbolë *n.* hyperbole
hipertensionit *n.* hypertension
hipi *v. t* embark
hipnotik *adj.* mesmeric
hipnotizoj *v.* mesmerize

hipnoza *n.* hypnotism
hipnozë *n.* hypnosis
hipokrit *n.* hypocrite
hipokrizi *n.* duplicity
hipokrizi *n.* hypocrisy
hipotension *n.* hypotension
hipotetike *adj.* hypothetical
hipotezë *n.* hypothesis
hir *n.* grace
hir *n.* sake
hirrë *n.* whey
histeri *n.* hysteria
histerike *adj.* hysterical
Histogram *n.* histogram
histori *n.* history
histori *n.* story
historian *n.* historian
historik *adj.* historic
historik *adj.* historical
hithër *n.* nettle
hobe *n.* sling
hobi *n.* hobby
hokatar *adj.* facetious
hokej *n.* hockey
holistik *adj.* holistic
holl *n.* foyer
hollak *adj.* lanky
hollësi *n.* detail
holmium *n.* holmium
holografik *n.* hologram
homazh *n.* homage
homeopat *n.* homoeopath
homeopati *n.* homeopathy
Homofobia *n.* homophobia
homogjen *adj.* homogeneous
homogjen *a.* homogeneous
homolog *n.* counterpart
homoseksual *adj.* gay
homoseksual *n.* homosexual
hon *n.* gully
Hoover *n.* hoover
hordhi *n.* horde

horizont *n.* horizon
horizontal *adj.* horizontal
hormon *n.* hormone
horoskop *n.* horoscope
horr *n.* cad
horr *n.* knave
horr *n.* ruffian
hosten *v.* goad
hotel *n.* hostel
hotel *n.* hotel
hov *v.* burst
hov *v.* hop
hov *v.t.* hop
hov *n.* jerk
hu *n.* roost
hua *n.* loan
huall *n.* honeycomb
huazoj *v.* borrow
hudhër *n.* garlic
hulli *n.* furrow
hulumtim *n.* research
humanitar *adj.* humanitarian
humanizëm *n.* humanism
humanizëm *n.* humanity
humb *v.* forfeit
humb *v.* lose
humbas *v.* miss
humbas *n.* miss
humbës *n.* underdog
humbje *n.* loss
humbje *n.* wastage
humbje e madhe *n.* bereavement
humbjen *v. t.* defeat
humbur *adv.* astray
humnerë *n.* abyss
humor *n.* humour
humor *n.* mood
humor *n.* pleasantry
hundë *n.* nose
hundëgjatë *n.* shrew
hungërimë *v.i.* grunt
hungërimë *v.* mutter

hutim *n.* perplexity
hydrant *n.* hydrant
hyj *v.* enter
hyj *v.* penetrate
hyjni *n.* deity
hyjni *n.* divinity
hyjnizoj *v.* deify
hyjnizoj *v.* idolize
hyjnor *adj.* divine
hynin *v.* smooch
hype *n.* hype
hyperactive *adj.* hyperactive
hypnotize *v.* hypnotize
hyrëse *adj.* introductory
hyrje *n.* access
hyrje *n.* accession
hyrje *n.* entrance
hyrje *n.* entry
hyrje *n.* preamble

i adhurueshëm *adj.* adorable
i admirueshëm *adj.* admirable
i afërt *adj.* contiguous
i aftë *adj.* able
i aftë *adj.* adept
i aftë *adj.* capable
i aftë *adj.* fit
i aftë *adj.* proficient
i aftë *adj.* skilled
i ajrosur *adj.* airy
i akullt *n.* icy
i akuzuar *v.t.* accused
i ambientit *adj.* ambient
i anasjellë *adj.* inverse
i anshëm *adj.* biased
i ardhshëm *adj.* prospective
i arratisur *n.* fugitive

i arratisur *adj.* runaway
i arrestuar *n.* detainee
i arritshëm *adj.* accessible
i arritshëm *adj.* obtainable
i arsyeshëm *adj.* reasonable
i arsyeshëm *adj.* sensible
i artë *adj.* golden
i ashpër *adj.* harsh
i ashpër *adj.* scathing
i ashpër *adj.* tough
i ashpër *adj.* uncharitable
i athët *adj.* pungent
i banueshëm *adj.* habitable
i banueshëm *adj.* inhabitable
i barabartë *adj.* equal
i baraslarguar *adj.* equidistant
i barazvlershëm *adj.* tantamount
i bashkuar *adj.* cohesive
i bashkuar *adj.* conjunct
i befasuar *adj.* flabbergasted
i begatë *adj.* fulsome
i begatë *adj.* prosperous
i begatë *adj.* thrifty
i bekuar *adj.* blessed
i bërë me porosi *adj.* bespoke
i besuar *adj.* trustworthy
i besueshëm *adj.* credible
i besueshëm *adj.* reliable
i bezdisshëm *adj.* fussy
i bezdisshëm *n.* grating
i bezdisshëm *adj.* intrusive
i bezdisur *adj.* officious
i bindshëm *adj.* amenable
i bindur *adj.* biddable
i bindur *adj.* obedient
i blertë *adj.* verdant
i bollshëm *adj.* ample
i brendshëm *adj.* domestic
i brendshëm *adj.* inner
i brendshëm *adj.* interior
i brendshëm *adj.* internal
i brendshëm *adj.* intrinsic

i brendshëm *adj.* seamy
i brishtë *adj.* brittle
i brishtë *adj.* fragile
i brishtë *adj.* frail
i bronztë *n.* mulatto
i bukur *adj.* beautiful
i bukur *adj.* handsome
i burgosur *n.* inmate
i burgosur *n.* prisoner
i butë *adj.* bland
i butë *adj.* clement
i butë *adj.* flabby
i butë *adj.* gentle
i butë *adj.* lenient
i butë *v.* limp
i butë *adj.* mellow
i butë *adj.* mild
i butë *adj.* silky
i butë *adj.* temperate
i caktuar *adj.* definite
i caktuar *adj.* finite
i çalë *adj.* gammy
i çalë *adj.* lame
i çarë *n.* riven
i cekët *adj.* shallow
i cekët *adj.* superficial
i çekuilibruar *adj.* unbalanced
i censorit *adj.* censorious
i çiltër *adj.* artless
i çjerrë *adj.* strident
i çmendur *adj.* crazy
i çmendur *adj.* deranged
i çmendur *adj.* insane
i çmendur *n.* lunatic
i çmendur *adj.* mad
i çmuar *adj.* precious
i copëzuar *adj.* scrappy
i çoroditur *adj.* perverse
i çrregullt *adj.* erratic
i çrregullt *adj.* untidy
i çuditshëm *adj.* bizarre
i çuditshëm *adj.* eccentric

i çuditshëm *adj.* fanciful
i çuditshëm *adj.* quaint
i çuditshëm *adj.* strange
i çuditshëm *adj.* uncanny
i çuditshëm *adj.* weird
i çuditshëm *adj.* whimsical
i dalë mode *adj.* outmoded
i dallueshëm *adj.* distinct
i dashur *adj.* affable
i dashur *adj.* affectionate
i dashur *adj.* amiable
i dashur *adj.* beloved
i dashur *n.* darling
i dashur *adj.* dear
i dashur *n.* sweetheart
i dëbuar *n.* outcast
i degjeneruar *v.* degenerate
i dëgjueshëm *adj.* manageable
i dehur *adj.* groggy
i dehur *adj.* jagged
i dehur *adj.* muzzy
i dëmshëm *adj.* deleterious
i dëmshëm *adj.* harmful
i dëmshëm *adj.* noxious
i dëmshëm *adj.* pernicious
i dëmshëm *adj.* prejudicial
i dëmtuar *adj.* defective
i dendur *adj.* dense
i denjë *adj.* worthy
i dënuar *n.* convict
i dënuar *v.* convict
i dënuar *adj.* fey
i dënueshëm *adj.* reprehensible
i depërtueshëm *adj.* permeable
i derdhur *n.* moulding
i dërguar *n.* envoy
i dërrmuar *adj.* dispirited
i dëshiruar *adj.* wishful
i dëshirueshëm *adj.* desirable
i dëshpëruar *adj.* desperate
i dëshpëruar *adj.* despondent
i dëshpëruar *adj.* disconsolate

i dëshpëruar *adj.* dismal
i detyrueshëm *adj.* mandatory
i detyrueshëm *adj.* obligatory
i devotshëm *adj.* devout
i dhëmbëzuar *adj.* serrated
i dhënë *adj.* unsolicited
i dhënë pas librave *adj.* bookish
i dhimbshëm *adj.* painful
i dhjetë *adj. & n.* tenth
i dhunshëm *adj.* violent
i dikurshëm *adj.* quondam
i diskutueshëm *adj.* controversial
i diskutueshëm *adj.* debatable
i diskutueshëm *adj.* questionable
i disponueshëm *adj.* disposable
i disponueshëm *adj.* forthcoming
i ditës *adj.* topical
i ditur *adj.* versed
i djegshëm *adj.* combustible
i dobët *adj.* flaccid
i dobët *adj.* indolent
i dobët *adj.* lamentable
i dobët *adj.* languid
i dobët *adj.* nerveless
i dobët *adj.* queasy
i dobët *adj.* scrawny
i dobët *adj.* shoddy
i dobët *adj.* skinny
i dobët *adj.* sleazy
i dobët *adj.* weak
i dobishëm *adj.* beneficial
i dobishëm *adj.* handy
i dobishëm *adj.* helpful
i dobishëm *adj.* salutary
i dobishëm *adj.* serviceable
i dobishëm *adj.* useful
i domosdoshëm *adj.* imperative
i domosdoshëm *adj.* indispensable
i dredhur *adj.* shaky
i dredhur *adj.* tremulous
i drejtë *adj.* equitable

i drejtë *adj.* fair
i drejtë *adj.* kosher
i drejtë *adj.* upright
i drobitur *adj.* haggard
i droguar *n.* addict
i droguar *adj.* hooked
i duhur *adj.* proper
i dukshëm *adj.* apparent
i dukshëm *adj.* appreciable
i dukshëm *adj.* evident
i dukshëm *adj.* notable
i dukshëm *adj.* noticeable
i dukshëm *adj.* obvious
i dukshëm *adj.* palpable
i dukshëm *adj.* visible
i dyfishtë *adj.* twofold
i dygjinishëm *adj.* bisexual
i dymbëdhjetë *adj.&n.* twelfth
i dymbëdhjetë *adj.&n.* twelfth
i dyshimtë *adj.* dingy
i dyshimtë *adj.* dubious
i dyshimtë *adj.* equivocal
i dyshimtë *adj.* suspicious
i dytë *adj.* second
i egër *adj.* ferocious
i egër *adj.* outrageous
i egër *adj.* savage
i egër *adj.* wild
i egërsuar *adj.* boisterous
i ëmbël *adj.* luscious
i ëmbël *adj.* sweet
i ëmbël *n.* sweet
i enëve të gjakut *adj.* vascular
i ëpazbatueshëm *adj.* inapplicable
i errët *adj.* ambiguous
i errët *adj.* opaque
i esëllt *adj.* teetotal
i ethshëm *adj.* hectic
i etur *adj.* eager
i etur *adj.* parched
i etur *adj.* solicitous

i etur *adj.* thirsty
i falimentuar *adj.* bankrupt
i falshëm *adj.* pardonable
i falshëm *adj.* venial
i famshëm *adj.* famous
i farës *adj.* seminal
i favorshëm *adj.* advantageous
i favorshëm *adj.* favourable
i fëlliqur *adj.* lewd
i fikur *adj.* undone
i fishkur *adj.* wizened
i fjalëpërfjalshëm *adj.* literal
i fortë *adj.* adamant
i fortë *adj.* fierce
i fortë *adj.* forceful
i fortë *adj.* hale
i fortë *adj.* solid
i fortë *adj.* strong
i fortë *adj.* tenable
i fortë *adj.* vehement
i fortë *adj.* virile
i freskët *adj.* crisp
i freskët *adj.* fresh
i frikësuar *adj.* afraid
i frikshëm *adj.* dreadful
i frikshëm *adj.* fearful
i frikshëm *adj.* formidable
i frikshëm *adj.* gruesome
i frikshëm *adj.* terrific
i fryrë *adj.* overblown
i fryrë *adj.* puffy
i fryrë *adj.* turgid
i frytshëm *adj.* fruitful
i fshehtë *adj.* clandestine
i fshehtë *adj.* secretive
i fshehtë *adj.* stealthy
i fshehur *adj.* latent
i ftohtë *adj.* aloof
i ftohtë *adj.* bleak
i ftohtë *adj.* cool
i ftohtë *adj.* frigid
i ftohtë *adj.* parky

i ftohtë *adj.* stilted
i ftohtë dhe i lagësht *adj.* clammy
i fundit *adj.* last
i fundit *adj.* latter
i fundit *adj.* recent
i fundit *adj.* ultimate
i fundosur *adj.* sunken
i fuqishëm *adj.* mighty
i fuqishëm *adj.* potent
i fuqishëm *adj.* powerful
i fuqishëm *adj.* robust
i fuqishëm *adj.* spanking
i fuqishëm *adj.* stalwart
i furishëm *adj.* frantic
i furishëm *adj.* furious
i fytyrës *adj.* facial
i gabuar *adj.* amiss
i gabuar *adj.* erroneous
i gabuar *adj.* mistaken
i gabuar *adj.* wrong
i gabuar *adj.* wrongful
i gabueshëm *adj.* fallible
i gatshëm *adj.* willing
i gëzuar *adj.* blithe
i gëzuar *adj.* cheerful
i gëzuar *adj.* joyous
i gëzuar *adj.* overjoyed
i gjallë *adj.* buoyant
i gjallë *adj.* raw
i gjallë *adj.* skittish
i gjallë *adj.* snappy
i gjallë *adj.* spirited
i gjallë *adj.* spry
i gjallë *adj.* vivacious
i gjallë *adj.* vivid
I gjallëruar *v.* animate
i gjallëruar *adj.* animated
i gjashtë *adj. & n.* sixth
i gjashtëdhjetë *adj. & n.* sixtieth
i gjatë *adj.* lengthy
i gjatë *adj.* tall

i gjerë *adj.* broad
i gjerë *adj.* roomy
i gjerë *adj.* spacious
i gjerë *adj.* wide
i gjindshëm *adj.* complaisant
i gjithanshëm *adj.* versatile
i gjithëdijshëm *adj.* omniscient
i gjithëfuqishëm *adj.* omnipotent
i gjithëpranishëm *adj.* omnipresent
i gjithëpranishëm *adj.* ubiquitous
i gjorë *adj.* piteous
i grisur *adj.* decrepit
i grunjtë *adj.* wheaten
i guximshëm *adj.* hardy
i guximshëm *adj.* sturdy
i hajthëm *adj.* lissom
i hallakatur *adj.* discursive
i hap sytë *v.* undeceive
i hapur *adj.* overt
i hapur *adj.* straightforward
i hapur nga jashtë *v.* splay
i harbuar *adj.* exuberant
i harbuar *adj.* frenetic
i harlisur *adj.* lush
i harlisur *adj.* luxuriant
i harmonishëm *adj.* harmonious
i hedh një sy *v.* squint
i helmët *adj.* venomous
i hënës *adj.* lunar
i heq *v.* deprive
i heq *v.* detract
i heq ujët *v.* dehydrate
i heshtur *adj.* antisocial
i heshtur *adj.* silent
i heshtur *adj.* taciturn
i hidhur *adj.* bitter
i hidhur *adj.* sardonic
i hijshëm *adj.* decorous
i hollë *adj.* slender
i hollë *adj.* slim
i hollë *adj.* spindly

i hollë *adj.* thin
i holluar *v.* dilute
i hólluar me ujë *adj.* watery
i huaj *adj.* alien
i huaj *adj.* foreign
i huaj *n.* foreigner
i huaj *n.* interlude
i huaj *n.* stranger
I huaj *n.* xenon
i humbur *adj.* missing
i humbur *v.* stray
i humbur në det *n.* castaway
i hundës *adj.* nasal
i hutuar *adj.* abashed
i hutuar *adj.* inadvertent
i imët *adj.* petite
i imunizuar *adj.* immune
i internetit *adj.* webby
i jap mundësi të *v.* empower
i jap një lustër *n.* veneer
i jap seriozitet *v.* solemnize
i jap të drejtën e votimit *v.* enfranchise
i jashtëm *adj.* external
i jashtëm *adj.* outdoor
i jashtëm *adj.* outer
i jashtëzakonshëm *adj.* extraordinary
i jashtëzakonshëm *adj.* prodigious
i jashtëzakonshëm *adj.* stupendous
i jashtëzakonshëm *adj.* transcendent
i jashtëzakonshëm *adj.* transcendental
i justifikueshëm *adj.* defensive
i justifikueshëm *adj.* justifiable
i kalbur *adj.* putrid
i kalbur *adj.* rotten
i kalueshëm *adj.* passable
i katërt *adj.& n.* fourth

i kënaqshëm *adj.* satisfactory
i kënaqur *adj.* glad
i këndshëm *adj.* agreeable
i këndshëm *adj.* delectable
i këndshëm *adj.* graceful
i këndshëm *adj.* jocose
i këndshëm *adj.* jolly
i këndshëm *adj.* likeable
i këndshëm *adj.* pleasant
i keq *adj.* evil
i keq *adj.* malign
i keq *adj.* malignant
i keq *adj.* nasty
i keq *adj.* naughty
i keq *adj.* sinister
i keq *adj.* vicious
i keq *adj.* wicked
i kërkuar *adj.* requisite
i kërkuar *n.* requisite
i kërleshur *adj.* hirsute
i kërthizës *adj.* umbilical
i këshillueshëm *adj.* advisable
i kobshëm *adj.* ghastly
i koklavitur *adj.* inextricable
i kokosit *n.* coconut
i komunikueshëm *adj.* communicable
i konsiderueshëm *adj.* considerable
i konsiderueshëm *adj.* substantial
i korporatës *adj.* corporate
i korruptuar *adj.* corrupt
i korruptuar *n.* corrupt
i korruptuar *adj.* venal
i kotë *adj.* feckless
i kotë *adj.* futile
i kotë *adj.* otiose
i kotë *adj.* pointless
i kotë *adj.* useless
i kotë *adj.* vain
i krimbur *adj.* lousy
i kripur *adj.* saline

i kripur *adj.* salty
I krishterë *adj.* Christian
i krisur *adj.* wacky
i kthyeshëm *adj.* reversible
i kufizuar *adj.* limited
i kujdesshëm *adj.* careful
i kujdesshëm *adj.* cautious
i kujdesshëm *adj.* circumspect
i kujdesshëm *adj.* wary
i kulluar *adj.* lucent
i kuptueshëm *adj.* comprehensible
i kuptueshëm *adj.* intelligible
i kuq *n.* carmine
i kuq *adj.* red
i kuq i ndezur *n.* scarlet
i kuq pak *adj.* reddish
i kushtëzuar *adj.* conditional
i kushtueshëm *adj.* costly
i kushtueshëm *adj.* sumptuous
i kuzhinës *adj.* culinary
i kyçit të dorës *adj.* carpal
i lagësht *adj.* humid
i lagësht *adj.* sour
i lagësht *adj.* wet
i lagur *adj.* soggy
i lagur *adj.* sopping
i lagur *adj.* soppy
i lakueshëm *adj.* malleable
i largët *adj.* distant
i largët *adj.* remote
i larmishëm *adj.* variegated
i lartë *adj.* high
i lashtë *adj.* ancient
i lashtë *adj.* primeval
i lavdërueshëm *adj.* commendable
i lavdërueshëm *adj.* creditable
i lavdishëm *adj.* glorious
i lehtë *adj.* easy
i lehtë *adj.* facile
i lehtë *adj.* slight

i lejueshëm *adj.* permissible
i lënduar *v.* hurt
i lënduar *adj.* sore
i lëngshëm *adj.* runny
i lëngshëm *adj.* sloppy
i lërueshëm *adj.* arable
i leshtë *adj.* woollen
i lëshuar *adj.* slatternly
i lëvizshëm *adj.* mobile
i lëvizshëm *adj.* removable
i lexueshëm *adj.* legible
i lezetshëm *adj.* delightful
i lidhur *v.* associate
i lidhur *v.* bound
i lidhur *adj.* stocky
i lidhur *adj.* tied
i lig *n.* catty
i ligjshëm *adj.* lawful
i lindur *adj.* born
i lindur *adj.* congenital
i lirë *adj.* frugal
i lirë *adj.* inexpensive
i lirë *adj.* loose
i llojllojshëm *adj.* miscellaneous
i lodhshëm *v.* irksome
i lodhshëm *adj.* tedious
i lodhshëm *adj.* tiresome
i lodhshëm *adj.* wearisome
i lodhur *adj.* jaded
i lodhur *adj.* rundown
i lodhur *adj.* tired
i lodhur *adj.* weary
i lumtur *adj.* carefree
i lumtur *adj.* happy
i lumtur *adj.* joyful
i lundrueshëm *adj.* navigable
i madh *adj.* big
i madh *adj.* capacious
i madh *adj.* grand
i madh *adj.* great
i madh *adj.* intense
i madh *adj.* large

i madh *adj.* major
i madh *adj.* vast
i madhërishëm *adj.* grandiose
i magjepsur *adj.* spellbound
i mahnitur *adj.* bemused
i mahnitur *adj.* rapt
i mallkuar *v.* darn
i mangët *adj.* deficient
i mangët *adj.* wanting
i marrë *adj.* demented
i matur *adj.* chaste
i matur *adj.* discreet
i matur *adj.* prudent
i matur *adj.* sober
i mbarë *adj.* auspicious
i mbetur *adj.* residual
i mbrojtshëm *adj.* defensible
i mbuluar *adj.* covert
i mbuluar me re *adj.* overcast
i mbushur *adj.* fraught
i mbushur *adj.* replete
i mbushur me tegela *adj.* quilted
i mbushur plot *adj.* congested
i mbytur në lot *adj.* tearful
i mençur *adj.* judicious
i mençur *adj.* politic
i mençur *adj.* wise
i menjëhershëm *adj.* immediate
i menjëhershëm *adj.* instantaneous
i mëparshëm *adj.* previous
i merituar *adj.* meritorious
i mërzitur *adj.* disgruntled
i mëshirshëm *adj.* merciful
i mëshirshëm *adj.* pitiful
i mëvonshëm *adj.* ulterior
i mirë *adj.* decent
i mirë *adj.* salable
i mirëpritur *n.* welcome
i mishëruar *adj.* incarnate
i mitur *n.* infant
i mitur *adj.* minor

i mjaftueshëm *adj.* sufficient
i mjegullt *adj.* hazy
i mjegullt *adj.* misty
i mjegullt *adj.* nebulous
i mjerë *adj.* abject
i mjerë *adj.* forlorn
i mjerë *adj.* miserable
i mjerueshëm *adj.* deplorable
i modës *adj.* modish
i modës *adj.* trendy
i mohoj *v.* starve
i mpirë *adj.* obtuse
i mprehtë *adj.* acute
i mprehtë *adj.* keen
i mprehtë *adj.* percipient
i mprehtë *adj.* sharp
i mprehtë *adj.* trenchant
i mrekullueshëm *adj.* gorgeous
i mrekullueshëm *adj.* marvellous
i mrekullueshëm *adj.* miraculous
i mrekullueshëm *adj.* striking
i mrekullueshëm *adj.* wonderful
i mrekullueshëm *adj.* wondrous
i mundimshëm *adj.* laborious
i mundimshëm *adj.* troublesome
i mundshëm *adj.* probable
i mundur *adj.* possible
i murshem *n.* wally
i natyrshëm *adj.* inbred
i ndarë *v.* split
i ndashëm *adj.* separable
i ndenjur *adj.* stagnant
i ndërgjegjshëm *adj.* mindful
i ndërlikuar *adj.* intricate
i ndërlikuar *adj.* tricky
i ndërmjetëm *adj.* intermediate
I nderruar *adj.* reverend
i ndershëm *adj.* honest
i ndershëm *adj.* scrupulous
i nderuar *adj.* honourable
i nderuar *adj.* venerable
i ndezshëm *adj.* flammable

i ndikueshëm *adj.* suggestible
i ndjeshëm *adj.* sensitive
i ndjeshëm *adj.* sentient
i ndritshëm *adj.* bright
i ndruajtur *adj.* timorous
i ndryshëm *adj.* assorted
i ndryshëm *adj.* sundry
i ndryshkur *adj.* rusty
i ndryshueshëm *adj.* fickle
i ndryshueshëm *adj.* mercurial
i nënkuptuar *adj.* implicit
i nënndërgjegjeshëm *adj.* subconscious
i nënshkruar *n.* undersigned
i nënshtruar *adj.* slavish
i nënshtruar *adj.* submissive
i nëntëmbëdhjetë *adj. & n.* nineteenth
i neveritshëm *adj.* abominable
i neveritshëm *adj.* beastly
i neveritshëm *adj.* despicable
i neveritshëm *adj.* loathsome
i neveritshëm *adj.* repellent
i nevojshëm *adj.* necessary
i nevojshëm *adj.* needful
i ngadalshëm *adj.* slow
i ngadaltë *adj.* sluggish
i ngarkuar *n.* laden
i ngathët *adj.* clumsy
i ngathët *adj.* gawky
i ngathët *adj.* poky
i ngathët *adj.* shiftless
i ngathët *adj.* torpid
i ngathët *adj.* ungainly
i ngazëllyer *adj.* jubilant
i ngjashëm *adj.* analogous
i ngjashëm *adj.* similar
i ngjeshur *adj.* succinct
i ngjirur *adj.* hoarse
i ngjirur *adj.* husky
i ngopur *adj.* sated
i ngrënshëm *adj.* eatable
i ngrirë *adj.* prim
i ngrirë *adj.* starchy
i ngrohtë *adj.* warm
i ngurtë *adj.* rigid
i ngurtë *adj.* stiff
i ngushtë *adj.* intimate
i ngushtë *adj.* narrow
i ngushtë *adj.* tight
i njëanshëm *adj.* lopsided
i njëanshëm *adj.* unilateral
i njëjtë *adj.* same
i njëkohshëm *adj.* simultaneous
i njëpasnjëshëm *adj.* consecutive
i njëpasnjëshëm *adj.* successive
i njëzet *adj.&n.* twentieth
i njëzet *adj.&n.* twentieth
i njohur *adj.* conversant
i njohur *adj.* familiar
i njohur *adj.* renowned
i njomë *adj.* dank
i nxehur *adj.* surly
i nxituar *adj.* hasty
,i nxituar *adj.* rash
i paaftë *adj.* disabled
i paaftë *adj.* helpless
i paaftë *adj.* incapable
i paaftë *adj.* incompetent
i paaftë *adj.* unable
i paanshëm *adj.* impartial
i paarmatosur *adj.* unarmed
i paarritshëm *adj.* unequalled
i paarsyeshëm *adj.* unreasonable
i pabanuar *adj.* uninhabited
i pabarabartë *adj.* uneven
i pabazuar *adj.* baseless
i pabazuar *adj.* precarious
i pabazuar *adj.* unfounded
i pabesë *n.* backhand
i pabesë *adj.* faithless
i pabesë *adj.* unfaithful
i pabesueshëm *adj.* fabulous
i pabesueshëm *adj.* incredible

i pabesueshëm *adj.* unbelievable
i pabindur *adj.* disobedient
i pacenuar *adj.* pristine
i pacipë *adj.* cheeky
i pacipë *n.* immodest
i pacipë *adj.* impertinent
i pacipë *adj.* impudent
i pacipë *adj.* saucy
i paçmueshëm *adj.* invaluable
i padëgjuar *adj.* unheard
i padëgjueshëm *adj.* inaudible
i padëm *adj.* unscathed
i padëmshëm *adj.* harmless
i padenjë *adj.* unworthy
i padepërtueshëm *adj.* impenetrable
i padëshirueshëm *adj.* undesirable
i padhunueshëm *adj.* inviolable
i padisiplinuar *adj.* unruly
i padiskutueshëm *adj.* indisputable
i paditur *adj.* impious
i paditur *n.* respondent
i padobishëm *adj.* nugatory
i padrejtë *adj.* unfair
i padrejtë *adj.* unjust
i padukshëm *adj.* invisible
i paduruar *adj.* edgy
i paduruar *adj.* impatient
i padurueshëm *adj.* insupportable
i padurueshëm *adj.* obnoxious
i paefektshëm *adj.* ineffective
i paefektshëm *adj.* inefficient
i paefektshëm *adj.* inoperative
i paepur *adj.* inexorable
i paepur *adj.* uncompromising
i pafajshëm *adj.* innocent
i pafalshëm *adj.* inexcusable
i pafat *adj.* inauspicious
i pafat *adj.* luckless

i pafat *adj.* untoward
i pafavorshëm *adj.* adverse
i pafund *adj.* boundless
i pafund *adj.* immense
i pafund *adj.* interminable
i pafund *adj.* numberless
i pafund *adj.* unending
i pafuqishëm *adj.* feeble
i pafuqishëm *adj.* infirm
i pafuqishëm *adj.* peaky
i pafytyrë *adj.* insolent
i pafytyrë *adj.* perky
i pagabueshëm *adj.* foolproof
i pagabueshëm *adj.* infallible
i pagabueshëm *adj.* unmistakable
i pagdhendur *adj.* crass
i pagdhendur *adj.* uncouth
i pagjumë *adj.* wakeful
i pagojë *adj.* speechless
i paguari *n.* payee
i pagueshëm *n.* payable
i paharrueshëm *adj.* memorable
i paharrueshëm *adj.* unforgettable
i pahijshëm *adj.* obscene
i paimitueshëm *adj.* inimitable
i pajetë *adj.* inanimate
i pajetë *adj.* lifeless
i pajetë *adj.* vacuous
i pajtueshëm *adj.* compatible
i pajustifikuar *adj.* unwarranted
i pakalueshëm *adj.* impassable
i pakapërcyeshëm *adj.* insurmountable
i pakapshëm *adj.* elusive
i pakapshëm *adj.* impalpable
i pakënaqur *adj.* disaffected
i pakëndshëm *adj.* objectionable
i pakëndshëm *adj.* unpleasant
i pakënduar *adj.* unsung
i pakët *adj.* scanty
i pakët *adj.* sparing

i pakorrigjueshëm *adj.* incorrigible
i pakorruptueshëm *adj.* incorruptible
i pakrehur *adj.* unkempt
i pakthyeshëm *adj.* irreversible
i pakthyeshëm *adj.* irrevocable
i pakualifikuar *adj.* unqualified
i pakufizuar *adj.* unlimited
i pakujdesshëm *adj.* careless
i pakujdesshëm *adj.* imprudent
i pakujdesshëm *adj.* negligent
i pakujdesshëm *adj.* unguarded
i pakujdesur *adj.* inconsiderate
i pakundërshtueshëm *adj.* irrefutable
i pakundërshtueshëm *adj.* unassailable
I pakuptim *adj.* absurd
i pakuptim *adj.* senseless
i palëkundur *adj.* steadfast
i palëvizshëm *adj.* inert
i palëvizshëm *adj.* motionless
i palëvizshëm *adj.* stationary
i palexueshëm *adj.* illegible
i paligjshëm *adj.* illegal
i paligjshëm *adj.* illegitimate
i paligjshëm *adj.* illicit
i pallogaritshëm *adj.* incalculable
i palodhshëm *adj.* tireless
i palogjikshëm *adj.* illogical
i pamasë *adj.* enormous
i pamatshëm *adj.* immeasurable
i pamatur *adj.* indiscreet
i pamatur *adj.* reckless
i pamatur *adj.* unwise
i pambrojtshëm *adj.* indefensible
i pamend *adj.* inane
i pamend *adj.* injudicious
i pamenduar *adj.* thoughtless
i pamëshirshëm *adj.* relentless
i pamjaftueshëm *adj.* insufficient

i pamohueshëm *adj.* undeniable
i pamoralshëm *n.* reprobate
i pamundshëm *adj.* improbable
i pamundur *adj.* impossible
i pandashëm *adj.* indivisible
i pandashëm *adj.* inseparable
i pandehur *n.* defendant
i pandërgjegjshëm *adj.* unconscious
i pandërprerë *adj.* ceaseless
i pandershëm *adj.* dishonest
i pandershëm *adj.* roguish
i pandjeshëm *adj.* impassive
i pandreqshëm *adj.* compulsive
i pandryshueshëm *adj.* immutable
i pandryshueshëm *adj.* invariable
i pandryshueshëm *adj.* static
i pandryshueshëm *adj.* unexceptional
i panevojshëm *adj.* superfluous
i panevojshëm *adj.* unnecessary
i pangjyrë *n.* colourless
i pangopur *adj.* insatiable
i pangopur *adj.* voracious
i pangushëllueshëm *adj.* inconsolable
i panjohur *adj.* obscure
i panjohur *adj.* unknown
i panumërt *adj.* countless
i panumërt *adj.* innumerable
i papajisur *adj.* unmanned
i papajtueshëm *adj.* implacable
i papajtueshëm *adj.* incompatible
i papajtueshëm *adj.* irreconcilable
i papastër *adj.* impure
i papastër *adj.* unclean
i papërcaktuar *adj.* impersonal
i papërcaktuar *adj.* indefinite
i papërdorshëm *adj.* unfit

i papërfillshëm *adj.* negligible
i papërfytyrueshëm *adj.* unthinkable
i papërgatitur *adj.* unprepared
i papërgjegjshëm *adj.* irresponsible
i papërgjegjshëm *adj.* unaccountable
i papërkulur *adj.* inflexible
i papërlyer *adj.* immaculate
i papërmbajtshëm *adj.* irresistible
i papërmbajtshëm *adj.* ungovernable
i papërmbajtur *adj.* ebullient
i papërmbajtur *adj.* immoderate
i papërpunuar *adj.* crude
i papërshkrueshëm *adj.* indescribable
i papërshkueshëm nga uji *adj.* waterproof
i papërshkueshëm nga uji *adj.* watertight
i papërshkueshëm nga zëri *adj.* soundproof
i papërshtatshëm *adj.* improper
i papërshtatshëm *adj.* inadequate
i papërshtatshëm *adj.* inappropriate
i papërshtatshëm *adj.* ineligible
i papërvojë *adj.* callow
i papërzier *adj.* unadulterated
i papërzier *adj.* unalloyed
i papjekur *adj.* immature
i paplotë *adj.* incomplete
i papranueshëm *adj.* implausible
i papranueshëm *adj.* inadmissible
i paprekshëm *adj.* invulnerable
i paprekshëm *adj.* untouchable
i paprekur *adj.* intact
i paprekur *adj.* unmoved
i papritur *adj.* abrupt
i papritur *adj.* sudden
i papritur *adj.* unexpected
i papunë *adj.* unemployed
i paqartë *adj.* evasive
i paqartë *adj.* inarticulate
i paqartë *adj.* indistinct
i paqartë *adj.* shadowy
i paqartë *adj.* vague
i paqëllim *adj.* aimless
i paqëndrueshëm *adj.* mutable
i paqëndrueshëm *n.* tipsy
i paqëndrueshëm *adj.* unstable
i paqëndrueshëm *adj.* volatile
i parafundit *adj.* penultimate
i parakohshëm *adj.* premature
i paramenduar *adj.* deliberate
I parapaguar *v.* anticipate
i parë *adj. & n.* first
i parëndësishëm *adj.* insignificant
i parëndësishëm *adj.* tenuous
i parëndësishëm *adj.* trivial
i parregullt *adj.* irregular
i paruajtur *adj.* unattended
i pasaktë *adj.* inaccurate
i pasaktë *adj.* incorrect
i pasaktë *adj.* inexact
i pashëm *adj.* dashing
i pashembullt *adj.* unprecedented
i pashërueshëm *adj.* incurable
i pashije *adj.* insipid
i pashmangshëm *adj.* imminent
i pashmangshëm *adj.* impending
i pashmangshëm *adj.* inescapable
i pashmangshëm *adj.* inevitable
i pashmangshëm *adj.* unavoidable
i pashoq *adj.* incomparable
i pashoq *adj.* peerless
i pashpirt *adj.* callous

i pashpirt *adj.* heartless
i pashpirt *adj.* soulless
i pashpjegueshëm *adj.* inexplicable
i pashprehur me fjalë *adj.* tacit
i pashpresë *adj.* hopeless
i pashqiptuar *adj.* unutterable
i pashtershëm *adj.* inexhaustible
i pashtruar *adj.* insubordinate
i pashtruar *adj.* restive
i pasigurt *adj.* insecure
i pasigurt *adj.* uncertain
i pasigurt *n* unreliable
i pasinqertë *adj.* disingenuous
i pasinqertë *adj.* insincere
i pasionuar *adj.* impassioned
i pasionuar *adj.* passionate
i pasjellshëm *adj.* discourteous
i pasjellshëm *adj.* impolite
i paskrupull *adj.* unscrupulous
i pastër *adj.* clean
i pastër *adj.* pure
i pastër *adj.* snug
i pastër *adj.* spotless
i pastër *n.* sterling
i pastër *adj.* unimpeachable
i pasur *adj.* affluent
i pasur *adj.* opulent
i pasur *adj.* rich
i pasur *adj.* wealthy
i patëmetë *adj.* impeccable
i patheksuar *v.* atone
i pathyeshëm *adj.* indomitable
i patreguar *adj.* untold
i patrembur *adj.* dauntless
i patretshëm *adj.* indigestible
i patundshëm *adj.* unshakeable
i patundur *adj.* staunch
i paturpshëm *adj.* shameless
i pavarur *adj.* independent
i pavarur *adj.* substantive
i pavdekshëm *adj.* immortal

i pavdekshëm *adj.* undying
i pavëmendshëm *adj.* inattentive
i pavëmendshëm *adj.* oblivious
i pavend *adj.* irrelevant
i pavendosur *adj.* irresolute
i pavendosur *adj.* undecided
i pavetëdijshëm *adj.* insensible
i pavetëdijshëm *adj.* unaware
i pavlefshëm *adj.* priceless
i pavlefshëm *adj.* worthless
i pavlerë *adj.* footling
i pavlerë *adj.* measly
i pazbatuar *adj.* unmitigated
i pazbatueshëm *adj.* impracticable
i pazëvendësueshëm *adj.* irredeemable
i pazëvendësueshëm *adj.* irreplaceable
i pazgjidhshëm *adj.* insoluble
i pëlqyeshëm *adj.* congenial
i pëlqyeshëm *adj.* palatable
i penduar *adj.* repentant
i përafërt *adj.* approximate
i përafërt *adj.* rough
i përbashkët *adj.* concerted
i përbashkët *n.* joint
i përbërë *adj.* composite
i perceptueshëm *adj.* perceptible
i perceptueshëm *adj.* perceptible
i përciptë *adj.* cursory
i përciptë *adj.* perfunctory
i përçudnuar *n.* monstrous
i përçudnuar *adj.* monstrous
i përdorshëm *adj.* usable
i përfytyrueshëm *adj.* conceivable
i përgjakshëm *adj.* bloody
i përgjakur *adj.* gory
i përgjithshëm *adj.* general
i përgjithshëm *adj.* overall
i përgjumur *adj.* sleepy

i përgjumur *adj.* somnolent
i përgjumur *adj.* somnolent
i përhapur *adj.* prevalent
i përhershëm *adj.* permanent
i përjetshëm *adj.* eternal
i përjetshëm *adj.* lifelong
i përjetshëm *adj.* perpetual
i përjetuar *adj.* vicarious
i përkohshëm *n.* interim
i përkohshëm *adj.* temporal
i përkohshëm *adj.* temporary
i përkryer *v.* consummate
i përkryer *adj.* perfect
i përmbajtur *adj.* demure
i përmbajtur *adj.* sedate
i përmbajtur *adj.* staid
i përmbledhur *adj.* compendious
i përpiktë *adj.* painstaking
i përpiktë në orar *adj.* punctual
i përpunuar *adj.* tractable
i përpunueshëm *adj.* pliable
i përpunueshëm *adj.* pliant
i përshtatshëm *adj.* adequate
i përshtatshëm *adj.* appropriate
i përshtatshëm *adj.* convenient
i përshtatshëm *adj.* germane
i përshtatshëm *adj.* opportune
i përshtatshëm *adj.* seemly
i përshtatshëm *adj.* suitable
i përulur *adj.* humble
i përvëluar *adj.* fervid
i përzemërt *adj.* cordial
i përzemërt *adj.* heartfelt
i përzemërt *adj.* hearty
i pështirë *adj.* abhorrent
i pështirë *adj.* repugnant
i petëzuar *v.* laminate
i pikëlluar *adj.* rueful
i pistë *adj.* frowsty
i pistë *adj.* sordid
i pjekur *adj.* mature
i pjekur *adj.* ripe

i pjerrët *adj.* arduous
i pjerrët *n.* bevel
i pjerrët *adj.* oblique
i pjesëtueshëm *n.* dividend
i pjesshëm *adj.* partial
i plagosur *adj.* stricken
i plogët *adj.* slack
i plotë *adj.* complete
i plotë kuptim *adj.* sententious
i plotfuqishëm *adj.* almighty
i plotfuqishëm *n.* omnipotence
i poshtër *adj.* dastardly
i poshtër *n.* dirt
i poshtër *adj.* ignoble
i poshtër *adj.* nefarious
i pranueshëm *adj.* acceptable
i pranueshëm *adj.* admissible
i pranueshëm *adj.* eligible
i pranueshëm *adj.* tolerable
i prapambetur *n.* laggard
i praruar *adj.* gilt
i preferuar *adj.* favourite
i prekshëm *adj.* susceptible
i prekshëm *adj.* tactile
i prekshëm *adj.* tangible
i prekshëm *adj.* touchy
i prekshëm *adj.* vulnerable
i prekur *adj.* affected
i prcrë *adj.* curt
i pres kokën *v.* behead
i pres kokën *v.* decapitate
i prirur *adj.* apt
i prishur *adj.* addled
i prishur *adj.* broken
i prishur *adj.* rancid
i punës *n.* labour
i purpurtë *n.* magenta
i qafës *adj.* cervical
i qartë *adj.* articulate
i qartë *adj.* explicit
i qartë *adj.* perspicuous
i qejfit *adj.* convivial

i qëllimshëm *adj.* intentional
i qëndrueshëm *adj.* abiding
i qëndrueshëm *adj.* lasting
i qëndrueshëm *adj.* resistant
i qëndrueshëm *adj.* stable
i qëndrueshëm *n.* stable
i qëndrueshëm *adj.* steady
i qenësishëm *adj.* inherent
i qenit *adj.* canine
i qeshur *adj.* genial
i qeshur *adj.* jovial
i qeshur *adj.* mirthful
i qetë *adj.* canny
i qetë *adj.* dispassionate
i qetë *n.* pacific
i qetë *adj.* peaceful
i qetë *adj.* placid
i qetë *adj.* quiescent
i qetë *adj.* quiet
i qetë *adj.* serene
i qetë *adj.* tranquil
i qytetëruar *adj.* urbane
i rastësishëm *adj.* incidental
i rastësishëm *adj.* odd
i rastësishëm *adj.* random
i rastit *adj.* occasional
i rastit *adj.* transient
i realizueshëm *adj.* feasible
i realizueshëm *adj.* workable
i regjur *adj.* arrant
i rehatshëm *adj.* comfortable
i rëndë *adj.* cumbersome
i rëndë *adj.* grievous
i rëndë *adj.* heavy
i rëndë *adj.* severe
i rëndë *adj.* weighty
i rëndësishëm *adj.* important
i rëndësishëm *adj.* impressive
i rëndësishëm *adj.* noteworthy
i rëndësishëm *n.* significant
i rëndomtë *adj.* trite
i respektuar *adj.* respectable

i respektueshëm *adj.* respectful
i ri *adj.* junior
i ri *n.* junior
i ri *adj.* juvenile
i ri *adj.* new
i ri *n.* teenager
i ri *adj.* young
i rrafshët *v.* tabulate
i rrallë *adj.* infrequent
i rrallë *adj.* rare
i rrallë *adj.* scarce
i rrallë *adj.* sparse
i rrallë *adj.* uncommon
i rregullt *adj.* orderly
i rregullt *adj.* regular
i rregullt *adj.* tidy
i rremë *adj.* false
i rremë *adj.* mendacious
i rremë *adj.* meretricious
i rrëmujshëm *adj.* indiscriminate
i rrënjosur *adj.* ingrained
i rrënjosur *adj.* rooted
i rrënuar *adj.* dilapidated
i rrënuar *adj.* ramshackle
i rreptë *adj.* austere
i rreptë *adj.* raucous
i rreptë *adj.* rigorous
i rreptë *adj.* strict
i rreptë *adj.* stringent
i rreptë *adj.* unkind
i rrezikshëm *adj.* dangerous
i rrezikshëm *adj.* hazardous
i rrezikshëm *adj.* perilous
i rrezikshëm *adj.* risky
i rritur *n.* adult
i rrjedhshëm *adj.* fluent
i rrobaqepësisë *adj.* sartorial
i ruajtur *adj.* guarded
i saktë *adj.* accurate
i saktë *adj.* exact
i saktë *adj.* precise
i sëmurë *adj.* ailing

i sëmurë *adj.* ill
i sëmurë *adj.* seedy
i sëmurë *adj.* sick
i sëmurë *adj.* unhealthy
i shëmtuar *adj.* hideous
i shëmtuar *n.* oaf
i shëmtuar *adj.* ugly
i shëndetshëm *adj.* healthy
i shëndetshëm *adj.* lusty
i shëndetshëm *adj.* wholesome
i shëndoshë *adj.* corpulent
i shenjtë *adj.* holy
i shenjtë *adj.* sacred
i shenjtë *adj.* sacrosanct
i shenjtë *adj.* saintly
i shërueshëm *adj.* curable
i shfrenuar *adj.* rampant
i shfrenuar *adj.* unbridled
i shijshëm *adj.* delicious
i shijshëm *adj.* succulent
i shijshëm *adj.* tasteful
i shijshëm *adj.* tasty
i shijshëm *adj.* yummy
i shkathët *adj.* agile
i shkathët *adj.* deft
i shkathët *adj.* lithe
i shkathët *adj.* nimble
i shkathët *adj.* resourceful
i shkëlqyer *adj.* brilliant
i shkëlqyer *n.* dandy
i shkëlqyer *adj.* excellent
i shkëlqyer *adj.* gaudy
i shkëlqyer *adj.* splendid
i shkëlqyeshëm *adj.* refulgent
i shkëlqyeshëm *adj.* resplendent
i shkëlqyeshëm *adj.* slick
i shkëlqyeshëm *n.* sparkling
i shkolluar *adj.* literate
i shkretë *adj.* inhospitable
i shkrifët *adj.* friable
i shkrifët *adj.* incoherent
i shkrirë *adj.* molten

i shkurtër *adj.* brief
i shkurtër *adj.* short
i shkurtër *adj.* terse
i shndritshëm *adj.* lustrous
i shokuar *adj.* funky
i shoqërueshëm *adj.* sociable
i shpejtë *adj.* quick
i shpejtë *adj.* rapid
i shpejtë *adj.* speedy
i shpejtë *adj.* swift
i shpëlarë *adj.* vapid
i shpeshtë *adj.* frequent
i shpjegueshëm *adj.* soluble
i shpretkës *adj.* splenetic
i shprishur *adj.* ragged
i shqetësuar *adj.* anxious
i shqetësuar *adj.* apprehensive
i shqetësuar *adj.* uneasy
i shqetësuar *adj.* worried
i shquar *adj.* eminent
i shquar *adj.* illustrious
i shquar *adj.* outstanding
i shquar *adj.* pre-eminent
i shquar *adj.* remarkable
i shtatë *adj. & n.* seventh
i shtatëdhjetë *adj. & n.* seventieth
i shthurur *adj.* licentious
i shtirur *adj.* ostensible
i shtrembër *v.* skew
i shtrenjtë *adj.* expensive
i shtrirë *adj.* recumbent
i shumëfishtë *adj.* manifold
i shumëfishtë *adj.* multiple
i shumëfishtë *n.* multiplex
i shurdhër *adj.* deaf
i sigurt *adj.* assured
i sigurt *adj.* confident
i sigurt *adj.* safe
i sigurt *n.* safe
i sigurt *adj.* sure
i sigurt *adj.* trusty

i sinqertë *adj.* candid
i sinqertë *adj.* earnest
i sinqertë *adj.* frank
i sinqertë *adj.* outspoken
i sinqertë *adj.* sincere
i sinqertë *adj.* unreserved
i sipërm *adj.* upper
i sjellshëm *adj.* courteous
i sjellshëm *adj.* courtly
i sjellshëm *adj.* genteel
i sjellshëm *adj.* polite
i sjellshëm *adj.* suave
i skajshëm *adj. & n.* uttermost
i sofistikuar *adj.* sophisticated
i spikatur *adj.* conspicuous
i spikatur *adj.* prominent
i spikatur *adj.* salient
i stilizuar *adj.* stylized
i stomakut *adj.* gastric
i stuhishëm *adj.* brash
i stuhishëm *adj.* stormy
i stuhishëm *adj.* tempestuous
i subkoshiencës *adj.* subliminal
i suksesshëm *adj.* successful
i sunduar nga gruaja *adj.* henpecked
i supozuar *adj.* putative
i syrit *adj.* orbital
i talentuar *adj.* gifted
i talentuar *adj.* talented
i tatueshëm *adj.* taxable
i tejdukshëm *adj.* translucent
i tejdukshëm *adj.* vitreous
i tendosur *adj.* taut
i tensionuar *adj.* strained
i tensionuar *adj.* tense
i tepërt *n.* excess
i tepërt *adj.* redundant
i tepruar *adj.* disproportionate
i tepruar *adj.* excessive
i tepruar *adj.* exorbitant
i tepruar *adj.* extravagant
i tepruar *adj.* undue
i tërbuar *adj.* rabid
i tërë *adj.* entire
i tërthortë *n.* roundabout
i thatë *adj.* arid
i thatë *n.* blain
i thekshëm *n.* tart
i thellë *adj.* abstruse
i thellë *adj.* profound
i thjeshtë *adj.* homely
i thjeshtë *adj.* mere
i thjeshtë *adj.* simple
i thyer *adj.* rugged
i tillë *adj.* such
i titulluar *adj.* titular
i tmerrshëm *adj.* awesome
i tmerrshëm *adj.* awful
i tmerrshëm *adj.* damnable
i tmerrshëm *adj.* dire
i tmerrshëm *adj.* horrible
i tmerrshëm *adj.* horrid
i tmerrshëm *adj.* macabre
i tmerrshëm *adj.* redoubtable
i tmerrshëm *adj.* scary
i tmerrshëm *adj.* terrible
i tmerrshëm *adj.* tremendous
i tmerruar *adj.* aghast
i transferueshëm *adj.* transferable
i trashë *adj.* coarse
i trashë *adj.* fatuous
i trashë *adj.* obese
i trashë *adj.* thick
i trashë *adj.* viscous
i trashëguar *adj.* hereditary
i trazuar *adj.* tumultuous
i trazuar *adj.* turbid
i trazuar *adj.* turbulent
i trefishtë *adj.* treble
i trembëdhjetë *adj. & n.* thirteenth
i tretë *adj.* third

i tridhjetë *adj. & n.* thirtieth
i tridhjetë *adj. & n.* thirtieth
i trishtuar *adj.* sad
i trishtuar *adj.* unhappy
i trishtuar *adj.* wistful
i turbullt *adj.* woozy
i turpëruar *adj.* ashamed
i turpshëm *adj.* bashful
i turpshëm *adj.* coy
i turpshëm *adj.* indecent
i turpshëm *adj.* infamous
i turpshëm *adj.* shameful
i turpshëm *adj.* sheepish
i turpshëm *adj.* timid
i turpshëm *adj.* vile
i ulur *adj.* sedentary
i ulur *n.* sitting
i urinës *adj.* urinary
i uritur *adj.* famished
i uritur *adj.* hollow
i uritur *adj.* hungry
i urryer *adj.* heinous
i urtë *adj.* compliant
i urtë *adj.* docile
i urtë *adj.* meek
i urtë *adj.* tame
i vajtueshëm *adj.* regrettable
i vakët *adj.* lukewarm
i vakët *adj.* tepid
i valuar *adj.* sodden
i varfër *adj.* destitute
i varfër *adj.* meagre
i varfër *adj.* poor
i varfër *adj.* squalid
i varur *adj.* baggy
i varur *n.* dependant
i varur *adj.* dependent
i vazhdueshëm *adj.* continual
i vazhdueshëm *adj.* continuous
i vdekshëm *adj.* mortal
i vdekur *adj.* dead
i vdekur *adj.* deceased
i vdekur *adj.* defunct
i veçantë *adj.* discrete
i veçantë *adj.* especial
i veçantë *adj.* particular
i veçantë *adj.* peculiar
i veçantë *v.* separate
i veçúar *v.* segregate
i vëmendshëm *adj.* attentive
i vëmendshëm *adj.* considerate
i vëmendshëm *adj.* observant
i vendosur *v.* set
i vendosur *n* set
i verbër *adj.* blind
i verbër *adj.* purblind
i verdhë *n.* daffodil
i vërtetë *adj.* authentic
i vërtetë *adj.* genuine
i vërtetë *adj.* true
i vërtetë *adj.* truthful
i vërtetë *adj.* unfailing
i vërtetë *adj.* veracious
i vërtetë *adj.* veritable
i vërtetueshëm *adj.* certifiable
i vështirë *adj.* awkward
i vështirë *adj.* difficult
i vështirë *adj.* hard
i vështirë *adj.* onerous
i vështirë *adj.* scabrous
i vetëdijshëm *adj.* aware
i vetëdijshëm *adj.* conscious
i vetëdijshëm *adj.* overweening
i vetëkënaqur *adj.* complacent
i vetëkënaqur *adj.* jaunty
i vetëkënaqur *adj.* smug
i vetëm *adj.* single
i vetëm *n.* singleton
i vetëm *n.* sole
i vetmuar *adj.* desolate
i vetmuar *adj.* lone
i vetmuar *adj.* lonely
i vetmuar *adj.* lonesome
i vetmuar *adj.* privy

i vetmuar *n.* recluse
i vetmuar *adj.* secluded
i vetmuar *adj.* solitary
i virgjër *n.* virgin
i virtytshëm *adj.* virtuous
i vjetër *adj.* old
i vjetër *adj.* shabby
i vjetruar *adj.* antiquated
i vjetruar *adj.* fusty
i vjetruar *adj.* obsolete
i vjetruar *adj.* outdated
i vlefshëm *adj.* valid
i vockël *v.* pinpoint
i vockël *adj.* puny
i vockël *adj.* tiny
i vogël *adj.* paltry
i vogël *adj.* scant
i vogël *adj.* small
i vonuar *adj.* belated
i vonuar *adj.* overdue
i vonuar *adj.* tardy
i vrarë *v.* assassinate
i vrazhdë *adj.* murky
i vrazhdë *adj.* rude
i vrazhdë *adj.* sullen
i vrazhdë *adj.* truculent
i vrenjtur *adj.* cloudy
i vrenjtur *adj.* disagreeable
i vrenjtur *adj.* saturnine
i vrullshëm *adj.* impetuous
i xhaxhait *adj.* avuncular
i zakonshëm *adj.* common
i zakonshëm *adj.* commonplace
i zakonshëm *adj.* customary
i zakonshëm *adj.* mundane
i zakonshëm *adj.* ordinary
i zakonshëm *adj.* usual
i zakonshëm *adj.* wonted
i zakonshëm *adj.* workaday
i zbatueshëm *adj.* applicable
i zbatueshëm *adj.* practicable
i zbatueshëm *adj.* viable

i zbehtë *adj.* dim
i zbehtë *adj.* pale
i zbetë *adj.* lurid
i zbetë *adj.* mealy
i zbetë *adj.* wan
i zbukuruar *n.* fancy
i zë vendin *v. t* displace
i zellshëm *adj.* diligent
i zellshëm *adj.* industrious
i zellshëm *adj.* sedulous
i zellshëm *adj.* strenuous
i zellshëm *adj.* studious
i zellshëm *adj.* zealous
i zemëruar *adj.* angry
i zemëruar *adj.* indignant
i zënë *adj.* busy
i zërit *adj.* sonic
i zgjatur *adj.* protracted
i zgjuar *adj.* artful
i zgjuar *adj.* astute
i zgjuar *v.* awake
i zgjuar *adj.* clever
i zgjuar *adj.* intelligent
i zgjuar *adj.* sagacious
i zgjuar *adj.* smart
i zhdukur *adj.* extinct
i zhurmshëm *adj.* rumbustious
i zhurmshëm *adj.* uproarious
i zhurmshëm *adj.* vociferous
i zhytur në mendime *adj.* pensive
i zhytur në mendime *adj.* thoughtful
i zi *adj.* black
i zjarrtë *adj.* ardent
i zjarrtë *adj.* fervent
i zjarrtë *adj.* fiery
i zjarrtë *adj.* sultry
I zjuar *v.* witter
i zoti *adj.* adroit
i zoti *adj.* neat
i zoti *adj.* skilful

i zymtë *adj.* cheerless
i zymtë *adj.* dreary
i zymtë *adj.* gloomy
i zymtë *adj.* glum
i zymtë *adj.* grim
i zymtë *adj.* morose
i zymtë *adj.* mournful
i zymtë *adj.* sombre
i zymtë *adj.* stark
ia bëj zakon *v.t.* habituate
ia kaloj *v.* overbalance
ia kaloj *v.* overshoot
ia kthej *v.* reciprocate
ia ngul sytë *v.* gaze
ia ngul sytë *v.* stare
ia plas të qeshurit *n.* guffaw
ia plas të qeshurit *n.* peal
ibrik *n.* jug
ibrik *n.* kettle
ide *n.* idea
ide e gabuar *n.* fallacy
ide e gabuar *n.* misconception
ideal *n.* ideal
ideal *adj.* nonpareil
idealist *n.* idealist
idealist *adj.* idealistic
idealist *adj.* platonic
idealizëm *n.* idealism
idealizoj *v.* idealize
idem *n.* ditto
identifikim *n.* identification
identik *adj.* identical
identitet *n.* identity
identitet *v.* identity
ideologji *n.* ideology
idhnak *adj.* petulant
idhujtari *n.* idolatry
idhull *n.* idol
idil *n.* idyll
idiomatik *adj.* idiomatic
idiomë *n.* idiom
idiot *n.* idiot

idiot *adj.* idiotic
idiotësi *n.* idiocy
ijë *n.* groin
ijë *n.* hip
ik *v.i* escape
ik *v.* retire
ik me vrap *n.* bunk
ikës *adj.* recessive
ikje *n.* parting
ikje në rrëmujë *n.* stampede
ikonë *n.* icon
ilaç *n.* remedy
ilaç për të gjitha të keqijat *n.* panacea
ilustrim *n.* illustration
ilustroj *n.* illustrate
iluzion *v.t.* illusion
imagjinar *adj.* imaginary
imagjinar *adj.* imaginative
imagjinatë *n.* imagination
imagjinoj *v.t.* imagine
imanent *adj.* immanent
imazh *n.* image
imeil *n.* email
imi *pron.* mine
imi *n.* mine
imigrant *n.* immigrant
imigrim *n.* immigration
imigroj *v.* immigrate
imitacion *n.* mimicry
imitim *n.* imitation
imitim *n.* impersonation
imitoj *v.* imitate
imitoj *n.* mimic
imoral *adj.* immoral
imoral *adj.* promiscuous
imoralitet *n.* immorality
imperializëm *n.* imperialism
imponim *n.* imposition
imponoj *v.* impose
import *v.* import
importues *n.* importer

impotencë *n.* impotence
impotent *adj.* impotent
improvizoj *v.* improvise
impuls *n.* impulse
impuls *n.* pulse
impulsiv *adj.* impulsive
imtësisht *adv.* minutely
imunitet *n.* immunity
imunizoj *v.* immunize
imunologji *n.* immunology
inat *n.* dudgeon
inat *n.* ire
inat *n.* pique
inatçi *adj.* spiteful
inauguroj *v.* inaugurate
inç *n.* inch
incest *n.* incest
incidencë *n.* incidence
incident *n.* incident
ind *n.* tissue
indeks *n.* index
indeks i sipërm *adj.* superscript
Indian *n.* Indian
indiferent *adj.* impervious
indiferent *adj.* indifferent
indigjen *adj.* indigenous
indinjatë *n.* indignation
indirekt *adj.* indirect
individual *adj.* individual
individualitet *n.* individuality
individualizëm *n.* individualism
induksion *n.* induction
industri *n.* industry
industrial *adj.* industrial
inerci *n.* inertia
infeksion *n.* infection
infektoj *v.* contaminate
infektoj *v.* infect
infektues *adj.* catching
infektues *adj.* infectious
inferior *adj.* inferior
inferioritet *n.* inferiority

infermatizoj *v.* computerize
infermiere *n.* nurse
infinit *adj.* infinite
inflacion *n.* inflation
informacion *v.* debrief
informacion *n.* information
informativ *adj.* informative
informator *n.* informer
informues *n.* communicant
infrastrukturë *n.* infrastructure
infuzion *n.* infusion
iniciator *n.* originator
injeksion *n.* injection
injektoj *v.* transfuse
injorancë *n.* ignorance
injorant *n.* ignoramus
injorant *adj.* ignorant
injoroj *v.* blink
injoroj *v.* ignore
inkorporoj *v.* incorporate
inkuizicion *n.* inquisition
inkurajoj *v.* encourage
inkurajues *adj.* heartening
inkursion *n.* incursion
insekt *n.* bug
insekt *n.* insect
insekticid *n.* insecticide
insinuatë *n.* insinuation
insistoj *v.* insist
inspektim *n.* inspection
inspektim *n.* preview
inspektim *n.* visitation
inspektoj *v.* inspect
inspektor *n.* inspector
inspektor *n.* superintendent
instalim *n.* installation
instalim *n.* instalment
instalime *n.* fixture
instalime elektrike *n.* wiring
instaloj *v.* install
instinkt *n.* instinct
instinktiv *adj.* instinctive

institucion *n.* institution
institut *n.* institute
instruktor *n.* instructor
instrument *n.* instrument
instrumental *adj.* instrumental
instrumentalist *n.* instrumentalist
insulinë *n.* insulin
integral *adj.* integral
intelekt *n.* intellect
intelektual *adj.* intellectual
intensifikojnë *v.* intensify
intensitet *adv.* apace
intensitet *n.* poignancy
Intensiteti *n.* intensity
intensiv *adj.* intensive
Intercom *n.* intercom
interes *n.* interest
interesant *adj.* interesting
internet *n.* internet
internoj *v.* intern
interpretoj *v.* interpret
interpretues *n.* performer
interracial *adj.* interracial
interrelate *v.* interrelate
interval *n.* interval
intervistë *n.* interview
intimitet *n.* privacy
intolerant *adj.* intolerant
intranet *n.* intranet
Intrepid *adj.* intrepid
intrigë *v.* intrigue
introvert *n.* introvert
intuitë *n.* intuition
intuitiv *n.* intuitive
invalid *n.* invalid
inventar *n.* inventory
investim *n.* investment
investoj *v.t.* invest
Invigilate *adj.* invigilate
invigilator *n.* invigilator
inxhinier *n.* engineer
inxhinier elektrik *n.* electrician

iodel *v.* yodel
ioga *n.* yoga
iogi *n.* yogi
ionks *n.* yonks
iracional *adj.* irrational
iriq *n.* urchin
ironi *n.* irony
ironical *adj.* ironical
ironik *adj.* quizzical
irritoj *v.* exasperate
ish- *adj.* former
ish-nxënës *n.* alumnus
ishull *n.* island
ishull *n.* islet
ishullor *adj.* insular
Islam *n.* Islam
isobatin *n.* isobar
itchy *adj.* itchy
iterate *v.* iterate
ithtar *n.* henchman
ithtar *n.* votary
itinerar *n* itinerary
izolant *n.* insulator
izolim *n.* insulation
izolim *n.* isolation
izolim *n.* seclusion
izoloj *v.* insulate
izoloj *v.* isolate
izoloj *v.* ostracize

J

Jacuzzi *n.* Jacuzzi
jaht *n.* yacht
jak *n.* yak
jakë *n.* collar
jaki *n.* splint
jam i etur *v.* yearn
jam i sëmurë *v.* ail

jam i zymtë *v.* sulk
jam optimist *v.* optimize
Janar *n.* January
jap *v.* dispense
jap *v.* give
jap *v.* vouchsafe
jap *v.* yield
jap e marr *v.* peddle
jap një copë toke *n.* benefice
jar *n.* jar
jargavan *n.* lilac
jargë *v.* slobber
jasemi *n.* jasmine
jashtë *adj.* outboard
jashtë *n.* outside
jashtë *adj.* outward
jashtë *adv.* overseas
jashtë bordit *adv.* overboard
jashtë orarit *n* overtime
jashtë vendit *adv.* abroad
jastëk *n.* cushion
jastëk *n.* pad
jastëk *n.* pillow
javë *n.* week
javor *adj.* weekly
jehonë *n.* echo
jehonë *n.* repercussion
jele *n.* crest
jelek *n.* jerkin
jelek *n.* vest
jelek *n.* waistcoat
Jen *n.* Yen
jep *v.* grant
jep *v.* lend
jepem *v.* succumb
jerm *n.* delirium
jerry mund *n.* jerry can
jetë *v.* be
jetë *n.* life
jetë fshati *n.* rustication
jetëgjatë *adj.* durable
jetëgjatësi *n.* longevity

jetese *n.* living
jetesë *n.* livelihood
jetim *n.* orphan
jetimore *n.* orphanage
jetoj *v.* inhabit
jetoj *v.* live
jo *adj.* no
jo i domosdoshëm *adj.* dispensable
jo i kësaj bote *adj.* unworldly
jo i kualifikuar *adj.* unskilled
jo shtrirjes *n.* non-alignment
joaktiv *adj.* inactive
jobindës *adj.* inconclusive
jofisnik *adj.* ungrateful
joformal *adj.* informal
jofunksional *adj.* dysfunctional
jokalimtar *adj.* intransitive
jokomformist *n.* nonconformist
jomaterial *adj.* immaterial
jomiqësor *adj.* frosty
jonormal *adj.* aberrant
jonormal *adj.* abnormal
joortodoks *adj.* unorthodox
jopjellor *adj.* infertile
jopopullor *adj.* unpopular
jopraktik *adj.* impractical
joprofesional *adj.* unprofessional
joreal *adj.* notional
jorgan *n.* quilt
joserioz *adj.* flimsy
josh *v.* seduce
josh *n.* vamp
josh *n.* wile
joshë *n.* allure
joshë *v.* lure
joshës *adj.* seductive
joshës *n.* tempter
joshje *n.* seduction
joshje *n.* temptation
jozyrtar *adj.* unceremonious
ju *pron.* you

ju lutem *v.* please
juaj *adj.* your
jubile *n.* jubilee
jug *n.* south
jugor *adj.* southerly
Jupiteri *n.* Jupiter
juri *n.* inquest
juri *n.* jury
juridik *adj.* legal
jurisdiksion *n.* jurisdiction
jurisprudencë *n.* jurisprudence
jurist *n.* jurist
justifikim *v.* excuse
justifikim *n.* justification
jute *n.* jute

K

ka me bollëk *v.i.* abound
ka mundësi *adj.* likely
kaba *adj.* bulky
kabare *n.* cabaret
kabina *n.* compartment
kabinë *n.* booth
kabinë *n.* cabin
kabinë *n.* cockpit
kabinet *n.* cabinet
kabllo *n.* cable
kacabu *n.* cockroach
kacafytje *n.* scrimmage
kaçavidë *n.* screwdriver
kaçubë *n.* shrub
kaçurrel *n.* ringlet
kadet *n.* cadet
kadife *n.* velvet
kadmium *n.* cadmium
kafaz *n.* cage
kafaz *n.* trellis
kafaz i kraharorit *n.* sternum

kafaz zogjsh *n.* aviary
kafe *n.* coffee
kafe moka *n.* mocha
kafene *n.* cafe
kafeterie me filtër *n.* percolator
kafkë *n.* skull
kafshatë *n.* morsel
kafshatë *n.* mouthful
kafshë *n.* animal
kafshë *n.* beast
kafshim *v.* nip
kafshoj *v.* bite
kaftans *n.* kaftans
kajsi *n.* apricot
kakao *n.* cacao
kakao *n.* cocoa
kakarisje *n.* cackle
kaktus *n.* cactus
kala *n.* castle
kala *n.* citadel
kala *n.* fortress
kalamendës *adj.* vertiginous
kalb *v.* rot
kalcium *n.* calcium
kalë *n.* horse
kalë i egër *n.* mustang
kalë i vjetër *v.* knacker
kalë i vogël *n.* pony
kalë troku *n.* trotter
kaleidoskop *n.* kaleidoscope
kalendar *n.* calendar
kali *n.* steed
kalibër *n.* calibre
kaligrafi *n.* calligraphy
kalim *n.* crossing
kalim *adj.* passing
kalim *n.* transit
kalim kohe *n.* pastime
kalim për këmbësorë *n.* zebra crossing
kalimtar *adj.* momentary
kalimtar *adj.* transitive

kalimtar *adj.* transitory
kalit *v.* harden
kalit *n.* temper
kalit *v.* toughen
kalkulatriçe *n.* calculator
kallaj *n.* tin
kallajxhi *v.* tinker
kallam *n.* cane
kallamar *n.* squid
kallëzues *n.* predicate
kallp *adj.* spurious
kaloj *v.* depute
kaloj *v.* elapse
kaloj *v.* exceed
kaloj *v.* glide
kaloj *v.* overstep
kaloj *v.* pass
kaloj *v.* spend
kaloj *v.* traverse
Kaloje *adj.* subscript
kaloni *v.* skip
kaloni *n.* switch
kalorës *adj.* equestrian
kalorës *n.* jockey
kalorës *n.* knight
kalorës *n.* rider
kalorës *n.* trooper
kalorësi *n.* cavalry
kalorësi *n.* chivalry
kalorësi *n.* knighthood
kalorësiak *adj.* chivalrous
kalori *n.* calorie
kalori *adj.* nutritious
kaloshin *n.* buggy
kam *v.* have
kam vegime *v.* hallucinate
kamare *n.* niche
kamarier *n.* steward
kambanore *n.* steeple
kambrik *n.* cambric
kamë *n.* dagger
kamë *n.* spike

kamerier *n.* waiter
kameriere *n.* waitress
kamfur *n.* camphor
kamion *n.* lorry
kamion *n.* truck
kamionçinë *n.* wagon
kamje *n.* affluence
kamoshi *n.* suede
kamp *n.* camp
kampion *n.* champion
kampion *v.* whiz
kamzhik *n.* scourge
kanal *n.* canal
kanal *n.* channel
kanal *n.* duct
kanalizime *n.* sanitation
kanalizimeve *n.* sewerage
kanavacë *n.* canvas
kancelar *n.* chancellor
kancer *n.* cancer
kandidat *n.* candidate
kandidat *n.* nominee
kandil deti *n.* jellyfish
kanellë *n.* cinnamon
kangjella *n.* banisters
kangjella *n.* railing
kangur *n.* kangaroo
kangur i vogël *n.* wallaby
kanibal *n.* cannibal
kanion *n.* canyon
kanp *n.* cannabis
kantier detar *n.* shipyard
kanton *n.* canton
kanun *n.* canon
kanxhë *v.* grab
kaos *n.* chaos
kaotik *adj.* chaotic
kap *v.* catch
kap *v.* seize
kap *v.* snap
kap *v.* swoop
kapacitet *n.* capacity

kapak *n.* cap
kapak *n.* lid
kapanxhë *n.* manhole
kapë *n.* sheaf
kapelan *n.* chaplain
kapelashitës *n.* milliner
kapelë *n.* hat
kapem *v.* cling
kapem *v.* fasten
kapërcej *v.* surmount
kapërcej *v.* transcend
kapërcyer *v.* overcome
kapës *n.* captor
kapëse *n.* clip
kapëse *n.* staple
kapëse *v.* staple
kapital *n.* capital
kapitalist *n. &adj.* capitalist
kapitalizëm *n.* capitalism
kapiten *n.* captain
kapiten *n.* skipper
kapitull *n.* chapter
kapje *n.* attachment
kapje *v.t.* grapple
kapotë *n.* bonnet
kapriçioz *adj.* capricious
kaproll *n.* roe
kapsllëk *n.* constipation
kapsulë *n.* capsule
kapuç *n.* hood
kapur *v.* capture
karabina *n.* carcass
karafil *n.* clove
karagjoz *adj.* droll
karagjoz *n.* jester
karakatinë *n.* hovel
karakter *n.* character
karakter *n.* ethos
karakter *n.* mettle
karakter modern *n.* modernity
karakteristikë *n.* characteristic
karakteristikë *n.* datum

karamel *n.* caramel
karamele *n.* candy
karamele me gjalpë *n.* toffee
karamele mente *n.* peppermint
karantinë *n.* quarantine
karaoke *n.* karaoke
karat *n.* carat
karate *n.* karate
karavan *n.* caravan
karavidhe *n.* lobster
karbohidrat *n.* carbohydrate
karbon *n.* carbon
karbonat *adj.* carbonate
karburant *n.* fuel
kardamom *n.* cardamom
kardiak *adj.* cardiac
kardinal *n.* cardinal
kardiograf *n.* cardiograph
kardioligji *n.* cardiology
karierë *n.* career
karikaturë *n* caricature
karikaturë *n.* cartoon
karizëm *n.* charisma
karizmatik *adj.* charismatic
karkalec *n.* grasshopper
karkalec *n.* locust
karma *n.* karma
karnaval *n.* carnival
karotë *n.* carrot
karpentieri *n.* carpentry
karrem *n.* bait
karrige *n.* chair
karro *n.* trolley
karrocë *n.* carriage
karrocë fëmijësh *n.* pram
karrocë poste *n.* stagecoach
kartë *n.* card
kartel *n.* cartel
kartolinë *n.* postcard
karton *n.* cardboard
kasanova *n.* Casanova
kasap *n.* butcher

kashmir *n.* paisley
kashtë *n.* straw
kashtë *n.* stubble
kashtë *n.* thatch
kashtore *n.* carboy
kaskë *n.* helm
kasolle *n.* shack
kasolle *n.* shanty
kastë *n.* caste
kastor *n.* beaver
kastravec *n.* cucumber
kat *n.* floor
kat *n.* storey
kat i ndërmjetëm *n.* mezzanine
kataklizëm *n.* cataclysm
katalizator *n.* catalyst
katalog *n.* catalogue
katana *n.* whopper
katarakt *n.* cataract
katastrofë *n.* catastrophe
katastrofik *adj.* disastrous
katedrale *n.* cathedral
katedralë *n.* minster
kategori *n.* category
kategorik *adj.* categorical
kategorizoj *v.* categorize
katër *adj.& n.* four
katërfish *adj.* quadruple
katërkëmbësh *n.* quadruped
katërkëndësh *a.* quadrangle
katërkëndësh *n.* quadrangular
katërkëndësh *n.* quadrilateral
katërmbëdhjetë *adj.& n.* fourteen
katërsh *n.* quadruplet
kath *n.* sty
katolik *adj.* catholic
katran *n.* pitch
katran *n.* tar
katror *n.* square
Kaukazian *adj.* Caucasian
kaush *n.* cornet

kaustik *adj.* caustic
kazan *n.* cauldron
kazermë *n.* cantonment
kazino *n.* casino
keçap *n.* ketchup
kedër *n.* cedar
keenness *n.* keenness
kek me arra dhe bajame *n.* praline
këllëf *n.* scabbard
këllëf *n.* thimble
këllëf revoleje *n.* holster
këllk *n.* haunch
Kelt *adj.* Celtic
këlysh *n.* cub
këmbalec *n.* trestle
këmbalkë *n.* stilt
këmbë *n.* foot
këmbë *n.* hoof
këmbë *n.* leg
këmbë *n.* standing
këmbë e përparme *n.* foreleg
këmbë shkalle *n.* rung
këmbëngulës *adj.* emphatic
këmbëngulës *adj.* insistent
këmbëngulës *adj.* persistent
këmbëngulës *adj.* tenacious
këmbëngulje *n.* insistence
këmbëngulje *n* obstinacy
këmbëngulje *n.* perseverance
këmbëngulje *n.* persistence
këmbëngulje *n.* tenacity
këmbësor *n.* pedestrian
këmbësori *n.* infantry
këmbje *n.* trivet
këmishë *n.* shirt
këmishë *n.* wrapper
këna *n.* henna
kënaq *v.* enchant
kënaq *v.* gratify
kënaq *v.* indulge
kënaq *v.* satisfy

kënaqësi *n.* contentment
kënaqësi *n.* delectation
kënaqësi *v. t.* delight
kënaqësi *n.* pleasure
kënaqësi *n.* satisfaction
kënaqje *n.* gratification
kënaqje *n.* indulgence
kënd *n.* angle
këndoj *v.* sing
këndoj *n.* troll
këndor *adj.* angular
kënetë *n* marsh
kënetë *n.* moor
kënetë *n.* slough
këngë *n.* song
këngë djepi *n.* lullaby
këngëtar *a.* singer
këngëtar *n.* songster
këngëtar *n.* vocalist
kep *n.* cape
këpucar *n.* cobbler
këpucë *n.* shoe
këpurdhë *n.* fungus
këpurdhë *n.* mushroom
këpus *v.* pluck
këputje *v.t.* rupture
keq *adj.* bad
keq *adv.* badly
keq *adv.* poorly
keqadministrim *n.* maladministration
keqardhje *n.* pity
keqardhje *n.* regret
keqardhje *n.* remorse
keqbërës *n.* culprit
keqbërës *n.* malefactor
keqbërje *n.* malediction
keqbërje *n.* misdemeanour
keqdashje *n.* malice
keqkuptim *n.* misapprehension
keqkuptim *n.* misunderstanding
keqkuptoj *v.* misapprehend

keqkuptoj *v.* misconceive
keqkuptoj *v.* misinterpret
keqkuptoj *v.* misunderstand
keqorientoj *v.* misdirect
keqpërdor *v.* maltreat
keqpërdorim *v.* misuse
keqqeverisje *n.* misrule
keqtrajtoj *n.* manhandle
keqtrajtoj *v.* mistreat
keqzbatoj *v.* misapply
kërc *n.* cartilage
kërcej *v.* bounce
kërcej *v.* cavort
kërcej *v.i* jump
kërcell *n.* stalk
kërcëllimë *v.* chatter
kërcënim *n.* menace
kërcënim *n.* threat
kërcënoj *v.* threaten
kërcënues *adj.* pendent
kërci *n.* shin
kërcim *v.* leap
kërcitje *v.* crackle
kërdi *n.* carnage
kërdi *n.* havoc
kërkesë *v.* claim
kërkesë *n.* demand
kërkesë *n.* requirement
kërkesë *n.* solicitation
kërkim *n.* quest
kërko *v.* search
kërkoj *v.* arrogate
kërkoj *v.* ask
kërkoj *v.* necessitate
kërkoj *v.i.* seek
kërkoj *v.* solicit
kërkoj kuturu *v.* fumble
kërkoj me duar *v.* grope
kërkojë *n.* request
kërkojnë *v.* require
kërkuar *adj.* demanding
kërkues *n.* applicant

kërkues *n.* solicitor
kërkues *n.* suitor
kërmill *n.* conch
kerri *n.* curry
kerrmëz *v.* purr
kërrus *v.* hunch
këshill *n.* council
këshillë *n.* advice
këshillë *n.* counsel
këshillë *v.* counsel
këshillim *n.* consultation
këshillohem *v.* confer
këshilloj *v.* admonish
këshilloj *v.* advise
këshilloj *v.* exhort
këshilltar *n.* councillor
këshilltar *n.* counsellor
këshilltar *n.* mentor
kështu *adv.* so
kështu *adv.* thus
këtej e tutje *adv.* hereafter
ketri *n.* squirrel
këtu *adv.* here
këtu *adv.* hither
këtu afër *adv.* hereabouts
kifle *n.* muffin
Kilobyte *n.* kilobyte
kilogram *n.* kilo
kilometër *n.* kilometre
kilota *n.* bloomers
kilota *n.* breeches
kilota burrash *n.* knickers
kimi *n.* chemistry
kimi *v.* stink
kimik *adj.* chemical
kimioterapi *n.* chemotherapy
kimono *n.* kimono
Kinë *n.* china
kinema *n* cinema
kinema *n.* movies
kinetik *adj.* kinetic
kininë *n.* quinine

kiromanci *n.* palmistry
kirurg *n.* surgeon
kirurgji *n.* surgery
kishar *n.* sexton
kishë *n.* church
kishëz *n.* chapel
kist *n.* cyst
kitara *n.* quadrant
kitarë *n.* guitar
kjo *pron.& adj.* this
klan *n.* clan
klasë *n.* class
klasë *n.* grade
klasifikim *n.* classification
klasifikim *n.* gradation
klasifikoj *v.* classify
klasik *adj.* classic
klasik *adj.* classical
kler *n.* clergy
kleri *n.* pulpit
klerik *n.* cleric
klerikal *adj.* clerical
klerikësh *n.* mitre
klient *n.* client
klient *n.* customer
klimë *n.* climate
klinikë *n.* clinic
klishe *n.* stencil
klith *n.* yowl
klithmë *n.* screech
klithmë *n.* screech
klithmë *n.* squall
klithmë *n.* squeal
kllapa *n.* bracket
kllapë *n.* parenthesis
klloun *n.* pantaloon
klon *n.* clone
klor *n.* chlorine
kloroform *n.* chloroform
klub *n.* club
koalicion *n.* coalition
kobalt *n.* cobalt

koçi *n.* chariot
kockë *n.* bone
kockëmadh *adj.* bony
kockëzohet *v.* ossify
kod *n.* code
kodër *n.* hill
kodin postar *n.* postcode
kodrinë *n.* hummock
koeficient *n.* coefficient
koeficient *n.* weighting
kofshë *n.* thigh
kohë *n.* time
kohë e lirë *n.* leisure
kohë përpara *n.* yore
koherent *adj.* coherent
kohët e fundit *adv.* lately
kohët e fundit *adv.* recently
kohëzgjatje *n.* duration
kohezion *n.* cohesion
kokainë *n.* cocaine
kokë *n.* head
kokëfortë *adj.* intractable
kokëfortë *adj.* mulish
kokëfortë *adj.* obdurate
kokëfortë *adj.* obstinate
kokëfortë *adj.* stubborn
kokëfortë *adj.* wayward
kokëngjeshur *adj.* headstrong
kokërdhok *n.* eyeball
kokërr *n.* berry
kokërr *n.* grain
kokkër *n.* kernel
kokrrizë *n.* granule
koks *n.* coke
koktej *n.* cocktail
kolazh *n.* collage
koleg *n.* colleague
kolegëve *n.* peer
kolegëve *v.* peer
kolegj *n.* college
koleksion *n.* collection
kolektiv *adj.* collective

kolektor *n.* collector
kolerë *n.* cholera
kollë *v.* cough
Köln *n.* cologne
kolon *n.* settler
kolonë *n.* column
kolonel *n.* colonel
koloni *n.* colony
kolonial *adj.* colonial
kolos *n.* colossus
kolosal *adj.* colossal
kolosal *adj.* titanic
komandant *n.* commandant
komandant *n.* commander
komandë *v.* command
komb *n.* nation
kombësi *n.* nationality
kombëtar *adj.* national
kombinim *n.* combination
kombinoj *v.* combine
komë *n.* coma
komedi *n* comedy
komedian *n.* comedian
koment *n.* comment
koment *n.* commentary
komentator *n.* commentator
komercial *adj.* commercial
kometë *n.* comet
komik *adj.* comic
kominoshe fëmijësh *n.* smock
komision *n.* commission
komision *n.* committee
komisioner *n.* broker
komo *n.* commode
komod *adj.* cosy
komod *adj.* cozy
komoditet *n.* convenience
kompakt *adj.* compact
kompani *n.* company
kompensim *n.* compensation
kompensim *adj.* quits
kompensoj *v.* compensate

kompensoj v. reimburse
kompetencë n. competence
kompetencë n. purview
kompetent adj. competent
kompjuter n. computer
kompleks n. campus
kompleks adj. complex
kompleks n. compound
kompleksitet n. complexity
komplet n. suite
komplikoj v. complicate
kompliment n. compliment
kompliment v. i compliment
komplot n. conspiracy
komplot n. plot
komplotoj v. conspire
komponent n. component
komposto v. t conserve
kompozitor n. composer
kompozoj v. compose
kompresor n. supercharger
kompromis n. compromise
komunal adj. communal
komunal adj. municipal
komunë n. commune
komunë n. municipality
komunikim n. communication
komunikoj v. communicate
Komuniteti n. community
komunizmi n. communism
kon n. cone
kon v. taper
koncept n. concept
konceptim n. conception
koncert n. concert
koncert variete n. vaudeville
koncesion n. concession
konciz adj. concise
kondensator n. capacitor
kone n. puppy
konfederatë adj. confederate
konfederatë n. confederation

konfeksione n. confection
konferencë n. conference
konfidencial adj. esoteric
konfiguracion n. configuration
konfirmoj v. confirm
konfirmoj v. corroborate
konfiskim n. confiscation
konfiskim n. seizure
konfiskoj v. confiscate
konfiskoj v. expropriate
konfiskoj v. impound
konflikt n. conflict
konform v. conform
kongjestion n. congestion
konglomerat n. conglomerate
kongres n. congress
konik adj. conical
konjuktivit n. conjunctivitis
konkav adj. concave
konkluzion n. inference
konkret n. concrete
konkurrencë n. competition
konkurrent n. competitor
konkurroj v. compete
konkurroj v. vie
konkurrues adj. competitive
konsekuent adj. consequent
konsensus n. consensus
konservator adj. conservative
konservator n. conservatory
konsideratë n. consideration
konsideroj v. consider
konsideruar prep. considering
konsiderueshme adj. sizeable
konsistencë n. consistency
konsol v. t. console
konsolidimi n. consolidation
konsolidoj v. consolidate
konspirator n. conspirator
konstante adj. constant
konstatoj v. ascertain
konstruktiv adj. constructive

konsulent *n.* consultant
konsull *n.* consul
konsullatë *n.* consulate
konsullor *n.* consular
konsultoj *v.* consult
konsum *n.* consumption
konsum *n.* intake
konsumator *n.* consumer
konsumoj *v.* consume
kont *n.* earl
kontakt *n.* contact
konte *n.* shire
kontekst *n.* context
kontinent *n.* continent
kontinental *adj.* continental
kontrabandë *n.* contraband
kontrabandist *n.* runner
kontrabandist *n.* smuggler
kontraceptim *n.* contraception
kontraceptiv *n.* contraceptive
kontradiktor *adj.* inconsistent
kontraktor *adj.* contractual
kontraktues *n.* contractor
kontrast *n.* contrast
kontratë *n.* contract
kontratë *n* contract
kontratë *n.* indenture
kontribues *n.* tributary
kontribuoj *v.* contribute
kontribut *n.* contribution
kontrollin *n.* containment
kontrolloj *v.* check
kontrolloj *v.t.* perambulate
kontrolluar *n.* control
kontrollues *n.* controller
kontur *n.* contour
konvergjoj *v.* converge
konvikt *n.* dormitory
konvulsion *n.* convulsion
koordinojë *v. t* coordinate
kopanis *adj.* swish
kopër *n.* fennel
kopje *n.* copy
kopje *v.* copy
kopje *n.* replica
kopje e shkruar *n.* transcript
kopjoj *v.* transcribe
kopjues *n.* imitator
koprac *adj.* stingy
koprrac *n.* miser
koprraci *n.* parsimony
kopsht *n.* arbour
kopsht *n.* garden
kopsht fëmijësh *n.* kindergarten
kopsht zoologjik *n.* zoo
kopshtar *n.* gardener
kopshtari *n.* horticulture
koqe *n.* testicle
kor *n.* choir
kor *n.* chorus
koral *adj.* choral
koral *n.* coral
korb *n.* raven
kore *n.* crust
kore *n.* scab
koriandër *n.* coriander
kornea *n.* cornea
kornizë *n.* frame
korporatë *n.* corporation
korpus *n.* bulk
korpus *n.* corps
korr *n.* harvest
korr *v.* reap
korrelacion *n.* correlation
korrës *n.* reaper
korrespondencë *n.* correspondence
korrespondent *n.* correspondent
korrespondoj *v.* correspond
korridor *n.* corridor
korrigjim *n.* correction
korrigjim *n.* rectification
korrigjim *v.* redress
korrigjoj *v.* emend

korrigjoj v. rearrange
korrigjuar adj. correct
korrigjuar v. correct
korrigjues adj. corrective
Korrik n. July
korrupsioni n. corruption
korruptim n. venality
korruptoj v. suborn
korsi n. lane
kortizon n. cortisone
kos n. yogurt
kosë n. scythe
kosit v. mow
kosmetolog n. beautician
kosto v. cost
kostum n. costume
kostum n. suit
kotec n. hutch
kotele n. kitten
kotele n. kitty
kotëletë n. cutlet
kotem v. drowse
kotësi n. vanity
kovaçanë v.t forge
kovë n. bucket
kovë n. pail
kozmetik adj. cosmetic
kozmetik n. cosmetic
kozmik adj. cosmic
kozmologji n. cosmology
kozmopolit adj. cosmopolitan
krah n. arm
krah n. flank
krah n. outhouse
krah n. wing
krah për krah adv. abreast
krahasim v. compare
krahasim n. comparison
krahasim n. simile
krahasoj v. liken
krahasues adj. comparative
krahinë n. province

krasis v. pare
kravatë v. tie
kravatë n. tie
kravetë n. cravat
kredi n. credit
kreditor n. creditor
kreditor n. mortgagee
kredo n. creed
krehër n. comb
krejt adv. altogether
krejt adv. quite
krëk adj. natty
krekosje v. swagger
krem n. cream
krem n. icing
krem karamel n. custard
krematorium n. crematorium
kremtuesi n. celebrant
krenar adj. proud
krenar adj. sublime
krenari n. pride
kreshtë n. frill
krevat n. bed
krifë n. mane
krijesë n. creature
krijim n. creation
krijoj v. brew
krijoj v. t conceive
krijoj v. create
krijoj ndruajtje v. misgive
krijues adj. creative
krijues n. creator
krik n. jack
kriket n. cricket
krim n. crime
krimb mëndafshi n. silkworm
kriminalistikë n. criminology
kriminel adj. delinquent
kriminel n. felon
kripë n. salt
kripë e acidit laktik v. lactate
kripësi n. salinity

Krishterimi *n.* Christianity
Krishti *n.* Christ
Krishtlindje *n.* Christmas
Krishtlindje *n.* Xmas
krisje *n.* flaw
kristal *n.* crystal
kriter *n.* criterion
kritik *n.* critic
kritik *adj.* critical
kritikë *v.* censure
kritikë *n.* criticism
kritikë *n.* critique
kritikoj *v.* criticize
krizë *n.* conjuncture
krizë *n.* crisis
krizë *v.* slump
krokodil *n.* crocodile
krom *n.* chrome
kronik *adj.* chronic
kronikë *n.* annals
kronikë *n.* chronicle
kronologji *n.* chronology
kruarje *v.i.* itch
kruese dhëmbësh *n.* toothpick
kryeinfermiere *n.* matron
kryej *v.* accomplish
kryej *v.* commit
kryej *v.* execute
kryej *v.* perform
kryelartë *adj.* cocky
kryeministër *adj.* premier
kryengritës *n.* insurgent
kryengritës *adj.* mutinous
kryengritës *adj.* seditious
kryengritje *n.* insurrection
kryengritje *n.* mutiny
kryengritje *n.* sedition
kryengritje *n.* uprising
kryepeshkop *n.* archbishop
kryerje *n.* pursuance
kryesekretar *n.* registrar
kryesisht *adv.* chiefly

kryesisht *adv.* primarily
kryesoj *v.* preside
kryesor *adj.* focal
kryesor *adj.* foremost
kryesor *adj.* main
kryesor *adj.* pivotal
kryesor *adj.* prime
kryesor *adj.* principal
kryesor *n.* principal
kryetar *n.* chairman
kryetar *n.* chieftain
kryetar bashkie *n.* mayor
kryetar i jurisë *n.* foreman
kryevepër *n.* masterpiece
kryevepre *adj.* smashing
kryq *n.* cross
kryqëzatë *n.* crusade
kryqëzim *n.* junction
ksenofobi *n.* xenophobia
ksilofon *n.* xylophone
ksylofagous *adj.* xylophagous
ksylofilous *adj.* xylophilous
kthehem *v.* backtrack
kthehem *v.* flounce
kthehem *v.* turn
kthej *n.* convert
kthej *v.* convert
kthej *v.* restore
kthej në atdhe *v.* repatriate
kthese *n.* turning
kthesë *v.* twist
kthetër *n.* talon
kthetra *n.* creeper
kthim *n.* restitution
kthim *v.* return
kthim *n.* return
kthim prapa *n.* ascent
kthinë *n.* alcove
kthjelltësi *adv.* lucidity
kthyeshëm *v.* swivel
ku *adv.* where
ku po *adv.* whither

kuadrat *n.* quad
kuadrot *n.* cadre
kuaj-fuqi *n.* horsepower
kuak *n.* croak
kuakeri *n.* quaker
kualifikim *n.* qualification
kualifikohen *v.* qualify
kuant *n.* quantum
kuarc *n.* quartz
kuart *n.* quart
kuartet *n.* quartet
kub *n.* cube
kube *n.* dome
kubik *adj.* cubical
kudhër *n.* anvil
kudo *adv.* anywhere
kufi *n.* border
kufi *n.* boundary
kufi *n.* demarcation
kufi *n.* frontier
kufi *n.* stint
kufi *n.* terminus
kufizim *n.* limitation
kufizoj *v.* circumscribe
kufizoj *n.* restrict
kufizues *adj.* restrictive
kufjeve *n.* headphone
kufomë *n.* cadaver
kufomë *n.* cadaver
kufomë *n.* corpse
kuintesencë *n.* quintessence
kujdes *n.* care
Kujdes *n.* caution
kujdesem për *v.* cater
kujdesshme *adj.* prudential
kujdestar *n.* carer
kujdestar *n.* caretaker
kujdestar *n.* custodian
kujdestar *n.* guardian
kujdestar *n.* trustee
kujdestari *n.* custody
kujtesë *n.* recollection

kujtim *n.* memento
kujtim *n.* memory
kujtim *n.* remembrance
kujtim *n.* reminder
kujtime *n.* memoir
kujtime udhëtimesh *n.* travelogue
kujtoj *v.* impart
kujtoj *v.* recall
kujtoj *v.* recollect
kujtoj *v.* remind
kujtoj *v.* visualize
kukudh *n.* elf
kukull *n.* doll
kukull *n.* marionette
kukull *n.* puppet
kukurisje *n.* hilarity
kuletë *n.* handbag
kullë *n.* tower
kulloj *v.* decant
kulloj *v.* exude
kulloj *v.* leach
kullotë *n.* pasture
kulm *n.* acme
kulm *n.* climax
kulm *n.* heyday
kulm *n.* summit
kulm *adj.* superlative
kulm *n.* vertex
kulmojë *v.* culminate
kult *n.* cult
kultivoj *v.* cultivate
kulturë *n.* culture
kulturor *adj.* cultural
kumak *n.* marigold
kumbon *v.* reverberate
kumbues *adj.* vibrant
kumtar *n.* herald
kumtoj *v.* portend
kunatë *n.* daughter-in-law
kundër *prep.* against
kundër *prep.* contra

kundër *prep.* versus
kundër natyrës *adj.* unnatural
kunderhelm *n.* antidote
kundërmajë *n.* fluke
kundërmues *adj.* odorous
kundërpadi *n.* recrimination
kundërpërgjigje *n.* riposte
kundërshtar *n.* adversary
kundërshtar *n.* opponent
kundërshtim *n.* contradiction
kundërshtim *n.* objection
kundërshtim *v.* rebuff
kundërshtoj *v.* deprecate
kundërshtoj *v.* oppose
kundërshtojnë *v.* contradict
kundërshtues *adj.* averse
kundërshtues *adj.* contentious
kundërsulm *v.* recharge
kundërtrup *n.* antibody
kundërurdhër *v.* countermand
kundërvajtje *n.* offence
kundërvënë *n.* counter
kundërvënë *v.t.* counter
kundërveproj *v.* counteract
kung fu *n.* kung fu
kungull *n.* pumpkin
kungull *v.* squash
kunj *n.* peg
kuorum *n.* quorum
kuotë *n.* quota
kupë *n.* chalice
kupë *n.* goblet
kupë *n.* tumbler
kupë qiellore *n.* firmament
kupon *n.* coupon
kupon *n.* voucher
kuptim *n.* meaning
kuptim *n.* sense
kuptim *n.* signification
kuptim *n.* understanding
kuptoj *v.* apprehend
kuptoj *n.* fathom
kuptoj *n.* figure
kuptoj *v.* grasp
kuptoj *v.* perceive
kuptoj *v.t.* understand
kur *adv.* when
kur *conj.* whenever
kurajë *n.* grit
kurajoj *v.* enliven
kurajoz *adj.* nervy
kurbë *n.* curve
kurdisje *n.* hatch
kurë *v. t.* cure
kureshtar *adj.* curious
kureshtar *adj.* inquisitive
kureshtje *v.* pry
kuriozitet *n.* curiosity
kurnac *n.* niggard
kurnac *adj.* niggardly
kurnac i lig *n.* scrooge
kurorë *n.* coronet
kurorë *n.* crown
kurorë *v.* crown
kurorë *n.* garland
kurorë lulesh *n.* wreath
kurorëzim *n.* coronation
kurorëzoj *v.* enthrone
kurrë *adv.* never
kurriz *n.* ridge
kurrizor *adj.* spinal
kurrizor *n.* vertebrate
kurs *n.* course
kursej *v.* scrimp
kursim *n* husbandry
kursime *n.* savings
kursiv *adj.* cursive
kursiv *adj.* italic
kursori *n.* cursor
kurth *n.* pitfall
kurth *n.* snare
kurth *n.* trap
kurvar *n.* stud
kurvar *v.* stud

kurvë *n.* bitch
kush *pron.* whoever
kushëri *n.* cousin
kusht *n.* condition
kusht *n.* proviso
kusht *n.* stipulation
kusht paraprak *n.* prerequisite
kushtetuese *adj.* constitutional
kushtetutë *n.* constitution
kushtimor *adj.* votive
kushtohem *v.* betake
kushtoj *v.* dedicate
kushtoj *v.* devote
kuti *n.* box
kuti *n.* canister
kuti çaji *n.* caddy
kuti kartoni *n.* carton
kuturu *adj.* haphazard
kuvend *n.* assemblage
kuvend *n.* assembly
kuvend *n.* convention
kuvend *adj.* moot
kuvertë *n.* deck
kuvertë *n* deck
kuzhinë *n.* cuisine
kuzhinë *n.* kitchen
kuzhinier *n.* chef
kyç *n.* key
kyç i dorës *n.* bangle

la *n.* left
labirint *n.* labyrinth
labirint *n.* maze
labirint *n.* warren
labirint *n.* wilderness
laborator *n.* laboratory
lacrosse *n.* lacrosse

lactose *n.* lactose
lag *v.* dampen
lag *v.* souse
lag jet *n.* jet lag
lagështi *adj.* damp
lagështi *n.* dampness
lagështi *n.* humidity
lagështi *n.* moisture
lagështi *n.* wetness
lagje *n.* neighbourhood
lagje *n.* ward
lagje e varfër *n.* slum
lagunë *n.* lagoon
lahet *v.* launder
lahutë *n.* lute
laik *n.* layman
laik *adj.* secular
laj *v.* wash
lajkatar *n.* sycophant
lajkatim *n.* sycophancy
lajkatoj *n.* blarney
lajkatoj *v.* flatter
lajkatoj *v.* wheedle
lajm *n.* news
lajm i rremë *n.* canard
lajme *n.* tidings
lajmëroj *n.* meld
lajmëtar *n.* messenger
lajthitje *n.* aberration
lak *n.* halter
lak *n.* loop
lak *n.* noose
lak *n.* thong
lake *n.* lackey
lakër *n.* cabbage
lakmi *n.* cupidity
lakmi *n.* greed
lakmitar *adj.* greedy
lakmoj *v.* covet
lakmues *adj.* avid
lakmues *adj.* desirous
lakonik *adj.* laconic

lakuriq *adj.* bare
lakuriq *adj.* naked
lakuriq *adj.* nude
lakuriqësi *n.* nudity
lambast *v.* lambast
lamtumirë *n.* adieu
lamtumirë *interj.* farewell
lamtumirë *excl.* goodbye
lamtumirë *n.* valediction
langua *n.* beagle
lapidar *n.* monolith
laps *n.* pencil
laracim *n.* mottle
lara-lara *adj.* motley
laraman *n.* harlequin
laraskë *n.* magpie
larg *adv.* afar
larg *adv.* afield
larg *adv.* apart
larg *adv.* away
larg *adv.* far
largësi *n.* mileage
largim *n.* departure
largim *n.* removal
largohem *v.* depart
largohem *v.* evacuate
largohem *v.* secede
largohem *v.* subside
largohem *n.* veer
largoj *v.* dislodge
largoj *v.* dispel
largoj *v.* wean
largpamës *adj.* visionary
largpamësi *n.* foresight
laring *n.* larynx
larje *n.* washing
lart *adv.* aloft
lart *adv.* overhead
lart *adv.* up
lart *adv.* upward
lartësi *n.* altitude
lartësi *n.* height

Lartësi *n.* Highness
lartësoj *v.* exalt
lartësoj *v.* sublimate
larvë *n.* larva
lasagne *n.* lasagne
lashtësi *n.* antiquity
latoj *v.* hew
laureat *n.* laureate
lavaman *v.* sink
lavaman *n.* sink
lavanderi *n.* laundry
lavanderi me vetëshërbim *n.* launderette
lavd *v.* laud
lavdërim *n.* commendation
lavdërim *v.t.* praise
lavdëroj *v.* commend
lavdëroj *v.* magnify
lavdi *n.* glory
lavë *n.* lava
lavire *v.* tramp
lavire *n.* whore
lavjerrës *n.* pendulum
lazer *n.* laser
lë *v.t.* leave
lë *v.* quit
lë me testament *v.* devise
lë pas *v.* excel
lë pas *v.* outlive
lë pas *v.* outstrip
lë pas dore *v.* flaunt
le të *v.* let
lë të kuptohet *v.* imply
lë të kuptohet *v.* insinuate
lë trashëgim *v.* bequeath
lebër *n.* leprosy
lebetit *n.* dismay
lebroz *n.* leper
leckë *n.* cloth
ledhatoj *v.* fondle
legalizoj *v.* legalize
legen *n.* basin

legen n. pelvis
legjendar adj. legendary
legjendë n. fable
legjendë n. legend
legjion n. legion
legjislacion n. legislation
legjislativ adj. legislative
Legjislatura n. legislature
legjitime adj. legitimate
Legjitimiteti n. legitimacy
leh n. bark
lehje n. woof
lehje n. yelp
lehsi n. woofer
lehtë adv. lightly
lehtë adv. readily
lehtëbesim adv. credulity
lehtësi n. ease
lehtësim n. relief
lehtësoj v. allay
lehtësoj v. alleviate
lehtësoj v. relieve
lehtësues adj. emollient
leje n. licence
leje n. permission
leje v. permit
lejlek n. stork
lejlek n. wader
lejoj v. allow
leksikor adj. lexical
leksion n. lecture
lektor n. lecturer
lëkund v. vibrate
lëkundem v. oscillate
lëkundem v. wobble
lëkundje v. teeter
lëkurë n. leather
lëkurë n. skin
lëkurë e kokës n. scalp
lemeri n. fright
lëmoj v. civilize
lëmoshë n. alms

lëmsh v.t. tangle
lëmsh n. welter
lemzë n. hiccup
lëndë druri n. timber
lëndë e ndezshme shpejt adj. inflammable
lëndë ushqyese n. nutrient
lëndinë v. gladden
lëndinë n. glade
lëndinë n. lawn
lënë mënjanë v. shelve
lëneshë n. spinster
lëng n. fluid
lëng n. juice
lëng n. liquid
lëng mishi n. gravy
lëngëzohet v. liquefy
lënie n. cession
lente n. lens
leopard n. leopard
lëpirje v. lick
lepur n. hare
lepur n. rabbit
lërues n. ploughman
lesh n. fur
lesh n. wool
lesh kashmiri n. cashmere
lëshim n. profligacy
lëshohem v. unwind
lëshoj v. unleash
lëshoj me nënqira v.t. sublet
leshtor adj. hairy
letargji n. lethargy
letargjik adj. lethargic
letër n. epistle
letër n. letter
letër n. paper
letër shkrimi n. stationery
letërsi n. literature
letra kredenciale n. credentials
letrar adj. literary
leukoplast adj. strapping

levave *n.* leverage
lëvdate *n.* panegyric
lëvdoj *v.* glorify
levë *n.* lever
levend *adj.* brisk
lëviz *v.* budge
lëviz *adj.* moving
lëviz *n.* scroll
lëvizje *n.* buzz
lëvizje *n.* motion
lëvizje *n.* movement
lëvizje e lehtë *v.* flick
lëvizje e shpejtë *v.* whisk
lëvizshmëri *n.* mobility
lëvore *n.* husk
lëvrij *v.* hum
lexim *n.* perusal
lexim *n.* reading
lexoj *v.* peruse
lexoj *v.* read
lexoj keq *v.* misread
lexues *n.* reader
lez *n.* wart
lezbike *n.* lesbian
lezet *n.* prettiness
lezet *n.* propriety
li *n.* smallpox
libër *n.* book
libër i llogarive *n.* ledger
libër katekizmi *n.* catechism
libër me kapak kartoni *n.* hardback
libër mësimi *n.* textbook
libër udhërrëfyes *n.* guidebook
liberal *adj.* liberal
librashitës *n.* bookseller
licencuari *n.* licensee
lidh *v.* connect
lidh *v.* relate
lidh bashkë *v.* interlink
lidh me thupra *n.* withe
lidhem *v.* correlate
lidhem *v.* interconnect
lidhës *n.* solder
lidhëse *n.* lace
lidhëse e këpucëve *n.* shoestring
lidhin *v.* bind
lidhje *n.* bond
lidhje *n.* conjunction
lidhje *n.* connection
lidhje *n.* link
lidhje *n.* linkage
lidhje *n.* nexus
lidhje *v.* regard
lidhje *n.* relation
lidhje e afërt motrave *n.* sisterhood
lidhje e fortë *n.* yoke
lidhje familiare *n.* kinship
lidhore *adj.* subjunctive
lidhur *v.* align
Lieu *n.* lieu
ligament *n.* ligament
ligatinë *n.* bog
ligë *n.* league
ligështim *v.* falter
ligështoj *v.* enfeeble
ligësi *n.* mischief
ligët *v.* lean
ligj *n.* law
ligjeratë *n.* discourse
ligjërim *v.* chirp
ligjërim *v.* warble
ligjshmëri *n.* legality
ligjvënës *n.* legislator
likuidim *n.* liquidation
likuidoj *v.* liquidate
limfë *n.* lymph
limit *n.* limit
limon *n.* lemon
limonadë *n.* lemonade
limoni *adj.* citric
limuzinë *n.* limousine
lind *v.* beget

lindja e Krishtit *n.* nativity
lindje *n.* birth
lindje *n.* east
lindor *adj.* eastern
Lingua *n.* lingua
linjë *n.* line
linjit *n.* lignite
lino *n.* linen
lipoheqje *n.* liposuction
liqen *n.* lake
liqen malor *n.* tarn
lirë *adj.* cheap
lirës *n.* lyre
liri *n.* freedom
liri *n.* liberty
liri *n.* linseed
lirik *n.* lyric
lirik *adj.* lyrical
lirimin *v.* release
liroj *v.* dismiss
liroj *v.* liberate
liroj *v.* loosen
liroj *v.* slacken
liroj *v.* vacate
lis *n.* acorn
lisi *n.* oak
listë *n.* list
listën e zezë *n.* blacklist
litar *n.* halyard
litar *n.* rope
litar *n.* tack
litar *v.t.* tether
litarë *v.* rig
litër *n.* litre
livadh *n.* mead
livadh *n.* meadow
livadh *n.* paddock
livando *n.* lavender
livre *n.* livery
llaç *n.* mortar
llaç *n.* stucco
llafazan *v.* blab

llafazan *adj.* garrulous
llafazan *adj.* talkative
llafazan *adj.* telltale
llafazan *n.* windbag
llafazanëri *n.* verbosity
llafe *v.* gab
llak *n.* lacquer
llak *n.* spray
llak *n.* varnish
llambadar *n.* chandelier
llambë *n.* bulb
llambë *n.* lamp
llamburit *v.i* glare
llap *v.* babble
llap *v.* prattle
llapa *n.* gruel
llastik çorapesh *n.* garter
llogaçe *n.* puddle
llogari *n.* account
llogaris *v.* compute
llogaris keq *v.* miscalculate
llogarit *v.* calculate
llogaritar *n.* accountant
llogaritje *n.* accountancy
llogaritje *n.* calculation
llogaritje *n.* computation
llogaritje e gabuar *n.* miscalculation
llogjikim *v.* sanitize
llogore *n.* sap
llogore *n.* trench
llohë *n.* sleet
lloj *n.* assortment
lloj *n.* kind
lloj *n.* sort
lloj *n.* species
lloj *n.* type
lloj brejtësi *n.* hamster
lloj guri të çmuar *n.* anthrax
lloje bimeje *n.* woad
llokoçis *v.* stir
llokum *n.* plum

llomotitje *n.* tattle
llucë *n.* slob
llucë *n.* slush
llullaq *n.* indigo
llum *n.* scum
llum *n.* sludge
llupës *n.* gourmand
lob *n.* lobby
lob *n.* lobe
locion *n.* lotion
locum *n.* locum
lodër *n.* toy
lodh *n.* jade
lodh *n.* overdrive
lodhje *n.* fatigue
lodrim *v.* gambol
log *n.* log
logaritëm *n.* logarithm
logjik *adj.* logical
logjikë *n.* logic
logjistikë *n.* logistics
logo *n.* logo
lojë *n.* game
lojë biliardo *n.* snooker
lojë fjalësh *n.* pun
lojtar *n.* gambler
lojtar *n.* player
lokal *adj.* local
lokal *n.* premises
lokalitet *n.* locality
lokalizoj *v.* localize
lokomotivë *n.* locomotive
lokucion *n.* locution
lolly *n.* lolly
lolo *n.* stooge
lookalike *n.* lookalike
lopatë *n.* shovel
lopatë *n.* spade
lopatë *n.* vane
lopë *n.* cow
lopë deti *n.* walrus
lord *n.* lord

lot *v.* tear
lot *n.* tear
lotari *n.* lottery
lotari *n.* raffle
luaj *v.* enact
luaj *v.i.* play
luaj *v.* twiddle
luaj *v.* wiggle
luaj *v.* wriggle
luajalist *n.* loyalist
luan *n.* lion
luani *n.* Leo
lubi *n.* harpy
lubrifikant *n.* lubricant
luftarak *adj.* bellicose
luftë *v.* struggle
luftë *n.* war
luftë e brendshme *n.* infighting
luftë partizane *n.* guerrilla
luftëdashës *adj.* warlike
luftëtar *adj.* berserk
luftëtar *n* combatant
luftëtar *n.* fighter
luftëtar *n.* warrior
luftim *n.* skirmish
luftoj *v.* contend
luftoj *v.t* fight
luftoj *v.* militate
luftoj *n.* ramp
luftoj *v.* wrestle
luftuar *n.* combat
lug *n.* trough
lugajë *n.* vale
lugat *n.* bogey
lugë *n.* spoon
luginë *n.* dale
luginë *n.* dell
luginë *n.* valley
luginë e thellë *n.* ravine
luhare *n.* ladle
luhare *n.* scoop
luhatem *v.* vacillate

luhatet v. fluctuate
luhatje n. oscillation
luks n. luxury
luksoz adj. deluxe
luksoz adj. luxurious
luksoz adj. palatial
luksoz v. swanky
lukuni n. kennel
lule n. flower
lulelakër n. cauliflower
luleradhiqe v. dandelion
luleshitës n. florist
lulëzim v. bloom
lulëzim n. thrift
lulëzoj v. flourish
lulëzoj v. thrive
lulushtrydhe n. strawberry
lumë n. stream
lumi n. river
lumor adj. fluvial
lumturi n. bliss
lumturi n. felicity
lumturi n. happiness
lumturi n. joy
lumturi e plotë n. beatitude
lundër n. canoe
lundërtar n. navigator
lundërtar n. punter
lundrim v. cruise
lundrim n. navigation
lundrim n. sail
lundrim v. sail
lundrim me jaht n. yachting
lundroj v. navigate
lungë n. abscess
lus v. beseech
lustër v. glaze
lustër n. sheen
lustroj n. gloss
lutem v. beg
lutem v.t. implore
lutem v. plead

lutem v. pray
lutem v. supplicate
lutës n. petitioner
lutës n. suppliant
lutje n. plea
lutje n. prayer
lychee n. lychee
lyej v. anoint
lyej v. retouch
lypës n. beggar
lypës adj. mendicant
lyrë n. grease
lyricist n. lyricist
lyth n. wen

mace n. cat
mace n. puss
macho adj. macho
madhështi n. brilliance
madhështi n. majesty
madhështi n. pageantry
madhështi n. pomp
madhështor adj. imposing
madhështor adj. magnificent
madhështor adj. majestic
madhështor adj. superb
madhësi n. size
madje adj. even
madje adv. nay
Mafia n. Mafia
magjeps v. bewitch
magjeps v. enthral
magjeps v. fascinate
magjeps v. infatuate
magjepsës n. glamour
magji n. magic
magji n. sorcery

magji *v.t.* spell
magji *n.* witchcraft
magji *n.* witchery
magji e zezë *n.* necromancy
magjistar *n.* magician
magjistar *n.* sorcerer
magjistar *n.* wizard
magjistare *n.* witch
magnat *n.* magnate
magnet *n.* magnet
magnetik *adj.* magnetic
magnetizëm *n.* magnetism
mahnitje *n.* astonishment
mahout *n.* mahout
maja *n.* yeast
majë *n* apex
majë *n.* pinnacle
majë *n.* topping
majë shkruese *n.* stylus
majë shtize *n.* spearhead
majmun *n.* monkey
majonezë *n.* mayonnaise
majtist *n.* leftist
majuc *n.* spire
makarona *n.* pasta
make-up *n.* make-up
makinë *n.* automobile
makinë *n.* car
makinë *n.* machine
makinë prerëse *n.* trimmer
makinë varrimi *n.* hearse
makineri *n.* machinery
maksimal *n.* maximum
maksimal *adj.* utmost
maladjusted *adj.* maladjusted
malarie *n.* malaria
malësor *n.* mountaineer
mali *v.* mount
mali *n.* mountain
mall *n.* commodity
mallë *n.* screed
mallkim *n.* blight

mallkim *v.* damn
mallkim *n.* perdition
mallkoj *n.* curse
mallra *n.* merchandise
mallra *n.* ware
malok *n.* bumpkin
malor *adj.* mountainous
malt *n.* malt
mama *n.* mum
mami *n.* midwife
mamuze *n.* spur
man *n.* mulberry
manar *n.* pet
manastir *n.* cloister
manastir *n.* convent
manastir *n.* monastery
manastir grash *n.* nunnery
mandarinë *n.* tangerine
mandat *n.* mandate
manë *n.* manna
manekin *n.* mannequin
manerizëm *n.* mannerism
mangan *n.* manganese
mango *n.* mango
mangustë *n.* mongoose
mani *n.* craze
mani *n.* mania
mani *n.* obsession
maniak *n.* maniac
manifest *n.* manifesto
manifestim *n.* manifestation
manikyr *n.* manicure
manipulim *n.* juggler
manipulim *n.* manipulation
manipuloj *v.* manipulate
manjat *n.* tycoon
manovër *n.* stratagem
manovrim *n.* manoeuvre
manovroj *v.* steer
mansardë *n.* garret
mantel *n.* cloak
mantel *n.* mantle

mantel *n.* robe
mantenutë *n.* concubine
mantra *n.* mantra
manual *n.* handbook
marangoz *n.* carpenter
marangoz *n.* joiner
maratonë *n.* marathon
margarinë *n.* margarine
margaritar *n.* pearl
margaritë *n.* daisy
marifet *n.* artifice
marifet *n.* sleight
marifet *v.* stunt
marina *n.* marina
marinadë *n.* marinade
marinar *n.* gob
marinar *n.* mariner
marinar *n.* sailor
marinë *n.* navy
marinë *n.* tamarind
marinoj *v.* marinate
markë *n.* brand
marketing *n.* marketing
Marksizmi *n.* Marxism
marmelatë *n.* marmalade
marr *v.* obtain
marr frymë *v.* breathe
marr frymë *v.* respire
marr frymë me zor *v.* wheeze
marr me mend *v.* presume
marr me mend *v.t.* surmise
marr me të mirë *v.* coax
marr me të mirë *v.* propitiate
marr në konsideratë *v.t.* reckon
marr në pyetje *v.* interrogate
marr një pjesë *v.* partake
marr një sy gjumë *n.* nap
marr pjesë *v.* participate
marr vesh *n.* twig
marramendës *adj.* heady
marramendje *n.* vertigo
marrëdhënie *n.* intercourse

marrëdhënie *n.* relationship
marrës *n.* addressee
marrës *n.* receiver
marrës *n.* recipient
marrës-transmetues *n.* transceiver
marrëveshje *n.* agreement
marrëveshje *n.* arrangement
marrëveshje *n.* covenant
marrëveshje *n.* deal
marrëveshje *v. i* deal
marrëveshje e fshehtë *n.* collusion
marrëzi *n.* folly
marrëzi *n.* insanity
marrëzi *n.* stupidity
marrëzi *n.* tomfoolery
marrje ryshfeti *n.* graft
mars *n.* Mars
marsh *n.* march
marsh *v.* march
marshall *n.* marshal
marsupial *n.* marsupial
martese *adj.* matrimonial
martesë *n.* marriage
martesë *n.* matrimony
martesë *n.* wedding
martesë *n.* wedlock
martesor *adj.* bridal
martesor *adj.* marital
Martinet *n.* martinet
martir *n.* martyr
martohem *v.* espouse
martohem *v.* marry
martohem *v.* splice
martohem me *v.* wed
marzipan *n.* marzipan
masakër *n.* massacre
masazh *n.* massage
masazhist *n.* masseur
masë *n.* mass
masë *v.* measure

masë ndëshkimore *n.* reprisal
masë paraprake *n.* precaution
mashë *n.* tongs
mashkull *n.* male
mashkull *n.* stag
mashkullor *adj.* masculine
mashkullorësi *n.* manhood
mashtrim *n.* chicanery
mashtrim *n.* deceit
mashtrim *n.* deception
mashtrim *n.* delusion
mashtrim *n.* fraud
mashtrim *n.* gimmick
mashtrim *n.* guile
mashtrim *n.* quackery
mashtrim *n.* roguery
mashtrim *n.* sham
mashtrim *v.* swindle
mashtrim *n.* trick
mashtroj *v.* deceive
mashtroj *n.* fudge
mashtroj *v.* juggle
mashtroj *v.* mislead
mashtruar *v.* hoodwink
mashtrues *adj.* deceitful
mashtrues *adj.* deceptive
mashtrues *adj.* fraudulent
mashtrues *n.* imposter
mashtrues *n.* rogue
mashtrues *adj.* snide
mashtrues *n.* swindler
mashtrues *n.* trickster
masiv *adj.* massive
maskara *n.* miscreant
maskaradë *n.* masquerade
maskë *n.* guise
maskë *n.* mask
masoneri *n.* masonry
masturbohem *v.* masturbate
mat *n.* mat
matador *n.* matador
matem *v. t* emulate

matematik *adj.* mathematical
matematika *n.* mathematics
material *n.* material
materializëm *n.* materialism
matës *n.* gauge
mathematikan *n.* mathematician
matje *n.* measurement
matni *v.* mete
matriarch *n.* matriarch
matricë *n.* matrix
matriculate *v.* matriculate
matur *adj.* measured
maturi *n.* abstinence
maturi *n.* prudence
maus *n.* mouse
mauzole *n.* mausoleum
mauzole prej guri *n.* cist
mazoshizëm *n.* masochism
mbahem *v.* comport
mbaj *v.* carry
mbaj *v.t* hold
mbaj *v.* keep
mbaj *v.* maintain
mbaj *v.i.* retain
mbaj *v.* withhold
mbaj mend *v.* remember
mbajnë *v.t* bear
mbajnë *n.* bear
mbajtje *n.* occupancy
mbajtje *n.* retention
mbajtje *n.* tenure
mban erë *adj.* smelly
mbarim *n.* termination
mbarim i botës *n.* Armageddon
mbaron afati *v.* expire
mbart *n.* portage
mbëltoj *v.* transplant
mbërritje *n.* arrival
mbesë *n.* niece
mbështet *v.* abet
mbështet *v.* sustain
mbështetem *v.* recline

mbështeten v. rely
mbështetëse n. prop
mbështetëse n. stanchion
mbështetje n. recourse
mbështetje v. support
mbështetje n. support
mbështjell n. reel
mbeten v. remain
mbetet n. remains
mbetje n. remnant
mbetje n. residue
mbeturina n. garbage
mbeturina n. rubbish
mbeturina v. waste
mbeturina anijeje n. wreckage
mbi prep. on
mbi prep. over
mbiçmoj v. overrate
mbidozë n. overdose
mbiemër n. adjective
mbiemër n. surname
mbijetesë n. survival
mbijetoj v. survive
mbikëqyr v. oversee
mbikëqyr v. supervise
mbikëqyrës n. overseer
mbikëqyrës n. supervisor
mbikëqyrja n. oversight
mbikëqyrje n. superintendence
mbikëqyrje n. supervision
mbikëqyrje n. surveillance
mbikëqyrje n. tutelage
mbinatyror adj. supernatural
mbinatyror adj. unholy
mbingarkesë v. overburden
mbingarkesë v. overload
mbingarkesë n. surcharge
mbingarkoj v. overcharge
mbinjerëzor adj. superhuman
mbishkrim n. inscription
mbishkrime n. graffiti
mbishkruaj v. inscribe

mbitaksë n. surtax
mbitërheqje n. overdraft
mbivendosem v. superimpose
mbivlerësim v. overestimate
mbizotërim n. prevalence
mbizotëroj v. overpower
mbizotëroj v. predominate
mbizotëroj v. preponderate
mbizotëroj v. prevail
mbizotërues adj. ascendant
mbizotërues adj. predominant
mbjell v. embed
mbjell n. sow
mbledh v. assemble
mbledh v. collect
mbledh v. congregate
mbledh v. gather
mbledh v. pick
mbledh lëmsh v. scrunch
mbledh të dhëna v. tout
mbledhje n. convocation
mbledhje v. muster
mbledhje v.i. squat
mbles n. matchmaker
mbrapshti n. perversity
mbrëmje n. evening
mbresë n. scar
mbresëlënës adj. spectacular
mbret n. king
mbretëreshë n. queen
mbretëri n. kingdom
mbretërojë v. reign
mbretëror adj. princely
mbretëror adj. regal
mbretëror n. royal
mbretvrasje n. regicide
mbroj v. assert
mbroj v. defend
mbroj v. protect
mbrojtës n. patron
mbrojtës adj. protective
mbrojtje n. aegis

mbrojtje *n.* defence
mbrojtje *n.* protection
mbrojtje *n.* safeguard
mbulim *n.* roofing
mbuloj *n.* cover
mbuloj *v.* cover
mbuloj *v.* defray
mbuloj me shami *n.* wimple
mburojë *n.* bulwark
mburojë *n.* shield
mburravec *v.* hector
mburrem *v.* brag
mburrje *v.* boast
mburrje *v.* swank
mbush *v.* fill
mbush *v.* infest
mbush *v.* inject
mbush me *v.* infuse
mbush me *v.* overrun
mbush me gëzim *v. t.* cheer
mbush me ujë *n.* swamp
mbushet me prenka *n.* freckle
mbushje *n.* filling
mbushje *n.* padding
mbushje *n.* stuffing
mbyll *v.* confine
mbyll *v.* encase
mbyll *n.* nickname
mbyll *v.* shut
mbyll *v.* suffuse
mbyll brenda *v.* immure
mbyllje *n.* closure
mbyllje *n.* enclosure
mbyt *v.* smother
mbyt *v.* stifle
mbyt *v.* strangle
mbyt *n.* throttle
mbytem *v.* drown
mbytje *n.* glut
mbytje *n.* strangulation
me *prep.* with
më *n.* most

me aromë *adj.* spicy
me baltë *adj.* slushy
me bollëk *adj.* copious
me dallgë *v.* undulate
me dëborë *adj.* snowy
me detyrim *adv.* perforce
me diell *adj.* sunny
me dinjitet *adj.* dignified
me dy parti *adj.* bipartisan
me erë *adj.* windy
me erë myku *adj.* musty
me erë të fortë *adj.* redolent
me fat *adj.* fortunate
me fat *adj.* lucky
me fije *adj.* stringy
me forcë *adj.* forcible
me formë të hijshme *adj.* shapely
me gërhima *adj.* stertorous
me germa të vogla *adj.* minuscule
me gjemba *adj.* barbed
me gjemba *adj.* spiky
me gjithë zemër *adj.* wholehearted
me gunga *adj.* bumpy
me gunga *adj.* gnarled
me gurë *adj.* stony
me hije *adj.* shady
me hope *adj.* fitful
me hope *adj.* patchy
me humor *adj.* humorous
me humor të rëndë *adj.* moody
me hundë të madhe *adj.* nosy
më i keq *adj.* worst
më i largët *adj.& adv.* furthest
më i lartë *n.* top
më i mirë *adj.* best
më i thellë *adj.* innermost
më i vogël *adj.* lesser
më intim *adj.* inmost
me kapak të hollë *n.* paperback
me këmbë hapur *prep.* astride

më keq *adj.* worse
më kot *adv.* vainly
me lagështi *adj.* moist
me lëng *adj.* juicy
me lule *adj.* floral
me lule *adj.* flowery
më merret fryma *v.* suffocate
më mirë *adj.* better
me mirësi *adv.* kindly
me nge *adj.* leisurely
me një sy *adj.* monocular
me nyjë *adj.* knotty
me onde *adj.* wavy
më pak *adj.& pron.* least
më pak *adj. & pron.* less
me pakicë *n.* retail
me paramendim *adj.* wilful
më parë *adv.* ago
me pedale *n.* pedal
me pemë *adj.* wooded
me përdhunë *adj.* wry
me porosi *n.* custom
me prestigj *adj.* prestigious
me push *n.* nappy
me qëllim të keq *adj.* malicious
me qumesht *n.* latte
me rërë *adj.* sandy
më rrinë të vogla *v.* outgrow
më rrjedh gjak *v.* bleed
më se i bollshëm *adj.* superabundant
me sheqer *adj.* saccharine
me shi *adj.* rainy
me shije të arre *adj.* nutty
me shije të hollë *adj.* dainty
me shkëlqim *adj.* glossy
me shkëlqim *adj.* shiny
me shkëlqim *adj.* sleek
me shkumë sapuni *adj.* soapy
me shpella *adj.* cavernous
më shumë *n.* more
me shumicë *n.* wholesale

me siguri *adv.* surely
me sy të zgurdulluar *n.* goggle
me takt *adj.* tactful
me të meta *adj.* faulty
me të meta *n.* handicapped
më tej *adv.* further
më tepër *adv.* rather
me titull *adj.* titled
me tuba *adj.* tubular
me variçe *adj.* varicose
me vend *adj.* pertinent
Më vjen keq *adj.* sorry
më vjen keq *v.* sympathize
me vlerë *adj.* valuable
me zagushi *adj.* muggy
me zbukurime *adj.* ornate
me zë të lartë *adv.* aloud
me zë të lartë *adj.* loud
measure *a.* measure
medalion *n.* locket
medalion *n.* medallion
medalje *n.* medal
medaljepunues *v.i.* medallist
Mediat *n.* media
mediokër *adj.* mediocre
mediokëri *n.* mediocrity
meditoj *v.* meditate
meditues *adj.* meditative
mega *adj.* mega
megabyte *n.* megabyte
megahertz *n.* megahertz
megalit *n.* megalith
megalitik *adj.* megalithic
megapixel *n.* megapixel
megjithatë *adv.* however
megjithatë *adv.* nevertheless
megjithatë *a.* nonetheless
megjithëse *conj.* albeit
megjithëse *conj.* although
megjithëse *conj.* though
mekanik *n.* mechanic
mekanik *adj.* mechanical

mekanikë *n.* mechanics
mekanizëm *n.* mechanism
mëkat *n.* sin
mëkatar *adj.* sinful
mëkatar *n.* sinner
melamine *n.* melamine
melankoli *n.* melancholia
melankolik *n.* melancholy
melasë *n.* molasses
melasë *n.* treacle
mëlçi *n.* liver
meli *n.* millet
mëllenjë *n.* thrush
melodi *n.* melody
melodi *n.* tune
melodioz *adj.* melodic
melodioz *adj.* melodious
melodramatik *adj.* melodramatic
melodramë *n.* melodrama
melodramë *n.* thriller
memec *adj.* dumb
memec *adj.* mute
mëmëvrasje *n.* matricide
memorandum *n.* memo
memorandum *n.* memorandum
menaxher *n.* manager
menaxhuar *v.* manage
mend pas kuvendit *n.* hindsight
mëndafsh *n.* silk
mëndafsh *n.* terry
mendim *n.* opinion
mendimtar *n.* thinker
mendje *n.* mind
mendje *n.* wit
mendje e shëndoshë *n.* sanity
mendjehollë *adj.* perceptive
mendjelehtë *adj.* frivolous
mendjelehtë *adj.* giddy
mendjelehtësi *n.* levity
mendjemadh *adj.* vainglorious
mendjemadhësi *n.* conceit
mendjeprehtë *adj.* shrewd

mendjemprehtë *adj.* witty
mendjemprehtësi *n.* acumen
mendjengushtë *adj.* parochial
mendoj *v.* deem
mendoj *v.i* guess
mendoj *v.* opine
mendoj *v.* suppose
mendoj *v.* think
mendoj sërish *v.* rethink
mendoj thellë *v.* cogitate
mendor *adj.* mental
mëndte *v.* suckle
mëngë *adj.* confluent
mëngë *n.* creek
mëngë *n.* sleeve
mëngjes *n.* breakfast
mëngjes *n.* morning
mëngjes *n.* morrow
meningjit *n.* meningitis
mënjanë *adv.* aside
menjëherë *adv.* forthwith
menjëherë *adv.* summarily
menopauzë *n.* menopause
mensë *n.* cafeteria
mensë *n.* canteen
menstruacion *n.* menstruation
menstrual *adj.* menstrual
mentalitet *n.* mentality
menu *n.* menu
mënyrë *n.* fashion
mënyrë *n.* manner
mënyrë *n.* mode
mënyrë *n.* way
mënyrë e shpejtë *n.* shortcut
mënyrë e tërthortë *n.* detour
mënyrë të foluri *n.* parlance
merak *n.* stew
merak *v.* worry
merakos *v.* preoccupy
mercenar *adj.* mercenary
meremetim *v.* refit
mërgim *n.* exile

mëri *n* grudge
mëri *n.* spite
meridian *n.* meridian
merimangë *n.* spider
merita *n.* merit
meritoj *v. t.* deserve
mermer *n.* marble
merr *v.* assume
merr *v.* get
merr *v.* take
merrem me çikërrima *v.* niggle
mërsinë *n.* myrtle
mërzi *n.* tedium
mërzit *v.* annoy
mërzit *v.* bore
mërzit *v.* bother
mërzit *v.* pester
mërzitur *v.* upset
mes *adj.* mid
mes *adj.* middle
mes *adj.* midst
mes i verës *adj.* midsummer
mesaliancë *n.* misalliance
mësallë *n.* serviette
mesatar *n.* par
mesatare *n.* average
mesatare *v.* mean
mesatare *adj.* median
mesatare *n.* medium
mesazh *n.* message
mesazh i shkruar zyrtar *n.* missive
mesdhetar *adj.* Mediterranean
mesditë *n.* midday
mesditë *n.* noon
meshë *n.* wafer
mëshirë *n.* mercy
mëshiroj *v.* commiserate
meshoj *v.* officiate
Mesi *n.* messiah
mësim *n.* learning
mësim *n.* lesson

mesjetar *adj.* medieval
mesnatë *n.* midnight
mësoj *v.* illuminate
mësoj *v.* learn
mësoj *v.* teach
mësoj me *v.* accustom
mësuar *adj.* accustomed
mësuar *adj.* learned
mësues *n.* teacher
mësues privat *n.* tutor
mësuese *n.* mistress
mësyj *v.* beset
mësyj *v.* waylay
mësymje *n.* sortie
metabolizëm *n.* metabolism
metafizik *adj.* metaphysical
metafizikë *n.* metaphysics
metaforë *n.* metaphor
metal *n.* metal
metalik *adj.* metallic
metalurgji *n.* metallurgy
metamorfozë *n.* metamorphosis
meteor *n.* meteor
meteorik *adj.* meteoric
meteorologji *n.* meteorology
metër *n.* meter
metër *n.* metre
metodë *n.* method
metodik *adj.* methodical
metodologji *n.* methodology
metrik *adj.* metric
metro *n.* subway
metropol *n.* metropolis
metropolitan *adj.* metropolitan
meze *n.* appetizer
meze *n.* refreshment
meze e lehtë *n.* snack
mezi *adv.* barely
mezi *adv.* hardly
mezi *adv.* scarcely
mi *n.* rat
mialgia *n.* myalgia

microsurgery *n.* microsurgery
midhje *n.* mussel
miell *n.* flour
migrenë *n.* migraine
migrojnë *v.* migrate
mijë *adj. & n.* thousand
mik *n.* friend
mik *n.* pal
mikë *n.* mica
miklim *n.* adulation
mikloj *v.* cajole
mikpritës *adj.* hospitable
mikpritës *n.* host
mikpritje *n.* hospitality
mikrobiologji *n.* microbiology
mikroçip *n.* microchip
mikrofilm *n.* microfilm
mikrofon *n.* microphone
mikrometër *n.* micrometer
mikroprocesor *n.* microprocessor
mikroskop *n.* microscope
mikroskopik *adj.* microscopic
mikroval *n.* microwave
mikser *n.* mixer
miliardë *n.* billion
miliarderi *n.* billionaire
milici *n.* militia
miligram *n.* milligram
milimetër *n.* millimetre
milingonë *n.* ant
milion *n.* million
milioner *n.* millionaire
militant *adj.* militant
militant *n.* militant
milje *n.* mile
milkshake *n.* milkshake
mill *n.* sheath
mim *n.* mime
mim *n.* mime
minare *n.* minaret
minator *n.* miner
mineral *n.* mineral

mineral *n.* ore
mineralogji *n.* mineralogy
minestrone *n.* minestrone
mini *adj.* mini
miniaturë *adj.* miniature
minibus *n.* minibus
minierë qymyrguri *n.* colliery
minim *n.* minim
minimal *adj.* minimal
minimizoj *v.* minimize
minimum *n.* minimum
miniskirt *n.* miniskirt
ministër *n.* minister
ministri *n.* ministry
ministror *adj.* ministerial
minitaksi *n.* minicab
minoj *v.* undermine
minus *prep.* minus
minutë *n.* minute
minutë *adj.* minute
miopi *n.* myopia
miq *n.* kith
miqësi *n.* fellowship
miqësi e ngushtë *n.* intimacy
miqësor *adj.* amicable
miratim *n.* approval
miratim *n.* assent
miratoj *v.* accede
miratoj *v.* adopt
miratoj *v.* approve
mirazh *n.* mirage
mirë *adj.* good
mirë *adv.* well
mirë *n.* well
mirëbërës *n.* benefactor
mirëmbajtje *n.* maintenance
mirënjohës *adj.* beholden
mirënjohës *n.* grateful
mirënjohje *n.* gratitude
mirëqenie *n.* welfare
mirësi *n.* goodness
mirësjellje *n.* courtesy

mirësjellje *n.* decency
mirrë *n.* myrrh
misconstrue *v.* misconstrue
misër *n.* corn
mish *adj.* bossy
mish *n.* flesh
mish *n.* meat
mish derri *n.* pork
mish i grirë *v.* mince
mish lope *n.* beef
mish qengji *n.* lamb
mish viçi *n.* veal
mishërim *v. t.* embodiment
mishërim *n.* epitome
mishërim *n.* incarnation
mishngrënës *n.* carnivore
misinform *v.* misinform
mision *n.* mission
misionar *n.* missionary
misk *n.* musk
misspell *v.* misspell
mister *n.* mystery
mister *v.t.* puzzle
misterioz *adj.* mysterious
misticizëm *n.* mysticism
mistik *n.* mystic
mistike *adj.* mystical
mistikë *n.* mystique
mistri *n.* trowel
mit *n.* myth
mitër *n.* uterus
mitër *n.* womb
mitik *adj.* mythical
mitologji *n.* mythology
mitologjik *adj.* mythological
mizë gruri *n.* weevil
mizor *adj.* atrocious
mizor *adj.* cruel
mizor *adj.* pitiless
mizori *adv.* cruelty
mjaft *adj.* enough
mjaft *adv.* fairly

mjaft *adv.* richly
mjaftoj *v.* suffice
mjaftueshmëri *n.* adequacy
mjaftueshmëri *n.* sufficiency
mjaltë *n.* honey
mjau *v.* mew
mjedër *n.* raspberry
mjedis *n.* environment
mjedis *n.* milieu
mjedis *n.* surroundings
mjegull *n.* fog
mjegull *n.* mist
mjegullim *n.* haze
mjegullnajë *n.* nebula
mjek *n.* doctor
mjek *n.* medic
mjek *n.* physician
mjek i familjes *n.* attendant
mjek ligjor *n.* coroner
mjekër *n.* beard
mjekër *n.* chin
mjekësi *n.* medicine
mjekësor *adj.* medical
mjekësor *adj.* medicinal
mjekim *n.* medication
mjeko-ligjor *adj.* forensic
Mjeku *n.* practitioner
mjellmë *n.* swan
mjerim *n.* grief
mjerim *n.* misery
mjerim *n.* woe
mjerisht *conj.* alas
mjeshtër *n.* artisan
mjeshtër *n.* master
mjeshtëri *n.* workmanship
mjet *adj.* expedient
mjet *n.* tool
mjet anastezik *n.* anaesthetic
mjet shërues *n.* nostrum
mjete *n.* means
mllef *n.* rancour
mllefin *v.* enrage

mobilizoj *v.* mobilize
mobilje *n.* furniture
moçal *n.* backwater
mocarela *n.* mozzarella
modalitet *n.* modality
modë *n.* fad
modë *n.* vogue
model *n.* model
model *n.* paragon
model *n.* pattern
model *n.* sampler
modem *n.* modem
modern *adj.* modern
modernizëm *n.* modernism
modernizoj *v.* modernize
moderuar *adj.* moderate
modest *adj.* lowly
modest *adj.* modest
modesti *n.* modesty
modifikim *n.* modification
modifikoj *v.t.* modify
modul *n.* module
mohim *n.* denial
mohim *n.* negation
mohoj *v. i.* deny
mohoj *v.* disown
mohoj *v.* negate
mohoj *v.* repudiate
moisturize *v.* moisturize
mol *n.* mole
mol *n.* quay
molë *n.* moth
molekular *adj.* molecular
molekulë *n.* molecule
molis *v.* debilitate
mollë *n.* apple
mollëkuqe *n.* ladybird
moment *n.* momentum
moment historik *n.* milestone
momenti *n.* moment
monark *n.* monarch
monarki *n.* monarchy
monarkist *n.* royalist
monedhë *n.* chip
monedhë *n.* coin
monedhë *n.* currency
monetar *adj.* monetary
monetarism *n.* monetarism
monitoruar *n.* monitor
mono *n.* mono
monofonik *adj.* monophonic
monogami *n.* monogamy
monografi *n.* monograph
monogram *n.* monogram
monokël *n.* monocle
monolatry *n.* monolatry
monolog *n.* monologue
monolog *n.* soliloquy
monopoli *n.* monopoly
monopolist *n.* monopolist
monopolizoj *v.* monopolize
monoteist *n.* monotheist
monoteizëm *n.* monotheism
monoton *adj.* drab
monoton *adj.* monotonous
monotoni *n.* monody
monotoni *n.* monotony
monstër *n.* behemoth
montazh *n.* montage
montim *n.* fitting
montues *n.* fitter
monument *n.* monument
monumental *adj.* monumental
moral *adj.* moral
moralist *n.* moralist
moralitet *n.* morality
moralizoj *v.* moralize
moralizues *adj.* sanctimonious
morenë *n.* moraine
morfinë *n.* morphine
morfologji *n.* morphology
morg *n.* morgue
morg *n.* mortuary
morganatik *adj.* morganatic

mori *n.* myriad
mosbalancim *n.* imbalance
mosbesim *n.* disbelief
mosbesim *n.* distrust
mosbesim *v.* mistrust
mosbindje *n.* defiance
mosbindje *n.* insubordination
mosdashës *adj.* unwilling
mosdisiplinë *n.* indiscipline
mosfalënderues *adj.* thankless
mosfunksionim *v.* malfunction
mosha skelë *n.* wharf age
moshatar *adj.* coeval
moshë *n.* age
moshuarit *adj.* elderly
moskokëçarje *n.* nonchalance
mosmarrëveshje *n.* disagreement
mosmarrëveshje *n.* discord
mosmiratim *n.* disapproval
mosmiratim *n.* disfavour
mosmirënjohje *n.* ingratitude
mosndëshkim *n.* impunity
mospajtim *v.* dissent
mosparashikues *adj.* improvident
mospëlqim *n.* distaste
mospërfillës *adj.* flippant
mospërfillje *v. t* disregard
mospërfillje *n.* indifference
mospërfillje *v.* neglect
mospërfillje *v.* snub
mospërputhje *n.* discrepancy
mospërputhje *n.* mismatch
mospranim *n.* renunciation
mosrespektim *n.* disrespect
mostër *n.* sample
mostër *n.* specimen
mostretje *n.* dyspepsia
mosushqim *n.* malnutrition
mosveprim *n.* inaction
mot *n.* weather
motel *n.* motel
motër *n.* sissy

motër *n.* sister
motherboard *n.* motherboard
motiv *n.* motif
motiv *n.* motive
motivim *n.* motivation
motivoj *v.* motivate
moto *n.* motto
motoçikletë *n.* motorcycle
motor *n.* engine
motor *n.* motor
motorino *n.* starter
motoskaf me fletë të nënujshme *n.* hydrofoil
movojnë *n.* mote
mozaik *n.* mosaic
mpiksje *n.* clot
mpirë *adj.* numb
mposht *v.* conquer
mposht *v.* depress
mposht *v.* outdo
mposht *v.* restrain
mposht *v.* subdue
mprehës *n.* sharpener
mrekulli *v. i* marvel
mrekulli *n.* miracle
mrekulli *n.* prodigy
mu *v.t.* slap
mu *n.* smack
mua *pron.* me
muaj *n.* month
muaj mjalti *n.* honeymoon
muesli *n.* muesli
mugullon *v.* burgeon
muhabet *v. i.* chat
mujor *adj.* monthly
mukozë *n.* mucus
mukozës *adj.* mucous
mulla *n.* mullah
mullar *n.* rick
mullë *n.* paunch
mulli *n.* grinder
mulli *n.* mill

mullion *n.* mullion
multikulturor *adj.* multicultural
multimedial *n.* multimedia
multiparous *adj.* multiparous
mumifikoj *v.* mummify
mumje *n.* mummy
mumje *n.* zombie
mund *n.* can
mund *v.* can
Mund *n.* May
mund *v.* may
mundës *n.* wrestler
mundësi *n.* likelihood
mundësi *n.* opportunity
mundësi *n.* possibility
mundësoj *v.* enable
mundim *n.* hardship
mundohem *v.* plod
mundohem *v.i.* toil
mundohem *v.* try
mundoj *v.* obsess
mundoj *v.* tantalize
mungesë *n.* absence
mungesë *n.* dearth
mungesë *n.* deficiency
mungesë *n.* lack
mungesë *n.* shortage
mungesë *n.* shortfall
mungesë sinqeriteti *adv.* insincerity
mungestar *n.* absentee
municion *n.* ammunition
mur *n.* wall
mural *n.* mural
murator *n.* mason
murg *adj.* monastic
murg *n.* monk
murgeshë *n.* nun
murgjëria *n.* monasticism
murmurit *v.* burble
murmurit *v.* jabber
murmuritje *v.t.* gabble
murmuritje *v.* mumble
murriz *n.* hawthorn
murtajë *n.* pest
murtajë *n.* pestilence
mus *n.* mousse
mushama *n.* mackintosh
mushama *n.* raincoat
mushkë *n.* mule
mushkëri *n.* lung
mushkonjë *n.* gnat
mushkonjë *n.* mosquito
mushqetar *n.* musketeer
mushqetë *n.* musket
musht *n.* cider
muskul *n.* muscle
muskulor *adj.* beefy
muskuloz *adj.* muscular
muson *n.* monsoon
mustaqe *n.* moustache
mustaqe *n.* whisker
mustardë *n.* mustard
mutacion *n.* mutation
mutative *v.* mutative
muze *n.* museum
muzë *n.* muse
muzg *n.* dusk
muzg *n.* twilight
muzikant *n.* musician
muzikë *n.* music
muzikor *adj.* musical
myk *n.* mould
myosis *n.* myosis
mysafir *n.* guest
myshk *n.* moss
Mysliman *n.* Muslim

N

Nacho *n.* nacho
nacionalist *n.* nationalist
Nacionalizmi *n.* nationalism
nadir *n.* nadir
naftalinë *n.* naphthalene
naftë *n.* diesel
naftë *n.* petroleum
naiv *adj.* fond
naivitet *n.* naivety
najloni *n.* nylon
nam *n.* renown
narcis *n.* narcissus
narcisizëm *n.* narcissism
narkotik *n.* narcotic
narkotik *adj.* soporific
natant *adj.* natant
nate *adj.* nocturnal
natë *n.* night
naturism *n.* naturism
natyralist *n.* naturalist
natyralizim *n.* naturalization
natyralizoj *v.* naturalize
natyrë *n.* nature
natyrë shpirtërore *n.* spirituality
natyrisht *adv.* naturally
natyror *adj.* natural
nazeli *adj.* finicky
ndaj *v.* divide
ndaj *prep.* towards
ndaj me dysh *v.* bisect
ndajfolje *n.* adverb
ndalesë *n.* stoppage
ndalim *n.* detention
ndalim *n.* prohibition
ndalimin *adj.* halting
ndaloj *v.* disqualify
ndaloj *v.* forbid
ndaloj *v.* halt
ndaloj *v.* prohibit
ndalojë *v.* ban
ndalon *v. t* detain
ndalues *n.* stopper
ndarje *n.* allotment
ndarje *n.* division
ndarje *n.* partition
ndarje *n.* segregation
ndarje *n.* separation
ndarje *n.* severance
nder *n.* honour
ndër *prep.* among
Ndërfaqja *n.* interface
ndërgjegje *n.* conscience
ndërgjyqës *n.* litigant
ndërhyj *v.* interfere
ndërhyj *v.* intervene
ndërhyj *v.* intrude
ndërhyrje *n.* interference
ndërhyrje *n.* intervention
ndërhyrje *n.* intrusion
ndërhyrje *n.* mediation
ndërhyrje *n.* mediation
nderi *adj.* honorary
nderim *n.* esteem
nderim *n.* obeisance
nderim *n.* reverence
nderim *n.* veneration
ndërkall *v.* interject
ndërkohë *adv.* meantime
ndërkohë *adv.* meanwhile
ndërkombëtar *adj.* international
ndërlidhës *n.* courier
ndërlidhet *v.* liaise
ndërlidhje *n.* liaison
ndërlikim *n.* complication
ndërlikim *n.* sophistication
ndërluftues *adj.* belligerent
ndërmarr *v.* undertake
ndërmarrje *n.* enterprise
ndërmend *v.* intend
ndërmjet *adv.* between

ndërmjetës *n.* intermediary
ndërmjetës *v.* mediate
ndërmjetës *n.* middleman
ndërmjetës *n.* moderator
ndërmjetës *n.* negotiator
ndërmjetësoj *v.* intercede
nderoj *v.* venerate
ndërprerje *n.* cessation
ndërprerje *n.* interception
ndërprerje *n.* interruption
ndërpres *v.* intercept
ndërpres *v.* interrupt
ndërpritet *v.* discontinue
ndërpritet *v.* intersect
ndërrim *n.* permutation
ndërrim *n.* transfiguration
ndërrim i puplave *v.* moult
ndërroj *v.* commute
ndërsa *n.* whereas
ndërsa *n.* while
ndërsa *conj.* whilst
ndershmëri *n.* honesty
ndershmëri *n.* integrity
ndershmëri *n.* probity
ndërshtetërore *n.* interstate
ndërtesë *n.* edifice
ndërtesë e vogël *n.* maisonette
ndërtim *n.* construction
ndërtimit *n.* building
ndërtoj *v.* build
ndërtoj *v.* carve
ndërtoj *v.* construct
nderuar *adj.* revered
ndërvarura *adj.* interdependent
ndesh *n.* barge
ndeshem *v.* collide
ndeshje *n.* match
ndëshkim me rrahje *n.* gauntlet
ndëshkimi *n.* retribution
ndëshkoj *v.* chastise
ndëshkoj *v.* penalize
ndëshkoj *v.* punish

ndëshkoj rëndë *v.* chasten
ndëshkues *adj.* punitive
ndez *v.* ignite
ndez *v.* kindle
ndezje *n.* ignition
ndihem *v.* feel
ndihmë *n.* aid
ndihmë *n.* assistance
ndihmë *n.* boon
ndihmë *v.* help
ndihmë e shpejtë *n.* first aid
ndihmës *n.* acolyte
ndihmës *n.* aide
ndihmës *adj.* ancillary
ndihmës *adj.* auxiliary
ndihmës *n.* paramedic
ndihmës *adj.* subsidiary
ndihmoj *v.* assist
ndihmoj *v.* befriend
ndihmoj *v.* facilitate
ndihmoj *n.* succour
ndihmuar *n.* helping
ndijor *adj.* sensory
ndikim *n.* impact
ndikim *n.* influence
ndikim *adj.* influential
ndikoj *v.* affect
ndikoj *v.* sway
ndjej *n.* remit
ndjej të përzier *v.* nauseate
ndjek *v.* attend
ndjek *v.* follow
ndjek *v.* pursue
ndjek penalisht *v.* prosecute
ndjekës *n.* follower
ndjekim *n.* tracing
ndjekje *n.* adherence
ndjekje *v.* chase
ndjekje *n.* prosecution
ndjekje *n.* pursuit
ndjell *v.* evoke
ndjenjë *n.* feeling

ndjenjë *n.* sentiment
ndjesë *n.* remission
ndjeshmëri *n.* empathy
ndjeshmëri *n.* sensibility
ndjeshmëri *n.* sensuality
ndjesi *n.* sensation
ndodh *v.* befall
ndodh *v.* happen
ndodh *v.* occur
ndodhi *n.* happening
ndokush *pron.* anyone
ndonjë *adj.* any
ndonjëherë *adv.* ever
ndoshta *adv.* maybe
ndoshta *adv.* perhaps
ndoshta *adv.* probably
ndot *v. t* defile
ndot *v.* pollute
ndot *v.* smear
ndotje *n.* pollution
ndreq *v.* rectify
ndriçim *n.* illumination
ndriçim *n.* lighting
ndriçim *n.* radiance
ndriçim *adj.* refulgence
ndriçohet *v.* lighten
ndriçoj *v.* glisten
ndrikull *n.* godmother
ndrit *v.* twinkle
ndruajtje *n.* timidity
ndrydh *v.t.* sprain
ndryshe *adv.* otherwise
ndryshe nga *prep.* unlike
ndryshim *n.* alteration
ndryshim *v.* change
ndryshim *n.* difference
ndryshim *n.* reversal
ndryshim *v.* shift
ndryshk *n.* rust
ndryshme *adj.* varied
ndryshohem *v.* mutate
ndryshoj *v.* alter
ndryshoj *v.* amend
ndryshoj *v.* differ
ndryshojnë *v.* diverge
ndryshon *v.* vary
nduk *v.* nibble
ndyrësi *n.* filth
ne *pron.* we
në *prep.* at
në *prep.* in
në *prep.* into
në agoni *adj.* moribund
në borxh *adj.* indebted
në breg *adv.* ashore
në brendësi *adj.* inland
në cekëtinë *adj.* aground
në det *adj.* afloat
në det të hapur *adj.* offshore
në detyrë *adj.* incumbent
në dispozicion *adj.* available
në ethe *adj.* febrile
në fillim *adj.* early
në flakë *adv.* ablaze
në flakë *adj.* aflame
në fund të fundit *adv.* ultimately
në fuqi *adj.* effective
në gjumë *adj.* asleep
në harmoni *adj.* concurrent
në harmoni *adj.* congruent
në këtë mënyrë *adv.* hereby
në kllapi *adj.* delirious
në kohë *adj.* timely
në kohë të papërshtatshme *adj.* inopportune
në kohën e duhur *v.* pat
në kundërshtim *adj.* contrary
në lartësi *n.* hanging
në lidhje me *prep.* concerning
në lidhje me *prep.* regarding
në mëdyshje *adj.* hesitant
në mënyrë ideale *adv.* ideally
në mes të *prep.* amid
në mes të rrugës *adv.* midway

në mëshirë të fatit *adj.* adrift
në moshë martese *adj.* marriageable
në moshë martese *a.* nubile
në përgatitje e sipër *adv.* afoot
në përputhje *adj.* consistent
në përputhje me rrethanat *adv.* accordingly
në prapaskenë *adv.* backstage
në pritje *adj.* expectant
në pritje të *adj.* pending
në pupë *adv.* aft
në qejf *adj.* merry
në rregull *adj.* okay
në rritje *n.* crescent
në rritje *n.* rising
në të vërtetë *adv.* actually
në të vërtetë *adv.* indeed
në thelb *adv.* substantially
në varg *n.* tandem
në vargje *adj.* metrical
në zi *v.* bereaved
nef *n.* nave
negativ *adj.* negative
negativitet *n.* negativity
neglizhencë *n.* malpractice
neglizhent *adj.* remiss
negociuar *v.* negotiate
negociueshme *adj.* negotiable
nekrologji *n.* obituary
nekropol *n.* necropolis
nektar *n.* nectar
nektarinë *n.* nectarine
nëmë *n.* odium
nemesi *n.* nemesis
nën *prep.* under
nën *prep.* underneath
nënbarkëz *n.* girth
nënçmoj *v.* underestimate
nënçmoj *v.* underrate
nëndetëse *n.* submarine
nënë *n.* mother

nënë *n.* mother
nenexhik *n.* mint
nënkontratë *v.* subcontract
nënkuptim *n.* implication
nënkuptoj *v.* implicate
nënmbret *n.* viceroy
nënqesh *v.* chuckle
nënshkrim *n.* signature
nënshkrues *n.* signatory
nënshtrim *n.* subjection
nënshtrim *n.* subjugation
nënshtrim *n.* submission
nënshtrohem *v.* defer
nënshtrohen *v.* undergo
nënshtroj *v.* vanquish
nëntë *adj. & n.* nine
nëntëdhjetë *adj. & n.* ninetieth
nëntëdhjetë *adj. & n.* ninety
nëntëmbëdhjetë *adj. & n.* nineteen
nënti *adj. & n.* ninth
nëntitull *n.* subtitle
nëntokësor *adj.* subterranean
nëntokësor *adj.* underground
nëntor *n.* november
Nëntotali *n.* subtotal
nënvizoj *v.* punctuate
nënvizoj *v.t.* underline
nënvizoj *v.* underscore
nënvleftësoj *v.* belittle
neoklasike *adj.* neoclassical
neolitik *adj.* Neolithic
neoni *n.* neon
nëpër *adv.* across
nëpërkëmbje *n.* outrage
nëpërmjet *prep.* via
nepotizëm *n.* nepotism
Neptun *n.* Neptune
nëpunës *n.* clerk
nerv *n.* Nerve
nervoz *adj.* irritable
nervoz *adj.* nervous

nervoz *adj.* neural
nervozim *v.* fluster
nëse *conj.* if
nëse *conj.* whether
nesër *adv.* tomorrow
nether *adj.* nether
neto *n.* net
neurolog *n.* neurologist
neurologji *n.* neurology
neutral *adj.* neutral
neutralizoj *v.* neutralize
neutron *n.* neutron
neveri *n.* abhorrence
neveri *n.* aversion
neveri *n.* disgust
neveri *n.* repugnance
neveri *n.* repulsion
neverit *v.* repulse
nevojtar *adj.* needy
nevojtore *n.* latrine
nevojtore *n.* loo
nevrik *adj.* irate
nevrikos *n.* rasp
nevrotik *adj.* neurotic
nevrozë *n.* neurosis
nga *prep.* by
nga *prep.* from
nga *prep.* of
nga *adv.* off
nga *adv.* out
nga babai *adj.* paternal
nga brenda *adj.* inward
nga jugu *adj.* southern
nga pamja e jashtme *adv.* outwardly
nga veriu *adj.* northerly
ngacmim *n.* harassment
ngacmim *n.* molestation
ngacmoj *v.* molest
ngacmoj *v.* tamper
ngacmues *n.* irritant
ngadalë *adv.* slowly

ngadalësia *n.* slowness
ngadhënjimtar *adj.* triumphant
ngarkesë *n.* cargo
ngarkesë *n.* consignment
ngarkesë *n.* load
ngarkesë *n.* shipment
ngarkesë *v.* tote
ngarkues *n.* charger
ngas *v.* drive
ngatërresë *n.* imbroglio
ngatërresë *v.* muddle
ngatërrim *n.* confusion
ngatërrohen *adj.* nonplussed
ngatërrohen *adj.* nonplussed
ngatërroj *v. t* entangle
ngatërroj *v.* garble
ngatërroj *v.* snarl
ngatërroj *v.t.* snarl
ngazëllej *v.* enrapture
ngazëllim *n.* jubilation
ngazëllim *n.* rapture
ngec *v.* flounder
ngërç *n.* cramp
ngërç *n.* kink
ngërthej *n.* slot
ngjall *v.* breed
ngjall *v.* quicken
ngjall *v.* revive
ngjarje *n.* event
ngjarje e mëparshme *n.* antecedent
ngjashëm *adj.* akin
ngjashmëri *n.* likeness
ngjashmëri *n.* resemblance
ngjashmëri *n.* similarity
ngjesh *v.* compress
ngjesh *v.* masticate
ngjeshje *n.* compression
ngjet *v.* transpire
ngjit *v.i* climb
ngjit *n.* paste
ngjit *n.* stick

ngjitem v. ascend
ngjitës n. adhesive
ngjitës adj. contagious
ngjitës adj. sticky
ngjitës adj. tacky
ngjitje n. contagion
ngjitje adj. upbeat
ngjitur adj. adjacent
ngjizje n. gestation
ngjyej v. imbue
ngjyrë n. colour
ngjyrë n. tint
ngjyrë gështenjë n. maroon
ngjyrë kafe e kuqërreme n. umber
ngjyrim n. overtone
ngjyroset n. dye
ngjyrosje n. colouring
ngop v. satiate
ngopje n. satiety
ngopje n. saturation
ngordhalaq n. weakling
ngordhje n. starvation
ngre v. elevate
ngre v.t. lift
ngre v. raise
ngrihem v. rise
ngrihet n. bristle
ngrij v. freeze
ngritje v. hoist
ngritje e supeve v. shrug
ngritur adj. erect
ngroh v. incubate
ngrohem v. bask
ngrohës n. heater
ngrohës uji n. geyser
ngrohje n. heating
ngrohtësi n. warmth
ngrys n. scowl
ngulit v. implant
ngulit v. imprint
ngulmoj v.i. persevere

ngulmues adj. assiduous
nguros v. petrify
ngurrim n. reluctance
ngurroj v. boggle
ngurroj v. demur
ngurrues adj. loath
ngurrues adj. reluctant
ngushëllim n. condolence
ngushëllim n. consolation
ngushëllim n. solace
ngushëlloj v. condole
ngushticë n. strait
ngushticë ekonomike n. stringency
ngushtim n. stricture
ngushtoj v. constrict
ngushtoj v.i. straiten
ngut v. rush
ngutje v. hustle
nightie n. nightie
nihilizëm n. nihilism
nikel n. nickel
nikotinë n. nicotine
nimfë nymph
nip n. nephew
niseshte n. starch
nisje n. commencement
nismë n. initiative
nisur v. launch
nivel n. level
nivelet n. prowess
një a. a
një adj. an
një n. & adj. one
një çikë v. pinch
një copë herë adv. awhile
një lugë n. spoonful
një mori n. lashings
një sy gjumë n. snooze
njëfarësoj adj. middling
njehatore n. mourner
njëherë adv. outright

njëjës *adj.* singular
njëlloj *adj.* alike
njëmbëdhjetë *adj. & n.* eleven
njëmijëvjet *n.* millennium
njëqind *adj.& n.* hundred
njëqindvjeçar *n.* centenary
njëqindvjeçar *n.* centennial
njerëz *n.* people
njerëzim *n.* mankind
njerëzoj *v.* humanize
njerëzor *adj.* human
njeri *n.* man
njeri i falimentuar *adj.* insolvent
njeri i famshëm *n.* celebrity
njeri i jashtëzakonshëm *n.* flake
njeri i pagdhendur *adj.* plebeian
njeri i pangopur *n.* glutton
njeri i prishur *v.* pervert
njeri i qepur *n.* stickler
njeri i thjeshtë *n.* commoner
njeri i vetëm *n.* loner
njeri kaba *n.* hulk
njeri që nuk përshtatet *n.* misfit
njësi *n.* unit
njëzëshmëri *a.* unanimity
njëzet *adj.&n.* twenty
njoftim *n.* announcement
njoftim *n.* blurb
njoftim *n.* notice
njoftim *n.* notification
njoftoj *v.* inform
njoftoj *v.* notify
njoh *v.* acquaint
njoh *v.i.* recognize
njohje *n.* acknowledgement
njohje *n.* acquaintance
njohje *n.* recognition
njohje paraprake *n.* precognition
njohuri *n.* knowledge
njohuri paraprake *n.* foreknowledge
njollë *v.t.* stain

njolloj *n.* thumb
njollos *n.* blot
njollos *v.* sully
njom *v.* dabble
njomet *v.* moisten
nocion *n.* notion
noçkë *n.* knuckle
nofulla *n.* jaw
nomad *n.* nomad
nomad *adj.* nomadic
nomenklaturë *n.* nomenclature
nopran *adj.* brusque
Nordik *adj.* Nordic
normal *adj.* normal
normal *adj.* sane
normalizoj *v.* normalize
normalizoj *v.* standardize
normativ *adj.* normative
normë *n.* norm
normë *n.* rate
nostalgji *n.* nostalgia
notar *n.* swimmer
noter *n.* notary
noticeboard *n.* noticeboard
notim *n.* flotation
notoj *v.* swim
novator *n.* innovator
nuancë *n.* nuance
nuancë *n.* tinge
nudist *n.* nudist
nuga *n.* nougat
nuhas *v.* sniff
nuhatje *v.* sniffle
nuk *adv.* not
nuk duroj *v.* resent
nuk e përfill *v.* defy
nuk i lë trashëgim *v.* disinherit
nuk lejoj *v.* disallow
nuk pajtohem *v.* disagree
nuk pranoj *v.* disapprove
nuk pranoj *v.* spurn
nuk shkrep *v.* misfire

null *adj.* null
numër *n.* number
numerik *adj.* numerical
numëroj *v. t* enumerate
numëror *n.* numeral
numërues *n.* numerator
nun *n.* godfather
nuse *n.* bride
nuselalë *n.* weasel
nuskë *n.* mascot
nxeh *v.i* excite
nxeh *v.* mull
nxehtë *adj.* hot
nxehtësi *n.* heat
nxënës *n.* apprentice
nxënës *n.* learner
nxënës *n.* pupil
nxihem *v.* blacken
nxirje *v.* tarnish
nxis *v.i.* galvanize
nxis *v.* prompt
nxis *v.* urge
nxisin *v.* incite
nxit *v.* impel
nxit *v.* inflame
nxit *v.* instigate
nxit *v.* provoke
nxit *v.* stimulate
nxitës *adj.* inflammatory
nxitës *adj.* piquant
nxitës *adj.* sexy
nxitës *n.* stimulant
nxitim *v.* bustle
nxitim *n.* haste
nxitim *v.* hurry
nxitje *n.* incentive
nxitje *n.* inducement
nxitur *v.* foster
nxjerr *v.* divulge
nxjerr *v.* elicit
nxjerr *v.* exhale
nxjerr dhëmbët *v.* teethe

nxjerr ligje *v.* legislate
nxjerr në dritë *v.* procreate
nxjerr në dritë *v.* unearth
nxjerr në pah *v.* foil
nxjerr në pah *v.* heighten
nxjerr nga lista e dokumenteve sekrete *v.* declassify
nxjerr nga vendi *v.* dislocate
nxjerr një përfundim *v.* deduce
nxjerr pa dashje *v.* blurt
nxjerrje *n.* extraction
nyjë *n.* knot
nyjë *n.* node
nyjë e këmbës *n.* ankle
nyjëtim *n.* toggle

oazë *n.* oasis
objekt *n.* object
objektit *n.* facility
objektiv *adj.* objective
objektiv *n.* target
objektivisht *adv.* objectively
oborr *n.* yard
oborr brenda një godine *n.* courtyard
oborr spanjol *n.* patio
oborrtar *n.* courtier
observator *n.* observatory
octavo *n.* octavo
ode *n.* ode
odios *adj.* odious
odisea *n.* odyssey
ofendim *n.* indignity
ofensivë *adj.* offensive
oferta *v.* bid
ofertë *adj.* tender
ofertë *n.* tender

offside *adj.* offside
oficer *n.* officer
ofrohem *v.* accost
ofroj *v.* offer
ofruar *n.* offering
ofrues *n.* bidder
ofset *v.* offset
ofshamë *v.* groan
ogur *n.* portent
ogurzi *adj.* ominous
oksid *n.* oxide
oksigjen *n.* oxygen
oktapod *n.* octopus
oktavë *n.* octave
okult *n.* occult
okupator *n.* occupant
oligarki *n.* oligarchy
olimpik *adj.* Olympic
ombrellë *n.* parasol
ombrellë *n.* umbrella
omëletë *n.* omelette
omnibus *n.* omnibus
oniks *n.* onyx
onomatope *n.* onomatopoeia
ons *n.* ounce
ontologji *n.* ontology
opal *n.* opal
operacion *n.* operation
operativ *adj.* operational
operativ *adj.* operative
operator *n.* operator
operë *n.* opera
operoj *v.* operate
opium *n.* opium
oportunizëm *n.* opportunism
opozitë *n.* opposition
optik *adj.* optic
optimal *adj.* optimum
optimist *n.* optimist
optimist *adj.* optimistic
optimist *adj.* sanguine
optimizëm *n.* optimism

oqean *n.* ocean
oqeanik *adj.* oceanic
orakull *n.* oracle
orar *n.* schedule
orator *n.* orator
oratori *n.* oratory
orbitë *n.* orbit
orë *n.* clock
orë *n.* hour
orë e mbylljes brenda *n.* curfew
oreks *n.* appetite
oreks *n.* zest
organ *n.* organ
organik *adj.* organic
organizatë *n.* organization
organizator *n.* mastermind
organizëm *n.* organism
organizoj *v.* organize
orgazmë *n.* orgasm
orgji *v.* debauch
orgji *n.* orgy
oriental *adj.* oriental
orienti *n.* orient
orientoj *v.* orientate
origami *n.* origami
origjinal *adj.* original
origjinalitet *n.* idiosyncrasy
origjinalitet *n.* originality
origjinë *n.* ancestry
origjinë *n.* origin
oriz *n.* rice
orizore *n.* paddy
orkestër *n.* orchestra
orkestral *adj.* orchestral
orkide *n.* orchid
ortakëri *n.* partnership
ortek *n.* avalanche
ortodoksi *n.* orthodoxy
ortodoks *adj.* orthodox
ortopedi *n.* orthopaedics
ose *adv.* either
ose *conj.* or

oshëtin *v.* resound
osman *n.* ottoman
osteopathi *n.* osteopathy
oturak *n.* urinal
outsize *adj.* outsize
oval *adj.* oval
ovate *adj.* ovate
overawe *v.* overawe
overreact *v.* overreact
ovulate *v.* ovulate
oxhak *n.* chimney
ozon *n* ozone

P

pa *n.* saw
pa *v.* saw
pa *prep.* without
pa dhëmbë *adj.* toothless
pa dobi *n.* futility
pa formë *adj.* shapeless
pa gjallëri *adj.* lacklustre
pa gjemba *adj.* spineless
pa kushte *adj.* unconditional
pa lidhje *adj.* disjointed
pa ligje *adj.* lawless
pa mikrobe *adj.* aseptic
pa moral *adj.* unprincipled
pa para *adj.* penniless
pa pretendime *adj.* unassuming
pa scot *adv.* scot-free
pa seks *adj.* asexual
pa shije *adj.* tasteless
pa shtetësi *adj.* stateless
pa syprinë *adj.* topless
pa të drejta *adj.* underprivileged
pa tel *adj.* wireless
pa tru *adj.* witless
pa trup *adj.* disembodied

paaftësi *n.* disability
paaftësi *n.* inability
paaftësi *n.* incapacity
paaftësi paguese *n.* insolvency
paanësi *n.* impartiality
pabarazi *n.* disparity
pabarazi *n.* inequality
pabazuara *adj.* groundless
pabesi *n.* infidelity
pabesi *n.* perjury
pacient *adj.* patient
pacient *n.* patient
pacient i jashtëm *n.* outpatient
pacifist *n.* pacifist
pacipësi *a.* immodesty
padashur *adv.* unwittingly
padi *n.* indictment
padit *v.* indict
paditës *n.* plaintiff
padrejtësi *n.* injustice
pafajësi *n.* innocence
pafta *n.* blinkers
pafundësi *n.* immensity
pafundësi *n.* infinity
pafuqi *n.* malady
pafuqi *n.* malaise
pafytyrësi *n* impertinence
pagan *n.* heathen
pagan *n.* pagan
pagë *n.* salary
pagë *n.* wage
pagesë *n.* payment
pagëzim *n.* baptism
pagëzoj *v.* baptize
paguaj *v.* disburse
paguaj *v.* pay
paguaj *v.* repay
pagur *n.* gourd
pahi *n.* paling
pajis *v.* equip
pajis keq *adj.* skimp
pajis me susta *v.* upholster

pajisje *n.* device
pajisje *n.* equipment
pajisje shtesë *n.* accessory
pajtim *n.* compliance
pajtim *n.* conformity
pajtim *n.* keeping
pajtim *n.* reconciliation
pajtohem *v.* concur
pajtohem *v.* subscribe
pajtohet *v.* acquiesce
pajtoj *v.* reconcile
pak *adj.* few
pak *adj.* little
pak *adv.* slightly
pak nga pak *adv.* piecemeal
pakënaqësi *n.* discontent
pakënaqësi *n.* displeasure
pakënaqësi *n.* dissatisfaction
pakëndshme *adj.* uncomfortable
pakësim *v. t.* decrement
pakësim *n.* diminution
pakësoj *v.t.* abate
paketë *n.* package
paketim *n.* packing
paketim *v.* shimmer
pakicë *n.* minority
pakicë *n.* paucity
pako *n.* pack
pako *n.* packet
pako *n.* ream
pakrahasueshëm *adj.* unrivalled
paksa e hapur *adv.* ajar
pakt *n.* pact
pakujdesi *n.* negligence
palë *n.* pair
paletë *n.* pallet
palexueshmëri *n.* illegibility
pallat *n.* palace
pallje *v.* bellow
pallje *v.* moo
pallto *n.* coat
pallua *n.* peacock

palme *n.* palm
palos *v.* furl
palosje *v.* tuck
paluajtshme *adv.* immovable
pamaturi *n.* indiscretion
pambuk *n.* cotton
pamëshirshme *adj.* ruthless
pamflet *n.* pamphlet
pamfletist *n.* pamphleteer
Pamje *n.* overview
pamje *n.* semblance
pamje *n.* sight
pamje *n.* view
pamje e jashtme *adj.* exterior
pamposhtur *adj.* invincible
pamundësi *n.* impossibility
pamvarësisht nga *prep.* notwithstanding
panda *n.* panda
panel *n.* panel
panevojshme *adj.* needless
panik *n.* panic
panje *n.* maple
panjë *n.* sycamore
pankartë *n.* placard
pankreas *n.* pancreas
panoramë *n.* panorama
pantallona *n.* pants
pantallona *n.* trousers
panteist *adj.* pantheist
panteizëm *n.* pantheism
panterë *n.* panther
pantomimë *n.* pantomime
panxhar *n.* beet
panxhar *n.* beetroot
papafingo *n.* attic
papafingo *n.* loft
papagall *n.* parrot
paparashikuara *adj.* unforeseen
papastërti *n.* impurity
papat *n.* papacy
papë *n.* pontiff

papë *n.* pope
papërvojë *n.* inexperience
papjekuri *n.* immaturity
papnor *adj.* papal
paprekshme *adj.* intangible
papritmas *adv.* suddenly
papunë *adj.* idle
papunësi *n.* idleness
paqartësi *n.* vagueness
paqe *n.* amity
paqe *n.* peace
paqedashës *adj.* peaceable
paqëndrueshmëri *n.* instability
para *adv.* before
para *adv.* beforehand
para *n.* cash
para *n.* money
para të ndyra *n.* lucre
paraardhës *n.* forerunner
paraardhës *n.* predecessor
paracaktimi *n.* predestination
paradatoj *v.* antedate
paradë *n.* pageant
paradë *n.* parade
paradoks *n.* paradox
paradoksal *adj.* paradoxical
paradrekë *n.* brunch
parafabrikuara *adj.* prefabricated
parafine *n.* paraffin
parafjalë *n.* preposition
parafrazoj *v.* paraphrase
paragjykim *n.* bias
paragjykim *n.* superstition
paragjykoj *v.* prejudge
paragjykojnë *n.* prejudice
paragjykues *adj.* superstitious
paragraf *n.* paragraph
parajsë *n.* paradise
parak *adj.* primal
parakohësisht *adj.* untimely
parakolp *n.* bumper

parakrah *n.* forearm
parakusht *n.* precondition
paralajmërim *n.* premonition
paralajmërim *n.* warning
paralajmëroj *v.* bode
paralajmëroj *v.* warn
paralajmërues *adj.* cautionary
paralajmërues *adj.* monitory
paralele *n.* parallel
paralelogram *n.* parallelogram
paralitik *adj.* paralytic
paralizë *n.* palsy
paralizë *n.* paralysis
paralizoj *n.* hamstring
paralizoj *v.* paralyse
paramartesor *adj.* premarital
paramendim *n.* premeditation
paramendoj *v.* premeditate
parametër *n.* parameter
parandalim *n.* prevention
parandalimit *v.* pre-empt
parandaloj *v.* forestall
parandaloj *v.* obviate
parandaloj *v.* prevent
parandalues *adj.* precautionary
parandalues *adj.* preventive
parandjenjë *v.* presage
paraprak *adj.* preliminary
paraprak *adj.* prior
paraprakisht *n.* priory
paraprij *v.* precede
paraprirës *adj.* foregoing
paraqes *v.* induct
paraqes *v.* obtrude
paraqes *v.* portray
paraqes *v.* submit
paraqes ndryshe *v.* misrepresent
paraqesin *adj.* present
paraqesin *n.* present
paraqesin *v.* present
paraqitje *n.* introduction
paraqitje e shkurtër *n.* glimpse

pararendës *n.* outrider
pararendës *n.* precursor
pararojë *n.* vanguard
parashikim *v.t* forecast
parashikim *n.* prediction
parashikim *n.* prescience
parashikoj *v.* contemplate
parashikoj *v.* foresee
parashikoj *v.* predict
parashikoj *v.* prognosticate
parashikues *adj.* provident
parashikues *n.* seer
parashikues garash *n.* tipster
parashtesë *n.* prefix
parashtroj *v.* posit
parashutë *n.* parachute
parashutist *n.* parachutist
parathem *v.* prophesy
parathënie *n.* preface
parathënie libri *n.* foreword
parazit *n.* parasite
parazitë *n.* vermin
parazituar *n.* vermillion
parcelë *n.* parcel
parehati *n.* discomfort
parëndësi *n.* insignificance
parësi *n.* primacy
paret *n.* slat
parfum *n.* perfume
parfum *adv.* perfume
parfum *n.* scent
parim *n.* maxim
parim *n.* principle
parim *n.* tenet
park *n.* park
parlament *n.* parliament
parlamentar *adj.* parliamentary
parodi *n.* burlesque
parodi *n.* parody
parodi *n.* travesty
parregullsi *n.* irregularity
partiak *n.* party

partizan *n.* partisan
partner *n.* partner
partneritet *n.* consortium
parukë *n.* wig
parullë *n.* watchword
parvaz *n.* ledge
pas *adv.* after
pas *conj.* after
pas *prep.* after
pasagjer *n.* passenger
pasaportë *n.* passport
pasardhës *n.* descendant
pasardhës *n.* offspring
pasardhës *n.* successor
pasazh *n.* arcade
pasazh *n.* passage
pash *n.* stroke
Pashkë *n.* Easter
pasiguri *n.* insecurity
pasion *n.* infatuation
pasion *n.* passion
pasiv *adj.* passive
pasjans *n.* solitaire
pasme *n.* rear
pasoj *v.* ensue
pasojë *n.* consequence
pasojë *n.* result
pasqetësim *n.* sangfroid
pasqyrë *n.* mirror
pastaj *adv.* then
pastë *n.* pastry
pastë dhëmbësh *n.* toothpaste
pastel *n.* pastel
pasterizuar *adj.* pasteurized
pastërti *n.* cleanliness
pastërti *n.* purity
pastëruese *adj.* menial
pastiçer *n.* confectioner
pastor *n.* pastor
pastrim *n.* abrasion
pastrim *n.* clearance
pastrim *n.* purification

pastrim v. scrub
pastroj v. cleanse
pastroj v. defecate
pastroj v. scavenge
pastroj dhëmbët me pe n. floss
pastrojë v. purify
pastrues n. detergent
pastrues n. laxative
pasues adj. proximate
pasues adj. subsequent
pasuniversitar n. postgraduate
pasuri n. asset
pasuri n. fortune
pasuri n. mammon
pasuri n. opulence
pasuri n. richness
pasuri n. wealth
pasuri e tundshme n. chattel
pasurive n. estate
pasuroj v. fortify
pasurojnë v. enrich
patate n. potato
patate e ëmbël n. yam
patë n. goose
patëllxhan n. aubergine
patentë n. patent
Patisserie n. patisserie
patolerueshme adj. intolerable
patologji n. pathology
patologjik adj. morbid
patos n. pathos
patrik n. patriarch
patriot n. patriot
patriotik adj. patriotic
patriotizëm n. patriotism
patronazh n. patronage
patrullë v. patrol
paturpësi n. indecency
paturpësi n. insolence
pavarësi n. independence
pavarësisht adj. irrespective
pavarësisht adv. regardless

pavarësisht nga prep. despite
pavdekësi n. immortality
pavend adj. uncalled
pavendosmëri n. indecision
pavendosmëri n. vacillation
pavërtetësi n. falsehood
pavijon n. pavilion
pavlefshme adj. void
pavullnetshëm adj. involuntary
pazakontë adj. unusual
pazar n. bazaar
pazar n. mart
pazar n. shopping
pecetë n. napkin
pedagog n. pedagogue
pedagogji n. pedagogy
pedal n. treadle
pedant n. pedant
pedant adj. pedantic
pederast n. sod
pediatër n. paediatrician
pediatri n. paediatrics
pedikyr n. pedicure
pedophile n. paedophile
peizazh n. landscape
peizazh n. scenery
peksimadhe n. rusk
pelë n. mare
pelegrin n. pilgrim
pelegrinazh n. pilgrimage
pelenë n. diaper
pelenoj v. swaddle
pëlhurë n. fabric
pëlhurë gomuar n. tarpaulin
pelikan n. pelican
pëllas v. bray
pellg n. pond
pëllumb n. pigeon
pelmet n. pelmet
pëlqim n. consent
pëlqim v.t. consent
pëlqim n. partiality

pelte *n.* jelly
pemë *n.* tree
penal *n.* criminal
penal *adj.* penal
pendë *n.* dam
pendë *n.* feather
pendë *n.* fin
pendë *n.* plume
pendë *n.* sluice
pendë *n.* weir
pendesë *n.* penance
pendestar *adj.* penitent
pendim *n.* repentance
pendohem *v.* repent
peng *n.* hostage
peng *n.* mortgage
peng *n.* pawn
pengesë *n.* barrier
pengesë *n.* drawback
pengesë *n.* handicap
pengesë *n.* hindrance
pengesë *n.* hurdle
pengesë *n.* impediment
pengesë *n.* obstacle
pengim *n.* obstruction
pengim si garanci pagese *n.* lien
pengoj *v.* encumber
pengoj *v.* frustrate
pengoj *n.* hamper
pengoj *v.* hinder
pengoj *v.* impede
pengoj *v.* inhibit
pengoj *v.* obstruct
pengoj *v.* occlude
pengoj *v.* stumble
pengues *adj.* obstructive
pengues *adj.* prohibitive
penis *n.* penis
pension *n.* pension
pension *adj.* retiring
pension vjetor *n.* annuity
pensionist *n.* pensioner

Pentagoni *n.* pentagon
peptik *adj.* peptic
për *adv.* about
për *prep.* about
për *prep.* for
për *prep.* per
për faqe të zezë *adj.* abysmal
për më tepër *adv.* moreover
për shkak *adj.* due
per te ndertuar *n.* carvery
për t'u dukur *adj.* pretentious
për t'u lëvduar *adj.* laudable
për t'u patur zili *adj.* enviable
perandor *n.* emperor
perandorak *adj.* imperial
perandoreshë *n.* empress
perandori *n.* empire
përballë *adj.* opposite .
përballet me *n.* facing
përballoj *v.* cope
përballoj *v.* envisage
përballoj *v.* withstand
përbalojë *v.t.* afford
përballur *v.* confront
përbëhet *v.* consist
përbëjnë *v.* constitute
përbërës *adj.* constituent
përbërës *n.* ingredient
përbërje *n.* composition
përbindësh *n.* monster
përbuzës *adj.* contemptuous
përbuzës *adj.* pejorative
përbuzje *n.* contempt
përbuzje *n.* disdain
përbuzje *n.* scorn
përçaj *v.* disrupt
përcaktim *n.* definition
përcaktim *v. t* determination
përcaktoj *v. t* determine
përcaktoj *v.* stipulate
përcaktoj diagnozë *v.* diagnose
përcaktoj sasinë *v.* quantify

përcaktojnë *v.* define
përcaktues *n.* determinant
përçarje *n.* schism
përçartje *v.* rant
perçe *n.* yashmak
perceptim *n.* perception
perceptues *adj.* receptive
përçmoj *v. t.* cheapen
përçmoj *v.* despise
përçmues *adj.* scornful
përçoj *v.* convey
perde *n.* curtain
përdëllim *n.* clemency
përdhes *n.* gout
përdhos *adj.* profane
përdhunim *v.* rape
përdhunues *n.* rapist
përditë *adj.* daily
përdor *v.* utilize
përdor pa kujdes *v.* mishandle
përdorë *n.* resort
përdorim *n.* usage
përdorim *v.t.* use
përdorues *n.* user
përdredh *v.* wrick
përdredh *v.* wring
përdredhje *v.* squirm
përdridhem *v.* curl
përemër *n.* pronoun
perëndeshë *n.* goddess
perëndim *n.* west
Perëndimi *n.* occident
perëndimi *adv.* westerly
perëndimor *adj.* occidental
perëndimor *adj.* western
perëndimor *n.* westerner
përfaqësim *n.* representation
përfaqësoj *v.* represent
përfaqësues *n.* commissioner
përfaqësues *adj.* representative
perfekt *adj.* unexceptionable
përfitim *v.* perk

përforcim *n.* amplification
përforcim *n.* reinforcement
përforcoj *v.* reinforce
përforcues *n.* amplifier
përforcues *n.* booster
Performanca *n.* performance
përfshij *v.* comprehend
përfshij *v.* subsume
përfshijë *v.* involve
përfshijnë *v.* include
përfshirje *n.* inclusion
përfshirje *n.* incorporation
përfundim *n.* completion
përfundim *n.* conclusion
përfundim *n.* outcome
përfundim *n.* upshot
përfundimisht *adv.* eventually
përfundimtar *adj.* final
përfundoj *v.* clinch
përfundoj *n.* conclude
përfundoj *v.* terminate
përfundojë *v.* wrap
përgatit *v.* prepare
përgatitje *n.* preparation
përgatitor *adj.* preparatory
përgënjeshtrim *n.* refutation
përgënjeshtroj *v.* disprove
përgënjeshtroj *v.* refute
përgënjeshtroj *v.* retort
përgëzoj *v.* congratulate
përgjegjës *adj.* accountable
përgjegjës *adj.* answerable
përgjegjës *n.* curator
përgjegjës *adj.* liable
përgjegjës *adj.* responsible
përgjegjës *adj.* responsive
përgjegjësi *n.* responsibility
përgjërim *v. t* entreaty
përgjërohem *v.* entreat
përgjigje *n.* answer
përgjigje *n.* rejoinder
përgjigje *v.* reply

përgjigje *v.* respond
përgjigje *n.* response
përgjim *v.* peek
përgjithësoj *v.* generalize
përgjithmonë *adv.* forever
përgjoj *v.* peep
përgjumje *n.* somnolence
përgojoj *v.* defame
përgojoj *v.* traduce
përgojoj *v.* vilify
përhap *v.* radiate
përhap *v.* spread
përhapem *v.* pervade
përhapur *v.* diffuse
përhapur *adj.* widespread
përhershme *adj.* intermittent
periferi *n.* outskirts
periferi *n.* periphery
periferi *n.* suburb
periferik *adj.* outlying
periferik *adj.* suburban
perime *n.* vegetable
perimeshitës *n.* greengrocer
perimetër *n.* circumference
periodik *adj.* periodic
periodik *adj.* recurrent
peripeci *n.* vicissitude
periudhë *n.* bout
periudhë *n.* period
përjashtim *n.* disqualification
përjashtim *n.* exception
përjashtohen *adj.* exempt
përjashtoj *v.* exclude
përjashtoj *v.* oust
përjashtues *adj.* exclusive
përjetësi *n.* eternity
përjetësoj *v.* immortalize
përjetësoj *v.t.* perpetuate
përkas *v.* belong
përkasin *v.* pertain
përkatës *adj.* relevant
përkatës *adj.* respective

përkatësisë *n.* relevance
përkëdhel *v.* pamper
përkëdhelje *n.* endearment
përkeqësohet *v.* worsen
përkim *n.* coincidence
përkohshme *adj.* provisional
përkrah *v.* uphold
përkrahje *n.* backing
përkrenare *n.* helmet
përkthej *v.* render
përkthej *v.* translate
përkthim *n.* translation
përkthyes *n.* interpreter
përkujdesje *n.* solicitude
përkujtim *n.* commemoration
përkujtim *n.* memorial
përkujtuar *v.* commemorate
përkul *v.* flex
përkulem *v.* bend
përkulje *v.* crouch
përkund *v.* dandle
përlaj *v.* wangle
perlë *n.* gem
përleshje *n.* melee
përleshje *v.* scramble
përleshje *n.* scuffle
përleshje *n.* tussle
përligj *v.* vindicate
përligjje *n.* vindication
përlyej *v.* besmirch
përmbahem *v.t.* refrain
përmbahet *v.* adhere
përmbaj *v.* comprise
përmbaj *v.t.* contain
përmbajtje *adj.* content
përmbajtje *n.* content
përmbajtje *n.* moderation
përmbajtje *n.* restraint
përmbajtje *n.* temperance
përmbarues *n.* bailiff
përmbarues *n.* executor
përmbledh *n.* précis

përmbledh v. recapitulate
përmbledh v. summarize
përmbledhje n. compendium
përmbledhje n. summary
përmbledhje n. synopsis
përmbush v. fulfil
përmbushje n. fulfilment
përmbys v. capsize
përmbys v. overthrow
përmbysem v. topple
përmbysje v. overturn
përmbysje n. subversion
përmbysje n. upheaval
përmbyt v. inundate
përmbyt v. submerse
përmbytje n. deluge
përmbytje n. flood
përmbytje n. spate
përmend v. mention
përmes *prep. &adv.* through
përmirësim n. amelioration
përmirësim n. improvement
përmirësim n. upturn
përmirësoj v. ameliorate
përmirësoj v. improve
përmirësoj v. meliorate
përmirësoj v. upgrade
përndjek n. victimize
përngjaj v. resemble
përpara *adv.* ahead
përpara *adj.* erstwhile
përpara *adv.* forth
përpara *adv. &adj.* forward
përparëse n. duster
përparësi n. precedence
përparim n. advancement
përparim n. prosperity
përparon v. prosper
përpëlitje v. writhe
përpij me sy v. gloat
përrpij me sy v. ogle
përpikëri në orar n. punctuality

përpiloj v. compile
përpiqem të fitoj v. woo
përpiqen v. strive
përpjekje v. attempt
përpjekje v. attempt
përpjekje n. effort
përpjekje v. endeavour
përplas v. slam
përplasem n. bump
përplasem v. hurtle
përplasje v. clash
përplasje n. collision
përplasje v. crash
përplasje v. flap
përpunuar *adj.* elaborate
përputhem n. tally
përputhen v. coincide
përputhen v. comply
përputhje n. accordance
përqafim v. hug
përqafoj v. cuddle
përqafoj v. enfold
përqafojë v. embrace
përqendrim n. concentration
përqendrohem v. concentrate
përqendroj v. centralize
përqesh n. taunt
përqeshje v.i. scoff
përqindje n. percentage
perri n. perry
përroit n. wadi
përrua n. brook
përrua n. streamlet
përrua n. torrent
persekutim n. persecution
persekutoj v. persecute
përsëri *adv.* afresh
përsëri *adv.* again
përsëri *adv.* anew
përsëris v. rehearse
përsëris v. reiterate
përsëris v. repeat

përsëris v. replicate
përsëritet v. recur
përsëritet v. reoccur
përsëritje n. encore
përsëritje n. recurrence
përsëritje n. reiteration
përsëritje n. repetition
përshëndes n. greet
përshëndes n. salute
përshëndetje n. greeting
përshëndetje n. salutation
përshkon v. pierce
përshkrim n. description
përshkruaj v. delineate
përshkruaj v. depict
përshkruaj v. describe
përshpejtoj v. precipitate
përshpejtuar v. accelerate
përshtat v. adapt
përshtat v. adjust
përshtatshmëri n. suitability
përshtypje v. impress
përshtypje n. impression
përsiatje n. rationale
person n. person
person i tretë n. gooseberry
person me maskë n. mummer
personal adj. personal
personalitet n. persona
personalitet n. personality
personazh n. personage
personel n. personnel
personifikim n. personification
personifikoj v. personify
përsosmëri n. excellence
përsosmëri n. perfection
perspektivë n. perspective
perspektivë n. prospect
përtac adj. slothful
përtac n. sluggard
përtac n. snail
përtac n. truant

përtaci n. sloth
përtej adv. beyond
përtërij v. innovate
përtërij v. renew
përtëritje n. rejuvenation
përtëritje adj. renewal
përtoj v. laze
përtyp v. chew
përtyp v. munch
përtypje v. crunch
përulem v. demean
përulësi n. humility
përurimi adj. inaugural
përveç prep. except
përvëlues adj. burning
përvëlues adj. torrid
përvetësim n. acquisition
përvetësim n. appropriation
përvetësim v. misappropriation
përvijohet n. loom
përvjetor n. anniversary
përvojë n. experience
përvojë e hidhur n. ordeal
përzgjedhje n. selection
përzhit v. scorch
përzhit v. singe
përziej v. adulterate
përzierje v. t blend
përzierje n. conglomeration
përzierje n. medley
përzierje n. melange
përzierje v. mix
përzierje n. mixture
përzierje plehrash n. compost
përzihem v. meddle
pesë adj. & n. five
pesëdhjetë adj. & n. fifty
pesëmbëdhjetë adj. & n. fifteen
peshë v. plummet
peshë n. weight
peshëngritje n. weightlifting
peshk n. fish

peshkaqen *n.* shark
peshkatar *n.* fisherman
peshkim *n.* fishery
peshkop *n.* bishop
peshoj *v.* ponder
peshoj më shumë se *v.* outweigh
Peshorja *n.* Libra
pëshpëritje *v.* whisper
peshqesh *n.* fairing
peshqir *n.* towel
pështjellues *adj.* nauseous
pështyj *n.* spit
pështymë *n.* saliva
pështymë *n.* spittle
pështymë *n.* sputum
pështypje *v.* splutter
pesimist *n.* pessimist
pesimist *adj.* pessimistic
pesimizëm *n.* pessimism
pësoj *v.* incur
pesticid *n.* pesticide
pësuan *n.* claustrophobia
petal *n.* petal
petë *n.* noodles
peticion *n.* petition
petull *n.* flapjack
petull *n.* pancake
pezmatim *n.* inflammation
pezmatoj *v.* irritate
pezullim *n.* abeyance
pezullim *n.* suspense
pezullim *n.* suspension
pezulloj *v.* suspend
physique *n.* physique
pi *v. t* drink
pi *v.* imbibe
pi me fund *v.* quaff
pianist *n.* pianist
piano *n.* piano
pica *n.* pizza
pictograph *n.* pictograph
piedestal *n.* pedestal

pigment *n.* pigment
pijanec *adj.* drunkard
pije *n.* beverage
pije *v.* guzzle
pije *n.* liquor
pije *v.* rinse
pije *v.* tipple
pijetore *n.* pub
pik *n.* peak
pikant *adj.* racy
pikant *adj.* savoury
pikë *n.* blob
pikë *n.* clause
pikë *n.* dot
pikë *n.* point
pikë *n.* score
pikë *v.* score
pikël *n.* speck
pikël *n.* speckle
pikëllim *n.* sorrow
pikëllim *v.* wrench
pikëllues *adj.* harrowing
pikëmbështetje *n.* footing
pikëpamje *n.* outlook
pikëpamje *n.* standpoint
pikëpresje *n.* semicolon
piketoj *n.* picket
pikëzim *v.* stipple
pikiatë *v.* dive
piknik *n.* picnic
pikohem *v.* dapple
pikoj *v. i* drip
pikset *n.* cheep
piktor *n.* painter
piktoresk *adj.* picturesque
pikture *adj.* pictorial
pikturë *n.* painting
pikturë njëngjyrëshe *n.* monochrome
pikturoj *v.* paint
pilot *n.* pilot
pilulë *n.* pill

pin *n.* pin
pincë *n.* forceps
pincë *n.* pliers
pincer *n.* pincer
pineapple *n.* pineapple
pinguin *n.* penguin
pingul *adj.* perpendicular
pingul *v.* plumb
pinjoll *n.* sucker
pintë *n.* pint
pionier *n.* pioneer
piorre *n.* pyorrhoea
pip *v.* slip
piper *n.* condiment
piper *n.* pepper
piqem *v.* bake
piramidë *n.* pyramid
pirat *n.* pirate
pirateri *n.* piracy
pirg *n.* clamp
pirje *n.* debauchery
piromania *n.* pyromania
pirun *n.* fork
pis *adj.* dirty
pisanjos *adj.* slovenly
pishe *v.* pine
pishinë *n.* pool
pishman *n.* compunction
pishtar *n.* torch
piskatore *n.* tweezers
pistë *n.* runway
pistë garash shpejtësie me motoçikleta *n.* speedway
pistoletë *n.* pistol
piston *n.* piston
pixel *n.* pixel
pizhamë *n.* pyjamas
pjatë *n.* dish
pjatë *n.* plate
pjatë e madhe *n.* platter
pjatë filxhani *n.* saucer
pjek *v.* ripen

pjekuri *n.* maturity
pjell para kohe *v.* slink
pjellë *n.* litter
pjellë e imagjinatës *n.* figment
pjellor *adj.* fertile
pjellor *adj.* prolific
pjellori *n.* fertility
pjepër *n.* capsicum
pjepër *n.* melon
pjesë *n.* part
pjesë *n.* portion
pjesë *n.* proportion
pjesë *n.* share
pjesë e pasme *n.* backside
pjesë e poshtme *n.* wainscot
pjesëmarrës *n.* participant
pjesëmarrës në garë *n.* contestant
pjesëmarrja *n.* turnout
pjesëmarrje *n.* attendance
pjesëmarrje *n.* participation
pjesërisht *adv.* partly
pjezë *n.* tendon
plaçkë *n.* belongings
plaçkë *v.* spoil
plaçkit *v.* maraud
plaçkitës *n.* marauder
plaçkitje *v.* plunder
plagë *n.* wound
plagosje *n.* injury
plan *n.* plan
plandosem *v.* sprawl
planet *n.* planet
planetar *adj.* planetary
plantacion *n.* plantation
plas *n.* crack
plas *v.* crack
plastik *n.* plastic
platformë *n.* apron
platformë *n.* platform
platin *n.* platinum
plaudits *n.* plaudits

plazh *n.* beach
pleat *n.* pleat
plebishit *n.* plebiscite
pleh *n.* fertilizer
pleh *n.* muck
pleh organik *n.* manure
plehra *n.* trash
plejadë *n.* constellation
plëngprishës *adj.* profligate
plep *n.* poplar
pleqëri *n.* senility
pleqërishte *adj.* senile
plesht *n.* flea
pllajë *n.* plateau
pllajë *n.* wold
pllakat *n.* poster
pllakë *n.* slab
pllakëz e gjakut *n.* platelet
pllakos *n.* plague
pllaquris *v.* squish
plot *adj.* full
plot *adj.* rife
plot epsh *adj.* lustful
plot gjallëri *v.i.* frolic
plot me piper *v.* thwart
plotësim *n.* obverse
plotësoj *v.* amplify
plotësoj *v.* replenish
plotësuar të *v.* impute
plotësues *adj.* additional
plotësues *n.* complement
plotësues *adj.* complementary
plotësues *adj.* supplementary
pluhur *n.* dust
pluhur *n.* powder
plumb *n.* bullet
plumbi *adj.* leaden
plus *prep.* plus
pneumatik *adj.* pneumatic
pneumoni *n.* pneumonia
po *excl.* yes
po të mos *conj.* unless

poçar *v.* potter
poçeri *n.* crockery
podcast *n.* podcast
podium *n.* podium
poemë *n.* poem
poemë humoristik pesëvargësh *n.* limerick
poet *n.* poet
poezi *n.* poetry
pohim *n.* affirmation
pohoj *v.* affirm
pohoj *v.* allege
pohoj *v.* avow
pohues *adj.* affirmative
poker *n.* poker
pol *n.* pole
polar *adj.* polar
polemikë *n.* controversy
polemikë *n.* polemic
polen *n.* pollen
polic *n.* policeman
polic i thjeshtë *n.* constable
polici *n.* police
poligami *n.* polygamy
poliglot *adj.* polyglot
poligraf *n.* polygraph
politeiste *adj.* polytheistic
politeizëm *n.* polytheism
politeknik *n.* polytechnic
politik *adj.* political
politikan *n.* politician
politikë *n.* policy
politikë *n.* politics
polo *n.* polo
polonisht *n.* polish
polyandry *n.* polyandry
polygamous *adj.* polygamous
pomadë *n.* ointment
pompë *n.* pump
pompoz *adj.* flamboyant
pompoz *adj.* pompous
pompozitet *n.* pomposity

pop *v.* pop
popull *n.* folk
popull *n.* populace
popullaritet *n.* popularity
populloj *v.* populate
popullor *adj.* popular
popullsi *n.* population
por *conj.* but
porcelan *n.* porcelain
pore *n.* pore
pornografi *n.* pornography
porosi *n.* errand
porosi me postë *n.* mail order
porosis *v.* prescribe
porosit *v.* indent
port *n.* harbour
port *n.* port
portal *n.* portal
portativ *adj.* portable
portë *n.* gate
portier *n.* goalkeeper
portier *n.* janitor
portier *n.* keeper
portier *n.* porter
portier *n.* usher
portik *n.* portico
portofol *n.* portfolio
portofol *n.* wallet
portokall *n.* orange
portret *n.* effigy
portret *n.* portrait
portrete *n.* portraiture
portretizim *n.* portrayal
posedim *n.* possession
posedoj *v.* possess
poshtë *prep.* below
poshtë *adv.* beneath
poshtë *adv.* down
poshtërim *n.* ignominy
poshtëroj *v.* abase
poshtërues *adj.* derogatory
poshtërues *adj.* ignominious

poshtëshënim *n.* postscript
post *n.* post
postar *adj.* postal
postar *n.* postmaster
postë *n.* mail
postier *n.* postman
postiqe *n.* mop
postmortem *n.* postmortem
postoffice *n.* postoffice
postum *adj.* posthumous
potencë *n.* potency
potencë *n.* virility
potencial *adj.* potential
potere *n.* pandemonium
poterexhi *adj.* noisy
poterexhi *adj.* rowdy
pothuajse *adv.* almost
pozicion *n.* position
pozicion *n.* stance
pozitiv *adj.* positive
Prag *n.* brink
prag *n.* eve
prag *n.* sill
prag *n.* threshold
prag *n.* verge
pragmatik *adj.* pragmatic
pragmatizëm *n.* pragmatism
praktik *adj.* practical
praktikë *n.* practice
praktikë *v.* practise
prandaj *adv.* hence
pranë *prep.* alongside
pranë *prep.* beside
pranga *n.* cuff
pranga *n.* handcuff
pranga *n.* handcuff
pranga *n.* shackle
prani *n.* presence
pranim *n.* acceptance
pranim *n.* admission
pranim *n.* admittance
pranim i heshtur *n.* acquiescence

pranoj v. accept
pranoj v. acknowledge
pranoj v. admit
pranoj v. agree
pranoj v. concede
pranoj v. confess
pranoj v. receive
pranoj v. underwrite
pranoj të v. stoop
pranverë v. spring
pranveror adj. vernal
prapa adv. aback
prapa n. back
prapa adj. backward
prapa prep. behind
prapa adv. overleaf
prapambetje n. blizzard
prapanicë adj. posterior
prapashtesë n. suffix
prapavështrim n. retrospect
prapavështruës adj. retrospective
prapësi n. misdeed
prapësoj v. repel
pras n. leek
pre n. booty
pre n. loot
pre n. prey
precedent n. precedent
predhë n. shell
predikim n. sermon
predikoj v. preach
predikoj v. sermonize
predikues n. preacher
prefekt n. prefect
preferencë n. preference
preferencial adj. preferential
preferoj v. prefer
prehem v. hibernate
prehistorik adj. prehistoric
prehje n. repose
prej prep. since
prej akulli adj. glacial
prej dantelle adj. lacy
prej dhelpre adj. vulpine
prej dheu adj. earthen
prej dijetari adj. scholarly
prej kadifeje adj. velvety
prej mëndafshi adj. silken
prej motre adj. sisterly
prej natyre adj. innate
prej nëne adj. motherly
prej pelushi n. plush
prej vetiu adj. inborn
prej zotërie adj. lordly
prejardhje n. descent
prejardhje n. provenance
prek v. touch
prekës adj. pathetic
prekës adj. poignant
prekje adj. touching
prelat n. prelate
prelud n. prelude
premierë n. premiere
premisë n. premise
premtim n. parole
premtim n. pledge
premtim n. promise
premtoj n. plight
premtues adj. promising
preokupim n. preoccupation
prepossessing adj. prepossessing
prerje n. cutting
prerje n. haircut
prerje v. slash
prerje v. snip
prerogativë n. prerogative
pres v. await
pres v. chop
pres v. cut
pres v. dissect
pres v. entertain
pres v. expect
pres n. prune
pres v. sever

pres *v.* undercut
pres *v.* wait
pres *v.* whack
pres me thikë *v.* whittle
presidencial *adj.* presidential
president *n.* president
presion *n.* pressure
presje *n.* comma
prestar *n.* cutter
prestigj *n.* prestige
presupozoj *v.* presuppose
pretekst *n.* pretext
pretendoj *v.* profess
pretendues *n.* claimant
prezantim *n.* presentation
prezervativ *n.* condom
prezgjedhur *n.* default
prift *n.* priest
priftëri *n.* priesthood
prikë *n.* dowry
prim *n.* premium
primar *adj.* primary
primat *n.* primate
primitiv *adj.* primitive
princ *n.* prince
princeshë *n.* princess
prind *n.* parent
prindëror *adj.* parental
printer *n.* printer
printuar *n.* printout
prioritet *n.* priority
prirje *n.* affinity
prirje *adj.* bent
prirje *n.* inclination
prirje *n.* trend
prirur *adj.* prone
prish *v.* corrode
prish *v.* debase
prish *v.* denounce
prish *v.* deteriorate
prish *v.* fritter
prish *v.* misguide
prish *v.* obliterate
prish *v.* quash
prish *n.* ruin
prish *n.* sophisticate
prish *v.* stymie
prish *v.* undo
prish *v.* unsettle
prish *v.* warp
prish planet *v.* baffle
prishës *adj.* wasteful
prishës *n.* wrecker
prishje *v.* breach
prishni *v.* bungle
pritë *n.* ambush
pritje *n.* anticipation
pritje *n.* reception
privat *adj.* private
privatizimin *v.* privatize
privatizoj *v.* denationalize
privilegj *n.* privilege
privilegjuar *adj.* chartered
privim *n.* privation
privuar *adj.* bereft
prizë *n.* outlet
prizë *n.* plug
prizëm *n.* prism
pro *n.* pro
proaktive *adj.* proactive
probabilitet *n.* probability
problem *n.* problem
problematik *adj.* problematic
Procedurat *n.* proceedings
procedurë *n.* procedure
proces *n.* process
procesion *n.* procession
prodhim *n.* crop
prodhim *v.* manufacture
prodhim *n.* output
prodhim *n.* production
prodhimtari *n.* productivity
prodhuar *v.* produce
prodhues *n.* manufacturer

prodhues *n.* producer
produkt *n.* product
produktiv *adj.* productive
profeci *n.* prophecy
profesion *n.* occupation
profesion *n.* profession
profesion *n.* vocation
profesional *adj.* occupational
profesional *adj.* professional
profesor *n.* professor
profet *n.* prophet
profetik *adj.* oracular
profetike *adj.* prophetic
profetizoj *v.* foretell
profil *n.* profile
prognozë *n.* prognosis
program *n.* agenda
program *n.* programme
program mësimor *n.* curriculum
program mësimor *n.* syllabus
progres *n.* progress
progresiv *adj.* progressive
projekt *n.* project
projektim *n.* projection
projektor *n.* projector
prokurë *n.* proxy
prokurimit *n.* procurement
prokuror *n.* prosecutor
prolog *n.* prologue
promovimi *n.* promotion
promovuar *v.* promote
pronar *n.* owner
pronar *n.* proprietor
pronar jahti *n.* yachtsman
pronar restoranti *n.* restaurateur
pronare *n.* landlady
pronë *n.* ownership
pronë *n.* property
pronë e madhe *n.* manor
pronor *adj.* possessive
propagandë *n.* propaganda
propagandoi *v.* propound

proporcional *adj.* proportional
proporcional *adj.* proportionate
propozim *n.* proposal
propozim *n.* proposition
propozoj *v.* propose
propozoj *n.* slate
proshutë *n.* bacon
proshutë *n.* ham
prospekt *n.* handout
prospekt *n.* prospectus
prostatë *n.* prostate
prostitucion *n.* prostitution
prostitutë *n.* prostitute
protagonist *n.* protagonist
proteinë *n.* protein
protektorat *n.* protectorate
protest *v.* whinge
protestë *n.* outcry
protestë *n.* protest
protestë *n.* protestation
protezë dhëmbesh *n.* denture
protokoll *n.* protocol
prototip *n.* prototype
provë *n.* audition
provë *n.* probation
provë *n.* proof
provë *n.* rehearsal
provë *n.* substantiation
provë *n.* test
proverb *n.* proverb
proverbial *adj.* proverbial
providencë *n.* providence
provim *n.* examination
Provimi *n.* exam
provincial *adj.* provincial
provoj *v.* prove
provoj *v.* substantiate
provoj *v.* validate
provokim *n.* provocation
provokoj *v.* tempt
provokues *adj.* provocative
prozaik *adj.* prosaic

prozë *n.* prose
prozhektor *n.* floodlight
psal *n.* chant
psalm *n.* psalm
pse *adv.* why
pseudo *adj.* pseudo
pseudonim *adv.* alias
pseudonim *n.* alias
pseudonim *n.* pseudonym
psherëtimë *v.i.* sigh
psikiatër *n.* psychiatrist
psikiatri *n.* psychiatry
psikik *adj.* psychic
psikikë *n.* psyche
psikolog *n.* psychologist
psikologji *n.* psychology
psikologjik *adj.* psychological
psikopat *n.* psychopath
Psikoterapia *n.* psychotherapy
psikozë *n.* psychosis
pubertet *n.* puberty
pubike *adj.* pubic
publicitet *n.* publicity
publik *adj.* public
publikim *n.* publication
publikoj *v.* publicize
publikoj *v.* publish
puçërr *n.* pimple
puçërr *n.* pimple
puçërr *n.* whelk
puçrra fytyre *n.* acne
pulë *n.* chicken
pulë *n.* fowl
pulëbardhë *n.* seagull
pullë *n.* blotch
pullë *n.* stamp
pullë *v.* stamp
pulovër *n.* pullover
pulsar *n.* pulsar
pulsation *n.* pulsation
pulsim *v.* throb
pune *n.* working

punë *v.* employ
punë *n.* job
punë *n.* work
punë dore *n.* handiwork
punë e pabërë *n.* backlog
punë praktike *n.* tutorial
punë rutine *n.* treadmill
punëdhënës *n.* employer
punëtor *n.* labourer
punëtor *n.* worker
punëtor *n.* workman
punimet rrugore *n.* road works
punishte *n.* workshop
punishte barnash në spital *n.* dispensary
punishte vere *n.* winery
punonjës *n.* employee
pup *n.* pup
pupë *adj.* stern
pupël *n.* plumage
pupël *n.* shuttlecock
puplin *n.* poplin
puplore *adj.* woolly
pure *v.t* mash
Purgation *n.* purgation
purgator *n.* purgatory
purist *n.* purist
puritan *n.* prude
puritan *n.* puritan
puritan *adj.* puritanical
puro *n.* cigar
push *n.* fluff
pushim *v.* break
pushim *n.* intermission
pushim *n.* pause
pushim *n.* recess
pushim *v.* reprieve
pushim *n.* respite
pushim *v.* rest
pushim *n.* standstill
pushime *n.* vacation
pushkë *n.* rifle

pushkë v. rifle
pushoj v. cease
pushoj v. desist
pushoj v. quieten
pushoj v. stow
pushtet n. power
pushtet n. ruling
pushtim n. conquest
pushtim n. invasion
pushtoj v. envelop
pushtoj v. straddle
pushy adj. pushy
puth v. caress
puth këmbën v. grovel
puthador n. minion
puthje n. foreplay
puthje v.t. kiss
pyes v. enquire
pyes v. inquire
pyes n. quiz
pyes veten v. wonder
pyetës adj. interrogative
pyetësor n. questionnaire
pyetje n. query
pyetje n. question
pyjor n. woodland
pykë n. wedge
pyll n. forest
pyllëzim n. afforestation
pylli adj. sylvan
pylltari n. forestry

qafë n. nape
qafë n. neck
qaj v. bewail
qaj n. cry
qaj v. cry

qaj v. weep
qaj v. whimper
qaraman adj. plaintive
qaravitje n. petulance
qark n. circuit
qark n. county
qarkoj v. encompass
qarkore adj. circular
qarkullim n. circulation
qarkullim n. turnover
qarkulloj v. circulate
qarkulloj v. rotate
qartë adj. clear
qartë adv. clearly
qartë adj. lucid
qartë adj. plain
qartësi n. clarity
që pron. & adj. that
që andej adv. thence
që bën nder adj. obliging
që bën sakrilegj adj. sacrilegious
që bie në sy adj. showy
që dëshiron të jetë adj. would-be
që duhet të regjistrohet adj.
  notifiable
që hedh n. casting
që i mungon adj. devoid
që jeton në xhungël n. jungle
që ka kohë adj. seasonable
që ka lidhje adj. cognate
që mund të dëgjohet adj. audible
që mund të lahet adj. washable
që mungon adj. absent
që ndodhet dy herë në vit adj.
  biannual
që nga adv. whence
që nuk mund të përmendet adj.
  unmentionable
që po del nga moda adj. obsolescent
që po lind adj. nascent
që prishet adj. perishable

që rigjallërohet *adj.* resurgent
që s'bie në sy *adj.* inconspicuous
që shkëlqen *adj.* luminous
që s'ka lindur ende *adj.* unborn
që s'mbahet mend *adj.* immemorial
që të kujton *adj.* reminiscent
që të kujton *adj.* suggestive
që të mos *conj.* lest
që tundet *adj.* wonky
qebap *n.* kebab
qefin *n.* shroud
qejf *n.* binge
qejfli *n.* voluptuary
qejfprishur *adj.* grudging
qelb *n.* pus
qelbanik *n.* louse
qelbëzohet *v.* suppurate
qelibar *n.* amber
qelizë *n.* cell
qëllim *v.i.* aim
qëllim *n.* aim
qëllim *n.* goal
qëllim *n.* intent
qëllim *n.* intention
qëllim *n.* purpose
qëllimisht *adv.* purposely
qëlloj *n.* batter
qelqëzoj *v.* vitrify
qemer *n.* lintel
qemer *n.* vault
qen *n.* dog
qen *n.* hound
qen gjahu *n.* terrier
qender *n.* zenith
qendër *n.* center
qendër *n.* centre
qendër *n.* hub
qendër klimaterike *n.* spa
qendër tregtare *n.* mall
qëndisje *n.* embroidery
qëndresë *n.* fortitude

qëndrim *n.* attitude
qëndrim *v.* pose
qëndrim *v.* stand
qëndroi *n.* abode
qëndroj *v.* endure
qëndroj *v.* fend
qëndroj përkohësisht *n.* sojourn
qendror *adj.* central
qëndrueshëm *adj.* sustainable
qëndrueshmëri *n.* stamina
qenie njerëzore *n.* Wight
qep *v.* sew
qepë *n.* onion
qepen *n.* shutter
qepër *n.* lath
qepës *n.* sewer
qepje *n.* suture
qeramike *n.* ceramic
qeramikë *n.* pottery
qere *n.* ringworm
qerpiç *n.* adobe
qerrata *n.* scamp
qerrata *n.* wretch
qerre *n.* cart
Qershor *n.* June
qese *n.* bag
qese *n.* sachet
qesëndi *n.* raillery
qesh *v.* laugh
qesh mbyturazi *n.* snigger
qesh nën hundë *v.t.* giggle
qesh si budalla *v.* simper
qesharak *adj.* foolish
qesharak *adj.* funny
qesharak *adj.* laughable
qesharak *adj.* ludicrous
qesharak *adj.* preposterous
qesharak *adj.* ridiculous
qesharak *adj.* risible
qeshje *n.* laughter
qestër *n.* zither
qetë *adj.* calm

qetë *adj.* smooth
qetësi *n.* serenity
qetësi *n.* tranquillity
qetësim *n.* sedation
qetësohuni *n.* chill
qetësoj *v.* appease
qetësoj *v.* assuage
qetësoj *v.* placate
qetësoj *v.* tranquillize
qetësues *n.* painkiller
qetësues *n.* sedative
qeth *n.* fleece
qethje *v.* shear
qeveri *n.* government
qeveris *v.* govern
qeverisje *n.* governance
qeveritar krahine *nabob* nabob
qiell *n.* heaven
qiell *n.* sky
qiellor *adj.* celestial
qiellor *adj.* heavenly
qiellzor *adj.* palatal
qift *n.* buzzard
qift *n.* kite
qilar *n.* pantry
qilim *n.* carpet
qilim *n.* rug
qime *n.* hair
qimnon *n.* cumin
qindarkë *n.* penny
qira *v.t* hire
qira *n.* lease
qira *n.* rent
qira *n.* rental
qiradhënës *n.* landlord
qiradhënës *n.* lessor
qiramarrës *n.* lessee
qiramarrës *n.* tenant
qiramarrje *n.* tenancy

qiri *n.* candela
qiri *n.* candle
qiri *n.* wax
qitje *n.* shooting
qivur *n.* bier
qorrazi *v.* blindfold
qortim *v.* rebuke
qortim *v.t.* rebuke
qortim *v.* reprimand
qortim *n.* reproof
qortoj *v.* berate
qortoj *v.* chide
qortoj *v.* decry
qortoj *v.* reprove
qoshe *n.* corner
qoshe *n.* nook
qoshe e ngrohtë *n.* sinecure
quaintly *adv.* quaintly
quaj *v.* entitle
quango *n.* quango
quark *n.* quark
quietetude *n.* quietetude
quin *n.* quin
qull *v.* drench
qull *n.* porridge
qull *v.* saturate
qull me miell misri *n.* mush
qullos *v.* bumble
qumësht *n.* milk ·
qumështi *adj.* milky
qumështit *adj.* mammary
qymyr druri *n.* charcoal
qyqe *n.* cuckoo
qytet *n.* city
qytet *n.* town
qytet i vogël *n.* borough
qytetar *n.* citizen
qytetar *adj.* civic
qytetërim *n.* civilization
qytetëz *n.* township

R

ra *v.* fell
racë *n.* lineage
racë *n.* pedigree
racion *n.* ration
racional *adj.* rational
racionalizëm *n.* rationalism
racizëm *n.* racialism
racor *adj.* racial
radar *n.* radar
radhë *n.* innings
radhë *n.* queue
radhitës *n.* compositor
radhitës *n.* typesetter
radhitje *v.* recap
radial *adj.* radial
radikal *adj.* radical
radio *n.* radio
radioaktiv *adj.* radioactive
radiografi *n.* radiography
radiologji *n.* radiology
radioskopi *n.* x-ray
radium *n.* radium
rafinieri *n.* refinery
rafinoj *v.* refine
raft *n.* rack
raft *n.* shelf
rafte *n.* stack
rainforest *n.* rainforest
rajon *n.* region
rajonal *adj.* regional
raketë *n.* missile
raketë *n.* projectile
raketë *n.* rocket
raki *n.* brandy
rakit *n.* rickets
rakitik *adj.* rickety
raport *n.* rapport
raport *n.* ratio

raportojnë *v.* report
raportor *n.* protractor
raportues *n.* reporter
rapsod *n.* bard
rapsodi *n.* rhapsody
raring *adj.* raring
rasë *n.* cassock
rast *n.* case
rast *n.* occasion
rastësor *adj.* casual
rastisje *n.* contingency
ratifikoj *v.* ratify
raundin *adj.* round
re *n.* cloud
reagim *n.* reaction
reagim i ashpër *n.* backlash
reagoj *v.* react
reaksionar *adj.* reactionary
reaksionar *adj.* retrograde
reaktiv *n.* jet
reaktor *n.* reactor
real *adj.* real
realist *adj.* realistic
realitet *n.* reality
realizëm *n.* realism
realizim *n.* realization
realizohem *v.* materialize
realizohet *adj.* accomplished
realizoj *v.* realize
rebel *n.* malcontent
rebel *n.* maverick
rebel *v.* rebel
rebel *adj.* rebellious
rebelim *n.* rebellion
rebus *v. t* conundrum
recepsionist *n.* receptionist
recetë *n.* prescription
recetë *n.* recipe
reciprok *adj.* mutual
reciprok *adj.* reciprocal
recitim *n.* recital
recitoj *v.* declaim

recitoj v. intone
recituar v. recite
reconstitute v. reconstitute
redaksional adj. editorial
redaktoj v. edit
redaktor n. editor
reduktuar v. reduce
referendum n. referendum
referim n. reference
referohem v. refer
refleks n. reflex
reflektim n. reflection
reflektoj v. reflect
reflektues adj. reflective
reflexology n. reflexology
reformator n. reformer
reformë v. reform
reformim n. reformation
refugjat n. refugee
refuzim n. refusal
refuzim n. rejection
refuzoj v. t. debar
refuzoj v. refuse
refuzoj n. refuse
refuzoj v. reject
refuzues adj. repulsive
regbi n. rugby
regëtin v. pant
reggae n. reggae
regjent n. regent
regjës lëkurësh n. tanner
regjim n. regime
regjiment n. regiment
regjistrim n. registration
Regjistrimi n. census
regjistrimi n. registry
regjistrohem n. register
regjistroj v. enrol
regjistrues n. recorder
regres v. regress
rehabilituar v. rehabilitate
rehati n. comfort

rehati v. comfort
reklamë n. advertisement
reklamë e shtypur n. handbill
reklamoj v. advertise
rekomandim n. recommendation
rekomandim n. testimonial
rekomandoj v. recommend
rekord n. record
rekrut v. recruit
rekrutim v. levy
rekrutoj v. enlist
rektum n. rectum
relaksohuni v. relax
relativ adj. relative
relativitet n. relativity
relikë n. relic
reminishencë v. reminiscence
rend n. sequence
rend dite n. docket
rende n. grater
rëndë adv. sorely
rëndësi n. importance
rëndësi n. magnitude
rëndësi n. prominence
rëndësi n. significance
renditen n. rank
renditen v. rank
rëndohet v. stiffen
rëndoj v. aggravate
rëndoj v. weigh
rendor adj. serial
renegat n. renegade
rënie v. t. decline
rënie n. downfall
rënie v. drop
rënie n. prolapse
rënie n. recession
repart n. department
reportazh n. reportage
republikan adj. republican
republikë n. republic
reputacion n. reputation

reputacion n. repute
rërë n. sand
reshje n. rainfall
resonate v. resonate
respekt n. deference
respekt n. respect
respekt adj. reverent
respektim n. observance
respirator n. respirator
restaurim adj. restoration
restorant n. eatery
restorant n. restaurant
retarded adj. retarded
retinë n. retina
retorik adj. rhetorical
retorikë n. rhetoric
retro adj. retro
retroaktive adj. retroactive
reumatike adj. rheumatic
reumatizmi n. rheumatism
reverential adj. reverential
revistë n. magazine
revizion n. audit
revocable adj. revocable
revokim n. revocation
revole n. revolver
revoltë v. revolt
revolucion n. revolution
revolucionar adj. revolutionary
revolucionarizojnë v. revolutionize
rewind v. rewind
rezerva n. potentiality
rezerva ushtarakke n. munitions
rezervë v. reserve
rezervë adj. spare
rezervim n. reservation
rezervuar n. reservoir
rezistencë n. resistance
rezistencë n. toughness
rezistoj v. resist
rezonancë n. resonance

rezultues adj. resultant
riaftësim n. rehabilitation
riatdhesim n. repatriation
ribashkohem v. reunite
ribotim v. reprint
riciklimi v. recycle
rickshaw n. rickshaw
riddance n. riddance
ridukem v. reappear
rifillim n. resumption
rifilloj v. resume
rifitoj v. regain
rifitoj v. retrieve
rigjallërim a. resurgence
rigjej v. recapture
rigjenerim n. regeneration
rigjykim n. retrial
rigon n. drizzle
rikthehem v. revert
rikthim v. relapse
rikuperim n. reclamation
rikuperoj v. salvage
rilind v. regenerate
Rilindja n. renaissance
rilindje n. rebirth
rimarrin v. repossess
rimë n. rhyme
rimishëroj v. reincarnate
rimorkio n. trailer
rindërtoj v. rebuild
ringjall v. resurrect
ringjallje n. revival
rinia n. youth
rinoceront n. rhinoceros
rinor adj. youthful
rinovim n. renovation
rinovoj v. recondition
rinovoj v. refurbish
rinovoj n. renovate
rinovuar v. update
rinumërim v. recount
riorganizim v. reshuffle

riorganizimit *v.* revamp
riorganizoj *v.* reorganize
riparim *v.* repair
ripërdorimin *v.* reuse
ripërshkoj *v.t.* retrace
ripërtypës *n.* ruminant
ripërtypje *n.* rumination
ripohoj *v.* reaffirm
riprodhim *n.* reproduction
riprodhohet *v.* proliferate
riprodhoj *v.* reproduce
riprodhues *adj.* reproductive
rishikim *v.* overhaul
rishikim *n.* revision
rishikoj *v.* reconsider
rishikoj *v.* revise
rishikuar *n.* review
rishtar *n.* novice
rishtas *adv.* newly
risi *n.* innovation
risi *n.* novelty
ritëm *n.* pace
ritëm *n.* rhythm
ritëm *n.* swing
ritëm *v.* swing
ritëm *n.* tempo
ritmike *adj.* rhythmic
ritual *n.* ritual
rival *n.* rival
Rivaliteti *n.* rivalry
rivendos *v.* reclaim
rivendos *v.* reconstruct
rivendos *v.* reinstate
rivendos *v.* rejuvenate
rivendosje *n.* reinstatement
rivendosje e marrëdhënjeve miqësore *n.* rapprochement
rivendosur *v.* redeploy
rivlerësim *n.* reappraisal
rivlerësojë *v.* reassess
rizgjimit *n.* revivalism
rob *n.* captive

rob *n.* cove
rob *v.* rob
rob *n.* serf
rob *n.* slave
robëri *n.* captivity
robëroj *v.* captivate
robërojnë *v.* enslave
robot *n.* robot
rodeo *n.* rodeo
rodium *n.* rhodium
roister *v.* roister
rojë *v.* guard
rojë *n.* sentry
rojë *n.* vigil
rojë personale *n* bodyguard
rojtar *n.* sentinel
rojtar burgu *n.* jailer
rol *n.* role
roman *n.* novel
romancë *n.* romance
romancier *n.* novelist
romantik *adj.* romantic
romb *n.* rhombus
rondele *n.* washer
rosë *n.* duck
roster *n.* roster
rosto *v.* roast
Rota *n.* rota
rotor *n.* rotor
roving *adj.* roving
rozë *adj.* pink
rozë *adj.* rosy
rozetë *n.* rosette
rra *n.* worm
rrah *v.* beat
rrah *v.t* flicker
rrah *v.* thrash
rrah *v.* trounce
rrah me grushte *v.* pummel
rrahëse *n.* turner
rrahje *n.* affray
rrahje *n.* towelling

rrahje zemre *n.* palpitation
rrallë *adv.* seldom
rras *v.* tamp
rras *v.* thrust
rrebesh *n.* downpour
rreckë *n.* tatter
rrëfej *v.* narrate
rrëfim *n.* confession
rregull *n.* precept
rregull *n.* regularity
rregull *n.* tidiness
rregulla të mirësjelljes *n.* etiquette
rregullator *n.* regulator
rregullim *n.* adjustment
rregullim *n.* regulation
rregulloj *v.* arrange
rregulloj *v. t* dispose
rregulloj *v.* modulate
rregulloj *v.* readjust
rregulloj *v.* regularize
rregulloj *v.* regulate
rregulloje *v.* customize
rreh *v.* palpitate
rreh *v.* pulsate
rrëke *n.* runnel
rrem *n.* oar
rrëmbej *v.* denude
rrëmbej *v.* hijack
rrëmbej *n.* whip
rrëmbej *v.* wrest
rrëmbëj *v.t.* abduct
rrëmbej me dhunë *v.* kidnap
rrëmbim *n.* abduction
rrëmujë *n.* mess
rrënjë *n.* root
rrënjos *v.* inculcate
rrënjos *v.* instil
rrënoja *n.* rubble
rrepë *n.* turnip
rrëpirë *n.* scarp
rrëpirë *adj.* steep

rrepkë *n.* radish
rrëqethje *v.* shudder
rrëshqas *n.* skate
rrëshqas *v.* slither
rrëshqitës *adj.* slippery
rrëshqitje *v.* slide
rresht *n.* aisle
rresht *adv.* consecutively
rresht *n.* row
rresht *n.* tier
rresht i parë *n.* byline
rreshter *n.* sergeant
rreshtim *n.* lining
rreth *adv.* around
rreth *n.* circle
rreth *n.* district
rreth për të luajtur *n.* hoop
rrethana *n.* juncture
rrethanë *n.* circumstance
rrethim *n.* entourage
rrethim *n.* hoarding
rrethim *n.* siege
rrethoj *v.* besiege
rrethoj *v. t* encircle
rrethoj *v.* surround
rrethpritni *v.* circumcise
rrezatim *n.* radiation
rrezatoj *v.* irradiate
rrezatues *adj.* radiant
rreze *n.* beam
rreze *v.* gleam
rreze *n.* radius
rreze *n.* ray
rrezik *n.* danger
rrezik *n.* hazard
rrezik *n.* jeopardy
rrezik *n.* peril
rrezik *n.* risk
rrezikoj *v.* endanger
rrezikoj *v.* gamble
rrezikoj *v.* imperil
rrezikoj *v.* jeopardize

rrëzohet *v.* lop
rrëzoj *v.* dethrone
rri *v.i* abide
rri *v.* bide
rri *n.* perch
rri *v.* stay
rri amull *v.* stagnate
rri duarkryq *v.* dawdle
rri kot *v.* lounge
rri kot *n.* lounge
rri pezull *v.* hover
rri shtrembër *v.* slouch
rrinë bashkë *v.* cohere
rrip *n.* belt
rrip *n.* strap
rrip lëkure *n.* strop
rrip mesi *n.* waistband
rrit ndjeshmëri *v.* sensitize
rritem *v.* redouble
rritet *v.t.* accrue
rritet *v.i.* grow
rritje *n.* accretion
rritje *n.* germination
rritje *n.* growth
rritje *v.* increase
rritje *n.* increment
rritje e shpejtë *n.* upsurge
rritur *v.* boost
rrjedh *v.* arisc
rrjedh *v.* derive
rrjedh *v.i.* ooze
rrjedh *v.* trickle
rrjedh nga *v.* supervene
rrjedhë *v.i* flow
rrjedhje *v.* leak
rrjedhje *n.* leakage
rrjet *n.* network
rrjet elektrik *n.* grid
rrjetë *n.* mesh
rrjetë *n.* toils
rroba *n.* clothes
rrobaqepës *n.* tailor

rrodhe *n.* leech
rrogë *n.* emolument
rroj *v.* subsist
rroj në fshat *v.* rusticate
rrok *v.* snatch
rrokaqiell *n.* skyscraper
rrokje *v.* grip
rrokje *n.* syllable
rrokjezor *adj.* syllabic
rrokullis *v.* trundle
rrokullisje *v.* flip
rrotë *n.* spool
rrotë *n.* wheel
rrotull *n.* pulley
rrotull *v.i.* roll
rrotull *n.* roll
rrotullim *n.* rotation
rrotullim *n.* torsion
rrotullohem *v.* revolve
rrotullohet *v.* whirl
rrotullues *adj.* rotary
rruaj *v.* shave
rruajtje *n.* shaving
rruazë *n.* vertebra
rrudhë *v.* crinkle
rrudhë *n.* crease
rrudhë *n.* wrinkle
rrudhë *n.* wrinkle
rrudhem *v.* shrivel
rrudhës *adj.* styptic
rrudhosje *v.* ruffle
rrufetë *n.* lightening
rrufitje *v.* snuffle
rrugaç *n.* hooligan
rrugaç *n.* whelp
rrugaç *n.* yob
rrugë *n.* avenue
rrugë *n.* path
rrugë *n.* road
rrugë *n.* route
rrugë *n.* street
rrugë pa krye *n.* impasse

rrugë qorre *n.* stalemate
rrugëkalim *n.* thoroughfare
rrugicë *n.* alley
rrumaduc *n.* pigmy
rrush i thatë *n.* raisin
rrush pa fara *n.* currant
rruzare *n.* rosary
rruzull *n.* orb
rrymë nënujore *n.* undercurrent
ruaj *v.* enshrine
ruaj *v.* preserve
ruaj *v.* save
ruaj në kujtesë *v.* embalm
ruajtës *n.* preservative
ruajtës *adj.* retentive
ruajtje *n.* conservation
ruajtje *n.* preservation
ruajtje *n.* storage
ruajtur *n.* store
rubin *n.* ruby
rubrikë *n.* rubric
ruckus *n.* ruckus
rudiment *n.* rudiment
rudimentare *adj.* rudimentary
ruhem *v.* beware
rul *n.* roller
ruletë *n.* roulette
rum *n.* rum
rum *n.* rummy
ruminate *v.* ruminate
rutinë *n.* rote
rutinë *n.* routine
ryshfet *v. t.* bribe
ryshfet *n.* swag

S

sabotim *v.* sabotage
sadist *n.* sadist

sadizëm *n.* sadism
safir *n.* sapphire
sagë *n.* saga
sajë *n.* sleigh
sakarinë *n.* saccharin
sakatim *n.* mayhem
sakicë *n.* hatchet
sakrificë *n.* sacrifice
sakrificë *v.* sacrifice
sakrifikoj *v.* immolate
sakrifikoj *v.* mortify
sakrilegj *n.* sacrilege
saksofon *n.* saxophone
saktësi *n.* precision
saktësi *n.* veracity
saktësisht *adv.* strictly
salcë *n.* dressing
salcë *n.* sauce
sallameria *n.* delicatessen
sallatë *n.* salad
sallë *n.* hall
sallo *n.* lard
sallon *n.* parlour
sallon *n.* salon
salltanet *n.* ostentation
salmon *n.* salmon
salsa *n.* salsa
salto *n.* somersault
Samaritan *n.* Samaritan
sanatorium *n.* sanatorium
sanatorium *n.* sanitarium
sandale *n.* sandal
Sander *n.* sander
sanduiç *n.* sandwich
sanë *n.* hay
sanitar *adj.* sanitary
sanksionim *v.* sanction
sapun *n.* soap
saraç *n.* saddler
sari *n.* sari
sarkastik *adj.* sarcastic
sarkazëm *n.* sarcasm

sarkazëm *n.* vitriol
sarkofag *n.* sarcophagus
sasi *n.* amount
sasi *n.* quantity
sasi e vogël *n.* modicum
sasi e vogël *n.* smattering
sasior *adj.* quantitative
satanik *adj.* satanic
Satanizmi *n.* Satanism
satelit *n.* satellite
saten *n.* satin
satiable *adj.* satiable
satirë *v.* lampoon
satirë *n.* satire
satirë *n.* squib
satirik *adj.* satirical
satirizoj *v.* satirize
saunë *n.* sauna
scam *n.* scam
scintillating *adj.* scintillating
së bashku *adv.* together
së shpejti *adv.* shortly
sealant *n.* sealant
seamless *adj.* seamless
seancë *n.* session
sediment *n.* sediment
segment *n.* segment
sekrecion *n.* secretion
sekret *adj.* confidential
sekret *adj.* secret
sekret *adj.* undercover
sekretar *n.* actuary
sekretar *n.* secretary
sekretariat *n.* secretariat
sekretohet *v.* excrete
seks *n.* sex
seksion *n.* section
seksizmin *n.* sexism
seksual *adj.* sexual
seksualizëm *n.* sexuality
sekt *n.* sect
sektar *adj.* sectarian

sektori *n.* sector
seleksionues fijesh *n.* stapler
selektiv *adj.* selective
selvi *n.* cypress
semantik *adj.* semantic
sëmbim *n.* pang
sëmbim *n.* prickle
sëmbim *n.* twinge
semestër *n.* semester
seminar *n.* seminar
semit *adj.* semitic
sëmundje *n.* ailment
sëmundje *n.* disease
sëmundje *n.* illness
sëmundje *n.* infirmity
sëmundje *n.* sickness
sëmundje mendore *n.* autism
sëmundshmëri *adv.* morbidity
senat *n.* senate
senator *n.* senator
senatorial *adj.* senatorial
sende *n.* stuff
sënduk *n.* coffer
sensacional *adj.* sensational
sensationalize *v.* sensationalize
sensor *n.* sensor
sensual *adj.* carnal
sensual *adj.* sensual
sensual *adj.* sensuous
sensualist *n.* sensualist
sentimental *adj.* maudlin
sentimental *adj.* sentimental
separatist *n.* separatist
sëpatë *n.* axe
sepse *conj.* because
sepsis *n.* sepsis
septik *adj.* septic
seri *n.* series
serioz *adj.* serious
seriozitet *n.* sobriety
sërish *v.* replay
serpentinë *adj.* serpentine

server *n.* server
servil *adj.* servile
servil *adj.* subservient
servilizëm *v.* cringe
servilizëm *n.* servility
servilizëm *n.* subservience
serzh *n.* serge
setër *n.* setter
sextuplet *n.* sextuplet
sezon *n.* season
sezonal *adj.* seasonal
sferë *n.* sphere
sferik *n.* spherical
sfidë *n.* challenge
sfond *n.* backdrop
sfond *n.* background
sfungjer *n.* sponge
sfurk tridhëmbësh *n.* trident
shabakim *n.* wassail
shabllon *n.* template
shafran *n.* saffron
shafran i Indisë *n.* turmeric
shah *n.* chess
shaj *v.* castigate
shaj *v.* revile
shaj *v.* scold
shaj *adj.* upbraid
shajtan *adj.* madcap
shaka *n.* gag
shaka *n.* hoax
shaka *n.* jest
shaka *n.* joke
shaka *n.* prank
shakatar *n.* humorist
shakatar *v.t.* jocular
shakaxhi *n.* joker
shakaxhi *v.* wag
shakull *n.* bellows
shakullinë *n.* whirlwind
shalë *n.* saddle
shall *n.* muffler
shall *n.* scarf
shall *n.* shawl
shaloj *v.* bestride
shalqi *n.* watermelon
shamatë *n.* bedlam
shamatë *n.* hubbub
shambellan *n.* chamberlain
shami *n.* handkerchief
shami koke *n.* kerchief
shampanjë *n.* champagne
shampo *n.* shampoo
shans *n.* chance
shanset *n.* odds
shantazh *n.* blackmail
shapkë *v.* snipe
sharje *n.* invective
sharje *n.* vituperation
sharlatan *n.* charlatan
sharlatan *n* quack
shasi *n.* chassis
shastis *v.* mystify
shastis *v.* perplex
shaven *adj.* shaven
shef *n.* chief
shegë *n.* pomegranate
shejtan *adj.* mischievous
Shejtan *n.* Satan
shejtan *n.* villain
shekull *n.* century
shelg *n.* willow
shëllirë *n.* brine
shemb *v.* demolish
shembje *v.* collapse
shembje *n.* contusion
shembull *n.* example
shembull *n.* instance
shëmti *n.* ugliness
shëmtim *v.* mar
shëndetësor *n.* health
shëndetlig *adj.* sickly
shëndetlig *n.* valetudinarian
shëndoshet *adj.* plump
shënim *v.* annotate

shënim *n.* epigram
shënim *n.* note
shenja pikësimi *n.* punctuation
shenjë *n.* beck
shenjë *n.* indication
shenjë *n.* marking
shenjë *n.* omen
shenjë *n.* sign
shenjë *n.* token
shenjt *n.* saint
shenjtëri *n.* sanctity
shenjtërim *n.* sanctification
shenjtëroj *v.* consecrate
shenjtëroj *v.* hallow
shenjtëroj *v.* sanctify
shënoj *v. t* denote
shënoj *v.* punch
shënojë *n.* mark
shënues *n.* marker
shënues *n.* scorer
sheqer *n.* sugar
sheqer diabetik *n.* sweetener
sheqerkë *n.* sweetmeat
shërbej *v.* oblige
shërbej *v.* serve
sherbelë *n.* sage
sherbelë *adj.* sage
shërbëtor *n.* butler
shërbëtor *n.* valet
shërbëtor *n.* yeoman
shërbim *n.* service
shërbim *n.* serving
shërbyes *n.* retainer
shërbyes *n.* servant
shërim *n.* recovery
shërohem *v.* mend
shërohem *v.* recover
shërohem *v.* recuperate
shëroj *v.* heal
sherr *n.* hassle
sherr *n.* quarrel
sherr *n.* rumpus

sherr *n.* wrangle
shërues *adj.* curative
shërues *adj.* remedial
shes *v.* flog
shes *v.* sell
shes *v.* vend
shes kontrabandë *adj.* bootleg
shesh lojërash *n.* playground
shesh patinazhi *n.* rink
shesh publik *n.* plaza
shëtit *v.* toddle
shëtitje *n.* outing
shëtitje *v.* saunter
shëtitje *v.* stroll
shëtitore *n.* promenade
shezlong *n.* chaise
shfajësim *n.* acquittal
shfajësoj *v.* absolve
shfajësoj *v.* acquit
shfaq *v.* display
shfaq *adj.* manifest
shfaqje fantastike *n.* extravaganza
shfaqje teatrale *adj.* theatrical
shfletoj *v.* browse
shfletoj *n.* surf
shfletuesi *n.* browser
shfrej *v.t.* slake
shfryj *v.* decompress
shfryrje *v.* grumble
shfrytëzim *n.* utilization
shfrytëzoj *v. t* exploit
shfrytëzuar *n.* harness
shfuqizoj *v.t* abolish
shfuqizoj *v.* rescind
shi *n* rain
shifër *n.* digit
shifroj *v.* encode
shigjetar *n.* archer
shigjetë *n.* arrow
shigjetë *n.* dart
shih *v.* see

shih-pa *n.* see-saw
shij *v.* thresh
shije *n.* flavour
shije *n.* palate
shije *n.* taste
shije *v.* taste
shijoj *v.* relish
shik *adj.* posh
shiko *v.* look
shiko *n* look
shikoj *v.i.* glance
shikoj *v.* watch
shikoj brenda *v.* introspect
shilingë *v.* bob
shilte *n.* hassock
shimpanze *n.* chimpanzee
shiringë *v.* squirt
shiringë *n.* syringe
shirit *n.* stripe
shirit *n.* tape
shirit *v.i.* tape
shirit grade *n.* chevron
shishe *n.* bottle
shishkë *n.* castor
shishkë *n.* phial
shishkë *n.* vial
shitës *n.* monger
shitës *n.* salesman
shitës *n.* seller
shitës *n.* trafficker
shitës *n.* vendor
shitës me pakicë *n.* retailer
shitje *n.* sale
shizofreni *n.* schizophrenia
shkakësi *n.* causality
shkakor *adj.* causal
shkaktoj *v.* induce
shkaktoj *v.* inflict
shkaktojë *n.* trigger
shkallë *n.* degree
shkallë *n.* ladder
shkallë *n.* scale

shkallë *n.* stair
shkallë *n.* staircase
shkallë lëvizëse *n.* escalator
shkallëzohem *v.* escalate
shkapërderdh *v.* squander
shkapërderdhje *n.* profusion
shkarje *v.* creep
shkarko *v.* download
shkarkoj *v.* depose
shkarkoj *v.* discharge
shkarkoj *v.* exonerate
shkarkoj *v.* relegate
shkarkoj *v.* unburden
shkarkoj *v.* unload
shkarravinë *v.* scrawl
shkarravit *v.* daub
shkarravitje *v.* scribble
shkartisje *v.t.* shuffle
shkatërrim *v. i* decay
shkatërrim *n.* destruction
shkatërrimtar *adj.* shattering
shkatërroj *v.* decimate
shkatërroj *v.* destroy
shkatërroj *v.t.* flatten
shkatërroj *v.i.* subvert
shkatërroj *v.* vandalize
shkatërrues *n.* destroyer
shkatërrues *adj.* ruinous
shkatërrues *adj.* subversive
shkathtësi *n.* agility
shkathtësi *n.* dexterity
shkathtësi *n.* sagacity
shkathtësi e mendjes *n.* versatility
shkel *v.* contravene
shkel *v.* disobey
shkel *v.* encroach
shkel *v.* entrench
shkel *v.* infringe
shkel *v.* override
shkel *v.* trample
shkel *v.* tread

shkel betimin *v.* forswear
shkelës *n.* offender
shkelin *v.* violate
shkelje *n.* infringement
shkelje *n.* transgression
shkelje *v.* trespass
shkelje *n.* violation
shkelje kurore *n.* adultery
shkelje syri *v.* wink
shkelm *v.* kick
shkelni *v.* transgress
shkëlqej *v.* gild
shkëlqej më shumë se *v.* outshine
Shkëlqesi *n.* excellency
shkëlqim *v.* glitter
shkëlqim *v.* glow
shkëmb *n.* cliff
shkëmb *n.* rock
shkëmb *n.* tor
shkëmbim *v.* barter
shkëmbim *v. t* exchange
shkëmbor *adj.* rocky
shkencë *n.* science
shkencëtar *n.* scientist
shkencor *adj.* scientific
shkëndijë *n.* spark
shkëput *v.* detach
shkëput *v.* disengage
shkëputje *n.* secession
shkërmoqet *v.* crumble
shket *v.* float
shkoj *v.t* go
shkoj të marr *v.* fetch
shkoj vjedhurazi *v.* tiptoe
shkollë *n.* school
shkollim *n.* tuition
shkolloj *v.* enlighten
shkollor *adj.* scholastic
shkon *n.* going
shkop *n.* cudgel
shkop *n.* rod
shkop *n.* truncheon

shkop magjik *n.* wand
shkopinj *n.* chopstick
shkorret *n.* thicket
shkresë *n.* requisition
shkretëtirë *v.* desert
shkretohet *v.* moulder
shkretoj *v.* devastate
shkretoj *v.* impoverish
shkrihet *v.* melt
shkrihet *v.* merge
shkrij *v.* disband
shkrij *v.* thaw
shkrim *n.* writ
shkrim *n.* writing
shkrimet e shenjta *n.* scripture
shkrimtar *n.* writer
shkrimtar satirik *n.* satirist
shkrirje *n.* amalgamation
shkritore *n.* foundry
shkruaj *v.* write
shkrues *n.* scribe
shkrumb *v.* char
shkul *v.* extort
shkulje *v.* tweak
shkulm *v.* belch
shkume *n.* bobble
shkumë *n.* foam
shkumë *n.* froth
shkumë *n.* spume
shkumës *n.* chalk
shkumës me ngjyrë *n.* crayon
shkumëzues *adj.* fizzy
shkund *v.* jog
shkurajoj *v.* dishearten
shkurre *n.* bush
shkurre *n.* heath
shkurt *n.* February
shkurtësi *n.* brevity
shkurtim *n.* abbreviation
shkurtim *n.* retrenchment
shkurtoj *v.t.* abbreviate
shkurtoj *v.t* abridge

shkurtoj v. retrench
shkurtoj v. shorten
shkurtoj v. truncate
shllak n. slag
shlyej v. expiate
shlyerjes n. repayment
shmang v. avert
shmang v. avoid
shmang v. deflect
shmang v. t evade
shmangem v. deviate
shmangem v. shirk
shmangie n. avoidance
shmangie n. elusion
shmangie n. evasion
shmangie v. swerve
shmangie nga kursi v. yaw
shndërrim n. conversion
shndërroj v. transmute
shndrit v. brighten
shndrit v. shine
shofer n. chauffeur
shofer n. driver
shofer kamioni n. trucker
shoh v. behold
shok n. comrade
shok n. fellow
shok i ngushtë n. chum
shok i ngushtë n. confidant
shoku i shpirtit n. soul mate
shoplifting n. shoplifting
shoqatë n. association
shoqatë femrash n. grange
shoqëri n. society
shoqërim n. accompaniment
shoqërohem n. consort
shoqërohem v. mingle
shoqëroj v. accompany
shoqërues n. companion
shoqërues adj. concomitant
shoqërues n. escort
shoshë n. riddle

shoshë adj. riddled
shoshë v. sift
shoshit v. winnow
shovinist n. &adj. chauvinist
shovinizëm n. chauvinism
shpagim v. avenge
shpagim n. retaliation
shpaketoj v. unpack
shpall v. announce
shpall v. proclaim
shpall v. promulgate
shpallja n. revelation
shpallje n. proclamation
shpalos v. unfold
shpalos v. unfurl
shparg n. asparagus
shpartallim n. debacle
shpartallim n. rout
shpartalloj v. discomfit
shpat v. incline
shpat v. slope
shpat i vogël n. rapier
shpatë n. sabre
shpatë n. sword
shpatore n. iris
shpejt adj. fast
shpejt adv. quickly
shpejt adv. soon
shpejtësi n. rapidity
shpejtësi n. speed
shpejtësi n. velocity
shpejtoj v. hasten
shpellë n. cave
shpellë n. cavern
shpellë n. grotto
shpend n. poultry
shpengim n. redemption
shpengoj v. redeem
shpenzim n. expenditure
shpenzim n. expense
shpenzim n. outlay
shpenzoj v. expend

shpërbëhet *v.* disintegrate
shpërblej *v.* recoup
shpërblej *v.* refund
shpërblej *v.* refund
shpërblej *v.* remunerate
shpërblej *v.t.* requite
shpërblejmë *v.* recompense
shpërblesë *n.* ransom
shpërblim *n.* bonus
shpërblim *n.* remuneration
shpërblim *n.* reward
shpërdor *v.* misappropriate
shpërfillës *adj.* nonchalant
shpërfytyroj *v.* transfigure
shpërndahem *v.* straggle
shpërndaj *v.* disperse
shpërndaj *v.* distribute
shpërndaj *v.* scatter
shpërndarë *v.* defuse
shpërndarës *n.* distributor
shpërndarje *n.* allocation
shpërndarje *v.t.* apportion
shpërndarje *n.* delivery
shpërngulje *n.* migration
shpërthej *v.* erupt
shpërthej *v.* explode
shpërthej *v.* implode
shpërthente *v.* detonate
shpërthim *n.* blast
shpërthim *n.* flare
shpërthim *n.* gust
shpërthim *n.* outbreak
shpërthim *n.* outburst
shpërthyes *n.* explosion
shpërthyes *adj.* explosive
shpesh *adv.* oft
shpesh *adv.* often
shpëtim *n.* deliverance
shpëtim *v.* rescue
shpëtim *n.* salvation
shpëtim *n.* squeak
shpëtimtar *n.* saviour

shpëtoj *v.* extricate
shpëtoj *v.* rid
shpie *n.* lead
shpie *v.* lead
shpif *v.* belie
shpif *v.* denigrate
shpifës *adj.* slanderous
shpifje *n.* calumny
shpifje *n.* defamation
shpifje *n.* libel
shpifje *n.* slander
shpifje *v.* slur
shpij *v.* sharpen
shpik *v.* concoct
shpik *v.* fabricate
shpik *v.* invent
shpikës *n.* inventor
shpikje *n.* concoction
shpikje *n.* contrivance
shpikje *n.* invention
shpinë *n.* spine
shpirt *n.* soul
shpirt *n.* spirit
shpirtëror *adj.* soulful
shpirtëror *adj.* spiritual
shpirtmadh *adj.* magnanimous
shpirtmirë *adj.* gracious
shpirtmirë *adj.* humane
shpirtngurtësi *n.* obduracy
shpjegoj *v.* construe
shpjegoj *v. t* elucidate
shpjegoj *v.* explain
shpjegoj *v.* straighten
shpoj *v.* prick
shportarie *n.* wicker
shportë *n.* basket
shpoti *v.* gibe
shpreh *v.* extend
shpreh me fjalë *v.* verbalize
shprehem *v.* pronounce
shprehës *adj.* expressive
shprehje *n.* exponent

shprehje *n.* expression
shprehje *n.* utterance
shpresë *adv.* hopefully
shpresoj *n.* hope
shpretkë *n.* spleen
shprish *v.* tousle
shpronësoj *v.* dispossess
shpulakë *v.* spank
shpullë *v.* swipe
shpurë *n.* retinue
shputë *n.* toe
shpyllëzoj *v.* deforest
shqeme *n.* cashew
shqetësim *v.* concern
shqetësim *n.* inconvenience
shqetësim *n.* unrest
shqetësoj *v.* disturb
shqetësoj *v.* perturb
shqetësues *adj.* worrisome
shqiponjë *n.* eagle
shqiptim *n.* pronunciation
shqiptoj *v.* enunciate
shqiptoj të zëshme *v.* vocalize
shqopë *n.* heather
shqyej *v.* rip
shqyrtim *n.* deliberation
shqyrtim *n.* scrutiny
shqyrtuar *v.* explore
shqytar *n.* squire
shrapnel *n.* shrapnel
shtambë *n.* pitcher
shtangie *n.* stupor
shtat *n.* stature
shtatë *adj. & n.* seven
shtatëdhjetë *adj. & n.* seventy
shtatëkëndësh *n.* heptagon
shtatëmbëdhjetë *adj. & n.* seventeen
shtatëmbëdhjetë *adj. & n.* seventeenth
shtathedhur *adj.* svelte
Shtator *n.* September

shtatzënë *adj.* pregnant
shtatzënësi *n.* pregnancy
shtazarak *adj.* bestial
shtazë *n.* brute
Shtazët e buta *adj.* cuddly
shteg *n.* gangway
shtegtues *n.* migrant
shtëllungë *adj.* bushy
shtendos *v.* unbend
shtëpi *n.* chalet
shtëpi *n.* home
shtëpi *n.* house
shtëpi i madhe *n.* mansion
shtëpi njëkatëshe *n.* bungalow
shtëpi publike *n.* brothel
shtëpie *adj.* indoor
shtëpizë *n.* lodge
shter *v.* exhaust
shterp *adj.* barren
shterp *adj.* effete
shterues *adj.* exhaustive
shtesë *n.* addendum
shtesë *n.* additive
shtesë *adj.* extra
shtesë *n.* supplement
shtet *n.* polity
shtet *n.* state
shtetësi *n.* citizenship
shtetëzim *n.* nationalization
shtetëzoj *v.* nationalize
shthurje *n.* laxity
shthurje *n.* undoing
shtie *v.* inoculate
shtijak *adj.* abortive
shtim *n.* addition
shtim *n.* proliferation
shtirem *v.* dissimulate
shtirem *v.* pretend
shtirje *n.* affectation
shtirje *n.* pretence
shtirje *n.* pretension
shtizë *n.* javelin

shtizë *n.* spear
shtog *adj.* elder
shtoj *v.* add
shtoj *v.* append
shtoj *v.* augment
shtoj *v.* refill
shtoj në maksimum *v.* maximize
shtojcë *n.* appendage
shtojcë *n.* appendix
shtojzovalle *n.* sylph
shtrat *n.* bedding
shtrat *n.* berth
shtrat *n.* couch
shtrat *n.* crutch
shtrembër *adv.* askew
shtrembër *adv.* awry
shtrembëroj *v.* contort
shtrembëroj *v.* deform
shtrembëroj *v.* deprave
shtrembëroj *v.* distort
shtrembëroj *v.* mutilate
shtrembulaq *adj.* gangling
shtrëngesë *v.* trammel
shtrëngim duarsh *v.* clasp
shtrëngim duarsh *n.* handshake
shtrëngohem *v.* tighten
shtrëngoj *n.* brace
shtrëngoj *n.* buckle
shtrenjtë *adv.* dearly
shtresë *n.* coating
shtresë *n.* layer
shtresë *n.* stratum
shtresë e ulët *n.* pariah
shtresoj *v.* stratify
shtrihem me nge *v.* loll
shtrirje *n.* extent
shtroj *v.* dine
shtroj *v.* pacify
shtroj *v.* strew
shtrydh *v.* extrude
shtrydh *v.* squeeze
shtrydhje *v.* crush

shtupë *n.* swab
shtyj *v.* adjourn
shtyj *v.* postpone
shtyj *v.* pressurize
shtyj *v.* propel
shtyj afatin *v.* prorogue
shtyj për më vonë *v.* procrastinate
shtyj përpara *v.* expedite
shtyllë *n.* backbone
shtyllë *n.* mainstay
shtyllë *n.* pillar
shtyllë ankorimi *n.* bollard
shtyp *v.* clench
shtyp *v.* oppress
shtyp *v.* press
shtyp *v.* print
shtyp *v.* suppress
shtyp *v.* swat
shtypës *adj.* oppressive
shtypës *n.* oppressor
shtypje *n.* oppression
shtypje *n.* repression
shtypur *v.* repress
shtyrje *n.* adjournment
shtyrje *n.* postponement
shtyrje *v.* remand
shtysë *n.* impetus
shtytës *n.* tappet
shtytje *v.* push
shtytje e lehtë *v.* nudge
shtytje e lehtë *v.* nudge
shuaj *v.* erase
shuaj *v.* quell
shuaj *v.* quench
shuarje *n.* obliteration
shuarje *n.* suppression
shufra ari ose argjendi *n.* bullion
shuk *n.* wad
shul *n.* latch
shumë *adv.* greatly
shumë *adv.* highly

shumë *pron.* lot
shumë *adj.* many
shumë *pron.* much
shumë *n.* sum
shumë *adv.* too
shumë *adv.* very
shumë e rëndë *adj.* herculean
shumë i kujdesshëm *adv.* gingerly
shumë i lodhur *adj.* overwrought
shumë i madh *adj.* overgrown
shumë i populluar *adj.* populous
shumë i rëndësishëm *adj.* momentous
shumëfarësh *adj.* multifarious
shumëformësh *adj.* multiform
shumëkëmbësh *n.* millipede
shumëllojshmëri *n.* multiplicity
shumëllojshmëri *n.* variety
shumëpalëshe *adj.* multilateral
shumës *adj.* plural
shumëzim *n.* multiplication
shumëzoj *v.* multiply
shumicë *n.* majority
shumicë *n.* plurality
shumim *n.* propagation
shumoj *v.* propagate
shumta *adj.* numerous
shuplakë *n.* buffet
shurdhues *adj.* deafening
shurup *n.* syrup
shushas *v.* stun
shushurimë *v.* murmur
shushurimë *v.* sough
shyta *n.* mumps
si *adv.* as
si *adv.* how
si *prep.* like
si femër *adj.* effeminate
si gomar *adj.* asinine
si peshk *adj.* fishy
si rrëke *adj.* torrential

si rruazë *adj.* beady
si rrufe në qiell *n.* bolt
sibarit *n.* sybarite
sida *n.* aids
sifon *n.* siphon
Sighting *n.* sighting
siguri *n.* assurance
siguri *n.* certitude
siguri *n.* safety
siguri *n.* security
sigurim *n.* insurance
sigurisht *adv.* certainly
siguroj *v.* assure
siguroj *v.* ensure
siguroj *v.* insure
siguroj *v.* procure
siguroj *v.* provide
siguroj *v.* purvey
siguroj *v.* reassure
siguroj *adj.* secure
sigurues *n.* deterrent
siklet *n.* lather
silic *n.* silicon
sillem *v.* behave
sillem keq *v.* misbehave
silogizëm *n.* syllogism
siluetë *n.* silhouette
silur *n.* torpedo
simbiozë *n.* symbiosis
simbol *n.* ampersand
simbol *n.* emblem
simbol *n.* notation
simbol *n.* symbol
simbolik *adj.* symbolic
simbolizëm *n.* symbolism
simbolizoj *v.* symbolize
simetri *n.* symmetry
simetrik *adj.* symmetrical
simfoni *n.* symphony
simite *n.* bun
simpati *n.* liking
simpati *n.* sympathy

simpatik *adj.* charming
simposium *n.* symposium
simptomë *n.* symptom
sindikalist *n.* unionist
sindikatë *n.* syndicate
sindromë *n.* syndrome
sinergji *n.* synergy
singularly *adv.* singularly
sinjal *n.* signal
sinjal bip *n.* bleep
sinkron *adj.* synchronous
sinkronizoj *v.* synchronize
sinonim *n.* synonym
sinonim *adj.* synonymous
sinqeritet *n.* candour
sinqeritet *n.* sincerity
sintaksë *n.* syntax
sintetik *adj.* synthetic
sintetizojnë *v.* synthesize
sintezë *n.* synthesis
sinus *n.* sinus
sipas *adv.* according
sipas rregullit *adv.* duly
sipër *adv.* above
sipër *prep.* above
sipërfaqe *n.* surface
sipërmarrës *n.* entrepreneur
sipërmarrës *n.* undertaker
sipërmarrës transporti rrugor *n.* haulier
sipërmarrje *n.* venture
sirenë *n.* buzzer
sirenë *n.* mermaid
sirenë *n.* siren
sirtar *n.* drawer
sirtar *n.* pigeonhole
sisë *n.* udder
sistem *n.* system
sistematik *adj.* systematic
sistemik *adj.* systemic
sistemoj *v.* collate
sistemoj *v.* systematize

sitë *n.* sieve
situatë *n.*, a situation
sixhade *n.* tapestry
sizmik *adj.* seismic
sjell *v.* adduce
sjell *v.* bring
sjell në mendje *v.* conjure
sjell ters *n.* jinx
sjellje *n.* behaviour
sjellje *n.* conduct
sjellje *v.* conduct
sjellje *n.* posture
sjellje e çuditshme *n.* antic
sjellje e keqe *n.* misconduct
sjellje e pahijshme *n.* impropriety
sjellshëm *adj.* dutiful
skadim *n.* expiry
skaj *n.* skirting
skallavëri *n.* bondage
skandal *n.* furore
skandal *n.* scandal
skandalizoj *v.* scandalize
skaner *n.* scanner
skapamento *n.* silencer
skarë *n.* barbecue
skateboard *n.* skateboard
skaut *n.* scout
skeç *n.* skit
skedar *n.* file
skelë *n.* pier
skelë *n.* scaffolding
skelë *n.* wharf
skelet *n.* skeleton
skematik *adj.* schematic
skematik *adj.* sketchy
skemë *n.* scheme
skenar *n.* scenario
skenë *n.* scene
skenik *adj.* scenic
skeptër *n.* baton
skeptër *n.* sceptre

skeptik *n.* sceptic
skeptik *adj.* sceptical
skermë *n.* fencing
skëterror *adj.* infernal
ski *n.* ski
skiç *adv.* askance
skicë *n.* outline
skicë *n.* sketch
skicë në libra *n.* vignette
skifter *n.* falcon
skllavëri *n.* slavery
skllavëri *n.* thrall
sklyerje *n.* atonement
Skocez *v.* Scot
skorje *n.* dross
skrupull *n.* scruple
skuadër *n.* squad
skuadron *n.* squadron
skulptor *n.* sculptor
skulpturë *n.* imagery
skulpturë *n.* sculpture
skulpturor *adj.* sculptural
skulpturor *adj.* statuesque
skuq *v.* fry
skuqem *v.* blush
skuqem *n.* crimson
skuter *n.* scooter
sleaze *n.* sleaze
slitë *n.* coaster
slurp *v.* slurp
smalt *n.* enamel
smerald *n.* emerald
smidgen *n.* smidgen
smog *n.* smog
smoking *n.* tuxedo
snazzy *adj.* snazzy
sneaker *n.* sneaker
snob *n.* snob
snob *adj.* snobbish
snobizëm *n.* snobbery
sobë *n.* stove
social *adj.* social

socialist *n.* & *adj.* socialist
socializëm *n.* socialism
sociologji *n.* sociology
sode *n.* soda
soditës *n.* bystander
soditje *n.* contemplation
sodomi *n.* sodomy
sofër *n.* mahogany
sofist *n.* sophist
sofizëm *n.* sophism
solemn *adj.* solemn
solemnitet *n.* solemnity
solidaritet *n.* solidarity
solist *n.* soloist
solo *n.* solo
sombambul *n.* somnambulist
somnambulism *n.* somnambulism
sondazh *n.* poll
sonet *n.* sonnet
sonte *adv.* tonight
sop *n.* bung
sorrë *n.* crow
sorrë *n.* rook
sos *v.* deplete
sot *adv.* today
sovran *n.* sovereign
sovranitet *n.* sovereignty
spam- *n.* spam
spango *n.* cord
spango *n.* twine
spanjel *n.* spaniel
Spanjisht *n.* Spanish
Spanjoll *n.* Spaniard
spastik *adj.* spastic
spastrim *v.* purge
spazëm *n.* spasm
spazmatik *adj.* spasmodic
special *adj.* apposite
special *adj.* special
specialist *n.* specialist
specialitet *n.* speciality

specializim *n.* specialization
specializuar *v.* specialize
specifik *adj.* specific
specifikim *n.* specification
specifikoj *v.* specify
spektator *n.* onlooker
spektator *n.* spectator
spektër *n.* gamut
spektër *n.* spectrum
spektral *adj.* spectral
spekulim *n.* profiteering
spekulim *n.* speculation
spekuloj *v.* speculate
spërkat *v.* spatter
spërkat *v.* splatter
spërkat *v.i.* sprinkle
spërkatës *n.* sprinkler
spërkatje *v.* splash
spërkatje *n.* sprinkling
spermë *n.* semen
spermë *n.* sperm
spinaq *n.* spinach
spirale *n.* coil
spirale *adj.* spiral
spirancë *n.* anchor
spiritualist *n.* spiritualist
spiritualizëm *n.* spiritualism
spital *n.* hospital
spiun *n.* spy
spiunazh *n.* espionage
spoiler *n.* spoiler
sponsorizimi *n.* sponsorship
spontan *adj.* spontaneous
spontanitet *n.* spontaneity
sporadik *adj.* sporadic
spore *n.* spore
sport *n.* sport
sportel *n.* wicket
sportist *n.* sportsman
sportiv *adj.* sportive
sportive *adj.* sporting
spostim *v.* shunt

spreadsheet *n.* spreadsheet
sprint *v.* sprint
sqarim *n.* clarification
sqaroj *v.* clarify
sqep *n.* beak
sqep *n.* nib
sqimë *n.* refinement
squfur *n.* sulphur
stabilitet *n.* stability
stabilizim *n.* stabilization
stabilizoj *v.* stabilize
stacion *n.* station
stacionar *n.* inpatient
stadium *n.* stadium
stafetë *n.* relay
Stafi *n.* staff
stakoj *v.* disconnect
stalker *n.* stalker
stallë *n.* byre
stallë *n.* mews
stallë derrash *n.* piggery
stampoj *v.* emboss
standard *n.* standard
standardizim *n.* standardization
stap *n.* stave
statically *adv.* statically
statisticien *n.* statistician
statistikë *n.* statistics
statistikor *adj.* statistical
statuja *n.* statuary
statujë *n.* statue
statujëz *n.* statuette
status *n.* status
statut *n.* charter
statut *n.* statute
statutore *adj.* statutory
stazhier *n.* probationer
stazhier *n.* trainee
stemë *n.* plaque
stenograf *n.* stenographer
stenografi *n.* stenography
stepë *n.* steppe

stepje *v.* wince
stereo *n.* stereo
stereofonik *adj.* stereophonic
stereoskopik *adj.* stereoscopic
stereotipi *n.* stereotype
stërgjysh *n.* ancestor
stërgjysh *v.* forbear
stërgjysh *n.* forebear
stërgjysh *n.* forefather
stërgjyshor *adj.* ancestral
stërhollim *n.* quibble
steril *adj.* sterile
sterilitet *n.* sterility
sterilizim *n.* sterilization
sterilizoj *v.* sterilize
sterlinë *n.* pound
sternë *n.* cistern
stërnipër *n.* progeny
steroid *n.* steroid
stërvitje *n.* drill
stërvitje *n.* exercise
stërvitje *n.* training
stetoskop *n.* stethoscope
stickleback *n.* stickleback
stigmata *n.* stigmata
stil *n.* panache
stil *n.* style
stil i të folurit *n.* diction
stilet *n.* stiletto
stilist *n.* stylist
stilistik *adj.* stylistic
stilolaps *n.* pen
stimul *n.* stimulus
stimuloj *v.* prod
stimulues kardiak *n.* pacemaker
stockist *n.* stockist
stof i lëmuar *n.* worsted
stof leshi me cirka *n.* tweed
stoik *n.* stoic
stol *n.* bench
stoli *n.* bauble
stoli të çmuara *n.* jewellery

stolis *v.* adorn
stolis *v.* embellish
stolis *v.* trim
stolisje *n.* ornamentation
stom *n.* rampart
stomak *n.* stomach
stomp *n.* stomp
stop *v.* stop
strall *n.* flint
strateg *n.* strategist
strategji *n.* strategy
strategjik *adj.* strategic
strehë *n.* haven
strehë *n.* refuge
strehë *n.* sanctuary
strehë *n.* sanctum
strehim *n.* accommodation
strehim *n.* housing
strehim *n.* shelter
strehohem *v.* nestle
strehoj *n.* billet
stres *n.* stress
stres *v.t.* stress
striation *n.* striation
stripper *n.* stripper
strobe *n.* strobe
strofë *n.* stanza
strofull *n.* burrow
stroppy *adj.* stroppy
struc *n.* ostrich
strudel *n.* strudel
strukem *v.* cower
strukem *v.* snuggle
strukturë *n.* framework
strukturë *n.* structure
strukturor *adj.* structural
strukur *adj.* shy
strumbullar *n.* pivot
strumpet *n.* strumpet
Stuart *adj.* stuart
student *n.* student
student *n.* undergraduate

studim *n.* study
studim *v.* study
studim *v.t.* survey
studio *n.* studio
stufë *n.* furnace
stuhi *n.* flurry
stuhi *n.* gale
stuhi *n.* hurricane
stuhi *n.* storm
stuhi *n.* tempest
Stygian *adj.* stygian
subedit *v.* subedit
subjekt *n.* subject
subjektiv *adj.* subjective
subjudice *adj.* subjudice
subsonik *adj.* subsonic
substancë *n.* substance
subtropikal *adj.* subtropical
suburbia *n.* suburbia
subvencinoj *v.* subsidize
subvencion *n.* subsidy
sudoku *n.* Sudoku
sufler *n.* prompter
sugjerim *n.* cue
sugjerim *n.* suggestion
sugjeroj *v.* suggest
sukses *n.* success
sulltaneshë *n.* sultana
sulm *n.* assault
sulm *v.* attack
sulm *n.* onslaught
sulmoj *v.* assail
sulmoj rrufeshëm *n.* blitz
sulmuar *adj.* embattled
sundae *n.* sundae
sundim *n.* dominion
sundim *v.* gripe
sundimtar *n.* ruler
sundojnë *n.* rule
sundojnë *v.* rule
sup *n.* shoulder
supë *n.* broth

supë *n.* soup
super *adj.* super
superfuqi *n.* superpower
superioritet *n.* predominance
supermarket *n.* supermarket
supersonik *adj.* supersonic
supozim *n.* assumption
supozim *n.* presumption
supozim *n.* presupposition
supozim *n.* supposition
supozitor *n.* suppository
suprem *adj.* paramount
suprem *adj.* supreme
surealizëm *n.* surrealism
surrat *n.* muzzle
surreal *adj.* surreal
surreptitious *adj.* surreptitious
surrogat *adj.* analogue
susam *n.* sesame
suva *n.* plaster
suvenir *n.* souvenir
suxhuk *n.* sausage
suxhuk Frankfurti *n.* frankfurter
swashbuckling *adj.* swashbuckling
sy *n.* eye
syçelë *adj.* watchful
sylesh *adj.* gullible
syth *n.* stitch
syth *v.* stitch
sytjena *n.* bra
syzabërës *n.* optician
syze *adj.* ocular
syzë *v.* rue

T

tab *n.* tab
tabaka *n.* salver

tabaka *n.* tray
tabelë *n.* fascia
tabelë *n.* table
tabelor *adj.* tabular
tabletë *n.* lozenge
tabletë *n.* tablet
tablo *n.* spectacle
tablo *n.* tableau
tabu *n.* taboo
taifun *n.* typhoon
takeaway *n.* takeaway
takeometër *n.* tachometer
takim *n.* appointment
takim *n.* rendezvous
Takimi *n.* meeting
takings *n.* takings
takohem *v.* encounter
takoj *v.* meet
taksë *n.* tax
taksë *n.* toll
taksë indirekte *n.* excise
taksë indirekte *n.* octroi
taksi *n.* cab
taksi *n.* taxi
taksi *v.* taxi
taksonominë *n.* taxonomy
takt *n.* tact
takticien *n.* tactician
taktik *adj.* tactical
taktikë *n.* tactic
talent *n.* talent
talk *n.* talc
tall *n.* banter
tall *v.* deride
tallash *n.* sawdust
tallash metali *n.* filings
tallaz *v.* billow
tallen *v.* mock
tallje *v.* jeer
tallje *n.* mockery
tallje *n.* ridicule
tallje *n.* sneer

tamely *adv.* tamely
tampon *n.* buffer
tampon *n.* tampon
tangjent *n.* tangent
tani *adv.* now
tani *adv.* presently
tani e tutje *adv.* henceforth
tank *n.* tank
tankist *n.* tanker
Tapas *n.* tapas
tapë *n.* cork
tapiceri *n.* seating
tapiceri *n.* upholstery
tarifë *n.* fee
tarifë *n.* tariff
tarifë postare *n.* postage
tarot *n.* tarot
tarracë *n.* terrace
tas *n.* bowl
tashmë *adv.* already
tastierë *n.* keyboard
tatëpjetë *n.* declivity
tatëpjetë *v.* slant
tatim për frymë *n.* capitation
tatimet *n.* taxation
tatty *adj.* tatty
tatuazh *n.* tattoo
tavan *n.* ceiling
tavë *n.* casserole
tavernë *n.* tavern
tavolinë *n.* desk
të ardhura *n.* income
të ardhura *n.* proceeds
të ardhurat *n.* revenue
të ardhurit rrotull *n.* courtship
të bëhet *v.* become
të brendshme *n.* underwear
të brendshme femrash *n.* lingerie
të cilit *adj. & pron.* whose
të dhëna *n.* data
të dhëna *n.* input

të dy *adj. & pron.* both
të ftohtë *adj.* cold
të gjithë *adj.* all
të ketë sukses *v.* succeed
të kuptuarit *n.* comprehension
të kuq *n.* rouge
të lartë *adj.* senior
të ndenjura *n.* breech
të ndryshme *adj.* diverse
të ngrëna *v.* nurture
të parë *n.* eyesight
të përzier *n.* nausea
të pronarit *adj.* proprietary
të qenë *n.* being
të qenët i shoqërueshëm *n.* sociability
të vjela *n.* vintage
teatër *n.* theatre
teh *n.* blade
tëharr *n.* weed
teizëm *n.* theism
tejkaloj *v.* outbid
tejkaloj *v.* outnumber
tejkaloj *n.* overpass
tejkaloj *v.* surpass
tejzanor *adj.* ultrasonic
tek *prep.* to
teka *n.* caprice
teka *n.* whim
tekanjoz *adj.* temperamental
tekanjoz *adj.* wanton
tekë *n.* vagary
teknik *adj.* roadworthy
teknik *adj.* technical
teknik *n.* technician
teknikë *n.* technique
teknolog *n.* technologist
teknologji *n.* technology
teknologjike *adj.* technological
tekst *n.* text
tekstil *n* textile
tekstillist *n.* weaver

tekstual *adj.* textual
tekstual *adj.* textual
tekstualisht *adv.* verbatim
tel *n.* wire
telash *n.* nuisance
telash *n.* predicament
telashe *n.* trouble
telefon *n.* phone
telefon *n.* telephone
telegraf *n.* telegraph
telegrafi *n.* telegraphy
telegrafik *adj.* telegraphic
telegram *n.* telegram
telekomunikacionit *n.* telecommunications
telendare *n.* virago
telepathist *n.* telepathist
telepati *n.* telepathy
telepatik *adj.* telepathic
teleshkrues *n.* teleprinter
teleskop *n.* telescope
teleteksti *n.* teletext
televizion *n.* television
tematik *adj.* thematic
temë *n.* theme
temë *n.* topic
temjan *n.* incense
temjanicë *n.* censer
temperament *n.* temperament
temperaturë *n.* temperature
tempull *n.* temple
tendë *n.* bower
tendë *n.* canopy
tendë *n.* tent
tendencë *n.* proclivity
tendencë *v.* tend
tendencë *n.* tendency
tendencioz *adj.* tendentious
tendosje *v.* strain
tendosje *n.* strain
tenis *n.* tennis
tenor *n.* tenor

tension *n.* tension
tension *n.* voltage
tensionohet *v.* fray
tenxhere *n.* pot
teodolit *n.* theodolite
teokraci *n.* theocracy
teolog *n.* theologian
teologji *n.* theology
teoremë *n.* theorem
teori *n.* theory
teoricien *n.* theorist
teorik *adj.* theoretical
teorizoj *v.* theorize
teozofinë *n.* theosophy
tepër *adv.* overly
tepër bujar *adj.* munificent
tepër i hollë *adj.* superfine
tepër i ndezur *adj.* garish
tepër i përpiktë *adj.* meticulous
tepri *adj.* superabundance
tepri *n.* superfluity
tepricë *n.* redundancy
tepricë *n.* surplus
teprim *n.* extravagance
teproj *v.* overact
teproj *v.* overdo
terapeutik *adj.* therapeutic
terapi *n.* therapy
terapist *n.* therapist
tërbim *n.* fury
tërbim *n.* rage
tërbim *v.* rampage
terciar *adj.* tertiary
tërë natën *adv.* overnight
tërë zhul *adj.* scruffy
tërësi *n.* entirety
tërësisht *adv.* wholly
tërësor *adj.* thorough
tërheq *v.* attract
tërheq *n.* decoy
tërheq *v.* entice
tërheq *v.* pull

tërheq *v.* retract
tërheq *v.* withdraw
tërheqës *adj.* alluring
tërheqës *adj.* attractive
tërheqës *adj.* catchy
tërheqës *adj.* cute
tërheqës *adj.* winsome
tërheqje *n.* attraction
tërheqje *v.t.* retreat
tërheqje *v.* tow
tërheqje *n.* traction
tërheqje *v.* tug
tërheqje *n.* withdrawal
tërhiqem *v.* rebound
tërhiqet *n.* ebb
term i gabuar *n.* misnomer
tërmet *n.* earthquake
tërmet *v.* quake
termik *adj.* thermal
terminal *adj.* terminal
terminologji *n.* technicality
terminologji *n.* terminology
terminologjik *adj.* terminological
termit *n.* termite
termodinamikë *n.* thermodynamics
termometër *n.* thermometer
termos *n.* thermos
termostat *n.* thermostat
terpentinë *n.* turpentine
terr *adj.* dark
terr *n.* darkness
terrakote *n.* terracotta
terren *n.* ground
territor *n.* territory
territorial *adj.* territorial
terror *n.* terror
terrorist *n.* terrorist
terrorizëm *n.* terrorism
terrorizoj *v.* terrorize
ters *adj.* grumpy
tërshërë *n.* oat

tersllëk *n.* mischance
tërthor *adj.* transverse
teshtij *v.i.* sneeze
testament *n.* testament
testamentlënës i vdekur *adj.*
　　testate
testis *n.* testis
testosterone *n.* testosterone
tetë *adj. & n.* eight
tetëdhjetë *adj. & n.* eighty
tetëdhjetëvjeçar *n.* octogenarian
tetëkëndësh *n.* octagon
tetëmbëdhjetë *adj. & n.* eighteen
tetor *n.* October
teveqel *n.* simpleton
tezë *n.* thesis
tezgë *n.* stall
thahet *v. t* drain
thahet *v.* wither
thaj *v.* sear
tharëse *n.* dryer
thashetheme *n.* gossip
thashetheme *n.* rumour
thashethemexhi *n.* pedlar
thatanik *adj.* gaunt
thatanik *adj.* scraggy
thatë *adj.* dry
thatësirë *n.* drought
thekë *n.* fringe
thekë *n.* stamen
thekër *n.* rye
theks *n.* accent
theks *n.* emphasis
theksoj *v.* accentuate
theksoj *v.* emphasize
theksoj *v.* highlight
thelb *n.* crux
thelb *n.* essence
thelbësor *adj.* essential
thellë *adj.* deep
thellësi *n.* depth
thellësia *n.* profundity

them *n.* say
them *v.* tell
thembër *n.* heel
themel *n.* foundation
themeloj *v.* establish
themelor *n.* basic
themelor *adj.* fundamental
themelues *n.* founder
thënë *adj.* telling
thëngjill *n.* coal
thënie *n.* dictum
thënie *n.* saying
thep *n.* bead
therës *adj.* incisive
therës *adj.* nippy
therje *n.* slaughter
thermosetting *adj.* thermosetting
theror *n.* holocaust
thërras *v.* convene
thërras *v.* exclaim
thërras *v.* summon
thërrime *n.* crumb
thertore *adj.* sacrificial
thertore *n.* shambles
thes *v.* poke
thes *n.* receptacle
thes *n.* sack
thes *v.* sack
thesar *n.* depository
thesar *n.* exchequer
thesar *n.* treasure
thesarit *n.* treasury
thëthij *v.* engross
thikë *n.* knife
thirrje *v.* call
thirrje *n.* calling
thirrje *n.* exclamation
thirrje *n.* summons
thirrje e muzës *n.* invocation
thith *v.* absorb
thith *v.* inhale
thith *v.* soak

thith *v.* suck
thithë *n.* teat
thithje *n.* suction
thjerrëz *n.* lentil
thjeshtësi *n.* rusticity
thjeshtësi *n.* simplicity
thjeshtim *n.* simplification
thjeshtoj *v.* simplify
thua *n.* claw
thumbues *adj.* biting
thupër *n.* birch
thur *v.* knit
thur me grep *n.* crochet
thurimë *n.* wattle
thyej *v.t.* shatter
thyej *n.* wreck
thyen *adj.* broke
thyerje *n.* breakage
thyerje *v.t* fracture
thyerje *n.* refraction
thyhet *v.* smash
tiddly *n.* tiddly
tifo *n.* typhus
tifoid *n.* typhoid
tifoz *n.* fan
tigan *n.* griddle
tigan *n.* pan
tigër *n.* tiger
tik-tak *n.* tick
tik-tak *n.* ticking
tim *adj.* my
timon *n.* rudder
tinëzisht *adv.* stealthily
tinëzisht *adj.* underhand
tingëllues *adj.* resonant
tingullsi *n.* sonority
tip *n.* bloke
tip i çuditshëm *adj.* specious
tipar *n.* feature
tipar *n.* trait
tipar dallues *n.* trademark
tipik *adj.* typical

tiran *n.* tyrant
tirani *n.* tyranny
tiranizoj *v.* tyrannize
tiroide *n.* thyroid
titull *n.* caption
titull *n.* heading
titull *n.* title
titull i kapitenit *n.* captaincy
titull i madh *n.* streamer
titulli *n.* headline
tjegull *n.* tile
tjerr *v.* spin
tjetër *adj.* another
tjetër *adj.* different
tjetër *adv.* else
tjetër *adj.* next
tjetër *adj. & pron.* other
tjetër *n.* remainder
tkurr *v.* shrink
tkurrje *n.* contraction
tkurrje *n.* shrinkage
tmerr *n.* consternation
tmerr *v.t* dread
tmerr *n.* horror
tmerroj *v.* appal
tmerroj *v.* daunt
tmerroj *v.* horrify
tmerroj *v.* terrify
tmerrshme *adj.* horrendous
tmerrues *adj.* horrific
toddler *n.* toddler
tog *n.* heap
togë *n.* platoon
togë *n.* toga
toger *n.* lieutenant
tokë *n.* earth
tokë *n.* land
tokë *n.* marl
tokë *n.* soil
tokësor *adj.* earthly
tokësor *adj.* terrestrial
tokësor *adj.* worldly

tokmak *n.* beetle
tokmak *n.* ram
toksik *adj.* toxic
toksikologji *n.* toxicology
toksinë *n.* toxin
tolerancë *n.* tolerance
tolerancë *n.* toleration
tolerant *adj.* permissive
tolerant *adj.* tolerant
toleroj *n.* countenance
tolerues *adj.* indulgent
tolerues *adj.* lax
Tomboy *n.* tomboy
ton *n.* ton
ton *n.* tone
ton *n.* tonne
ton i lartë *n.* forte
tonazh *n.* tonnage
tonë *adj.* our
tonel *n.* underpass
toner *n.* toner
tonik *n.* tonic
tonsurë *n.* tonsure
top *n.* ball
top *n.* cannon
top *n.* nugget
top dëbore *n.* snowball
topaz *n.* topaz
topis *v.* stupefy
topit *adj.* blunt
topit *v.* disconcert
topograf *n.* surveyor
topograf *n.* topographer
topografi *n.* topography
topografike *adj.* topographical
topth *n.* pellet
toreador *n.* toreador
torfë *n.* turf
torkë *n.* skein
tornado *n.* tornado
torno *n.* lathe
tortë *n.* cake

torturës *n.* torture
torturoj *v.* rankle
torturoj *n.* wrack
torturues *n.* tormentor
total *n.* aggregate
total *adj.* total
total *n.* total
total *n.* totality
totalitar *adj.* totalitarian
tra *n.* joist
tra horizontal *n.* girder
traceable *adj.* traceable
tradhetoj *v.* betray
tradhtar *adj.* disloyal
tradhtar *n.* traitor
tradhtar *adj.* treacherous
tradhti *n.* betrayal
tradhti *n.* treachery
tradhti *n.* treason
tradicional *adj.* traditional
tradicionaliste *n.* traditionalist
traditë *n.* tradition
trafik *n.* traffic
trafikimit *n.* trafficking
tragjedi *n.* tragedy
tragjik *adj.* tragic
trainer *n.* trainer
trajektore *n.* trajectory
trajner *n.* coach
trajtim *n.* treatment
trajtoj *v.* treat
trajtuar *v.t* handle
trajtuar *v.t.* tackle
trakt *n.* tract
traktat *n.* treatise
traktat *n.* treaty
traktor *n.* tractor
trampoline *n.* trampoline
tramvaj *n.* tram
transaksion *n.* transaction
transatlantik *adj.* transatlantic
transeksuale *n.* transsexual

transferim *n.* devolution
transferim *v.* transfer
transferojmë *v.* outsource
transformator *n.* transformer
transformim *n.* transformation
transformoj *v.* transform
transfuzion *n.* transfusion
transkontinental *adj.* transcontinental
transkriptim *n.* transcription
transliteroj *v.* transliterate
transmetim *v. t* broadcast
transmetim *n.* transmission
transmetoj *v.* transmit
transmetoj në televizor *v.* televise
transmetues *n.* transmitter
transparenca *n.* transparency
transparente *adj.* transparent
transport *n.* transportation
transport mallrash *n.* freight
transportim *n.* haulage
transportit *v.* transport
transportues *n.* transporter
transvestite *n.* transvestite
tranzicion *n.* transition
tranzitor *n.* transistor
trap *n.* moron
trap *n.* raft
trapez *n.* trapeze
trash *v.* condense
trash *v.* thicken
trashëgim *n.* bequest
trashëgim *n.* heredity
trashëgim *n.* heritage
trashëgim *n.* inheritance
trashëgim *n.* legacy
trashëgim *n.* patrimony
trashëgimtar *n.* heir
trashëgoj *v.* inherit
trashje *n.* obesity
traumë *n.* trauma

traversë *n.* strut
trazirë *n.* riot
trazirë *n.* turmoil
trazoj *v.* agitate
trazon *v.* disarrange
tre *adj. & n.* three
tredh *v.* castrate
tredh *v.* emasculate
tredh *v.* geld
trefishohet *n.* triple
trefishoj *adj.* triplicate
treg *n.* market
tregim *n.* narration
tregim *n.* narrative
tregim *n.* novelette
tregim *n.* tale
tregimtar *n.* narrator
tregimtar *n.* teller
tregoj *v.* indicate
tregoj *v.* show
tregon *v.* signify
tregtar *n.* dealer
tregtar *adj.* mercantile
tregtar *n.* merchant
tregtar *n.* trader
tregtar *n.* tradesman
tregtar artikujsh kartolerie *n.* stationer
tregtar shetitës *n.* hawker
tregtar vere *n.* vintner
tregti *n.* commerce
tregtisë *n.* trade
tregues *adj.* indicative
tregues *n.* indicator
tregues *adj.* symptomatic
trekëmbësh *n.* tripod
trekëndësh *n.* triangle
trekëndësh *adj.* triangular
tremb *v.* frighten
tremb *v.* scare
trembëdhjetë *adj. & n.* thirteen
trembëdhjetë *adj. & n.* thirteen

trembem *n.* quail
treme *n.* vestibule
tremujor *adj.* quarterly
tren *n.* train
tren *v.* train
trëndafil *n.* rose
trengjyrësh *n.* tricolour
treni i lunaparkut *n.* rollercoaster
treshe *n.* leash
treshe *n.* triplet
tret *n.* detritus
tretem *n.* decompose
tretës *n.* solvent
tretësirë *n.* tincture
tretet *v.* digest
tretet *v. t* dissolve
tretet *v.* fizzle
tretje *n.* digestion
tretshmëria *n.* solubility
tri herë *adv.* thrice
Triathlon *n.* triathlon
tribunë *n.* dais
tribunë *n.* rostrum
tribunë *n.* scaffold
triceps *n.* triceps
tridhjetë *adj. & n.* thirty
tridhjetë *adj. & n.* thirty
trigonometri *n.* trigonometry
triko *n.* cardigan
triko *n.* jersey
triko *n.* sweater
trill *n.* crotchet
trillim *n.* fiction
trillion *adj & n.* trillion
trilloj *v.* feign
trilogji *n.* trilogy
trim *adj.* brave
trim *adj.* fearless
trim *adj.* gallant
trim *adj.* valiant
trimëri *n.* bravery

trimëri *n.* gallantry
trimëri *n.* valour
trimërisht *adj.* gamely
trimëroj *v.* embolden
tringëllin *v.* tinkle
Trini *n.* trinity
trio *n.* trio
tripalësh *adj.* tripartite
triptik *n.* triptych
trishtim *v.* mope
trishtoj *v.* sadden
trishtues *adj.* woeful
triumf *n.* triumph
triumfal *adj.* triumphal
troç *adv.* roundly
trofe *n.* trophy
troftë *n.* trout
trok *v.* trot
trokas *v.* knock
trokas *v.* rap
trokitje e lehtë *n.* tap
trombë *adj.* clarion
tronditen *n.* tingle
tronditës *adj.* shocking
tronditje *n.* concussion
tropik *n.* tropic
tropikal *adj.* tropical
trotuar *n.* pavement
troy *n.* troy
tru *n.* brain
truall *n.* terrain
trug *n.* trug
trullos *v.t* bewilder
trullos *v.* overwhelm
trullosës *adj.* stunning
trumcak *n.* wren
trung *n.* bole
trung *v.* skid
trung *n.* stump
trung *n.* trunk
trung i ngecur *n.* snag
trunor *adj.* cerebral

trup *n.* body
trup qiellor ndriçues *n.* luminary
trupa *n.* troop
trupë *n.* troupe
trupmadh *adj.* hefty
trupor *adv.* bodily
trupor *n.* corporal
tualet *n.* toilet
tub *n.* pipe
tub *n.* tube
tuberkuloz *n.* tuberculosis
tubim *n.* rally
tubth *n.* pipette
tufë *v. t.* clutch
tufë *n.* flock
tufë *n.* herd
tufë lulesh *n.* bouquet
tufëz *n.* wisp
tul *n.* pulp
tulipan *n.* tulip
tullac *adj.* bald
tullë *n.* brick
tullumbace *n.* balloon
tumë *n.* mound
tumescent *adj.* tumescent
tumor *n.* tumour
tund *v.* jiggle
tund *v.* joggle
tund *v.* shake
tundem *v.* stagger
tundem *v.* waggle
tundje *v.* waddle
tunel *n.* tunnel
tunikë *n.* tunic
tunxh *n.* brass
turbinë *n.* turbine
turbocharger *n.* turbocharger
turbullirë *v.* blur
turbullirë *n.* turbulence
turbulloj *v.* obfuscate
turfullim *v.* bluster
turi *n.* mug

turist *n.* tourist
turizëm *n.* tourism
turli *n.* hotchpotch
turma *n.* multitude
turmë *n.* bevy
turmë *n.* concourse
turmë *n.* crowd
turmë *n.* mob
turne *n.* tour
turneu *n.* tournament
turp *n.* disgrace
turp *n.* infamy
turp *v.* reproach
turp *n.* shame
turp *n.* stigma
turp *v.* taint
turpëroj *v.* humiliate
turrë e druve *n.* pyre
turret *v.* flush
turshi *n.* pickle
tuta *n.* tracksuit
tutje *adv.* onward
twee *adj.* twee
tweeter *n.* tweeter
tyl *n.* netting
tym *n.* fume
tymoj *v.* fumigate
tymues *adj.* smoky
typify *v.* typify

u qepem pas femrave *v.* womanize
ua mbath *v.* abscond
ua mbath këmbëve *v.* decamp
udhë *n.* track
udhëheqës *n.* leader
udhëheqje *n.* guidance

udhëheqje *n.* leadership
udhëhequr *n.* guide
udhëtar *n.* cruiser
udhëtar *n.* roadster
udhëtar *n.* traveller
udhëtim *n.* journey
udhëtim *v.* ride
udhëtim *n.* trek
udhëtim *v.* trip
udhëtoj *n.* fare
udhëtoj *v.* travel
udhëzim *n.* instruction
udhëzime *n.* briefing
udhëzoj *v.* instruct
udhëzues *adj.* manual
Uellington *n.* wellington
ugar *adj.* fallow
uiski *n.* whisky
uist *n.* whist
ujdhesë *n.* isle
ujdi *n.* bargain
ujdis *n.* jibe
ujë *n.* water
ujë *n.* water
ujëra *n.* watermark
ujërave të zeza *n.* sewage
ujëvarë *n.* cascade
ujëvarë *n.* waterfall
ujit *v.* irrigate
ujitje *n.* irrigation
ujk *n.* wolf
ujor *adj.* aquatic
ujor *adj.* aqueous
ul çmimet *v.* deflate
ul në pozitë *v.* demote
ul shpejtësinë *v.* decelerate
ulçerë *n.* ulcer
ulem *v.t.* alight
ulem *v.* sit
ulen *v.* droop
ulët *adj.* low
ulët *adj.* lower

ulje *v.* decrease
ulje *n.* landing
ulje *n.* reduction
ulliri *n.* olive
ulluk *n.* rut
ulok *n.* cripple
ultimatum *n.* ultimatum
ultra *pref.* ultra
ultratingull *n.* ultrasound
unanim *adj.* unanimous
unazë *n.* ring
unazë *v.* ring
underarm *adj.* underarm
Unë *pron.* I
unemployable *adj.* unemployable
ungjill *n.* gospel
unifikoj *v.* unify
unifikojne *v.* conflate
uniformë *n.* kit
uniformë *adj.* uniform
unik *adj.* unique
unisex *adj.* unisex
unison *n.* unison
unitet *n.* oneness
unitet *n.* unity
univers *n.* universe
universal *adj.* universal
universaliteti *adv.* universality
universitet *n.* university
upload *v.* upload
uratë *n.* benediction
urban *adj.* urban
urdhër *n.* behest
urdhër *n.* edict
urdhër *n.* injunction
urdhër *n.* order
urdhër *n.* warrant
urdhëresë *n.* ordinance
urdhje *n.* herpes
urë *n.* bridge
urgjencë *n.* emergency
urgjencë *n.* exigency

urgjent *adj.* urgent
uri *n.* famine
uri *n.* hunger
urim *n.* congratulation
urim *n.* felicitation
urinë *n.* urine
urinoj *v.* urinate
urnë *n.* urn
uroj *v.* felicitate
uroj *v.* wish
urrej *v.* abhor
urrej *v.* abominate
urrej *v.* detest
urrej *v.t.* hate
urrej *v.* loathe
urryes *adj.* hateful
urtësi *n.* wisdom
urth *n.* heartburn
ushqej *v.* cherish
ushqej *v.* nourish
ushqej *v.* stoke
ushqim *n.* alimony
ushqim *v.* feed
ushqim *n.* food
ushqim *n.* nourishment
ushqim *n.* nutrition
ushqim *n.* sustenance
ushqime *n.* viands
ushqime *n.* victuals
ushqimor *adj.* edible
ushqimor *adj.* nutritive
ushqimore *n.* grocery
ushqyes *n.* feeder
ushtar *n.* soldier
ushtar për ndërhyrje të rrezikshme *n.* commando
ushtar që shkon prapë *n.* straggler
ushtarak *adj.* martial
ushtarak *adj.* military
ushtri *n.* army
uthull *n.* vinegar

utilitar *adj.* utilitarian
utopi *n.* utopia
utopik *adj.* utopian
uturimë *v.* rattle
uturimë *n.* whir
uturimë *v.* whirr
uverturë *n.* overture
uzurpim *n.* usurpation
uzurpoj *v.* usurp

vagabond *n.* rover
vaginë *n.* vagina
vagon-restorant *n.* diner
vaj *n.* oil
vaj *a.* oil
vaj ricini *a.* castor oil
vajguri *n.* kerosene
vaji *adj.* oily
vajor *adj.* unctuous
vajos *v.* lubricate
vajosje *n.* lubrication
vajtoj *v.* bemoan
vajtoj *n.* howl
vajtoj *n.* lament
vajtoj *v.* mourn
vajtoj *n.* wail
vajtues *adj.* lachrymose
vajze *adj.* girlish
vajzë *n.* damsel
vajzë *n.* girl
vajzë *n.* lass
vajzë *n.* maiden
vajzë e hedhur *n.* minx
vakant *adj.* vacant
vaksinë *n.* vaccine
vaksinim *n.* inoculation
vaksinim *n.* vaccination

vaksinoj *v.* vaccinate
vakt *n.* meal
vakuum *n.* vacuum
valë *v.* wave
valë e madhe *n.* surge
valencë *n.* valency
valëvit *v.* lash
valëvitje *v.* waft
valixhe *n.* luggage
valle *v.* dance
vallëzuese *n.* notch
vals *n.* waltz
valvul *n.* valve
vampir *n.* vampire
vandal *n.* vandal
vanitoz *adj.* flatulent
var *v. i.* dangle
var *v.i.* hang
vare *n.* sledge
vare *n.* sledgehammer
varem *v.* sag
varëse *n.* pendant
varësi *n.* dependency
varet *v.* depend
varfanjak *n.* pauper
varfanjak *n.* waif
varfëri *n.* poverty
varg *n.* concatenation
varg *n.* range
varg *n.* string
varg *n.* succession
varg *n.* verse
varg figurash *n.* footage
vargan *n.* cavalcade
vargan *n.* convoy
variabël *adj.* variable
variacion *n.* variation
variant *n.* variant
varje *n.* gallows
varkë *n.* boat
varlet *n.* varlet
varr *n.* grave

varr *n.* lair
varr *n.* sepulchre
varr *n.* tomb
varrezë *n.* cemetery
varrezë *n.* churchyard
varrezë *n.* graveyard
varri *adj.* sepulchral
varrim *n.* burial
varrim *n.* sepulture
varros *v.* bury
vartës *n.* underling
vartësi *n.* subordination
vasal *n.* liege
vasal *n.* vassal
vaskë *n.* tub
vat *n.* watt
vatacion *n.* wattage
vatër *n.* hearth
vaunted *adj.* vaunted
vazektomi *n.* vasectomy
vazhdim *n.* continuation
vazhdim *n.* sequel
vazhdimësi *n.* continuity
vazhdimësi *n.* permanence
vazhdimisht *adj.* nonstop
vazhdoj *v.* continue
vazhdoj *v.* proceed
vazhdoj më shumë se *v.* outlast
vazhdon *v.* persist
vazhdues *adj.* sequential
vazo *n.* vase
vdekje *n.* death
vdekje *n.* decease
vdekje e lehtë *n.* euthanasia
vdekjeprurës *adj.* deadly
vdekjeprurës *adj.* lethal
vdekshmëri *n.* mortality
vdes *v.* die
vdes *v.* perish
vdes për *v. t* crave
ve *n.* widower
vë *v.* lay

vë v. mislay
vë gabim v. misplace
vë në dukje v. expose
vë në gjumë v. lull
vë në lojë v. tease
vë në majë të gishtit v. outwit
vë në siklet v. embarrass
vë në veprim v. actuate
vë nën kontroll v. subjugate
vë përfund n. underlay
vë shenjën e barazimit v. equate
veç prep. barring
veç e veç adv. asunder
veç kësaj adv. withal
veçanërisht adv. especially
veçoj v. disentangle
veçoj v. seclude
veçori n. singularity
veçorim v. sequester
vegan n. vegan
vegël n. gadget
vegël n. utensil
vegël shpuese n. wimble
vegjë n. hanger
vegjetarian n. vegetarian
vegjetativ adj. vegetative
vegjetoj v. vegetate
vegla n. paraphernalia
vektor n. vector
velem n. pall
velje n. surfeit
vëlla n. brother
vëlla n. sibling
vëllazëri n. brotherhood
vëllazëri n. fraternity
vëllazëror adj. fraternal
vëllim n. tome
vëllim n. volume
vello n. veil
velour n. velour
vëmendje n. attention
vëmendje v. heed

vemje n. caterpillar
vend n. country
vend adv. instead
vend n. location
vend n. place
vend n. seat
vend n. spot
vend n. stead
vend ankorimi n. anchorage
vend gjeometrik n. locus
vend i fshehtë n. cache
vend i vetmuar n. hermitage
vend takimi n. tryst
vendbanim n. habitat
vendbanim n. habitation
vendës adj. aboriginal
vendgjarje n. venue
vendim n. decision
vendim n. verdict
vendimtar adj. crucial
vendimtar adj. decisive
vendndodhje n. locale
vendndodhje adv. whereabouts
vendos v. decide
vendos v. put
vendos v. situate
vendosë v. deploy
vendosje n. establishment
vendosje n. placement
vendosjen e n. setting
vendosmëri n. steadiness
vendosur adj. decided
vendosur adj. resolute
venë n. vein
venedikas adj. venetian
vënie në skenë adj. staggering
venitet v. wane
venoz adj. venous
ventilim n. ventilation
vepër n. deed
veprim v. act
veprim n. action

veprim *v.* move
veprim i keq *n.* misbehaviour
vepruar *n.* acting
vepruar *adj.* acting
vepruese *adj.* actionable
verandë *n.* piazza
verandë *n.* porch
verandë *n.* veranda
verbëri *n.* blindness
verboj *v. t.* dazzle
verdhacuk *adj.* sallow
verdhëz *n.* jaundice
verë *n.* summer
verë *n.* wine
vërej *v.* observe
vërejtje *v.* remark
vërejtje e hollë *n.* witticism
veri *n.* north
verifikim *n.* verification
verifikim zyrtar *n.* probate
verifikoj *v.* verify
verior *adj.* northern
vërshëllen *v.* fizz
vërshëllore *adj.* sibilant
version *n.* version
vërtësi *n.* authenticity
vërtet *adv.* really
vërtet *adv.* verily
vërtetësi *n.* verity
vërtetim *n.* confirmation
vërtetoj *v.* attest
vërtetoj *v.* certify
vërtetoj *v.* endorse
vërtetoj *v.* evince
vërtik *v.* pelt
vertikale *adj.* vertical
vërtitem *v.* gyrate
vërtitje *v.* twirl
ves *n.* vice
vesë *n.* dew
vesh *v.* clothe
vesh *n.* ear
vesh *n.* tog
vesh *v.* wear
veshja *n.* cladding
veshje *n.* apparel
veshje *n.* attire
veshje *n.* clothing
veshje *v.* dress
veshje *n.* garment
veshje *n.* gear
veshje *n.* outfit
veshje e guaskës *n.* epidermis
veshje e jashtme *n.* vestment
veshje e nuses *n.* trousseau
veshjet *n.* wardrobe
veshkë *n.* kidney
vështirë se *adj.* unlikely
vështirësi *n.* difficulty
vështrim në të ardhmen *n.* vista
veshtull *n.* mistletoe
veshur *adj.* clad
vet *adj. & pron.* own
vete *n.* self
vetë *pron.* himself
vetë *pron.* itself
vetë *pron.* myself
vetë *pron.* oneself
vetë-bërë *adj.* self-made
vetëm *adv.* alone
vetëm *adj.* just
vetëm *adv.* only
vetëm *adv.* solely
vetëmohues *adj.* selfless
veten *pron.* herself
veten *pron.* ourselves
veten *pron.* themselves
veten *pron.* yourself
vetëpërmbajtje *n.* composure
vetëpërmbajtje *n.* poise
veteran *n.* veteran
veterinar *adj.* veterinary
vetëtin *v.* sparkle
vetëvrasje *n.* suicide

vetëvrasjeje *adj.* suicidal
vetja *n.* ego
vetmi *n.* solitude
vetmia *n.* loneliness
vetmitar *n.* hermit
veto *n.* veto
vetull *n.* brow
veturë *n.* saloon
veturë dydyershe *n.* coupe
veturë e bollshme *n.* sedan
vezë *n.* egg
vëzhgoj *v.* scrutinize
vezore *n.* ovary
viadukt *n.* viaduct
Vibe *n.* vibe
vibrafon *n.* vibraphone
vibrator *n.* vibrator
vibrim *v.* flutter
viç *n.* calf
video *n.* video
videokamera *n.* camcorder
vidër *n.* otter
vidhos *n.* screw
vigan *adj.* jumbo
vigan *n.* mammoth
vigan *adj.* swingeing
vigjilencë *n.* vigilance
vigjilent *adj.* alert
vigjilent *adj.* vigilant
vigvam *n.* wigwam
vija-vija *adj.* streaky
vijë *n.* rivulet
vijet ne ngasje *v.t* acclimatise
vikat *v.* shriek
vikatje *adj.* shrill
Viking *n.* Viking
vikont *n.* viscount
viktimë *n.* casualty
viktimë *n.* victim
vilë *n.* chateau
vilë *n.* cottage
vilë *n.* villa

vinç *n.* crane
vinyl *n.* vinyl
violinë *n.* violin
violinist *n.* violinist
viral *adj.* viral
viran *n.* rascal
virgjëri *n.* virginity
virtuale *adj.* virtual
virtyt *n.* virtue
virulencë *n.* virulence
virulent *adj.* virulent
virus *n.* virus
Viscid *adj.* viscid
viscountess *n.* viscountess
vishem *n.* garb
vit *n.* year
vital *adj.* vital
vitalitet *n.* vitality
vitaminë *n.* vitamin
vitore *n.* hob
vitrinë *n.* showcase
vivar *n.* vivarium
vizatim *n.* drawing
vizë *n.* visa
vizë lidhëse *v.* dash
vizë ndarëse *n.* hyphen
vizion *n.* vision
vizitë *n.* sightseeing
vizitë *v.* visit
vizitor *n.* visitor
vizon *n.* mink
vizual *adj.* visual
vjeç *adj.* aged
vjedh *v.* frisk
vjedh *v.* pilfer
vjedh *v.* steal
vjedhës *v.* sneak
vjedhje *n.* burglary
vjedhje *n.* stealth
vjedhje *n.* theft
vjehërr *n.* mother-in-law
vjelës *n.* harvester

vjelje *n.* pickings
vjell *v.* vomit
vjellje *v.* retch
vjen *v.* reek
vjershërim *n.* versification
vjershëroj *v.* versify
vjeshtë *n.* autumn
vjetërsi *n.* seniority
vjetor *adj.* annual
vjetor *adv.* yearly
vjetrim *n.* superannuation
vjeturina *n.* junk
vjollcë *n.* purple
vjollcë *n.* violet
vlefshëm *adj.* worthwhile
vlefshmëri *n.* validity
vlerë *n.* value
vlerë *adj.* worth
vlerësim *n.* appreciation
vlerësim *n.* assessment
vlerësim *v. t* estimate
vlerësim *n.* rating
vlerësim *n.* valuation
vlerësoj *v.* appraise
vlerësoj *v.* appreciate
vlerësoj *v.* assess
vlerësoj *v. i* evaluate
vlerësoj gabim *v.* misjudge
vlim *v.i.* boil
vodhi *n.* stole
vogëlsira *n.* trivia
voile *n.* voile
vokal *adj.* vocal
volt *n.* volt
voluminoz *adj.* voluminous
vonë *adj.* late
vonesë *v. t* delay
vonesë *v.* lag
vonesë *n.* retardation
vonoj *v.* retard
vorbull *v.* swirl
vorbull *n.* vortex

vorbull *n.* whirlpool
votë *n.* suffrage
votim *n.* ballot
votim *n.* vote
votues *n.* voter
vozaxhi *n.* cooper
vozë *n.* cask
vozë mbi ujë *n.* buoy
vozis *n.* paddle
vrapim me kërcime *v.* lope
vrapim me pengesa *n.* steeplechase
vrapoj me vrull *v.* scud
vrapues i shpejtë *n.* sprinter
vras *n.* bruise
vras *v.* injure
vras *v.* kill
vras *n.* lynch
vras *v.* slay
vras *v.* zap
vrasës *n.* assassin
vrasës *n.* murderer
vrasje *n.* homicide
vrasje *n.* killing
vrasje *n.* murder
vrasje politike *n.* assassination
vrazhdësi *n.* asperity
vrenjt *v.i* frown
vrer *n.* gall
vreshtari *n.* viticulture
vrimë *n.* hole
vrimë e çelësit *n.* keyhole
vringëlloj *v.* brandish
vrojtim *n.* observation
vuaj *v.* agonize
vuaj *v.* grill
vuaj *v.* languish
vuaj *v.i.* suffer
vuajtje *n.* affliction
vuajtje *n.* martyrdom
vuajtje *n.* torment
Vudu *n.* voodoo

vulë *n.* cachet
vulë *n.* hallmark
vulë *n.* seal
vulgar *adj.* tawdry
vulgar *adj.* vulgar
vulgar *n.* vulgarian
vulgaritet *n.* vulgarity
vulgarizoj *v.* popularize
vulgu *n.* rabble
vullkan *n.* volcano
vullkanik *adj.* igneous
vullkanik *adj.* volcanic
vullkanizoj *v.* vulcanize
vullnet *n.* volition
vullnetar *adj.* voluntary
vullnetar *n.* volunteer
vullnetarisht *adv.* voluntarily
vuri në dukje *adj.* noted

wc *n.* lavatory
web *n.* web
website *n.* website
weepy *adj.* weepy
wok *n.* wok

xhade *n.* causeway
xhaketë *n.* jacket
xhaketë sportive *n.* blazer
xham *v.t.* glass
xham *n.* pane
xhamaxhi *n.* glazier
xhami *n.* mosque

xhandarmëri *n.* constabulary
xhaz *n.* jazz
xhazi *adj.* jazzy
xhel *n.* gel
xheloz *adj.* jealous
xhelozi *n.* jealousy
xhenxhefil *n.* ginger
xhep *n.* pocket
xhep *n.* pouch
xhevahir *n.* jewel
xhindos *v.* infuriate
xhingël *n.* tinsel
xhingël *n.* trinket
xhinse *n.* jeans
xhips *n.* jeep
xhiro *n.* giro
xhiro *n.* lap
xhudo *n.* judo
xhufkë *n.* shag
xhufkë *n.* tassel
xhuxh *n.* dwarf
xhuxh *n.* midget
xhuxh *n.* pygmy
xhybe *n.* overcoat
xhymert *n.* spendthrift
xixëllues *adj.* starry

Yeti *n.* yeti
yjor *adj.* astral
yjor *adj.* stellar
ylber *n.* rainbow
yll *n.* asterisk
yll *n.* star
yllth *n.* starlet
yndyrë *n.* fat
yzengji *n.* stirrup

Z

zagar *n.* greyhound
zagar *n.* retriever
zagushi *v.* swelter
zaif *adj.* indisposed
zaif *adj.* unwell
zakon *n.* groove
zakon *n.* habit
zakon *n.* wont
zakonisht *adv.* ordinarily
zakonisht *adv.* usually
zall *n.* shingle
zam *n.* glue
zambak *n.* lily
zambak uji *n.* lotus
zamkë *n.* mucilage
zanash *n.* fairy
zanore *n.* vowel
zare *n.* dice
zarf *n.* envelope
zbardh *v.* blanch
zbardh *adj.* bleach
zbardh *n.* whitewash
zbarkoj *v.* disembark
zbatohen *v.t.* apply
zbatoj *v.* enforce
zbatuar *n.* implement
zbatueshmëri *n.* practicability
zbavitem *v.* amuse
zbavitem *n.* lark
zbavitje *n.* distraction
zbavitje *n.* spree
zbehem *v.* blench
zbehet *v.i* fade
zbokth *n.* dandruff
zbres *v.* deduct
zbres *v.* descend
zbres *v.* subtract
zbritje *n.* allowance
zbritje *n.* deduction
zbritje *n.* discount
zbritje *n.* rebate
zbritje *n.* subtraction
zbukurim *n.* glorification
zbukurim *n.* ornament
zbukurohem *v.* smarten
zbukurohem *v.* titivate
zbulim *n.* discovery
zbulim *n.* intelligence
zbuloj *v.* contrive
zbuloj *v.* detect
zbuloj *v.* disclose
zbuloj *v.* discover
zbuloj *v.* reveal
zbuloj *v.* uncover
zbuloj *v.* unveil
zbut *v.* mollify
zbut *v.* soften
zbut *v.* soothe
zbutet *v.* relent
zbutje *n.* alleviation
zbutje *mitigation* mitigation
zbythje *v.* recoil
zë *v.* occupy
zë *n.* sound
zë *n.* voice
zë në grackë *v. t.* entrap
zebër *n.* zebra
zëdhënës *n.* spokesman
zejtar *n.* craftsman
zell *n.* zeal
zellshëm *adv.* avidly
zemër *n.* heart
zemërak *adj.* tetchy
zemërak *adj.* waspish
zemërim *n.* anger
zemërim *n.* huff
zemërim *n.* wrath
zemërim i çastit *n.* tantrum
zemërmirë *adj.* beneficent
zemërngushtë *adj.* petty

zengjim i ri *n.* upstart
zënkë *n.* spat
zënkë *n.* squabble
Zëri *n.* slogan
zëri *n.* voicemail
zero *n.* nil
zero *adj.* zero
zeroja *v.t.* scratch
zeshkan *n.* brown
zeshkan *adj.* swarthy
zeshkane *n.* brunette
zët *v.* dislike
zëvendësim *n.* replacement
zëvendësim *n.* substitute
zëvendësim *n.* substitution
zëvendësoj *v.* interchange
zëvendësoj *v.* replace
zëvendësoj *v.* supersede
zëvendësoj *v.* supplant
zëvendësues *n.* adjunct
zëvendësues *n.* surrogate
zezak *n.* ebony
zezak *n.* negro
zezak *n.* nigger
zezake *n.* negress
zgarë *n.* carrier
zgavër *n.* cavity
zgavër *n.* lacuna
zgërdheshje *v.* grin
zgjas *v.* elongate
zgjas *v.* prolong
zgjas *v.* stretch
zgjas *n.* stretch
zgjatem *v.* linger
zgjatem *n.* lunge
zgjatet *v.* protrude
zgjatje *n.* extension
zgjatje *n.* prolongation
zgjebe *n.* scabies
zgjedh *v. t* choose
zgjedh *v.* elect
zgjedh *v.* opt
zgjedh *v.* select
zgjedhje *n.* choice
zgjedhje *n.* election
zgjedhje plotësuese *n.* by-election
zgjedhoj *v.* inflect
zgjerohet *v.* dilate
zgjerohet *v.* widen
zgjeroj *v.* enlarge
zgjeroj *v.* expand
zgjidh *v.* resolve
zgjidh *v.* settle
zgjidh *v.* solve
zgjidhje *n.* resolution
zgjidhje *n.* settlement
zgjidhje *n.* solution
zgjohem *v.* wake
zgjohem *v.* waken
zgjoj *v.* arouse
zgjoj *v.* rouse
zgjoj *v.* whet
zgjoj dashuri *v. t* enamour
zgjojë *v.* awaken
zgjua *n.* apiary
zgjua *n.* hive
zhabë *n.* toad
zhangëllues *adj.* discordant
zhardhok këpurdhash *n.* truffle
zhargon *n.* jargon
zhargon *n.* lingo
zhargon *n.* slang
zhavorr *n.* gravel
zhbind *v.* dissuade
zhbindës *n.* disincentive
zhbirim *v.* rummage
zhdëp *v.* belabour
zhdëp *v.* wallop
zhdërvjellët *adj.* supple
zhduken *v.* disappear
zhduket *v.* dissipate
zhduket *v.* evaporate
zhduket *v.* flee

zhduket v. vanish
zhdukje v. abolition
zhduknin v. efface
zhele n. rag
zhgënjim n. anticlimax
zhgënjim v. disillusion
zhgënjyes adj. illusory
zhivë n. mercury
zhubros v. crumple
zhul n. grime
zhul n. slime
zhurmë n. ado
zhurmë n. bang
zhurmë n. clamour
zhurmë n. hoopla
zhurmë n. noise
zhurmë n. uproar
zhurmë e mbytur n. thud
zhurmëmadh adj. blatant
zhurmëmbytës v. muffle
zhvat n. winkle
zhvendos v. relocate
zhvendos v. transpose
zhvesh v. disrobe
zhvesh v.t. strip
zhvesh v. undress
zhvillim n. development
zhvilloj v. develop
zhvishem n. peel
zhvleftësoj v. devalue
zhvleftësoj v. vitiate
zhvlerësim n. depreciation
zhvlerësohet v. depreciate
zhvlerësoj v. invalidate
zhvoshk v. excoriate
zhyt v. immerse
zhyt v. plunge
zhytem v. wallow
zhytes adj. submersible
zhytje n. immersion
zi n. mourning
ziej v. poach

ziej v. simmer
zigzag n. zigzag
zile n. bell
zili n. envy
ziliqar adj. envious
Zing n. zing
zink n. zinc
zinxhir n. chain
zinxhir n. zip
zirkon n. zircon
zjarr n. ardour
zjarr n. blaze
zjarr n. fire
zjarr i madh n. bonfire
zjarr pa flakë v. smoulder
zjarrvënie e qëllimshme n. arson
zmadhim v. zoom
zmadhoj v. overdraw
zmbrapsem v. recede
zmbrapsje n. revulsion
zodiak n. zodiac
zog n. bird
zogëz n. nestling
zogjtë n. brood
zonale adj. zonal
zonë n. area
zonë n. precinct
zonë n. zone
zonë elektorale n. constituency
zonjë n. dame
zonjë n. hostess
zonjë n. lady
zonjë n. madam
zoolog n. zoologist
zoologji n. zoology
zoologjik adj. zoological
zorrë n. bowel
zorrë n. casing
zorrë n. gut
zorrë n. intestine
zot n. god
zotëri n. gentleman

zotëri *n.* sir
zotërim *n.* mastery
zotërinjtë *n.* gentry
zotëroj *v.* wield
zotësi *n.* aptitude
zotohen *n.* vow
zumpara *n.* sandpaper
zuskë *n.* slut
zvarranik *n.* reptile
zvarris *v.* temporize
zvarrit *v. t* drag
zvarritem *v.* traipse
zvarritje *v.* crawl
zvarritje *n.* procrastination
zvarritje *v.* scuff
zvogëlimin *n.* trimming
zvogëlohet *v.* diminish
zvogëlohet *v. t* dwindle
zvogëlohet *v.* lessen
zvogëloj *v.* curtail
zvogëloj *v.* mitigate
zvogëloj *v.* understate
zvogëlues *adj.* reductive
zyrat qendrore *n.* headquarters
zyrë *n.* bureau
zyrë *n.* office
zyrtar *adj.* official
zyrtarisht *adv.* officially